Peter Müller

Schlüssel zur Bibel

Peter Müller

Schlüssel zur Bibel

Eine Einführung in die Bibeldidaktik

Calwer Verlag Stuttgart

Bibliografische Information der Deutschen Bibliothek

Die Deutsche Bibliothek verzeichnet diese Publikation
in der Deutschen Nationalbibliografie; detaillierte
bibliografische Daten sind im Internet über
http://dnb.ddb.de abrufbar.

ISBN 978-3-7668-4084-4

Umschlaggestaltung: Karin Sauerbier, Stuttgart
Satz: NagelSatz, Reutlingen
Druck und Verarbeitung: Druck Partner Rübelmann GmbH, Hemsbach

E-mail: info@calwer.com
Internet: www.calwer.com

Inhalt

Vorwort

Die Bibel ist ein faszinierendes Buch und zugleich ein Buch mit sieben Siegeln. Bedeutsames Lebenswort, kulturelles Erbe oder verstaubter alter Schinken ist sie, je nach der Perspektive derer, die sie betrachten. Viele Grundschüler finden ihre Geschichten spannend; aber das ändert sich bald, wenn sie älter werden. Und wer versucht, die Bibel für sie zu öffnen, im wörtlichen und im übertragenen Sinn, merkt schnell: Das ist nicht so einfach.

Die direkten Adressaten des vorliegenden Buches sind Studierende der Theologie und der Religionspädagogik. An sie und ihre künftige Tätigkeit als Lehrerinnen und Lehrer habe ich beim Schreiben in erster Linie gedacht. Leitend war dabei die Frage, wie es gelingen kann, die Bibel im Unterricht so zur Sprache zu bringen, dass sie sich in ihrer Vielfalt und Lebensdienlichkeit erschließt. Darüber hinaus ist das Buch für alle gedacht, die sich in Schule oder Gemeinde darum bemühen, Zugänge zur Bibel zu öffnen und sie für die Gegenwart zum Sprechen zu bringen.

Indirekt im Blick sind auch Schülerinnen und Schüler, z. B. die in den beiden Realschulklassen, die ich in diesem Schuljahr mit einer Gruppe von Studierenden besuche, vor allem Schüler und Schülerinnen der Sekundarstufe I. Sie haben die größten Vorbehalte der Bibel gegenüber. Natürlich werden sie diese Bibeldidaktik nicht lesen. Aber wer Zugänge zur Bibel öffnen will, muss sich Klarheit darüber verschaffen, für wen sie sich öffnen soll. Da ist die Frage unabdingbar, wer die Schülerinnen und Schüler sind, die sich mit der Bibel beschäftigen sollen.

Das Buch hat folgenden Aufbau:

- ☐ Die sieben Siegel (Kapitel 1)
- ☐ Umfeld der Bibeldidaktik (Kapitel 2)
  - Gesellschaft
  - Exegese
- ☐ Adressaten (Kapitel 3)
- ☐ Konzeptionen (Kapitel 4)
- ☐ Schlüssel zur Bibel (Kapitel 5)
- ☐ Themenkreise, Schlüssel, Konkretionen (Kapitel 6–9)
  - Gott und Welt
  - Gott und Mensch
  - Glauben, Handeln, Hoffen
  - Jesus Christus
- ☐ Die Bibel als Buch (Kapitel 10)

Das Kapitel »Schlüssel zur Bibel« erweist sich damit als »Schlüsselkapitel«. Hier werden die Erkenntnisse aus den vorangehenden Überlegungen gebündelt und für eine eigene Konzeption ausgewertet. Die folgenden Kapitel zu Gott und Welt, Gott und Mensch, Jesus Christus und zu Glauben, Hoffen und Handeln führen dies weiter aus, bis hin zu verschiedenen Konkretionen. Die Konkretionen sind als Möglichkeiten und Beispiele zu verstehen, nicht als notwendige Folgerungen. Dies würde dem Konzept des Buches widersprechen. Es gibt verschiedene Schlüssel zur Bibel – und es ist nicht von vorneherein klar, welcher jeweils in die Hand der Schülerinnen und Schüler und zur Bibel passt. Am Ende des fünften Kapitels werden noch einige Hinweise zur Struktur der folgenden Kapitel gegeben.

Vor allem zu den verschiedenen Themenkreisen sind viele Bibeltexte aufgenommen. Etliche von ihnen werden wörtlich zitiert, weil es zum Verstehen der Zusammenhänge hilfreich ist, nicht nur eine Stellenangabe präsentiert zu bekommen, sondern die Texte tatsächlich zu lesen. Die Bibeltexte sind grau hinterlegt und heben sich dadurch vom übrigen Text ab.

Dank bin ich vielfach schuldig und spreche ihn gerne aus. Studierende in mehreren Seminaren haben verschiedene Teile des Buches mit mir besprochen und erprobt. Anita Müller-Friese, Michael Landgraf und Barbara Valentin haben die einzelnen Kapitel gelesen und kommentiert. Von ihren Verbesserungsvorschlägen habe ich viel profitiert. Die Mitarbeiterinnen und Mitarbeiter im Calwer Verlag haben geduldig auf das Manuskript gewartet und schließlich ein ansprechendes Buch daraus gemacht.

Juni 2009 *Peter Müller*

1. Ein Buch mit sieben Siegeln

Der Ausgangspunkt für die folgenden Überlegungen lautet:

- Die Bibel ist ein außergewöhnliches Buch.
- Die Bibel hat etwas zu sagen.
- Die Bibel ist ein ermunterndes Buch.
- Die Bibel ist ein tröstendes Buch.
- Die Bibel ist ein provozierendes Buch.
- Die Bibel macht das Lesen nicht immer leicht, aber sie belohnt es.
- Die Bibel ist ein Buch, ohne das unsere Kultur nicht zu verstehen ist.
- Die Bibel ist eines der herausragenden Werke der Weltliteratur.
- Die Bibel hat bleibende Bedeutung auch im säkularisierten Umfeld.

Das sind, so meine ich, hinreichende Argumente dafür, sich mit der Bibel im Religionsunterricht und in anderen Bildungsprozessen zu befassen; hinreichende Argumente auch für eine Bibeldidaktik. Aber bekanntlich sehen das nicht alle so. Für viele ist die Bibel ein »Buch mit sieben Siegeln«.

Sieben Siegel

Mit der Metapher vom »Buch mit sieben Siegeln« bringen wir zum Ausdruck, dass wir etwas kaum oder gar nicht verstehen. Die Riester-Rente wird deshalb ebenso als »Buch mit sieben Siegeln« bezeichnet wie Haushaltspläne, Handytarife oder die Bestimmungen der Gesundheitsreform.[1] Auch die Bibel ist für viele ein »Buch mit sieben Siegeln«. Wohl ist sie Weltbestseller und wird von Dreiviertel der Deutschen für wichtig gehalten; aber weit mehr als die Hälfte der Bevölkerung liest so gut wie nie darin. Selbst wer die Metapher verwendet, weiß oft nicht, dass er damit die Bibel zitiert (Offb 5). Tatsächlich ist für viele die Bibel zu einem »Buch mit sieben Siegeln« geworden. Die Siegel halten das Buch verschlossen. Welche könnten es sein?

(1) Das erste Siegel[2]: Die Bibel ist ein dickes Buch, dessen Lektüre Zeit, Muße und Mühe verlangt. Die zunehmende Veränderung der Lesegewohnheiten fordert dagegen die knappe Information und den bildreichen Kurztext. »Schock' deine Eltern, lies ein Buch!«, textete im Jahr 2003 eine große Buchhandelskette in einer Werbekampagne. Eine Studie der Stif-

1 Unter »Ein Buch mit sieben Siegeln« verzeichnet »Google« am 1.2.2007 306 000 Einträge.
2 Steiger, Bibel, S. 126.

tung Lesen zeigt, dass insgesamt nur rund ein Drittel der Bevölkerung Interesse an Literatur hat.[3] Zwar wird nicht notwendigerweise weniger, dafür aber portionierter und oberflächlicher gelesen. Die Lektüre wird schneller abgebrochen, wenn sie nicht den Erwartungen entspricht. Leser passen ihr Leseverhalten immer stärker an das Informations-Überangebot in der Mediengesellschaft an. Aufschlussreich ist ein Vergleich mit Ergebnissen aus dem Jahr 1992: Während 1992 16 Prozent der Deutschen angaben, täglich in einem Buch zu lesen, waren es im Jahr 2000 nur noch 6 Prozent. Die Buchlektüre wird zu einer Nischen-Beschäftigung: Man liest in einem Buch, wenn man einmal Zeit hat und sich entspannen will. Die Pisa-Studien bestätigen (mit anderer Zielrichtung) dieses Ergebnis: Rund 10 Prozent der deutschen Schüler erreichen im Blick auf das Leseverständnis nicht einmal die unterste Stufe (»Risikogruppe«), hinzu kommen 13 Prozent, deren Fähigkeiten nicht über die erste Stufe hinausreichen.[4] Zwar gibt es Gegenbeispiele. Die Harry-Potter-Bände sind auch dick, verlangen ebenfalls Zeit und Muße und fordern dazu auf, sich in eine andere Welt hinein zu denken. Aber sie bieten spannende Geschichten, unbekannte Welten und die Möglichkeit, eigene Erfahrungen, Befürchtungen, Wünsche und Träume mit den Protagonisten in Verbindung zu bringen. Spannung, Action und Sich-Hineindenken werden mit der Bibel dagegen kaum in Verbindung gebracht.

(2) Das zweite Siegel: Die Bibel ist alt und schwer zu verstehen. Wer sich die Mühe macht und die Bibel aufschlägt, hat mit Verstehensschwierigkeiten zu kämpfen. Zwar gibt es Texte in ihr, die unmittelbar ansprechen. Aber es gibt viele andere, die sich nicht leicht erschließen. Das ist nicht verwunderlich. Die Texte stammen aus der Antike und sind über einen Zeitraum von 1 000 Jahren entstanden. Sie setzen gesellschaftliche und politische Verhältnisse voraus, die uns fremd sind; sie greifen Traditionen und Auseinandersetzungen auf, die wir erst rekonstruieren müssen; sie bewegen sich z.T. auf einer hohen Reflexionsebene, die nicht sofort zugänglich ist. Und sie sind ursprünglich in Sprachen geschrieben, die nicht unsere sind. Auch wenn das Griechisch des Neuen Testaments der damaligen Umgangssprache nahe kommt, unserer Umgangssprache kommen die Texte nicht nahe. Übertragungen, die dies versuchen, wirken oft gekünstelt und sind schnell veraltet. Mit all dem entsteht der Eindruck, dass zum Lesen und Verstehen der Bibel Expertenwissen notwendig ist. Deshalb erscheint es sinnvoll, die Lektüre an die Bibelexperten zu delegieren.

(3) Für das Lesen der Bibel gibt es spezielle Orte, Zeiten und Gelegenheiten: Das dritte Siegel. In der Kirche liegt die Bibel auf dem Altar. Dort repräsentiert sie die christliche Botschaft, dort ist sie »heilige Schrift« und wird als »Wort Gottes« gelesen und ausgelegt. Viele begegnen ihr allerdings nicht im regulären Gottesdienst, sondern bei besonderen Gelegenheiten, bei Hochzeit, Taufe oder Bestattung. Nicht zuletzt wegen ihrer Verbindung mit solchen Ereignissen wird sie selbst von denjenigen, die nicht in ihr lesen, als wichtiges Buch angesehen.[5] Die Kehrseite ist, dass sie am Werktag und an alltäglichen Orten für viele nur geringe Bedeutung hat. Je spezifischer ihr Ort und die Gelegenheiten ihrer Lektüre werden, um so mehr tritt sie

3 Vgl. http://www.stiftunglesen.de/forschung/mainframe_forschung.html am 30.12.2006.
4 http://www.stiftunglesen.de/forschung/mainframe_forschung.html am 30.12.2006.
5 Daiber, Bibelfrömmigkeit, S. 103ff. 123.

an anderen Orten und zu anderen Zeiten in den Hintergrund. Dass dies ihrer eigenen Intention nicht entspricht (die Gleichnisse z. B. greifen gerade alltägliche Vorgänge auf und bringen sie mit Gott in Verbindung), bemerkt man erst bei der Lektüre selbst.

(4) Das vierte Siegel: Die Bibel ist ein wichtiges Buch – und es geht ihr wie anderen herausragenden Büchern auch, den deutschen Klassikern beispielsweise. Dass sie wichtig sind, ist unbestritten. Deshalb gehören sie zur Grundausstattung einer bildungsbürgerlichen Bibliothek. Wird man jedoch nach einem konkreten Zitat gefragt, ist es mit der Klassikerkenntnis oft nicht weit her. Das Wissen um die Wichtigkeit von Büchern und ihre detaillierte Kenntnis gehören offenbar nicht notwendig zusammen. Je akzeptierter bestimmte Werke sind, desto allgemeiner kann die Bezugnahme darauf werden. Meistens reicht es aus, dass man nachsehen könnte, wenn man nur wollte und es nötig wäre.

(5) »Ich brauche die Bibel nicht zu lesen, weil ich sie schon kenne.« Mit einem solchen Satz lässt sich das fünfte Siegel umschreiben. Die Tatsache, dass die Bibel in Gottesdiensten ausgelegt, im Unterricht behandelt, bei verschiedenen Gelegenheiten zitiert wird, dass sie in vielen Haushalten vorhanden ist (irgendwo müssen all die verkauften Exemplare ja sein) und dass man bekannten Bibelversen immer wieder einmal begegnet, erweckt den Eindruck, dass man die Bibel kennt. Nicht gründlich natürlich, aber doch in Grundzügen. Dass bestimmte Texte wie etwa der 23. Psalm immer wieder verwendet werden, verstärkt diesen Eindruck ebenso wie der Sachverhalt, dass verschiedene sprachliche Wendungen von vielen als biblisch erkannt werden: der gute Hirte, der verlorene Sohn, der barmherzige Samariter, das goldene Kalb, der Sündenbock, die Hände in Unschuld waschen. Im Religionsunterricht werden über verschiedene Klassenstufen hinweg etliche Bibeltexte mehrfach behandelt. Das ist sinnvoll, weil sich die Texte auf verschiedenen Verstehensniveaus verschieden erschließen. Zugleich verstärkt dies die Überzeugung, die wichtigsten Bibeltexte schon zu kennen: »Das haben wir doch schon gemacht!« Und warum soll man noch einmal lesen, was man schon kennt?

(6) Die Bibel ist langweilig: Das ist das sechste Siegel. »Langweilig« ist in der Gegenwart zum Synonym größter Unattraktivität geworden. Etwas mag schlecht, verwerflich, gefährlich oder dumm sein – alles halb so schlimm, wenn es nur nicht langweilig ist. Die gegenwärtige Event-Kultur verträgt keine Langeweile. Und Schüler, die beim Lesen von Mt 1,2 »Abraham zeugte den Isaak« noch kichern, sind spätestens in Mt 1,10 davon überzeugt, es mit einem höchst langweiligen – also unattraktiven und nicht lohnenden – Buch zu tun zu haben. Verschiedene Bibelausgaben, die mit gestalterischen Mitteln versuchen, die Attraktivität des Buches zu steigern, geraten angesichts der Bilderflut in Fernsehen und Internet und manchmal auch in Schulbüchern ins Hintertreffen.

(7) Das siebte Siegel lautet: Die Bibel hilft mir nicht in meinem Alltag. Verschiedene Umfragen unter Schülerinnen und Schülern und unter Erwachsenen, lassen erkennen, dass die Lektüre der Bibel keineswegs mehrheitlich abgelehnt wird. Im Gegenteil, es kann sehr gut sein in der Bibel zu lesen – vor allem für alte, kranke, benachteiligte oder trauernde Menschen. Sie finden in der Bibel Halt und Trost. Und

deshalb, darin stimmen die meisten Befragten überein, ist es gut, dass es die Bibel gibt und dass in ihr gelesen wird.[6] Eine ganz andere Frage ist jedoch, ob man selbst in ihr liest. Denn der unausgesprochene Umkehrschluss lautet: So lange ich selbst weder alt noch krank bin, weder trauere noch mich benachteiligt fühle, brauche ich die Bibel nicht zu lesen. Wenn Alter oder Krankheit kommen, ist noch Zeit dafür.

Sieben Siegel also. Ob es gerade sieben sind? Das mag dahingestellt bleiben.[7] Ich orientiere mich an der biblisch-sprichwörtlichen Zahl. Klar ist jedenfalls: Die Lektüre der Bibel ist weder selbstverständlich noch weit verbreitet.

Offenbarung 5

Das Bild von den sieben Siegeln stammt aus Offb 5. Dort ist von einem Buch die Rede, »innen und hinten beschrieben« und mit sieben Siegeln versehen. Damit wird auf die »Doppelurkunde« der Antike angespielt, die den Text sowohl auf der (beim Zusammenrollen innen liegenden) Vorderseite als auch – oft gekürzt – auf der Rückseite enthält. Auf diese Weise war die innen liegende Schrift gesichert und konnte durch ein Siegel vor nachträglicher Verfälschung geschützt werden. Das Siegel wurde nur dann gebrochen, wenn es zu einem Streit über den Inhalt der Urkunde kam und der Innentext herangezogen werden musste. Die Außenschrift war dagegen frei zugänglich und man konnte den Inhalt der Urkunde erkennen. Wie bei dieser Form der Urkunde kommt es auch bei dem Buch in Offb 5 auf die Richtigkeit und Gültigkeit dessen an, was in diesem Buch steht. Von der Rechtsurkunde unterscheidet sich das Buch jedoch dadurch, dass zunächst niemand würdig ist, das Buch zu öffnen (Offb 5,2–4) und die Siegel zu lösen (5,9). Offensichtlich enthält das Buch auch keinen Außentext, durch den man den Inhalt des Buches wenigstens in groben Zügen schon lesen könnte. Stattdessen werden zwei eigene Akzente gesetzt: Der eine liegt auf der Frage, wer berechtigt ist, die Siegel zu lösen. Dies ist allein »der Löwe aus dem Stamm Juda«, »die Wurzel Davids«, »das Lamm, wie geschlachtet« (5,5f.9). In der Bildersprache der Offenbarung stehen diese Bilder für Christus. Nur er kann das Buch öffnen. Der zweite Akzent liegt darauf, dass nicht erst alle sieben Siegel geöffnet werden müssen, um den Inhalt des Buches lesbar zu machen. Vielmehr wird in Offb 6 mit dem Öffnen der einzelnen Siegel ein Geschehen in Gang und damit der Inhalt des Buches in Kraft gesetzt. Man muss nicht bis zum siebten Siegel (8,1) warten, schon mit dem Öffnen des ersten (6,1 f) beginnt ein Prozess, der in dem Buch niedergelegt ist. Deshalb geht es hier nicht in erster Linie um das »Lesen« des Buches im Sinne des Wahrnehmens von Geschriebenem, sondern um das Erleben und Verstehen der in Gang gesetzten Ereignisse. Denn mit dem Öffnen

6 Berg, Wort, S. 13–18.

7 Christine Reents (Bibel weg, S. 337–344) hat 12 Argumente gegen den Bibelunterricht zusammengestellt: Die Bibel sei (1) ein Buch aus der Antike und (2) ohne Bedeutung für den Alltag, sie sei (3) nur Spezialisten zugänglich, außerdem (4) zunehmend irrelevant, sie vertrete (5) ein patriarchales Gottesbild, fördere (6) falsche Opferbereitschaft, widerspreche (7) einem autonom, (8) einem individuell gestalteten Leben und (9) der Notwendigkeit von Vergeltung; sie sei (10) Teil einer überholten Feiertagskultur, enthalte (11) unglaubwürdige Geschichten und sei (12) als Kinderbuch völlig ungeeignet.

der einzelnen Siegel beginnen die Endzeitereignisse und es geschieht, was in dem Buch niedergelegt ist.

Überträgt man die aus Offb 5 gewonnene Redewendung vom »Buch mit sieben Siegeln« auf das Lesen der Bibel selbst, kann man drei Konsequenzen ziehen: Bei einem »Buch mit sieben Siegeln« geht es nicht nur um das Lesen, sondern um den Zugang zu diesem Buch oder zu einer Sache, um das Verhältnis dazu. Man muss nicht zuerst alle Siegel lösen, um mit dem Lesen anzufangen. Und: Es geht beim Öffnen der Siegel darum, dass ein Geschehen in Gang kommt. Bei diesem Geschehen geht es um Wahrnehmen, Verstehen und Erleben.

»Sie werden lachen, die Bibel«

Eva Zeller (*1923) umschreibt in einem Gedicht[8] die Bibel mit folgenden Worten:

Sie werden lachen:
Die Bibel, dies
Sammelsurium der
Schlitzohren und
Opferwütigen, der
Ehebrecherinnen und
Gebenedeiten, der
Judasse und derer,
die mit ihren Tränen prangen dürfen.

Sie werden lachen:
Die Bibel, die
Lautschrift, um aus-
sprechen zu können,
wonach der Kranke sich müde seufzt,
der Empörer in
unterkellerten
Städten.

Sie werden lachen:
die Bibel, ein Buch
zum Verschlingen,
Himmelherrgottnochmal,
und ich bin
höllisch froh,
dass es dermaßen
dick ist.

Ein »Sammelsurium« ist die Bibel in der Tat, eine Sammlung von Einzelschriften, nach Umfang, Form und Inhalt sehr verschieden und in einem Zeitraum von über tausend Jahren entstanden. Genauso unterschiedlich sind die Geschichten, die sie erzählt, und die Menschen, die in ihnen handeln. Gottesstreiter sind darunter und Feiglinge, die Jungfrau Maria ebenso wie die Hure Rahab, arme Schlucker und reiche Prasser, Blinde, die sehend werden, und Sehende, die nichts verstehen.[9] Die Bibel ist ein Buch voller Leben, voller Erfahrungen und in dieser Vielfalt ein widerspenstiges Buch. Vermutlich hat deshalb Berthold Brecht auf die Frage nach seiner Lieblingslektüre geantwortet: »Sie werden lachen: Die Bibel.«[10] Eva Zeller bezieht sich auf diese Antwort Brechts und macht sie zum strukturierenden Element ihres Gedichts.

8 Zeller, Stein, S. 18.
9 Vgl. z. B. Lk 1,26–28; Josua 2; Lk 16,20–31; Mk 10,46–52; Num 22,21 ff.
10 Brecht, Werke, Band 2, S. 248.

Weil sie ein Buch voller Erfahrungen ist, ist die Bibel immer wieder abgeschrieben und nachgesprochen worden. Menschen haben ihre eigenen Erfahrungen in ihr wiedergefunden. Erfahrungen mit anderen Menschen und nicht zuletzt mit Gott: »Verbirg dein Antlitz nicht vor mir« (Psalm 27,9), aber auch »Der Herr ist mein Hirte, mir wird nichts mangeln« (Psalm 23,1). Die Bibel ist »Lautschrift«, geschriebener, lesbarer, deutbarer, deutungswürdiger Text und zugleich aktualisiertes, gesprochenes und anregendes Wort. Nicht bloß »Lesewort« enthält sie, »sondern eitel Lebewort«.[11] Sie ist kein Lehrbuch, sondern ein Buch des Lernens, des Glaubens und des Lebens. Zum Lebensbuch wurde und wird sie für diejenigen, die ihre Worte zum eigenen Wort machen, um damit ihre Hoffnung auf Gott und ihre Sehnsucht nach einer gerechten Welt laut werden zu lassen.

Ein dickes Buch ist die Bibel zweifellos auch. Das macht sie scheinbar schwer zugänglich. Ob sie sich zum Verschlingen und eiligen Herunterlesen eignet, kann man mit Recht fragen. Aber das Bild vom Verschlingen ist selbst biblisch und meint etwas anderes: In der Offenbarung (10,9) wird der Seher aufgefordert, sich ein Buch mit den Geheimnissen Gottes einzuverleiben – und dann zu weissagen. Er soll das Buch verinnerlichen, um danach glaubwürdig zu anderen davon reden zu können. Martin Luther hat dafür ein eindrückliches Bild gebraucht: So wie das Vieh wiederkäut, so soll man die Bibel lesen – immer wieder, und immer wieder etwas Neues darin entdecken.

Mit der Bibel ins Gespräch kommen

Die Wendung »mit der Bibel ins Gespräch kommen« ist eine Metapher. Die Bibel hat keine Stimme, mit der sie sprechen könnte. Gleichwohl kann sie zum ansprechenden Wort werden. Sie lädt gleichsam dazu ein, in sie und ihre Welt einzutreten.[12]

Menschen verschiedener Zeit haben dies getan und die Geschichten der Bibel, ihre Gedanken, ihre Sprachbilder, ihre Mahnungen wahr- und angenommen. Leserinnen und Leser haben ihre eigenen Erfahrungen denen, die in der Bibel zur Sprache kommen, hinzugefügt und dadurch das geschriebene Wort aktualisiert. Auf diese Weise kann ein gelesenes Wort ins eigene Leben finden. »Ein Buch ist für mich eine Art Schaufel, mit der ich mich umgrabe«, sagt Martin Walser.[13] Das gilt ganz bestimmt auch für die Bibel.

Mit der Bibel ins Gespräch kommen – vielleicht ist das eine treffende Kurzbeschreibung für eine Bibeldidaktik. Man kann die Bibel lesen, um Informationen zu sammeln und Kenntnisse zu erweitern. Man kann sie lesen, um persönliche Orientierung zu gewinnen. Immer wieder haben Menschen in schwierigen Zeiten die Bibel als Trost- und Hoffnungsbuch gelesen. An vielen biblischen Texten kann man erkennen, dass sie selbst Menschen dazu anregen will, sich zu ihrer Botschaft zu verhalten.

11 Luther, Martin, WA 31/1, 67, 24–27: Die Bibel enthält nicht »Lesewort ..., sondern eitel Lebewort ..., die nicht zum speculiren und hoch zu tichten sondern zum leben und thun dargesetzt sind.«

12 Vgl. das Bild von Steiger, Bibel, S. 315.

13 Walser, Erfahrungen, S. 124.

Exemplarisch lässt sich das an Lk 4,16ff zeigen, der so genannten Antrittspredigt Jesu.

> Hier ist von einer Prophetenlesung im Synagogengottesdienst die Rede. Von den vorangehenden Teilen des Gottesdienstes erfahren wir nichts. Lk 4,16ff konzentriert sich ganz auf die Lesung.

> Im Zitat sind zwei Jesaja-Verse miteinander verbunden (61,1f und 58,6). Die gute Botschaft für die Armen und das »Gnadenjahr des Herrn« rahmen die Machttaten Jesu ein, die hier vorab zusammengefasst werden.

> »Heute« in V. 21 bezieht sich auf die Situation, weist aber zugleich über die Situation hinaus: Wer die Stelle liest, wird zu der Frage geführt, ob das »heute« auch für die Gegenwart der Leser/innen gilt. In diesem Sinn spricht Lukas mehrfach von »heute« (2,11; 5,26; 19,5.9; 23,34).

> Lk 4,16–21 Und er kam nach Nazareth, wo er aufgewachsen war, und ging nach seiner Gewohnheit am Sabbat in die Synagoge und stand auf und wollte lesen. [17]Da wurde ihm das Buch des Propheten Jesaja gereicht. Und als er das Buch auftat, fand er die Stelle, wo geschrieben steht: [18]»Der Geist des Herrn ist auf mir, weil er mich gesalbt hat, zu verkündigen das Evangelium den Armen; er hat mich gesandt, zu predigen den Gefangenen, dass sie frei sein sollen, und den Blinden, dass sie sehen sollen, und den Zerschlagenen, dass sie frei und ledig sein sollen, [19]zu verkündigen das Gnadenjahr des Herrn.« [20]Und als er das Buch zutat, gab er's dem Diener und setzte sich. Und aller Augen in der Synagoge sahen auf ihn. [21]Und er fing an, zu ihnen zu reden: Heute ist dieses Wort der Schrift erfüllt vor euren Ohren.

> V. 17 und 20 beschreiben detailliert die äußeren Bedingungen des Lesens: Jesus bekommt die Jesaja-Rolle gereicht und rollt sie auf; das Lesen selbst wird nicht erwähnt, aber der gelesene Text wird in V. 18f zitiert. Nach der Lesung rollt Jesus die Rolle wieder zusammen (V. 20), gibt sie dem Synagogendiener zurück und setzt sich.

Wer Lk 4,16–21 liest, wird vom Evangelisten in die Erzählung mit hineingenommen. Die Leserinnen und Leser sitzen sozusagen in der Synagoge mit dabei. Indem der Lesevorgang detailliert beschrieben wird, wird Spannung erzeugt. Als Lesende hören wir das Jesajazitat und warten darauf, was Jesus nun zu diesen Versen des Jesaja sagen wird. Die Auslegung, die Jesus vorträgt, ist denkbar knapp. Sie lässt Fragen offen und stößt sie an: Wieso erfüllt sich diese Schriftstelle? Was hat es mit den einzelnen Aussagen auf sich? Wieso erfüllt sie sich heute? Wenn man das Evangelium weiter liest, merkt man, dass der Fortgang der Erzählung auf diese Fragen zurückgreift und das Wirken Jesu darauf bezieht. Letztlich stellt sich die Frage, wie die Leserinnen und Leser selbst dem hier formulierten Anspruch Jesu begegnen.

Um diesem Anspruch zu begegnen, um den Bibeltext als Gesprächspartner überhaupt wahrnehmen zu können, ist es notwendig, das Buch zuerst einmal aufzuschlagen und mit dem Lesen zu beginnen. Um mit der Bibel ins Gespräch einzutreten, muss man das Gespräch zuerst eröffnen und die Bibel nach und nach als ein Gegenüber erkennen, mit dem sich ein Gespräch lohnt. Vielleicht braucht man auch jemand, der das Gespräch anleitet (Apg 8,30f). Solange jedenfalls die Bibel versiegelt ist, wird ein solches Gespräch nicht stattfinden. Auch die beste Nachricht muss zunächst zur Kenntnis genommen werden. So kommt in der Tat in der Bibeldidaktik alles darauf an, die Bibel, dieses Buch mit seinen sieben Siegeln, zu öffnen, sie (um mit Lk 4 zu sprechen) zu entrollen und aufzuschließen – und sie dann, wenn es gelingt, zu erschließen.

2. Das Umfeld der Bibeldidaktik

Der Begriff Bibeldidaktik besteht aus zwei Bestandteilen, die auf einen je eigenen Gegenstandsbereich hinweisen. Die Bibel ist Lebens- und Glaubensbuch der Kirche. Sie ist Grundlage, Bezugspunkt und Untersuchungsgegenstand der Theologie. Sie ist Kulturgut und begegnet vielfach in Musik und Film, in Literatur, Bildender Kunst und Theater, ebenso in Sprichwörtern, Zitaten und Werbeslogans. Auch der Begriff Didaktik steht in einem größeren Zusammenhang. Als erziehungswissenschaftlicher Fachbegriff bezieht er sich auf allgemeine didaktische Fragestellungen und im engeren Sinn auf bestimmte Fachdidaktiken (z. B. die Religionsdidaktik). Er verweist auf die Schule, den außerschulischen Bildungsbereich und führt zu Fragen der Kinder- und Jugendforschung. Nicht zuletzt sind didaktische Fragen eingebettet in das gesellschaftliche Bezugssystem. Im vorliegenden Kapitel geht es darum, diese Bedingungsfaktoren – in aller Kürze – näher zu beleuchten.

Das gesellschaftliche Umfeld der Bibeldidaktik

Unsere Gesellschaft befindet sich in verschiedenen Bereichen im Wandel. Das gilt für Arbeitswelt und Freizeitangebote ebenso wie für den Bildungsbereich, die Neuen Medien, das Verständnis von Politik und gesellschaftlicher Verantwortung und die dabei zu Grunde liegenden Werte und Normen. Nicht zuletzt gilt es für das Verhältnis der Menschen zu Weltanschauungen und Religionen. Wie in diesen Wandlungsprozessen belastbare Positionen gefunden werden können, deutet sich allenfalls an. Das Signum der Gegenwart ist jedenfalls nicht das »Hier stehe ich«, sondern das »Zwischen«. Zwischen den Kulturen, Philosophien, Religionen, aber auch zwischen Arbeit und Arbeitslosigkeit, Muße und Freizeitstress, »anything goes« und Fundamentalismus muss der moderne Mensch sich selbst finden.[1] Diese Sätze sind nicht kulturpessimistisch. Sie zeigen lediglich, in welchem Umfeld eine Bibeldidaktik sich gegenwärtig de facto bewegt. Im Folgenden soll dieses »Zwischen« mit einigen Schlaglichtern beleuchtet werden.

---

1 Unterteilte die Soziologie die Gesellschaft herkömmlich in verschiedene »Schichten«, deren einzelne Mitglieder als ganze und in ihrem gesamten Verhalten in bestimmte Sozialsysteme eingebunden waren, spricht man heute von einer funktionalen Differenzierung, die nicht personenorientiert, sondern themenorientiert oder sachbezogen ist und von einem Nebeneinander einzelner, relativ unabhängig voneinander existierender Funktionssysteme ausgeht (vgl. Luhmann, Gesellschaft, S. 700ff und ders., Funktion, S. 39, im Blick auf die Religion als ein solches Funktionssystem).

Zwischen Pluralität, Individualität und Konformität

»Alles ist möglich, aber nix is fix« – lässt Rainhard Fendrich einen jungen Mann singen, dem man verschiedene Ratschläge fürs Leben mitgeben will.[2] In der Tat: Ob Love-Parade oder Heilsarmee, Bildzeitung oder Süddeutsche, Kirchturm oder Minarett – nix is fix. Das Wählen ist nicht nur Möglichkeit, sondern Notwendigkeit. Pluralismus ist der zentrale Deutungsbegriff der Gegenwart.

Dies gilt auch für den Bereich der Weltanschauungen. In einer pluralistischen Gesellschaft ist faktisch mit differierenden ethischen, politischen, weltanschaulichen und religiösen Überzeugungen zu rechnen. Wenn die Vielfalt darüber hinaus nicht nur ein Sein, sondern auch ein Sollen beschreibt, wird der Pluralismus programmatisch. Wer Einheit behaupte, Ursprung, Sinn und schließlich Gott, schreibt François Lyotard, hänge Einheits- und Wahrheitsvorstellungen nach, die immer zur Intoleranz neigten.[3] Die »großen Erzählungen« (z. B. »das Christentum«) mit ihrem Gültigkeitsanspruch haben in dieser Perspektive nicht nur faktisch, sondern auch mit ihrem theoretischen Anspruch ausgedient. Deshalb wird in postmoderner Perspektive auch die persönliche Religiosität als Aufgabe eigener Konstruktion angesehen. Dieser Prozess und seine Ergebnisse werden häufig als Patchwork-Identität oder Bricolage bezeichnet. Im Rahmen pluralistischer Theorien haben diese Begriffe keinen negativen Beigeschmack, sondern verweisen auf die Notwendigkeit, heterogene Auffassungen und Lebensbereiche zu einem – wenigstens auf Zeit – tragfähigen Weltbild zu verbinden.

Die Individualisierung stellt sozusagen die Kehrseite der Pluralisierung dar. Je stärker feste Orientierungen erodieren, umso mehr stehen die Individuen vor der Aufgabe, zur Gestaltung ihres Lebens aus der Fülle der Möglichkeiten diejenigen auszuwählen, die dafür am besten geeignet erscheinen. Damit wird die Identitäts- und Sinnfindung zur individuellen Leistung und Verpflichtung.[4]

Neben Pluralität und Individualität ist als drittes Stichwort die Konformität zu nennen. Dabei geht es nicht im herkömmlichen Sinn um Übereinstimmung mit gesellschaftlichen Normen. Die »neue Konformität« setzt die Pluralisierung und Individualisierung der Gesellschaft bereits voraus. Sie geht einerseits vom Individuum aus, das sich in der Unübersichtlichkeit zurechtzufinden sucht und zu diesem Zweck die Überzeugungen bestimmter Gemeinschaften für sich akzeptiert. Konformität wird andererseits gesellschaftlich gefördert. Modekataloge, Bestseller- und Hitlisten oder Trendsportarten sind Konformitätsindikatoren und geben vor, wie »man« sich kleiden, fit halten, was »man« lesen, hören oder kaufen soll. Dass dieses »man« begrenzte Dauer hat und nur noch bestimmte gesellschaftliche Untergruppen umfasst, hebt das Streben nach Konformität nicht auf.

---

2 http://members.nbci.com/streetgerman/lied-texte/nixisfix.html (27.8.2001)
3 Lyotard, Wissen, S. 214f; Welsch, Wege, S. 16.
4 Beck, Risikogesellschaft.

Zwischen Unübersichtlichkeit und einfachen Lösungen

Eine Chance des Pluralismus ist seine Offenheit, die prinzipielle Unbegrenztheit ist ein Problem. Dadurch wird er unübersichtlich. In der Unübersichtlichkeit des »Zwischen« suchen viele nach einfachen Lösungen.

Wenn im Pluralismus nicht *ein* Lebensentwurf Dauer verheißt, sondern der Übergang zwischen verschiedenen Entwürfen, kommt es darauf an, das Leben in Übergängen einzuüben. Deshalb wird eine Ethik gefordert, die sich nicht an bestimmte Positionen bindet, sondern die Übergänge selbst zu gestalten versucht.[5] Vorausgesetzt wird dabei das autonome Subjekt, das über viele Bildungsmöglichkeiten und hohe Flexibilität verfügt. Denn in Wahl-Existenzen auf Zeit hineinzuspringen setzt ein hohes Reflexionsniveau ebenso voraus wie geistig-kulturelle Gelenkigkeit. Viele Menschen sehen den Zwang zur Gestaltung der eigenen Biographie jedoch mit gemischten Gefühlen. Die Unübersichtlichkeit kann als so groß empfunden werden, dass begründete Entscheidungen kaum mehr möglich sind. Übergänge ohne ein verlässliches Fundament zu wagen kann zu unabsehbaren Blessuren führen.

Im Blick auf religiöse Überzeugungen kann die Unübersichtlichkeit zur Folge haben, dass man sich in (scheinbar) sichere Refugien zurückzieht. Als Zusammenfassung für einfache Lösungen wird der Begriff Fundamentalismus gebraucht. Aber der Begriff ist ungenau. Al-Qaida-Aktivisten bezeichnet man ebenso damit wie amerikanische Kreationisten oder Gruppierungen pietistischer Spielart in Deutschland, deren Anhänger nicht annähernd vergleichbar sind. Als Theorie-Instrument taugt der Begriff nicht, »denn er bezeichnet ein oder mehrere Phänomene und bewertet sie zugleich.«[6] Man sollte besser von Fundamentalismen sprechen, auch wenn der Plural dabei paradox wirkt. Wichtig ist zudem, Fundamentalismen auch als »Lebensform« zu begreifen, die Handlungsmuster und Verhaltensmodelle zur Verfügung stellen. Weltanschaulichen und religiösen Fundamentalismen geht es um die Richtigkeit von Überzeugungen, aber auch »um letzte Gewissheit der Lebensorientierung und den sich daraus speisenden Handlungsorientierungen.«[7] Dass sie auf die Frage nach der Lebensgewissheit klare Antworten geben, macht ihre Faszination aus. Darin, wie sie diese Antworten geben und welche Lasten sie den Menschen damit aufbürden, liegt ihre Problematik.

In der Sehnsucht nach einfachen Lösungen zeigt sich tatsächlich ein Problem des Pluralismus. Denn Pluralismus ohne Fundament und ohne Gemeinschaft führt zur Beliebigkeit. Zwar ist die individuelle Freiheit des Menschen die Grundlage der Moderne, ihrer Wissenschaft und Wirtschaft und auch ihrer Werte und ihrer Kultur. Aber der Pluralismus kann von der Pluralität individueller Möglichkeiten ebenso besessen sein wie der Fundamentalismus vom gemeinsamen Fundament. Die Frage, wie die Erfahrung von und der Umgang mit Pluralität mit einer eigenen Positionierung und einer Gemeinschaft mit anderen in Einklang gebracht werden kann, muss deshalb gerade im Pluralismus notwendig gestellt werden.

---

5 Welsch, Moderne, S. 205, spricht von der »Kunst« und der »Tugend« des Übergangs«.
6 Heimbrock, Wahrheit, S. 35.
7 Heimbrock, Wahrheit, S. 41.

Zwischen Ökonomie und Event

Die prägenden Begriffe der Gegenwart sind von der Ökonomie vorgegeben. In nahezu jeder Nachrichtensendung ist ein Teil für die Börse reserviert; überall ist Effektivitätssteigerung angesagt. Der herkömmliche Arbeitnehmer wird zum »profit-center« und ist für die Vermarktung der von ihm angebotenen Arbeitskraft selbst verantwortlich. Konsequenterweise trägt er für ein Scheitern ebenfalls die Verantwortung. Die »Chancengesellschaft« hat als Kehrseite offenbar die »Risikogesellschaft«[8], wie die gegenwärtige ökonomische Krise unübersehbar zeigt.

Ökonomische Begriffe haben auch den Bildungssektor erobert. Neben die Wirtschaftsfaktoren Grund und Boden, Kapital und Arbeit tritt das als »Humankapital« bezeichnete Qualifikationsprofil der Erwerbstätigen. Dementsprechend erscheint Bildung als ökonomische Größe: Die Ausgaben für ein Bildungssystem sind gerechtfertigt, wenn und solange sie Ertrag erwarten lassen.

Der Effektivität wird zunehmend das Erlebnis gegenübergestellt. Als »Erlebnisgesellschaft«[9] bezeichnet man eine am Erlebnis orientierte Konsumgesellschaft. Herausragende Events (z. B. im Sport) verbinden Individuen zu Publikumsgemeinschaften ohne längerfristige Bindung: Was immer man erlebt, gewinnt durch den Charakter der Intersubjektivität besondere Überzeugungskraft, die das allein Erlebte nicht erreichen könnte. Anstrengung und Geduld, aber auch Solidarität treten dabei tendenziell ebenso in den Hintergrund wie längerfristiges politisches oder gesellschaftliches Engagement. Dementsprechend ist die Erlebnisgesellschaft in sozialen Krisen verletzlich.

Maßgeblich zur Beurteilung ist die Erlebnisintensität, die ein Event freisetzt. Sie schwankt zwischen »Wahnsinn!« und »langweilig«. Dies gilt in gleicher Weise für eine Raverparty, ein Fußballspiel oder eine Theaterinszenierung. Schulze unterscheidet das »Vorbeischauen« und das »Kennertum« als Umgangsweisen mit Events.[10] Das »Vorbeischauen« ist mit dem Zappen zwischen verschiedenen Fernsehkanälen vergleichbar, gewissermaßen als Event-Tourismus.[11] Als »Kennertum« bezeichnet er eine Umgangsweise mit Events, die neben dem Spaß als Motiv für die Beteiligung auch den Wunsch nach Orientierung erkennen lässt. Begriffe wie »Spaßgesellschaft« oder »Gesellschaft des Spektakels« beschreiben deshalb gewissermaßen nur die Außenseite der Event-Kultur. Innerhalb dieses Rahmens können Vorstellungen und Werte in einem experimentellen Sinn als Ausdruck individuellen Lebensstils erprobt werden. Events heben die Wirklichkeit des alltäglichen Lebens für einen im Voraus definierten, ästhetisch und emotional verdichteten Zeitraum auf. So leuchtet im Event, mag er auch flüchtig sein, doch Wesentliches auf.[12]

---

8 So in Anlehnung an den Untertitel des Berichts der Zukunftskommission des Landes Baden-Württemberg »Von der Risikogesellschaft zur Chancengesellschaft«.

9 Vgl. hierzu Schulze, Erlebnisgesellschaft.

10 Schulze, Kulissen, S. 95ff.

11 Ebd., S. 95ff; vgl. Bittner, Stadt, S. 22.

12 Vgl. Gebhardt, Feiern, S. 18ff; vgl. auch Bittner, Stadt, S. 16.

Zwischen Säkularisierung, Religion und kleinen Transzendenzen

Seit der Aufklärung bezeichnet der Begriff Säkularisierung vor allem »den vielschichtigen Prozess der Ablösung der christlich geprägten Welt durch die neuzeitliche Welt.«[13] Mit der Durchsetzung wissenschaftlichen Fortschritts, ökonomischen Wachstums, demokratischer Ordnung sowie der Technisierung und Rationalisierung der Lebensführung geraten religiöse Deutungen ins Hintertreffen. Säkularisierung meint dann das Schwinden religiöser Substanz bei Einzelnen und in der Gesellschaft.[14] Säkularisierung und Religion werden in dieser Perspektive als Gegensatz verstanden.

Auf Seiten der Theologie hat es allerdings auch Versuche gegeben, die Säkularisierung positiv und als legitime Folge des christlichen Glaubens aufzunehmen. Nach Friedrich Gogarten (1887–1967) konnte der Mensch Autonomie nur dadurch gewinnen, dass der Glaube die Welt von vielen Göttern befreite und sie so erst zur profanen Welt machte. Allerdings blieb der Mensch nicht bei dieser Entgötterung stehen, sondern löste sich zunehmend auch von Gott. Deshalb verwendet Gogarten den Begriff der Säkularisierung für ein weltliches Verständnis von Welt, das an den Schöpfer gebunden bleibt. Wo sich der Mensch auch von Gott emanzipiert, spricht er von Säkularismus, der beständig in der Gefahr stehe, zur Ideologie zu werden.[15] Die Säkularisierung aber liege in der Denkbewegung der biblischen Schriften und könne deshalb im Grundsatz bejaht werden.

Gegenüber der Zeit Gogartens hat sich die Situation allerdings verändert. Es gibt auf der einen Seite zweifellos Säkularisierung im Sinne von Entkirchlichung und religiösem Traditionsabbruch. Ulrich Körtner spricht in diesem Zusammenhang von einem »massenhaften Gewohnheitsatheismus«, der ohne Gott lebt und nichts dabei vermisst.[16] Auf der anderen Seite ist eine Art Renaissance von Religion zu konstatieren. Thomas Luckmann hat von »kleinen Transzendenzen« (z. B. Liebe, Sport, Körperkult), »mittleren« (z. B. Nation, Familie) und »großen Transzendenzen« (Glaube an Gott) gesprochen. Er geht davon aus, dass die kleinen Transzendenzen immer mehr an Bedeutung gewinnen, weist aber auf deren Labilität und Wandelbarkeit hin.[17] Und auch die »großen Transzendenzen« stehen, nachdem das Deutungsmonopol der christlichen Kirchen in den Hintergrund getreten ist, auf dem Markt der »heiligen Universa«[18] mit seinen vielfältigen Angeboten an Gebet und Meditation, Riten und Festen, Mythen und heiligen Schriften untereinander in Konkurrenz.

Wichtig ist, dass diese »neue, postsäkulare Religiosität« keine ungebrochene Fortführung der bisherigen darstellt. Eine gleichzeitige Erosion herkömmlicher Religion ist kaum zu übersehen. Die Säkularisierungsthese ist deshalb mit dem Wiedererstarken von Religion nicht erledigt. Dennoch muss nicht auf eine Zukunftslosigkeit des Christentums geschlossen werden. »Dass Gehalte des christlichen Glaubens weltliche Entsprechungen finden«, … lässt »nicht auf die Schwäche der Ursprungsmotive schließen. … Sie müssen allerdings immer wieder in ihrem ursprünglichen, jede

13 Biehl, Artikel Säkularisierung.
14 Vgl. Lübbe, Religion.
15 Gogarten, Verhängnis, S. 8.129–143.
16 Körtner, Modethema, S. 2; vgl. Körtner, Wiederkehr.
17 Luckmann, Religion, S. 166 ff.181.
18 Luckmann, Religion, S. 180.

Säkularisierung überschreitenden Gehalt erkennbar gemacht werden.«[19] Die Frage wird sein, ob und wie das gelingt. Wenn nämlich die Ursprungsmotive als solche kaum noch im Bewusstsein sind, ist es nicht einfach, auf ihre Unabgegoltenheit zu verweisen.

Zwischen Texten und Bildern

Vom Mittelalter bis in die Neuzeit war die Vermittlung von Wissen und Kultur in erster Linie schriftgebunden. Die Erfindung des Buchdrucks war gegenüber der Handschrift eine enorme Weiterentwicklung, zu deren Auswirkungen beispielsweise die Reformation und die Demokratisierung der Gesellschaften gehören. Seit geraumer Zeit hat jedoch das Bild die kulturelle Meinungsführerschaft übernommen. Diese Verlagerung von der sprachlichen auf die visuelle Information wird üblicherweise als »iconic« oder »pictorial turn« bezeichnet. Die Hinwendung zum Bild ist nicht zuletzt durch die rasante Entwicklung der Massenmedien beeinflusst. Was wir »über die Welt, in der wir leben, wissen, wissen wir durch die Massenmedien.«[20] Sie informieren, orientieren, bewerten, unterhalten und formen die Strukturen unseres Selbst- und unseres Weltumgangs. Eine Schlagzeile in »BILD« (»Wir sind Papst«) oder eine Kampagne der Kommunikationsbranche (»Du bist Deutschland«) erreichen große Bevölkerungsteile und bestimmen durch ihre Eingängigkeit und ständige Wiederholung das Weltverständnis grundlegend mit. Immer stärker werden Ereignisse so geplant, dass sie die größtmögliche Wirkung in den Medien erreichen.

Nicht zu übersehen ist, dass dabei auch Inhalte thematisiert werden, die herkömmlich der Theologie und kirchlicher Verkündigung vorbehalten waren. Dieser Sachverhalt wird unterschiedlich bewertet, als Missbrauch religiöser Tradition für kommerzielle Zwecke oder als Neuentdeckung von Religion. Klar ist jedenfalls, dass die Medien die Welt nicht nur vermitteln, sondern zugleich Sinngebung anbieten. Sie öffnen symbolische Horizonte, »innerhalb derer wir unsere alltagsweltlichen Erfahrungen deuten, mit Hilfe derer unsere Wünsche, Hoffnungen und Ängste eine Sprache finden.« In Filmen und Daily Soaps werden Strategien zur Bewältigung des Alltags angeboten, die »die Alltagsmoral stärken und zur Bewältigung der Beziehungsarbeit in Familie, Partnerschaft und Freundeskreis helfen.« Manchmal finden die Medien auch »starke Bilder und einprägsame Metaphern« für das, was letzten Halt oder wenigstens zeitweise Orientierung im Leben gibt.[21]

Dies als trivial abzutun wird der Sache nicht gerecht. Denn wo beispielsweise die Liebe zum Thema wird, finden sich – neben Oberflächlichkeiten – auch in der Popularkultur tief gehende Aussagen, die nach Dauer, Wahrheit, verborgener Schönheit und Opferbereitschaft fragen.[22] »Große Fragen« werden behandelt, die implizit oder explizit religiöse Zuspitzungen erfahren. Es geht um Gut und Böse, um Schicksal und eigene Verantwortung, um drohende Vernichtung und Zukunftshoffnung oder

19 Huber, Ende, S. 50.
20 Luhmann, Realität, S. 9.
21 Gräb, Sinn, S. 146.
22 Ritter, Schwarzenegger, S. 7.9. Vgl. beispielsweise den Film »Titanic«.

Erlösung, und zwar durchaus nicht immer in einfachen Schwarz-Weiß-Darstellungen. Die Popularkultur liefert »nicht nur Unterhaltungsware, sondern macht auch Angebote zur Weltdeutung und Sinnvermittlung und erfüllt damit zumindest eine der Religion vergleichbare Funktion.«[23]

Zwischen allen Stühlen oder mittendrin?

Zwischen Pluralität, Individualität und Konformität, zwischen Unübersichtlichkeit und einfachen Lösungen, Alltag und Event, Säkularisierung und Religion, Texten und Bildern mit ihren Ansprüchen – irgendwo zwischen diesen Bezugsgrößen suchen Menschen ihren Ort. Dieser nach vielen Seiten offene Ort kann als Befreiung von einengenden Traditionen erlebt werden, aber auch als unwohnlich. Seine Religionstauglichkeit erscheint – was herkömmliche kirchliche Bindungen angeht – gering. Man sitzt zwischen allen Stühlen. Oder man ist »mittendrin«, sucht nach Orientierungsmöglichkeiten und nimmt mit, was sich an Erlebnismöglichkeiten bietet.

Hans Georg Gadamer hat das »Zwischen«, den Ort zwischen Vertrautheit und Fremdheit, als wahren Ort der Hermeneutik bezeichnet. Verstehen kann deshalb nur in der Spannung von Vertrautheit und Fremdheit gelingen. Gadamer hat dies vor allem im Blick auf den historischen Abstand zu Texten beschrieben. Es lässt sich aber auch auf die vertrauten und fremden Bezirke unserer Gegenwart beziehen: »Aus der Zwischenstellung, in der die Hermeneutik ihren Stand zu nehmen hat, folgt, dass ihre Aufgabe überhaupt nicht ist, ein Verfahren des Verstehens zu entwickeln, sondern die Bedingungen aufzuklären, unter denen Verstehen geschieht.«[24]

Dieses »Zwischen« als Ort des Verstehens lässt sich auch biblisch beschreiben. Man kann auf Hebr 13,14 verweisen (»Denn wir haben hier keine bleibende Stadt, sondern die zukünftige suchen wir«), auf die Vorstellung von Heimat und Fremde (1Petr 1,17) oder auf die paulinische Spannung zwischen dem »schon jetzt« und dem »noch nicht« der Erlösung. In diesen Aussagen kommt eine grundlegende Erfahrung der Differenz zum Ausdruck, in der sich die Glaubenden sehen: in der Welt zu leben, aber doch so, dass ihre Existenz in der Welt nicht ganz verrechnet werden kann.

Das »Zwischen« ist zugleich ein Ort von Abschied und Neubeginn. »Wohlan denn, Herz, nimm Abschied und gesunde!« schreibt Hermann Hesse in seinem »Stufen-Gedicht«. Der Aufbruch in neue Räume bedeute Abschied und Reise, ohne schon einem neuen Lebenskreis »traulich eingewohnt« zu sein. Dennoch wohne schon dem Aufbruch »ein Zauber inne, der uns beschützt und der uns hilft zu leben.« Hier wird in poetischer Sprache eine Umschreibung des »Zwischen« gegeben, die klärt, wovon Abschied zu nehmen ist, und Visionen entwickelt, wohin die Reise gehen könnte. Klaus-Peter Jörns gibt einem seiner Bücher den Titel »Notwendige Abschiede.« Auch wenn man den Abschieden, die er vorschlägt, nicht in jedem Fall zustimmt[25], macht er mit Recht darauf aufmerksam, dass die Position des »Zwischen« Abschiede, auf jeden Fall aber Klärungen verlangt.

---

23 Ritter, Schwarzenegger, S. 9. Vgl. Kirsner, Erlösung; Fermor, Ekstasis.

24 Gadamer, Wahrheit und Methode, S. 300.

25 Jörns bezieht sich eher auf die vielfach einengende Wirkungsgeschichte biblischer Texte als auf die Texte selbst, die faktisch immer wieder neue Aufbrüche angestoßen haben.

Wenn das »Zwischen« als Signum der Gegenwart gelten kann, dann sind Ansatzpunkte für die weitere Entwicklung nicht einfach auf einer der verschiedenen Seiten zu finden. Tradition wird hinterfragt und kann deshalb nicht mehr fraglos Anknüpfungspunkt für die weitere Entwicklung sein. Und da die Neuorientierung viele und höchst unterschiedliche Richtungen erkennen lässt, ist auch hier kein fester Punkt zu gewinnen. Das bedeutet: Anknüpfungspunkte sind in dem »Zwischenraum« selbst zu suchen. Er ist nicht durch klare Vorgaben und feste Strukturen gekennzeichnet, sondern sucht nach Anschlussmöglichkeiten. Die Prozesse, mit denen Menschen ihren Alltag meistern und darin Sinnhorizonte entdecken, müssen wahrgenommen werden, um Anknüpfungspunkte für eine christliche Welt- und Lebensdeutung zu gewinnen. Dabei spielt die Autorität der Tradition eine geringere Rolle als die Frage ihrer Evidenz im Blick auf die eigene Lebensführung. Es stellt sich die Frage, ob und wie der christliche Glaube als umfassende Lebensdeutung in der Lage ist Angebote zu machen, die den Menschen bei ihrer Sinnsuche Orientierung geben und zugleich die Frage nach der großen Transzendenz offen halten.

Konsequenzen für die Bibeldidaktik

Die hier nur angedeuteten gesellschaftlichen Rahmenbedingungen wirken sich auf den Bibelgebrauch und die Bibeldidaktik aus und provozieren Fragen an eine zeitgemäße Bibeldidaktik:

- Im Rahmen pluralistischer Deutungshorizonte wird der christliche Glaube als eine Religion unter vielen wahrgenommen. Wo er als Lebensdeutung akzeptiert ist, wird er von den Einzelnen gleichwohl auf unterschiedliche, oft auch unreflektierte Weise rezipiert. Vergleichbares gilt für den Bibelgebrauch. Wie kann eine Bibeldidaktik darauf reagieren? Wie kann sie die Bibel mit ihrem eigenen Anspruch so zur Sprache bringen, dass sie Menschen in ihren individuellen Suchbewegungen anspricht? Wie kann sie die Konformität geschlossener Gemeinschaften vermeiden und für unterschiedliche Erfahrungen anschlussfähig sein?
- Der religiöse Markt ist unübersichtlich. Vielfaches Ausprobieren ist eine mögliche Reaktion darauf, gänzliches Desinteresse eine andere, die Zuflucht zu festen Positionen eine dritte. Dies zeigt sich auch am Bibelgebrauch, der lockere Anspielungen, völlige Unkenntnis und verbalinspiratorische Deutungen gleichermaßen erkennen lässt. Wie kann es gelingen, die Bibel zwischen Beliebigkeit und fest gefügter Unhinterfragbarkeit so zu vermitteln, dass ihre befreiende Botschaft Menschen unter den Bedingungen der Gegenwart ansprechen kann?
- Die Gesellschaft bewegt sich zwischen ökonomischen Zwängen und erlebnisorientierten Aufbrüchen. In beiden Bereichen ist die Bibel kein gesuchter Bezugspunkt; im Bereich der Ökonomie stört sie und im Freizeitbereich vermittelt sie zu wenig »Action«. Wie kann die Bibel in diesem Kräftespiel so zur Sprache kommen, dass sie mit ihren ermutigenden und tröstenden, aber auch mit ihren mahnenden und kritischen Worten gehört werden kann?
- Die gegenwärtige Kultur ist zunehmend von Bildern geprägt. Sowohl Information als auch Orientierungsangebote bedienen sich des Bildes als Medium. In der Popularkultur werden »große Fragen« behandelt und bisweilen in erstaunlicher

Tiefe ausgelotet. Wie lassen sich biblische Texte so ins Spiel bringen, dass ihre eigene Bildhaftigkeit zum Ausdruck kommt und ansprechende Bilder hervorruft?

Wandlungen in der Exegese

Unter Exegese versteht man die methodisch klar strukturierte Auslegung von Texten. In der Theologie ist der Begriff vor allem verbunden mit der »historisch-kritischen Exegese«. Exegese in diesem Sinn ist dem Text und seinem Ursprungssinn verpflichtet. Möglichst große Objektivität und wissenschaftliche Methodik sind ihre Kennzeichen. Im Wesentlichen ist Exegese also methodisch abgesicherte Textanalyse. Wir verdanken dieser Arbeit eine erhebliche Zunahme des Wissens beispielsweise zur Umwelt des Alten und des Neuen Testaments und einen gründlichen Einblick in die verschiedenen Entwicklungen des frühen Christentums.

Methoden

Die historische Kritik hat sich in den letzten Jahrzehnten erheblich gewandelt. Arbeitete man bis weit über die Mitte des 20. Jahrhunderts mit diachronen Methoden, die vor allem nach der Entstehung und Entwicklung von Texten fragten, so geht man heute zunächst von der Endgestalt der Texte aus (synchrone Analyse). Damit rückt der Text als Gesamtwerk stärker ins Zentrum des Interesses. Zwar werden diachrone Untersuchungsmethoden zur Erhellung historischer Entwicklungen nach wie vor angewandt. Aber der Ansatzpunkt hat sich verändert und dadurch auch die Betrachtungsweise insgesamt. Außerdem sind linguistische Fragestellungen in die historisch-kritische Methode integriert worden und haben deren Spektrum deutlich erweitert. Unterstützt wird diese Entwicklung durch die Erkenntnis der Rezeptionsästhetik, dass Leserin und Leser an der Bedeutungsproduktion eines Textes aktiv beteiligt sind. Wie ein Text zu verstehen ist, ergibt sich demnach in einem Wechselspiel zwischen einem Text und denen, die ihn lesen. Von daher rücken sowohl die ersten als auch die aktuellen Leserinnen und Leser eines Textes stärker in den Blick.

Ganz generell haben sich die Zugangsweisen zu den Texten erheblich vermehrt. Man kann die Bibel linguistisch, materialistisch, existential, interaktional, tiefenpsychologisch, feministisch oder fundamentalistisch und natürlich auch historisch-kritisch lesen. Viel Aufmerksamkeit hat auch das literaturwissenschaftliche Konzept der Intertextualität auf sich gezogen. Es geht davon aus, dass in allen Wörtern, die wir benutzen, immer schon Spuren von Wörtern hinterlegt sind, die andere Sprecher mit anderen Absichten in ihnen hinterlassen haben. Ein Text ist immer als »Mosaik von Zitaten« zu verstehen, die sich gegenseitig überlagern.[26] Die intertextuelle Analyse geht diesen wechselseitigen Beziehungen nach.[27] Dass man darüber, wie ein Text ›richtig‹ auszulegen sei, nicht zu einer ein für alle Mal richtigen Antwort gelangt,

26 Kristeva, Probleme, S. 245.
27 Vgl. hierzu Pfister, Konzepte, S. 1–30.

führt jedoch nicht zur Beliebigkeit der Deutungen, sondern zu einer gewissen Bandbreite möglicher Deutungen, die dem Sinnangebot der Texte angemessen ist. So verstanden heißt Exegese, sich der verschiedenen Auslegungsmethoden zu bedienen und mit ihrer Hilfe Verstehensoptionen auszuprobieren, ungenügende auszuscheiden, wichtige zu erkennen und zu präzisieren. Gerd Theißen hat etliche der neuen Zugänge als »engagierte Lektüreformen« zusammengefasst.[28] Dieser Begriff bringt zum Ausdruck, dass für viele Textzugänge das gegenwärtige Engagement und die Frage nach der aktuellen Bedeutung entscheidende Impulse für die Auslegung setzen. Die historische Kritik verweist demgegenüber auf die notwendige Rückbindung der Auslegung an die Ursprungsintention der Texte. Dass sie aus der Antike stammen, macht die historische Rückfrage unabdingbar; ohne ihren historischen Kontext sind biblische Texte mit ihrem Anspruch bisweilen kaum zu verstehen. Diesen Anspruch nur in der historischen Distanz wahrzunehmen wird den Texten aber nicht gerecht. Auf jeden Fall dient es der hermeneutischen Vergewisserung, sich über das eigene Interesse und die Art und Weise der eigenen Interpretation Klarheit zu verschaffen. Jedes methodische Vorgehen hat seine eigenen Möglichkeiten und Grenzen. Eine eindimensionale Auslegung ist deshalb abzulehnen, erst recht dann, wenn sie mit einem Alleinvertretungsanspruch auftritt. Aus diesem Grund ist die Verknüpfung der verschiedenen Zugangsweisen wichtig.

Biblische Theologie

Seit geraumer Zeit spielt der Begriff der Biblischen Theologie in der Exegese eine wichtige Rolle. Er hat einen historisch-exegetischen und einen systematisch-theologischen Aspekt. In historischer Perspektive wird die Bibel als geschichtlich gewordene Sammlung verschiedener jüdischer und christlicher Schriften verstanden. In systematischer Perspektive handelt es sich um die kanonisch fixierte, also bleibend maßgebliche Urkunde des christlichen Glaubens. Beide Perspektiven setzen unterschiedliche Akzente, gehören aber zusammen.

Die historische Betrachtung lässt die Vielfalt der literarischen Formen, der theologischen Inhalte und Konzepte sowie der historischen Kontexte der biblischen Schriften klar erkennen. Jede biblische Schrift lädt in eine eigene Sprach- und Sinnwelt ein. Die Bibel ist ein »Vielstimmenbuch«.[29] Hinzu kommt, dass keine einzige biblische Schrift als »heilige Schrift« konzipiert ist. Auch wenn Bemerkungen wie Offb 21,18 f einen Textbestand sichern wollen und Kol 4,17 den Austausch von Schriften nahelegt, ist der Kanon selbst doch nirgendwo im Blick. Zahl und Abfolge der kanonisierten Schriften gehen auf spätere historische Entwicklungen und theologische Entscheidungen zurück und haben mit den biblischen Autoren zunächst einmal nichts zu tun.

Die historische Betrachtung der biblischen Schriften zeigt in der Vielfalt der Formen und Inhalte aber auch Vergleichbares. Es geht dabei nicht um Uniformität. Vermutlich ist sogar der Begriff der Einheit noch zu statisch, um den Sachverhalt wirklich zu beschreiben.[30] Eher sollte man von gemeinsamen Sinnlinien oder Kon-

28 Theißen, Methodenkonkurrenz.
29 Vgl. unten, S. 230.
30 Schnelle, Theologie, S. 41.

vergenzen sprechen. Solche Sinnlinien lassen sich aber feststellen. Dass Gott der Schöpfer und Erhalter der Welt ist, ist in allen biblischen Schriften vorausgesetzt; Gott ist kein weltabgewandter Gott, sondern bringt sich in die Welt ein und wendet sich den Menschen zu; dem entspricht, dass der Mensch sich dem Schöpfer verdankt und auf ihn hin angelegt ist. Durchgängig ist auch die Einsicht, dass der Mensch der Zuwendung Gottes nicht immer entspricht; er wird vor Gott und den Mitmenschen schuldig und bedarf der Befreiung. Diese Befreiung wird im Alten Testament vor allem von Gott, im Neuen Testament vor allem von Christus erwartet. Die konkrete Ausformulierung der christologischen Aussagen ist unterschiedlich, sie greift aber auf alttestamentliche Aussagen zurück und schafft so eine enge Verbindung zwischen den Schriften. Ein grundlegender Zug beider Testamente ist schließlich, dass Gott nicht nur in der Vergangenheit wirkte und in der Gegenwart wirkt, sondern auch in Zukunft wirken wird und dadurch Ziel der Hoffnung ist; auch dieser Gedanke wird im Neuen Testament vor allem christologisch zur Sprache gebracht. Diese Vorstellungen werden im Einzelnen sehr verschieden konturiert, lassen sich als Sinnlinien aber gleichwohl nachvollziehen.

Die systematisch-theologische Frage, ob es in der Vielfalt der Schriften eine »Mitte der Schrift« gibt, ist durch die Zusammenstellung der beiden Testamente in einem Kanon unabweisbar gestellt. Sie kann aber nur als bleibende Interpretationsaufgabe verstanden werden. Definiert man beispielsweise Christus als die Mitte des Neuen Testaments, so trifft das zwar alle neutestamentlichen Schriften; die christologischen Konzeptionen der Einzelschriften weichen jedoch deutlich voneinander ab. Hinzu kommt, dass Christus als Mitte der Schrift auch das Alte Testament umfassen müsste, was bei einer Vielzahl von Texten aber nur unter Anwendung sehr fraglicher Methoden behauptet werden kann. Dies bedeutet jedoch nicht, dass die Suche nach verbindenden Themen aufgegeben werden soll. Denn alle diese Versuche zielen auf das gründlichere Verstehen der biblischen Schriften und haben damit eine wichtige Funktion.

Die Frage nach dem Verhältnis von Altem und Neuem Testament ist für die Biblische Theologie von zentraler Bedeutung. Sie muss mit Sensibilität für den jeweiligen Eigenwert beider Testamente behandelt werden. Dass das Neue Testament nur in Zusammenhang mit dem Alten Testament verstanden werden kann, gilt umgekehrt nicht in gleicher Weise. Vielmehr ist zu beachten: Soll dem »Alten Testament ein wirklich substanzieller Eigenwert zukommen, muss es etwas für den christlichen Glauben Wesentliches und Unverzichtbares enthalten, das das Neue Testament selbst nicht enthält.«[31] Biblische Theologie fragt deshalb nicht nur nach Konvergenzen zwischen den Testamenten, sondern fordert gleichermaßen dazu auf, nach dem unverzichtbar Eigenen des Alten Testaments zu fragen. Dabei kann man mit Oeming von dem Gedanken ausgehen, dass die neutestamentlichen Autoren sich selbst in Kontinuität zum Alten Testament verstehen und es in Auswahl und Zuspitzung als gültig ansehen. Sie deuten deshalb manches nur an, was im Alten Testament entfaltet ist. So sind beispielsweise die Themen Schöpfung, Fest und Freude oder Weisheit und Skepsis im Alten Testament ungleich breiter und vielschichtiger behandelt als im Neuen.

31 Oeming, Unitas, S. 66f. Das folgende Zitat ebd.

Bei der Kanonisierung der Bibel Israels wie auch der christlichen Bibel ist eine erstaunlich große Abweichungs- und Widerspruchstoleranz festzustellen. Zwei verschiedene Schöpfungserzählungen, vier verschiedene Evangelien, Paulus und Jakobus – um nur diese Beispiele zu nennen – zeigen, dass das Merkmal der Uniformität bei der Kanonbildung offenbar keine zentrale Rolle gespielt hat. Es werden in den verschiedenen biblischen Schriften nicht nur faktisch viele Stimmen laut; vielmehr ist die *kanonisierte* Bibel selbst ein Vielstimmenbuch. Dies führt zu der Einsicht, dass auch in kanonischer Perspektive die Einheit der biblischen Schriften nicht statisch definiert werden kann, sondern als Zusammenspiel von Eigenständigkeit und Konvergenz zu verstehen ist.

Exegese und Religionspädagogik

»Für viele PraktikerInnen sind exegetische Methoden negativ behaftet und kaum anwendbar« – so lautet eine Einschätzung von Hans Schmid[32], die sich ähnlich auch in anderen Veröffentlichungen findet. Diese Einschätzung ist in verschiedener Hinsicht unzutreffend.

Bei der Bearbeitung biblischer Texte im Religionsunterricht bedient man sich seit langem exegetischer Methoden. Das ist z. B. bei dem synoptischen Vergleich unübersehbar. Diese Text vergleichende Methode ist in viele Unterrichtswerke eingegangen. Dort wird sie zwar selten mit all ihren Möglichkeiten ausgeschöpft. Dies liegt aber vor allem daran, dass nicht jedes Textdetail für die unterrichtliche Verwendung brauchbar ist. In den sechziger Jahren des vergangenen Jahrhunderts ging es ganz zentral darum, »die historisch-kritische Exegese in didaktisch wohlüberlegter Weise« zu verwenden. J. Schreiber ließ deshalb in seinem Unterrichtswerk exegetische Erörterungen oft unmittelbar in didaktische und methodische Überlegungen einmünden.[33] Dieser für den Hermeneutischen Religionsunterricht typische Zugriff auf die Exegese ist heute nicht mehr in gleicher Weise möglich. Die »empirische Wende« in der Religionspädagogik hat die Einbahnstraße vom Text zum Unterricht mit Recht in Frage gestellt. Gleichwohl finden sich viele exegetische Fragestellungen und Methoden in elementarisierter Weise im Religionsunterricht wieder.

Wenn Dieter Lührmann von einer »Krise der Exegese« sprach, Walter Wink sogar ihren Bankrott erklärte und Horst Klaus Berg im Anklang an Jer 23,29 fragte, ob das Feuer der biblischen Überlieferung noch brenne oder zur Warmhalteplatte für christliche Tradition geworden sei[34], bezog sich das weniger auf die interne exegetische Diskussion als darauf, dass die Vermittlung dieser Erkenntnisse lange Zeit faktisch an die Praktische Theologie delegiert wurde. Hier lag in der Tat eine Verengung vor. Im Rahmen der Theologie hat jede Teildisziplin die Aufgabe, ihre wesentlichen Erkenntnisse verständlich und nachvollziehbar zusammenzufassen. Elementarisierung gehört so gesehen in den Pflichtenkatalog nicht nur des schulischen Unterrichts, sondern auch der akademischen Lehre. Seit einiger Zeit ist hier aber eine

32 Schmid, Grundschulumfrage, S. 86.
33 Schreiber, Erkenntnis, S. 123 f. 10.
34 Lührmann, Auslegung, S. 25; Wink, Bibelauslegung; Berg, Wort, S. 7.

Wandlung in Gang gekommen, die sich an verschiedenen Arbeiten im Überschneidungsbereich von Exegese und Religionspädagogik ablesen lässt.

Konsequenzen für die Bibeldidaktik

Die Exegese des Alten und des Neuen Testaments ist als methodisch abgesicherte Textanalyse eine der unaufgebbaren Bezugsgrößen der Bibeldidaktik. Der Wandel im Selbstverständnis der Exegese wirkt sich auch auf die Bibeldidaktik aus.

- Der für den Hermeneutischen Religionsunterricht gangbare, direkte Weg von der Exegese zur Unterrichtsplanung ist heute durch die empirische Wende in der Religionspädagogik, die veränderte Position der Exegese im Spektrum der Theologie und durch Wandlungen in der Exegese selbst verwehrt.
- Die Vermehrung der Textzugänge führt zu der Frage, was bestimmte Methoden im Blick auf die auszulegenden Texte und die Auslegungskontexte leisten können. Nicht jede Methode eignet sich für jeden Text, nicht jede Interpretation ist jeder Situation angemessen.
- Darüber, wie ein Text »richtig« auszulegen sei, gibt es keine ein für alle Mal zutreffende Antwort. Man muss von einer Bandbreite möglicher Deutungen ausgehen, die dem Sinnangebot eines Textes angemessen sind. In diesem Sinn heißt Textauslegung, mit Hilfe verschiedener Auslegungsmethoden Verstehensoptionen auszuprobieren, ungenügende auszuscheiden, wichtige zu erkennen und zu präzisieren.
- Im Blick auf den biblischen Kanon aus Altem und Neuem Testament ist einer unreflektierten Einheit der Abschied zu geben. Das schließt nicht aus, dass bei aller Vielfalt konvergierende Linien und Einheitsaspekte identifiziert werden können. Das Verhältnis von Einheit und Vielfalt der biblischen Schriften ist aber spannungsvoll. Der biblische Kanon selbst ist von großer Widerspruchstoleranz geprägt. Er zielt deshalb nicht auf eine rigide Festlegung von Interpretation, sondern ist selbst eine bleibende Interpretationsaufgabe.
- Die Rezeptionsästhetik führt im religionspädagogischen Kontext dazu, den Verstehenshorizont der Lernenden verstärkt zu berücksichtigen. Sie bringen ihre Erfahrungen, ihr Vorwissen und ihr Verstehensniveau in den Verstehensprozess ein. Das macht sie nicht zu Exegeten im fachwissenschaftlichen Sinn, wohl aber zu eigenständigen Interpreten. Manche ihrer Auslegungen sind im Text angelegt oder in der Interpretationsgeschichte vertreten worden; andere sind eigenständig und möglicherweise von bestimmten Verstehensniveaus beeinflusst. Interessant sind sie allemal. Im Voraus kann man nicht wissen, wie weit sie tragen.
- In bibeldidaktischen Prozessen brauchen Lehrpersonen eine gewisse Auslegungskompetenz. Besonders wichtig ist, dass sie über das bloße »richtig« oder »falsch« von Interpretationen hinauskommen und verschiedene Methoden mit ihren jeweiligen Stärken und Schwächen anwenden können. Sie sollten auch in der Lage sein, Aussagen von Schülerinnen und Schülern vor dem Hintergrund der exegetischen Tradition und aktueller Fragestellungen zu verstehen und die Lernenden in ihrem Lernprozess zu fördern. Dies setzt eine gewisse Leichtigkeit im Umgang mit exegetischen Lehrmeinungen und mit Schüleräußerungen voraus.

Bildung, Didaktik und Bibeldidaktik

Der zweite Bestandteil des Begriffs Bibeldidaktik ist die Didaktik. Die verschiedenen bibeldidaktischen Konzeptionen werden im vierten Kapitel behandelt. Hier geht es zunächst um allgemein didaktische Fragestellungen, die wiederum auf grundlegende pädagogische Fragen verweisen.

Die Bibel im Rahmen allgemeiner Bildung

Warum soll man sich im Rahmen allgemeiner Bildung mit religiösen Fragen und mit der Bibel befassen? Zur Begründung[35] ist zunächst auf den kulturgeschichtlichen Aspekt zu verweisen. Bekanntlich spielt das Christentum in der Kulturgeschichte Europas eine fundamentale Rolle. Über weite Strecken müsste die Geschichte des Abendlands ohne Kenntnis der christlichen Tradition unverständlich bleiben. Aus diesem Grund gehört das Kennenlernen der christlichen Tradition zum Bildungsauftrag allgemein bildender Schulen.

Als zweite Begründung ist die Befähigung zum aktualisierenden Umgang mit Tradition zu nennen. Die Schule kann sich nicht darauf beschränken, die Vergangenheit zu verstehen. Sie muss dazu befähigen, sich in der gegenwärtigen Welt zurechtzufinden. Damit schafft sie zugleich Voraussetzungen zu ihrer künftigen Gestaltung. Unabhängig von ihrer Einstellung zum Christentum begegnen Schülerinnen und Schüler in ihrer Lebenswelt vornehmlich der christlichen Religion. Kirchen prägen das Bild der Städte und Dörfer, die Alltagssprache ist durchsetzt von Wendungen aus der biblischen Sprachtradition, christlich-religiöse Versatzstücke finden sich in der Werbung, der Jahresablauf ist geprägt von religiösen Festen. In den Übergangsphasen des Lebens wird kirchliche Begleitung in hohem Maß in Anspruch genommen. Bekanntlich ist dies nicht überall in gleicher Weise der Fall; die neuen Bundesländer sind von ihrer jüngeren Geschichte her anders geprägt als Baden-Württemberg oder Bayern. Überall jedoch ist ein »religiöser Markt« unterschiedlichster Gruppierungen zu erkennen, zu dessen Beurteilung eine religiöse Grundkompetenz notwendig ist.

Ein weiteres Argument bezieht sich auf die Bedeutung der Religion für die eigene Lebensführung, und dies umso stärker, je mehr Pluralisierung und Individualisierung zu Kennzeichen der Gesellschaft werden. Fragen nach der eigenen Identität, der Begrenztheit des Lebens, nach der Wirklichkeit und dem Unendlichen stellen sich jedem Menschen. Fragen wie: Wo war ich, als ich noch nicht geboren war? Wieso bin ich so, wie ich bin? zeigen, dass schon Kinder von sich aus solche Sinnfragen stellen. Zum Entdecken der Welt gehört dazu, dass sie an die Grenzen des ihnen Verständlichen heran und darüber hinaus fragen, auch in den Bereich des Religiösen hinein. Bei der Suche nach Antworten brauchen sie neben der Information auch die Begegnung und Auseinandersetzung mit Sinnangeboten; denn die »großen Fragen« lassen sich auf der Ebene der Information allein nicht abschließend beantworten.

---

35 Vgl. zum Folgenden Kunstmann, Religionspädagogik, S. 39ff.

Das ethische Argument versteht Religion als wichtigen Beitrag zur Wertebildung und zum sozialen Denken und Verhalten. Dieses Argument gilt weithin als *die* Begründung für religiöses Lernen schlechthin, die dann mit den zehn Geboten oder der Bergpredigt Jesu untermauert wird. Das Argument ist zutreffend und zugleich problematisch. Denn die Ethik steht im Christentum nicht am Anfang, sondern folgt aus dem Glauben und damit aus einer bestimmten Einstellung und Haltung. Isoliert man das ethische Argument, wird der christliche Glaube erheblich reduziert.

Schließlich ist das bildungstheoretische Argument zu nennen. Ein wichtiges Merkmal allgemein bildender Schulen ist bereits mit dem Adjektiv allgemein bezeichnet. Es geht um eine grundlegende Bildung, die in möglichst viele Bereiche der Wirklichkeit einführt. Diese Aufgabenstellung schließt Religion mit ein, wenn es denn um *Allgemein*bildung gehen soll. Im Rahmen dieses Arguments wird auch auf einen zu schützenden »Bereich nicht-verwertungsbezogener Qualifikationen«[36] hingewiesen. Denn so wichtig eine zielorientierte schulische Bildung und neuerdings die Diskussion um Standards und Kompetenzen auch sind, dürfen Kinder und Jugendliche doch nicht auf einen ausschließlich zweck- und erfolgsorientierten Lebensentwurf festgelegt werden.

Erziehung, Sozialisation, Bildung

Als Ziel religiöser Bildung kann man die »Befähigung zu kritischer Rationalität und entfalteter Emotionalität« im Blick auf religiöse Fragen bezeichnen.[37] Dabei greifen die Begriffe Erziehung, Sozialisation und Bildung ineinander. Erziehung setzt ein Autoritäts- und Abhängigkeitsgefälle voraus und ist deshalb nicht vor Missbrauch geschützt. Sie kann schaden, wenn sie dem »Zögling« einen fremden Willen aufzwingt. »Grundsätzlich ist Erziehung aber unersetzbar. ... Auch eine als persönliche Entfaltung gedachte Bildung setzt Erziehung immer voraus.«[38] Dies gilt auch für die religiöse Erziehung, die als erste Einweisung in den Bestand religiöser Bräuche, Verhaltensweisen, Fragen und Lehren anzusehen ist und mit der Interesse an religiösen Fragen zuallererst geweckt wird. Sozialisation bezeichnet demgegenüber das Hineinwachsen in einen gesellschaftlich-kulturell vorgegebenen Bestand an Verhaltensformen und Denkweisen. Religiöse Sozialisation wird durch verschiedene Institutionen vermittelt, durch Familie, Kindergarten, Schule, Kirche, Öffentlichkeit und Medien. Religiös sozialisiert ist, wer sich in den religiös vorgegebenen Verhaltens- und Denkweisen auskennt und mit ihnen umgehen kann. Bildung bezieht sich vor allem auf die persönliche Entfaltung eines Menschen. Sie ist »zwar nicht ohne von außen kommende Anstöße denkbar, sperrt sich aber gegen vorgeordnete Autorität, Zeitdruck und Effizienzdenken ebenso wie gegen vorgegebene Lernstoffe und Lernziele.«[39] So verstanden entfaltet sich Bildung durch Begegnung und Resonanz und wächst an dem, was als bedeutsam erfahren wird. Zur religiösen Bildung gehören die Aspekte religiöser Erziehung und Sozialisation, die aber persönlich geformt und

36 Faust-Siehl, Religion in der Grundschule, S. 36.
37 So Hemel, Religionspädgogik, S. 212ff.
38 Vgl. Kunstmann, Religionspädagogik, S. 42ff.
39 Kunstmann, ebd., S. 45.

verantwortet werden und zu einem tragfähigen Verständnis der Welt und des eigenen Lebens führen. Religiöse Bildung ist deshalb ein nicht ersetzbarer Teil allgemeiner Bildung. Eine Einführung in Sprache und Denken der Bibel ist aus christlicher Perspektive dabei unerlässlich.

Instruktion, Partizipation, Konstruktion

Als Teil der Pädagogik umfasst die Didaktik alle Faktoren, die in Bildungsprozessen zu berücksichtigen sind. Sie ist mehr als nur »die Kunst zu lehren«. Alle am Bildungsprozess beteiligten Personen müssen ebenso berücksichtigt werden wie die Auswahl und Begründung der Inhalte, die Ziele und Kompetenzen, auf die hin Unterricht gestaltet wird, die Methodenwahl und die Unterrichtsführung.[40] In diesem Sinn bezieht sich Didaktik auf alle Schulfächer und darüber hinaus auf alle Lehr- und Lernprozesse. Dabei lassen sich verschiedene Grundformen unterscheiden.

Instruktion setzt bei bestimmten Lerngegenständen und bei den Lehrenden als Experten an. Lehren und Lernen sind so aufgeteilt, dass die Lehrenden eine aktive, die Lernenden eine rezeptive Rolle einnehmen. Die Inhalte des Unterrichts sind vom jeweiligen Fachwissen her vorgegeben und werden von den Lehrenden verantwortet und verwaltet. Das Lernen wird als direkte Folge des Lehrens verstanden. Die Schülerinnen und Schüler nehmen den Lernstoff auf, ordnen ihn in der vorgestellten Weise und kommen so zu einem vorgegebenen Verständnis der Welt.

Der Begriff der Partizipation gibt den Lernenden größeren Anteil am Lernprozess. Damit trägt er dem Sachverhalt Rechnung, dass Lernen eine Tätigkeit der Lernenden selbst ist und nicht lediglich von den Lehrenden initiiert und bestimmt werden kann. Die Lehrenden haben eine aktive Rolle, die Lernenden bringen sich aber als Subjekte mit eigenen Interessen, Bedürfnissen und Fähigkeiten in den Prozess von Lehren und Lernen ein. Unterrichtsgegenstände werden anhand einer Fachsystematik vorgegeben, können aber den Voraussetzungen der Lernenden entsprechend verändert werden. Insofern wirken die Lernenden im Lehr- und Lernprozess aktiv mit.

Dem steht eine Vorstellung von Lernen im Sinne der Konstruktion gegenüber. Wissen wird demzufolge nicht übernommen, sondern von den Lernenden auf der Grundlage ihrer Erfahrungen und kognitiven Schemata entwickelt. Die Lernenden konstruieren selbst ihren Blick auf die Welt. Demnach liegt die zentrale Aktivität des Lernens bei den Lernenden, die aktive Gestalter des eigenen Lernens und Verstehens sind. Dadurch verändert sich die Rolle der Lehrenden. Ihre Aufgabe besteht darin, stimulierende Lernumgebungen und -situationen zu schaffen und zu »Co-Konstrukteuren« der Lernenden zu werden. In diesem moderaten Sinn ist der Konstruktivismus in der pädagogischen Diskussion aufgenommen worden. Unterricht bedarf dabei durchaus der Intentionen einer Lehrkraft und ihrer Fähigkeit, anregende Lernlandschaften zur Verfügung zu stellen, die individuelle Lernprozesse ermöglichen und variationsreich Konstruktionsmöglichkeiten anbieten.[41]

---

40 Vgl. hierzu und zum Folgenden Kunstmann, Religionspädagogik, S. 162ff.

41 Vgl. hierzu vor allem die Arbeiten von Mendl und Freudenberger-Lötz. Sie grenzen sich von einem radikalen Konstruktivismus ab, der das Lernen ausschließlich beim lernenden Subjekt verortet.

Didaktische Modelle

Von diesen Grundformen ausgehend lassen sich verschiedene didaktische Modelle beschreiben.

Eine inhalts- oder stofforientierte Didaktik geht von bestimmten Inhalten aus und bedenkt deren Vermittlung: Der »Stoff« (»Was«) wird den Lernenden (»Wem«) mit Hilfe dafür geeigneter Methodik (»Wie«) vermittelt. Die Inhalte werden von der jeweiligen Fachsystematik festgelegt, von hier aus werden geeignete Vermittlungswege abgeleitet. Die Schülerinnen und Schüler sind in erster Linie Rezipienten der didaktischen Bemühungen.

Gewissermaßen umgekehrt geht die lernzielorientierte Didaktik vor. Sie setzt ihren Schwerpunkt nicht an den Anfang, sondern an das Ende des Lernprozesses und fragt, welche Fähigkeiten und Qualifikationen die Lernenden beim Abschluss einer Lerneinheit erworben haben sollen. Mit der lernzielorientierten Didaktik versuchte man, das stoff- und traditionslastige Übergewicht der inhaltsorientierten Didaktik zu korrigieren. Inhalte und Methoden des Unterrichts wurden von den zu erreichenden Zielen her definiert. Vor allem in der so genannten »curricularen Didaktik«[42] ging es um die Frage, was Schülerinnen und Schüler mitbringen müssen, um in der modernen Welt bestehen zu können. Insofern ist die lernzielorientierte Didaktik deutlich stärker an den Lernenden orientiert. Allerdings werden auch bei diesem Modell die Lernziele nicht von ihnen generiert, sondern von den Lehrenden vorgegeben. Insofern entkommt es dem deduktiven Denken nicht, »bei dem immer bereits feststeht, was beim Unterrichten herauskommen soll.«[43]

Die bildungstheoretische Didaktik greift auf die inhaltsorientierte Didaktik zurück. Sie fügt aber zwischen Lerninhalten und Lernenden einen Zwischenschritt ein: Die Inhalte werden sowohl von ihrer fachlichen Notwendigkeit als auch in ihrer Bedeutung für die Lernenden im Sinne eines Gegenwarts- und Zukunftsbezugs begründet. Diese wichtige Erweiterung ist von Wolfgang Klafki als »wechselseitige Erschließung« formuliert worden.[44] Bei der Auswahl und Analyse von Unterrichtsinhalten müssen die Objektivität der Welt und die Subjektivität der Lernenden aufeinander bezogen werden. Wenn ein bestimmter Inhalt exemplarisch einen größeren Sinnzusammenhang erschließt, sowohl für die Gegenwart als auch für die Zukunft der Lernenden Bedeutung gewinnen kann und im Blick auf seine grundlegende Struktur den Lernenden zugänglich ist, sind die Voraussetzungen für eine »kategoriale Bildung« geschaffen: Anhand von fundamentalen und elementaren Inhalten werden »Schlüsselprobleme« der Gegenwart exemplarisch bearbeitet. Dies führt zu einer Bildung, die in der Lage ist, das exemplarisch Erlernte zu übertragen und zu verallgemeinern. Schlüsselqualifikationen bezeichnen dementsprechend die Fähigkeit der Lernenden, sich dem jeweiligen Alter und Bildungsniveau entsprechend auf grundlegende Probleme einzustellen und Lösungen zu finden.[45] Dieser Ansatz ist außerordentlich wirksam geworden. Seine Problematik liegt allerdings darin, dass in vielen Bereichen keine Einigkeit darüber hergestellt werden kann, was als fundamental und elementar anzusehen ist.

---

42 Vgl. Robinsohn, Erziehung.
43 Kunstmann, Religionspädagogik, S. 164.
44 Vgl. Klafki, Problem; ders., Grundzüge, S. 43–81.
45 Vgl. zu den Schlüsselqualifikation und »Schlüsselproblemen« Klafki, Schlüsselqualifikationen, S. 155.

Die lerntheoretische Didaktik wird weder von Inhalten noch von Zielen her begründet, sondern von den konkreten Vorgängen des Lehrens und Lernens. Im so genannten Berliner Modell[46] werden vier »Entscheidungsfaktoren« genannt, die den Prozess des Lehrens und Lernens konstituieren und sich gegenseitig beeinflussen: Ziele/Absichten, Inhalte/Themen, Methoden/Wege und Medien/Mittel. Hinzu kommen Rahmenfaktoren wie Raum, Zeit, Ort, Institution etc. sowie die persönlichen, sozialen und kulturellen Voraussetzungen aller Beteiligten. Neu an diesem Modell ist, dass die Interdependenz aller Faktoren im Prozess des Lehrens und Lernens in den Blick kommt. Wird z. B. bei den Inhalten/Themen eine Entscheidung getroffen, hat dies Auswirkungen auf alle anderen Faktoren. Dies gilt auch für die Rahmenbedingungen und Voraussetzungen, die sich auf den Lernprozess auswirken. Ist ein Lernprozess an ein (vorläufiges) Ende gekommen, ergeben sich Folgen bei allen Beteiligten: Ziele wurden erreicht, Absichten konnten verwirklicht werden – oder auch nicht. Wie immer das Ergebnis aussieht, es fließt als Voraussetzung in den weitergehenden Lernprozess mit ein.

Auch die kommunikative Didaktik löst sich von der inhaltstheoretischen Begründung und betrachtet den Unterricht als kommunikatives Geschehen. Die Interaktion zwischen Lehrenden und Lernenden rückt ins Zentrum des Interesses. Auf ihrer Gestaltung liegt besonderes Gewicht. In den gemeinsamen Prozess von Lehren und Lernen bringen die Lehrenden die Fähigkeit ein und erwerben die Lernenden die Fähigkeit, miteinander sachbezogen zu kommunizieren. Offene Unterrichtsmethoden sind für diesen Kommunikationsprozess besonders geeignet. Impulse zum Lernen können von Lehrenden und Lernenden ausgehen.

Hier lässt sich auch das Konzept der Elementarisierung verorten, das in der Religionspädagogik vor allem von Karl Ernst Nipkow und Friedrich Schweitzer entwickelt wurde. Es unterscheidet fünf Dimensionen der Elementarisierung.[47] Als elementare Strukturen werden die grundlegenden Linien eines Lerngegenstands, einer Tradition oder eines Textes bezeichnet. Elementare Erfahrungen sind in ein Thema oder einen Text eingegangen, werden aber auch von Lernenden und Lehrenden »mitgebracht«. Im Idealfall lassen sich Konvergenzen zwischen den Erfahrungsbereichen erkennen. Elementare Zugänge beziehen sich vor allem auf die Lernenden und hier vor allem auf ihre Verstehensvoraussetzungen. Die Frage nach der elementaren Wahrheit verbindet wie die elementaren Erfahrungen die Sache, um die es geht, und diejenigen, die sich mit ihr befassen. Wahrheit und Bedeutsamkeit sind hier aufeinander zu beziehen. Diesen vier Dimensionen der Elementarisierung müssen elementare Formen des Lernens entsprechen, die am Subjekt orientiert und existenziell herauszufordern in der Lage sind, eigenes Entdecken sowie Lebens- und Handlungsbezüge ermöglichen. Es geht also um einen kommunikativen Prozess, in dem ein Gegenstand mit seinen spezifischen Strukturen, die Lehrenden und die Lernenden in einen gegenseitigen Austausch eintreten.

Grundannahme der konstruktivistischen Didaktik ist, dass mit Hilfe der Wahrnehmung Wirklichkeit nicht abgebildet werden kann. Wirklichkeit wird vielmehr im Sinne eines subjektiven Verständnisses von Wirklichkeit erschaffen (konstruiert). Aus der Sicht des Konstruktivismus gibt es keine objektive Wirklichkeit, sondern

46 Vgl. Heimann/Otto/Schulz, Unterricht; Schulz, Didaktik, S. 35–56.
47 Schweitzer, Elementarisierung – ein religionsdidaktischer Ansatz.

nur Perspektiven auf die Wirklichkeit, über die man sich intersubjektiv verständigen kann. Deshalb lassen sich Lerngegenstände auch nicht von einer zur anderen Person übermitteln. Die Tätigkeit des Lehrens besteht vielmehr darin, die Umwelt der Lernenden so zu gestalten, dass diese selbsttätig kognitive Strukturen aufbauen können, die in der Lage sind, eine neue Weltsicht zu ermöglichen. Lernen ist also als Selbstorganisation von Wissen zu verstehen und ist deshalb individuell und nicht vorhersagbar.[48] Aus diesem Grund denkt die konstruktivistische Didaktik nicht im Rahmen von Informationsübertragung, sondern versteht Lernen als Selbsttätigkeit, die experimentiert, recherchiert, individuelle Lernschritte plant, auf diesem Weg zu einer Interpretation der Wirklichkeit voranschreitet und diese Interpretation im Austausch mit anderen reflektiert. Die Aufgabe der Lehrenden ist dementsprechend, anregende und kommunikationsorientierte Umgebungen zu schaffen, die den Lernenden Möglichkeiten zur Selbstorientierung und eigenständigen Problemlösung bieten. Im Rahmen pädagogischer Theoriebildung wird an Stelle eines radikalen Konstruktivismus, der letztlich Instruktion ausschließt, ein pragmatischer Konstruktivismus vertreten, der bei grundsätzlicher Wahrung des konstruktivistischen Denkmodells instruierende Elemente mit berücksichtigt.

Konsequenzen für die Bibeldidaktik

Nach diesem knappen Überblick über die Bildungsdiskussion und verschiedene didaktische Modelle zeichnen sich verschiedene Konsequenzen für eine zu formulierende Bibeldidaktik ab:

- In der Bildungsdiskussion insgesamt und in den verschiedenen didaktischen Modellen ist eine Bewegung von Instruktion, Inhalts- und Lehrerorientierung hin zu einer Wahrnehmung des kommunikativen und interaktionalen Charakters von Lehr- und Lernprozessen zu erkennen.
- Bildung kann nur mehrperspektivisch umschrieben werden. Dementsprechend können didaktische Modelle dann am ehesten überzeugen, wenn sie möglichst viele Aspekte des Prozesses von Lehren und Lernen wahrnehmen und zueinander in Beziehung setzen. Diese Mehrperspektivität muss auch für eine Bibeldidaktik gelten.
- Die verschiedenen Argumente für eine Beschäftigung mit der Bibel im Rahmen von Allgemeinbildung müssen wach gehalten werden. Westliche Kulturen sind in Geschichte, Gegenwart und absehbarer Zukunft ohne die Grundlage der Bibel nicht umfassend zu verstehen.
- Ihrer eigenen Intention nach ist die Bibel mehr als ein kulturgeschichtlich bedeutsames Werk. Sie erhebt den Anspruch, Antworten auf »große Fragen« des Lebens zu geben. Solche Antworten bedürfen, um Aussagekraft zu gewinnen, der Kenntnisnahme und der Möglichkeit zur offenen Auseinandersetzung. Eine Bibeldidaktik muss beides ermöglichen – den Aufbau von Bibelwissen und die Fähigkeit, sich mit den Fragen und Antworten der Bibel und mit ihrer Hilfe auch mit eigenen Fragen auseinanderzusetzen.

48 Vgl. von Glasersfeld, Wissen, S. 133.

- Bibelwissen und die Fähigkeit zum Umgang mit der Bibel stellen keine Rangfolge dar, sondern greifen ineinander. In beiden Bereichen ist Elementarisierung unabdingbar. Elementarisierung ist als kommunikativer Prozess zu verstehen, in dem die elementaren Strukturen der Texte und die Erfahrungen, die in ihnen aufgenommen sind, mit den elementaren Erfahrungen der Lernenden und ihren Zugangsmöglichkeiten verbunden werden.
- Eine Bibeldidaktik ist so zu formulieren, dass die Lernenden als Gestalter des eigenen Lernens und Verstehens aktiv werden können. Dies bedeutet nicht, dass sich die Lehrenden auf eine Beobachterrolle zurückziehen könnten. Sie kommen als anregende Gesprächspartner, als Gestalter anregender Lernlandschaften und auch als Experten in den Blick, deren Expertenwissen sich aber darin ausprägt, dass sie den Schülerinnen und Schülern variationsreiche Lernwege öffnen, ohne sie zu reglementieren.

3. Die Adressaten der Bibeldidaktik

In diesem Kapitel kommen die Adressaten der Bibeldidaktik in den Blick, vor allem Kinder und Jugendliche, die sich im Rahmen des Religionsunterrichts mit der Bibel beschäftigen. Viele von ihnen haben außerhalb der Schule keinen Bezug zu diesem Buch: »Der Hauptvermittlungsort für Christliches … ist die Schule geworden.«[1] Hier steht die Bibel in besonderer Weise auf dem Prüfstand.

Kindheit und Jugend im Wandel

»Die« Kindheit und »die« Jugend gibt es nicht. Kindheit und Jugend sind immer im Wandel. Studien über diese Lebensphasen haben deshalb immer nur Annäherungswert. Die Veränderungen der SHELL-Jugendstudien zwischen 2000, 2002 und 2006 zeigen dies deutlich.[2] Die Stärke solcher Studien liegt denn auch nicht in erster Linie darin, dass sie die Gegenwart abbilden, sondern dass sie Entwicklungen der jüngsten Vergangenheit dokumentieren. Wenn dies berücksichtigt wird, lassen sich in der Zusammenschau verschiedener Umfragen durchaus Aspekte benennen, die »die« gegenwärtige junge Generation kennzeichnen. Was aber für »die Jugend« zutrifft, muss keineswegs auf konkrete Jugendliche zutreffen. Eine Konsequenz daraus ist: Empirische Untersuchungen ersetzen keinesfalls die eigene Beobachtung. Sie machen lediglich Rahmenbedingungen und Entwicklungen deutlich, geben aber nur bedingt Aufschluss über das, was gerade »angesagt« ist.

Von der Kindheit zur Jugend

In den letzten Jahrzehnten sind die Grenzen zwischen Kindheit und Jugend durchlässig geworden.[3] Kinder in der (herkömmlich so verstandenen) späteren Kindheit tendieren dazu, sich selbst bereits als Jugendliche zu verstehen. Den Übergang von der Grundschule in die Sekundarstufe I setzen sie selbst als Ende der Kindheit an. Bis zum 12. Lebensjahr sind bei zwei Dritteln der in Nordrhein-Westfalen befragten Kinder typische Kinder-Spielsachen aus den Zimmern verschwunden.[4]

---

1 Oertel, Gott, S. 405

2 Deutliche Veränderungen ergeben sich (von 2000 zu 2006) bei den Items Umweltbewusstsein (5,6/4,8), Sicherheit (5,1/5,4), Sozialengagement (5,9/4,7), Gefühle berücksichtigen (4,9/5,3), Fleiß und Ehrgeiz (4,8/5,3), Politikengagement (3,7/3,3), Macht und Einfluss (3,3/4,0), Geschichtsstolz (3,0/3,4) und Konformität (2,3–2,8).

3 Bundesministerium für Familie, Senioren, Frauen und Jugend, 11. Kinder und Jugendbericht, S. 110f. Vgl. hierzu auch Lämmermann/Naurath/Pohl-Patalong, Arbeitsbuch, S. 107ff.211ff.

4 Zinnecker u.a., null zoff, S. 112f.

Die kommerziellen Jugendforscher registrieren diese Veränderung ebenso: BRAVO spricht von einer Verjüngung der Leserschaft und der LEGO-Konzern geht davon aus, dass sich während der letzten beiden Kinder-Generationen das Spielalter um 4 Jahre nach unten verschoben hat.[5] Dementsprechend hat die SHELL-Jugendstudie 2002 den Beginn ihres Untersuchungszeitraums von 14 auf 12 Jahre gesenkt, während die Studie in NRW bereits 10-Jährige befragt.[6]

Bei den Jugendlichen ist ein Trend zur früheren Orientierung an den Erwachsenen festzustellen. Lange Zeit war der Übergang zum Erwachsensein an ökonomische Selbstständigkeit gebunden. Durch verlängerte Ausbildungszeiten hat sich der Eintritt in die Selbstständigkeit deutlich verschoben. Jugendliche lassen sich dadurch aber nicht davon abhalten, erwachsen zu werden. Bereits 50 Prozent der Schülerschaft gehen mehr oder weniger regelmäßigen Jobs nach (und nehmen damit einen Aspekt des Erwachsenenlebens vorweg).[7] Die Jugend beginnt also nicht nur früher, sie endet auch früher.[8] Damit verbunden ist der Sachverhalt, dass Kinder und Jugendliche stärker als Konsumenten in den Blick kommen. Ihre Kaufkraft ist in den vergangenen Jahren kontinuierlich angestiegen.[9] Pro Jahr stehen den 13–17-Jährigen rund 1 400 Euro zur Verfügung, den 18–20-Jährigen 5 700. Ausgegeben wird das Geld überwiegend für Kleidung/Schuhe, Handys, Getränke, Kino/Konzerte und Musik. Die Kehrseite: 15 Prozent der 18–20-Jährigen haben bereits Schulden.

In einer österreichischen Untersuchung von 11–14-Jährigen[10] hat sich gezeigt, dass in diesem Altersspektrum die Werteorientierung gegenüber dem späteren Jugendalter eigenständige Akzente aufweist. Die Sensibilität für Umweltfragen verlagert sich deutlich auf die 11–14-Jährigen nach vorne. Im Vordergrund stehen bei ihnen individuelles und sozialökologisches Harmoniestreben. Sie sind in diesen Bereichen von einem starken Problembewusstsein geprägt und bereit, sich in ihrem eigenen Bereich (z. B. Mülltrennung, Nutzung von Umweltpapier, Radfahren) und in verschiedenen Organisationen zu engagieren (WWF, Greenpeace etc.).

Aus diesen Beobachtungen ergeben sich Konsequenzen: Die übliche Einteilung in »Kindheit« und »Jugend« muss differenziert werden. Aus der Sicht der Betroffenen beginnt ein Perspektivenwechsel mit dem Eintritt in die Sekundarstufe I. Bis zu diesem Zeitpunkt lässt sich die »Schulkindheit« klar abgrenzen. Bei 11- und 12-Jährigen ist bereits verstärkt mit »jugendlichen« Orientierungen zu rechnen, wobei die 11–14-Jährigen gegenüber älteren Jugendlichen Wertorientierungen aufweisen, die früher stärker bei den älteren Jugendlichen zu finden waren. Heranwachsende zwischen 12–15 Jahren gehören dem eigentlichen Jugendalter an, während ab dem Alter von 16 Jahren bereits eine Orientierung am Erwachsenenalter zu erkennen ist.

5 Vgl. Wihstutz, Arbeit von Kindern, S. 34 ff.

6 SHELL-Jugendstudie 2002, S. 13. Zinnecker u.a., null zoff. Für Österreich wurden ähnliche Ergebnisse festgestellt (vgl. Kromer, Abschied).

7 Nach dem 11. Kinder- und Jugendbericht jobben rund 50% der Schüler/innen ab 14 Jahre neben der Schule und erzielen damit rund 50% des ihnen zur Verfügung stehenden Einkommens (S. 148).

8 Hier ergeben sich allerdings Schwankungen, die vor allem sozio-ökonomische und sozio-kulturelle Hintergründe haben. So endet für Hauptschulabsolventen die Jugendzeit früher als für Schüler/innen der Sekundarstufen I und II.

9 Vgl. Sparschuh, Egotaktiker, S. 11.

10 Kromer, Abschied.

Was Kindern und Jugendlichen wichtig ist

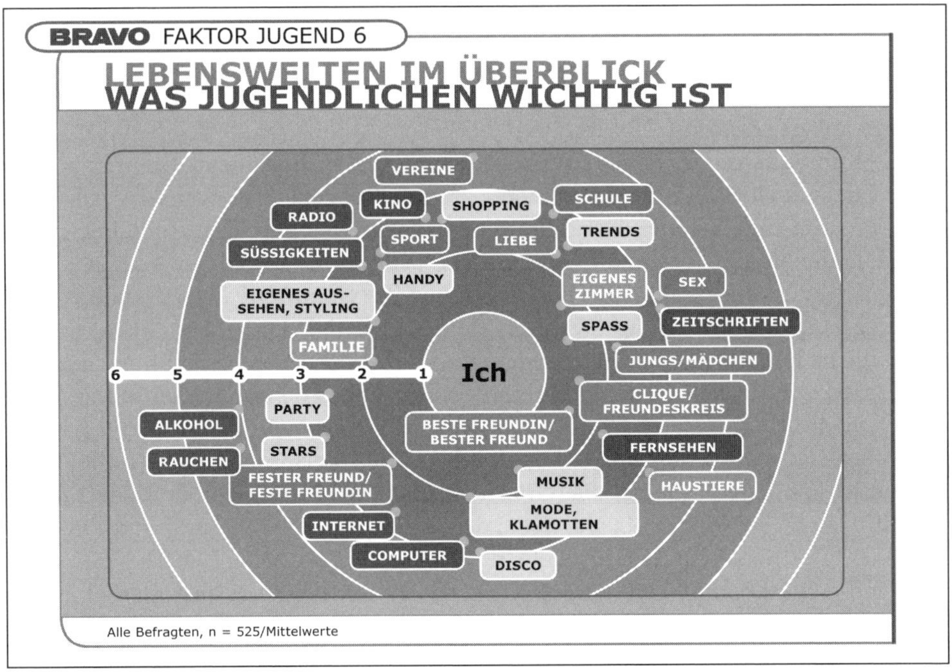

In einer Reihe von Untersuchungen hat die Bauer Media KG (BRAVO, BRAVO-GIRL!)[11] die Lebens-, Marken- und Konsumwelten von Jugendlichen analysiert. Ziel der Studien ist es, »die heutigen Bedürfnisse der Jugend vorzustellen und so den Zugang zu ihr zu erleichtern!«[12] In der 6. Studie »Lebenswelten und Konsum« geht es u.a. um die Frage, was Jugendlichen wichtig ist, von Handy und Disco bis zu Verein und Schule. Eine grundlegende Erkenntnis ist: »Jugendliche differenzieren sehr genau zwischen dem, was sie bewegt und dem, was sie kalt lässt.« In einer Grafik sind die verschiedenen Themenbereiche nach ihrer psychologischen Nähe zum »Ich« positioniert. Hohe Werte zwischen 1 und 2 erhalten das eigene Zimmer, Spaß, Clique/Freundeskreis, Beste/r Freund/in, Musik, Familie und – auf der Grenze zu 2 – Mode, Klamotten, eigenes Aussehen, Styling. Zwischen 2 und 3 rangieren Süßigkeiten, Handy, Sport, Kino, Shopping, Beruf – Jugendliche wissen durchaus, dass man sich Erfolg erarbeiten muss. Relativ abgeschlagen sind materielle Dinge und Freizeitbeschäftigungen. Individualität, die sich beispielsweise im eigenen Zimmer, aber auch in Kleidung und Musikvorlieben Ausdruck verschafft, wird hoch eingeschätzt, aber mehr noch die Akzeptanz in der Gruppe der Freunde und Freundinnen, wobei zunehmend der Wunsch nach positiver Wirkung auf das andere Geschlecht hinzukommt.[13]

Im Blick auf die Altersverteilung ergeben sich Differenzierungen[14]: Während die Freunde bereits ab dem 12. Lebensjahr und dann kontinuierlich hohe Bedeutung

11 Vgl. http://www.bauermedia.de/bravo_faktor_jugend.html (01.10.2009).
12 Bravo Faktor Jugend 7, Folie 5.
13 Bravo Faktor Jugend 7, Folie 21 ff; vgl. die Grafik auf Folie 24.
14 Bravo Faktor Jugend 7, Folie 16.

haben, verändern sich die Einschätzungen von Schule/Beruf, Eltern/Familie sowie von Geld/Besitz, Sport und Tieren. Schule und Berufsausbildung werden wichtiger, die Bedeutung von Eltern und Familie nimmt erst um das 17. Lebensjahr ab, materielle Werte nehmen ab dem 14. Lebensjahr an Bedeutung zu, die Bedeutung von Sport (insbesondere Vereinsaktivitäten) und Tieren nimmt kontinuierlich ab, Fun-Aktivitäten treten dagegen in den Vordergrund.[15]

Die Konsequenz, die die BRAVO-Studie aus dieser Analyse zieht, lautet: »Wer Jugend sagt, meint in Wirklichkeit eine extrem heterogene Zielgruppe. ... Die Konsequenzen für Jugendmarken sind dramatisch. Sie treffen jeweils auf ... unterschiedliche emotionale und pragmatische Bedürfnisse, die die Marke befriedigen muss« und auf »unterschiedliche Anforderungen, wie die Kommunikation inhaltlich und formal gestaltet sein muss, um den Nerv der Jugendlichen zu treffen.«[16] Eine weitere Konsequenz lautet: »In einer Zeit, in der massive Unsicherheit herrscht, wirken starke Marken wie ein Fels in der Brandung.«[17] Das ist zweifellos eine einseitige Interpretation, die die in der Studie selbst festgestellte Bindung an Freunde und Familie, aber auch die als wichtig angesehenen schulischen Leistungen nicht hinreichend berücksichtigt. Hier zeigt sich die wirtschaftliche Orientierung der Umfrage. Gleichwohl ist nicht von der Hand zu weisen, dass sich Selbsteinschätzung und Einschätzung der Wirkung auf andere für viele Jugendliche durchaus an »Marken« orientiert, während Aktivitäten in Vereinen, Kirchen oder im sozialen Bereich hierbei in den Hintergrund treten.

Im Blick auf gesellschaftliche Aktivitäten legen die verschiedenen Studien einen unterschiedlichen Begriff von Engagement zugrunde. Die SHELL-Studien verstehen den Begriff breit und fassen darunter Freizeitaktivitäten mit sozialem oder politischen Ziel in einer Gruppe, aber auch individuell oder familiär. In diesem Sinn verstehen sich 76 Prozent aller befragten Jugendlichen als »gelegentlich aktiv«.[18] Inhaltliche Schwerpunkte des Engagements sind jugendnahe Tätigkeiten und Aktivitäten für bestimmte Zielgruppen (Kinder, die eigene Altersgruppe, Tiere, Natur), Mädchen sind engagierter im sozialen und ökologischen Bereich. Je älter die Jugendlichen werden, desto individueller wird ihr Engagement. Aber auch ein enger Engagement-Begriff bestätigt den Befund[19]: 37 Prozent aller ehrenamtlich Tätigen sind zwischen 14 und 24 Jahren (während ihr Anteil an der Gesamtbevölkerung nur 15 Prozent ausmacht).[20] Motive für das ehrenamtliche Engagement sind u.a. Geselligkeit, Spaß, Selbstbestimmung, Anerkennung, Selbsterfahrung, Bildung, Mitgestaltungsmöglichkeiten, aber auch Solidarität. Das Ehrenamt hat für junge Menschen offenbar hohe biographische Bedeutung; die Hälfte aller ehrenamtlich Tätigen gibt an, bereits als unter 20-Jährige mit dem Engagement begonnen zu haben. 40 Prozent der jugendlichen Ehrenamtlichen legen Wert auf einen Tätig-

15 Bravo Faktor Jugend 7, Folie 19.
16 Bravo Faktor Jugend 7, Folie 29.
17 Bravo Faktor Jugend 7, Folie 52. Vgl. hierzu die Übersichten über die Top-Marken, Folien 38–44.
18 SHELL-Jugendstudie 2002, S. 194.
19 Der »Freiwilligen-Survey« des Bundesministeriums für Familie, Senioren, Frauen und Jugend aus dem Jahr 1999 versteht gesellschaftliches Engagement im Sinne des englischen Begriffs »volunteering«.
20 Sparschuh, Egotaktiker, S. 37. Vgl. die Zahlen des 11. Kinder- und Jugendberichts, S. 352; Freiwilligen-Survey 2004, S. 204: Der Anteil der freiwillig engagierten Jugendlichen ist im Vergleich mit 1999 praktisch gleich groß, der Anteil der Jugendlichen jedoch höher, die mehr als eine freiwillige Tätigkeit übernommen haben.

keitsnachweis, um die erworbene Kompetenz für den Beruf nutzbar zu machen. Allerdings muss man differenzieren. Den nur zu 34 Prozent politisch interessierten Jugendlichen zwischen 12 und 24 Jahren (im Vergleich: 1999 43 Prozent; 1991 57 Prozent)[21] stehen die Jugendlichen gegenüber, die sich auf vielfältige Weise engagieren, dies aber eher kurzfristig und ohne feste Bindung an Organisationen. Und neben Jugendlichen, die sich stark engagieren und teilweise mehrere Aktivitäten betreiben, steht ein nicht unerheblicher Prozentsatz an jungen Menschen, die sich nicht engagieren.

Wertorientierungen

Im Blick auf die Wertorientierungen der jungen Generation stellte die SHELL-Jugendstudie von 2002 eine Entwicklung in zwei Richtungen fest, die sich gegenseitig bedingen: Zum einen entwickeln sich Wertorientierungen auseinander. Was für die Einen als Wert gilt, hat für Andere diese Bedeutung nicht. Ein Wertepluralismus gewinnt mehr und mehr die Oberhand gegenüber normativen Orientierungen. Dabei werden personenbezogene Werte (Entfaltung der Persönlichkeit, Kreativität, Lebensgenuss, Durchsetzungsvermögen) generell hoch eingeschätzt.[22] Zum anderen werden Wertvorstellungen pragmatisch an wechselnde Situationen angepasst. So sind beispielsweise Werte wie »Selbstentfaltung« und »Anpassung« für die Jugendlichen kein Widerspruch, sondern können miteinander verbunden werden. Für 71–76 Prozent der Jugendlichen ist »fleißig/ehrgeizig sein« eine akzeptierte soziale Norm. 55 Prozent schätzen soziales Engagement hoch ein, während 60 Prozent der Jugendlichen für das »Sich-gegen-andere-durchsetzen« plädieren. Hier vertreten z. T. dieselben Jugendlichen beide Wertorientierungen zugleich.

Im Vergleich mit früheren Untersuchungen zeigt sich eine Steigerung in der Wertschätzung von Leistung, Lebensstandard, Fleiß, Ehrgeiz, Macht und Einfluss.[23] Dagegen ist die Wertschätzung von Umweltbewusstsein, Gesundheitsbewusstsein sowie von sozialem und politischem Engagement zurückgegangen. Insofern gibt es einen Prioritätenwechsel hin zu Leistung/Macht/Anpassung und weg von Gemeinwohl/Engagement. Dies sind für die Forscher Indizien für die pragmatische Orientierung Jugendlicher zu Gunsten der eigenen Lebenschancen.[24] Durchgängig zeigen die neueren Studien allerdings: Je besser gestellt die Jugendlichen von ihrer Herkunft her und je höher ihre Bildungschancen sind, desto stärker sind sie sozial engagiert.[25]

Hohe Wertschätzung erfährt die Familie. Sie gilt bei Jugendlichen als wichtige Ressource dafür, den Herausforderungen der Zukunft gewachsen zu sein.[26] Während in den 70er Jahren der Wunsch nach »mehr Freiheit« ganz oben auf der Rangliste stand, ist es heute der Wunsch nach »mehr gemeinsamer Zeit«.[27] Die Familie als Res-

21 Albert/Linssen/Hurrelmann, Jugend S. 3.
22 Vgl. SHELL 2002, S. 14ff; Sparschuh, Egotaktiker, S. 17.
23 Sparschuh, Egotaktiker, S. 19.
24 Nach Sparschuh, ebd. 2006 hat die Bedeutung des öffentlichen Engagements auch für die Idealisten durchweg abgenommen (SHELL-Jugendstudie 2006, S. 192).
25 Sparschuh, Egotaktiker, S. 20.
26 SHELL-Jugendstudie 2002, S. 142ff. 2006, S. 173ff. 292ff.
27 Zinnecker u.a., null zoff, S. 39; Ziebertz u.a., Signaturen.

source zu verstehen bedeutet dabei, dass ihre Rolle als exklusive Erziehungsinstanz geringer wird, ihre Bedeutung als emotionaler, aber auch materieller, kultureller und kognitiver Haltepunkt dagegen steigt. Hier kann man sich von den Widrigkeiten der Welt zurückziehen.

Im Blick auf die Zukunft gibt es den verschiedenen Studien zufolge nur eine geringe ausgesprochen pessimistische Neigung. Dies bedeutet jedoch nicht, dass die gegenwärtige Jugend eine Generation von Optimisten sei. Die meisten Kinder und Jugendlichen ordnen sich mit ihren Zukunftserwartungen bei »mal so, mal so« ein.[28] Sie sind weniger optimistisch als realistisch und pragmatisch. Zuversicht im Blick auf die Zukunft ist bei den Jugendlichen mit guten Bildungsmöglichkeiten und sozialer Einbindung höher ausgeprägt. Mädchen und Jugendliche in den alten Bundesländern sind tendenziell zuversichtlicher als Jungen und Jugendliche in den neuen Ländern. Insgesamt ist die persönliche und gesellschaftliche Zukunftserwartung deutlich mit dem eigenen sozialen Status verbunden: Je niedriger der soziale Status ist, desto düsterer wird die Zukunft gesehen.

Junge Menschen zwischen 10 und 18 Jahren sind demnach überwiegend bildungsambitioniert, familienorientiert und kommunikationsfreudig. Sie nehmen Konsum- und Freizeitangebote unbefangen wahr und suchen angesichts gesellschaftlicher Probleme pragmatische Lösungen. Die globale Zukunft sehen sie eher pessimistisch, die eigene Zukunft eher realistisch und pragmatisch. Die SHELL-Jugendstudie von 2002 zeichnet das Bild einer pragmatischen Jugendgeneration, die Studie aus dem Jahr 2006 sieht auf Grund gesellschaftlicher Veränderung die pragmatische Generation unter Druck.[29] Die Studie BRAVO Jugend Faktor 6[30] formuliert offener: »Der Full-Time-Job Jugend mit seinen fast unendlichen Möglichkeiten zwingt Jugendliche einfach dazu, pragmatisch Prioritäten zu setzen, und das machen sie sehr erfolgreich.«

Gegenüber den Erwachsenengenerationen zeigt sich ein Wertewandel, der nicht in erster Linie die Werte als solche betrifft, sondern deren Einordnung in ein Gesamtbild: Toleranz, Engagement und »Gemeinwohlorientierungen« sind bei den Jugendlichen sehr wohl vorhanden, sie werden aber weniger dem Umfeld von »Politik« und »Soziales« zugeordnet, sondern dem Bereich der Selbstentfaltung. Interessanterweise kann sogar »Selbstkontrolle«, die von Erwachsenen als von außen begründete Norm eher abgelehnt wird, bei Jugendlichen als Bestandteil der Selbstentfaltung verstanden werden.[31] Ähnliches gilt für die Bewertung von »Kreativität« sowie »Gesetz/Ordnung«, die nebeneinander wertgeschätzt werden und offenbar sowohl dem Sicherheitsbedürfnis als auch dem Bedürfnis, Situationen optimal zu nutzen, entsprechen. Werte werden überwiegend individuell im Sinne einer persönlichen Wertesynthese und unter pragmatischen Gesichtspunkten zusammengestellt.

28 So Zinnecker u.a, null zoff, S. 118: »Gemischt, mal so, mal so« 59 %, »eher zuversichtlich« 38 %, »eher düster« 3 %. Die SHELL-Studie 2002 ist in dieser Frage nicht differenziert genug. Die Studie aus dem Jahr 2006 stellt einen Rückgang der zuversichtlichen Zukunftserwartung fest bei gleichzeitiger Zunahme einer unsicheren Prognose, ob die persönliche Zukunft eher positiv oder negativ verlaufen wird (2006, S. 96).

29 SHELL-Jugendstudie 2006, S. 31.169 ff.

30 Folie 48.

31 Vgl. Lämmermann/Naurath/Pohl-Patalong, Arbeitsbuch Religionspädagogik, S. 216.

Systematisierungen

Die SHELL-Jugendstudie 2002 unterscheidet vier Wertetypen, die in der jugendlichen Existenz zwischen 12 und 25 Jahren eine Rolle spielen: »Pragmatische Idealisten«, »selbstbewusste Macher«, »zögerlich Unauffällige« und »robuste Materialisten«. Die vier Wertetypen verteilten sich 2002 in der Gesamtpopulation der 12–25-Jährigen fast gleichmäßig. Differenzierungen ergaben sich allerdings im Blick auf das Geschlecht: Bei den pragmatischen Idealisten waren die Mädchen deutlich höher repräsentiert als die Jungen (30 Prozent zu 20 Prozent), bei den robusten Materialisten war es umgekehrt (19 Prozent zu 27 Prozent), die beiden anderen Kategorien wiesen keine deutlichen Unterschiede auf. In der Untersuchung von 2006 werden diese Wertetypen beibehalten und in Kontrastanalysen (Idealisten versus Materialisten, Macher versus Unauffällige) noch genauer untersucht.[32] Dass sich im Blick auf die jugendliche Gesamtpopulation keine dieser Wertorientierungen eindeutig als Leitorientierung bezeichnen lässt, ist die m. E. wichtigste Erkenntnis dieser Untersuchung. Jugendliche Existenzen bewegen sich offenbar zwischen Idealismus und Materialismus, zwischen Unauffälligkeit und Selbstbewusstsein, zwischen Machen und Zögern. Dabei können Jugendliche bestimmte Präferenzen ausbilden, aber auch wieder ändern. Die Kategorien der SHELL-Jugendstudie sind hilfreich als Rahmen, als Festlegungen taugen sie nicht.

Eine klare Differenzierung ergibt sich im Blick auf die Schulbildung.[33] Deutlich zu erkennen ist eine zunehmende Tendenz zum pragmatischen Idealismus bei höherer Schulbildung, während gleichzeitig die Tendenz zum robusten Materialismus klar abnimmt. Auszubildende bewegen sich im Mittelfeld, Arbeitslose tendieren zum großen Teil zum Materialismus und verlieren zugleich den Idealismus. Die Schulbildung hat unmittelbare Auswirkungen auf die Wertorientierung. Dass es einen Zusammenhang zwischen Bildung und Chancen auf dem Arbeitsmarkt gibt, ist Jugendlichen bekannt. Dementsprechend rangieren Beruf und Schule weit vorne auf einer Skala der Lebensziele. In der NRW-Jugendstudie stehen Beruf, Familie, Materielles und Bildung auf den ersten Plätzen.[34] Dies weist darauf hin, dass Bildung weniger als Mittel der Persönlichkeitsbildung, sondern als materielle Ressource und als Schlüssel zu gutem Beruf und Einkommen verstanden wird.[35] Gefördert wird der darin erkennbare Pragmatismus durch verschiedene Erscheinungsformen der »postmodernen Gesellschaft«: Das Lebensumfeld ist inhomogen und zum Teil widersprüchlich. Eindeutigkeiten fehlen. Ökonomische Unsicherheiten und die Grenzen des Wohlfahrtsstaates führen zu einer Haltung, die möglichst die eigenen Probleme in den Griff zu bekommen versucht.

Die Globalisierung ist im Medienbereich außerordentlich weit fortgeschritten. Internet, Handy und Fernsehen sind Leitmedien. Eine grundlegende Tätigkeit der nachwachsenden Generation ist das Zappen. Obwohl die Wahlmöglichkeiten groß sind, erweisen sie sich aber »für die meisten doch als deutlich begrenzt, weil letztlich der sozioökonomische Status immer wieder auch Mehrfachbegünstigungen

32 SHELL-Jugendstudie 2006, S. 186ff.
33 Vgl. SHELL-Jugendstudie 2006, S. 194.
34 Vgl. auch Zinnecker u.a., null zoff, S. 122.
35 Sparschuh, Egotaktiker, S. 19.

und -benachteiligungen nach sich zieht, z. B. Wohnung, Wohngebiet, Bildung, soziale Kontakte, Gesundheit, Freizeitgestaltung, subjektives Wohlbefinden.«[36]

Konsequenzen für die Bibeldidaktik

Welche Schlüsse sind aus diesen Erkenntnissen für eine Bibeldidaktik zu ziehen?

- Kindheit und Jugend sind nicht als Stadium zu verstehen, sondern als Prozess. Dabei zeigt sich, dass das Jugendalter die Altersgruppe der 10- und 11-Jährigen bereits beeinflusst und selbst schon früher Elemente des Erwachsenenlebens aufnimmt als dies noch vor einer Generation der Fall war.
- Ein hohes Maß an Pragmatismus ist für die derzeitige Jugendgeneration charakteristisch. Angesichts gesellschaftlicher Rahmenbedingungen erscheint ein pragmatisches Abwägen der Möglichkeiten Vielen als Mittel der Wahl zur eigenen Lebensgestaltung. Wertvorstellungen werden ungrundsätzlich betrachtet und können je nach Situation gewichtet werden. Eine Bibeldidaktik kann diese Haltung nicht unberücksichtigt lassen. Sie muss deutlich machen, auf welche Weise die Bibel Kindern und Jugendlichen hilfreich ist bzw. sein kann.
- Dies gilt auch für den Bereich des Bibelwissens. Kinder und Jugendliche sind sich der Wechselbeziehung zwischen Bildung und den Möglichkeiten zur eigenen Entfaltung in persönlicher und beruflicher Hinsicht im Klaren. Sie sehen Wissen und Leistung nicht negativ. Allerdings stellen sie auch hier die Frage, was ein bestimmtes Wissen »bringt«.
- Hoch eingeschätzt werden personenbezogene Werte wie die Entfaltung der Persönlichkeit und Kreativität. Toleranz und Engagement für das Gemeinwohl treten als Werte nicht zurück, werden aber der Entfaltung der Persönlichkeit zugeordnet. Im Blick auf eine Bibeldidaktik kann daraus gefolgert werden, dass die Wissensvermittlung mit kreativen Möglichkeiten des Bibelunterrichts kombiniert werden muss. Die kreative Aneignung und der kreative Umgang mit biblischen Texten sind zu fördern. Dass beides nur mit einer gewissen Grundkenntnis biblischer Texte und Zusammenhänge gelingen kann, ist allerdings nicht zu bestreiten.

Jugend und Religion

Wie die jugendlichen Lebenswelten heterogen sind, so ist auch der Bereich der Religiosität vielfältig und unterliegt der individuellen Ausgestaltung. Pluralität lässt sich beobachten sowohl zwischen den verschiedenen Individuen als auch bei den Individuen selbst. Sie können im Lebenslauf verschiedene Formen und Inhalte von Religiosität aktualisieren und synkretistisch miteinander verbinden. Zwar hat es immer subjektive Religion gegeben, die mit der kirchlichen Lehre nicht deckungsgleich war. Die größere Bandbreite verfügbarer Weltdeutungen stellt das Subjekt aber zuneh-

36 11. Jugendbericht, S. 146; vgl. Sparschuh, S. 8. Der 11. Jugendbericht weist darauf hin, dass die gesellschaftliche Realität von gleichen Lebensverhältnissen und -chancen weit entfernt ist.

mend auch im Bereich der Religion vor die Aufgabe, eigene Plausibilitäten zu entwickeln.

Verschiedene Arten religiöser Bindung

Wenn man sich im Rahmen einer Bibeldidaktik auf die christliche Religion und das volkskirchliche Christentum konzentriert, kann man mit Paul Zulehner verschiedene Gruppen unterscheiden[37]: Als Nicht-Christen bezeichnet er denjenigen, der »nichtchristlich erzogen wurde, oder seine in Familie und Religionsunterricht anerzogene christliche Art der Lebensdeutung und Lebensbewältigung aufgibt und sich an einer neuen ›Matrix‹ der Welt-, Fremd-, Selbst-, Alltags- und Krisendeutung orientiert.« Kirchenchristen nennt er diejenigen, die sich bewusst an die Kirche und ihre Glaubenstraditionen binden. Als Auswahlchristen bezeichnet er die große Mehrheit derjenigen, die partiell am kirchlichen Leben teilnehmen oder mit den Aussagen der Kirche übereinstimmen. Sie haben ein eher distanziertes Verhältnis zur Kirche, ohne sie generell abzulehnen. Zu den Nicht-Christen gehören sie nicht, weil sie verschiedene Anknüpfungspunkte zu Leben und Lehre der Kirche anerkennen (Taufe, Konfirmation, Hochzeit, Bestattung, Nächstenliebe, Jesus). Zu den Kirchenchristen gehören sie nicht, weil sie sich nicht prinzipiell und intentional an die Kirche binden. Vielmehr integrieren sie die Anknüpfungspunkte zum kirchlichen Leben in ihre subjektive Lebensgestaltung, ohne sich der Institution stärker verpflichtet zu fühlen.

Beate-Irene Hämel unterscheidet mit stärkerer Konzentration auf die jugendliche Religiosität folgende Gruppen: kirchlich-christlich orientierte und christlich-autonome, konventionell-religiöse und autonom-religiöse, antiinstitutionell orientierte und nicht-religiöse Jugendliche.[38] Der kirchlich-christlich und der christlich-autonome Typus orientieren sich gleichermaßen am kirchlichen Christentum; während der kirchlich-christliche Jugendliche aber zum traditionell verfassten Christentum tendiert und ein biblisch geprägtes Gottesbild akzeptiert, vertritt der christlich-autonome Jugendliche bei prinzipieller Akzeptanz christlicher Vorstellungen selbstbewusster eigene Überzeugungen, in die er auch andere religiöse Inhalte einfügt. Als konventionell-religiös werden Jugendliche bezeichnet, die kirchliche Angebote dann und wann und ohne Verbindlichkeit annehmen, während autonom-religiös orientierte Jugendliche ihre Religiosität aus Bausteinen unterschiedlicher spiritueller und religiöser Provenienz zusammensetzen. Antiinstitutionell-religiös orientierte Jugendliche sind nach Hämel vor allem an Erfahrungen im okkulten und quasi-religiösen Bereich interessiert. Nicht-religiöse Jugendliche nutzen für sich weder Religion noch religionsförmiges Material. Sie messen der Religion keinerlei Bedeutung bei, ohne sie allerdings direkt zu bekämpfen. Der christlich-autonome und der autonom-religiöse Typus stellen zahlenmäßig die größten Gruppen dar.

Der Vergleich der SHELL-Studien zwischen 1984 und 2006 lässt einen deutlichen Rückgang im Blick auf den Glauben an ein Weiterleben nach dem Tod sowie beim Gottesdienstbesuch und beim Beten erkennen. Diese Verschiebungen sind signifi-

37 Zulehner, Grundlegung, S. 16–17. 19–23. 23–36.
38 Vgl. hierzu Hämel, Textur-Bildung, S. 105–108.

kant und zeigen eine zunehmende Distanzierung zu herkömmlichen religiösen Formen und Inhalten.[39] Bei der Frage nach Glaubensüberzeugungen, »die mit unterschiedlichen Glaubensrichtungen verträglich sind und an die man ganz privat auch ohne Bindung an eine Kirche oder eine religiöse Lehre glauben kann«[40], zeigt sich demgegenüber, dass mehr als die Hälfte aller Jugendlichen »unerklärlich-übernatürliche Vorgänge und Kräfte in Rechnung stellt.« Fast die Hälfte glaubt an eine höhere Gerechtigkeit, »die später einmal über das Leben Bilanz ziehen und vielleicht auch darüber richten wird.« Ein gutes Drittel der Jugendlichen sieht »in allem Geschehen eine Bestimmung wirksam, die als übermenschlich vorgestellt ist.«[41] Die Studie registriert drei verschiedene »Kulturen der Religiosität«: Die Mehrheitskultur westdeutscher Jugendlicher, die man als mäßig religiös bezeichnen kann (»Religion light«), die Teilkultur ostdeutscher Jugendlicher, die nur in geringem Maß religiös sind, und die Jugendlichen mit Migrationshintergrund mit teilweise erheblicher religiöser Prägung.[42]

Religiöser Individualismus ist offenbar nicht gleichbedeutend mit der Absage an eine religiöse Deutung der Wirklichkeit. Jugendliche verbinden jedoch oft Elemente verschiedener Religionen. Dies kann mit einer allen Religionen zugrunde liegenden göttlichen Kraft begründet werden. Ein alleiniger Wahrheitsanspruch der Religionen wird dagegen überwiegend abgelehnt. Verbreitet ist die Forderung, dass jeder über seine Religion selbst entscheiden können soll. Diese Toleranz wird den Kirchen von vielen Jugendlichen abgesprochen. »Das in der SHELL-Studie erhobene Wohlwollen gegenüber den Kirchen scheint also weniger im Blick auf ihre Orientierungsbereitschaft für das eigene Leben, sondern unter anderem hinsichtlich des öffentlichen Einstehens für Frieden und Gerechtigkeit und wegen sozial-karitativer Maßnahmen der Kirchen formuliert worden zu sein.«[43]

Religion und Gottesbild

Die Gottesfrage steht im Zentrum religiöser Weltdeutungen. Die einschlägigen Befragungen sind im Blick auf Voraussetzungen und Untersuchungsdesign sehr unterschiedlich[44], zeigen insgesamt aber die Komplexität auf, mit der die Frage nach den Gottesbildern junger Menschen betrachtet werden muss. Verschiedene Untersuchungen zum Gottesbild bei Kindern zeigen einen erstaunlichen »Reichtum religiöser Sprachfähigkeit und theologischer Reflexionskompetenz«.[45] Neben anthropomorphen Gottesdarstellungen stehen symbolische und solche, die die Möglichkeit von Gottesdarstellungen prinzipiell problematisieren. Neben Bildern vom »lieben

39 SHELL-Studie 2000, Band 1, S. 162.
40 Vgl. Shell-Studie 2006, S. 175.
41 SHELL-Studie 2000, Band 1, S. 175f.
42 SHELL-Studie 2006, S. 221. An den SHELL-Studien ist allerdings im Blick auf die Befragung zum Bereich der Religiosität mit Recht Kritik geübt worden. Vgl. Thonak, Religion, S. 54: »... was das Thema Religion angeht, so überbietet diese Studie ihre Vorgängerinnen an Undifferenziertheit bzw. an Reduktion auf eine rein kognitive Ebene, die auf den Gottesbegriff fixiert ist, wobei die Bereiche religiöser Praxis, ethischen Handelns und ethischer Werthaltungen strukturell marginalisiert werden und der Religionsbegriff stark verengt wird.«
43 Hämel, Textur-Bildung, S. 104.
44 Ziebertz u.a., Signaturen, S. 332–334.
45 Arnold u.a., Was Kinder glauben, S. 9.

Gott« finden sich Darstellungen von Gott als mächtigem und verantwortungsvollem Herrscher. Viele Bilder stellen Gott als Person dar, die aber mit Hilfe verschiedener Attribute oder durch das Fehlen spezifisch menschlicher Attribute zugleich das Anderssein Gottes ausdrücken: Gott trägt ein langes Gewand, er kann durchsichtig sein, er schwebt etc. Stefanie Klein spricht deshalb nicht von anthropomorphen, sondern von personalen und nicht-personalen Gottesbildern.[46] Die verschiedenen Untersuchungen zeigen, dass Kinder in der Lage sind, Gott auf komplexe und komplementäre Weise zu denken.

Nach der SHELL-Jugendstudie 2002 gaben 46 Prozent der Befragten an, dass »Gottesglauben« für sie unwichtig sei; ihnen standen 38 Prozent gegenüber, für die der »Gottesglaube« wichtig ist, und 16 Prozent, die mit »teils-teils« antworteten. Im Jahr 2006 antworten 30 Prozent der befragten Jugendlichen »Es gibt einen persönlichen Gott«, 19 Prozent »Es gibt eine überirdische Macht«, 23 Prozent »Ich weiß nicht richtig, was ich glauben soll« und 28 Prozent »Ich glaube nicht, dass es einen persönlichen Gott oder eine überirdische Macht gibt«.[47] Die Gewichte haben sich offensichtlich verschoben – nicht zuletzt der unterschiedlichen Fragen wegen.

In ihrer Untersuchung zum Gottesbild von Jugendlichen kommen Ziebertz, Kalbheim und Riegel zu folgendem allgemeinen Ergebnis: »Insgesamt belegen die Befunde, dass Jugendlichen ein Gottesbild plausibel ist, das von Aussagen der Anonymität Gottes bzw. des Göttlichen spricht, von der Universalität Gottes bzw. des Göttlichen (und damit zusammenhängend von der Relativität der Religionen) sowie von Gott als Einheit des Ganzen. Die Mehrzahl der Befragten glaubt also durchaus an die Existenz Gottes oder einer höheren Macht. Sie stellt sich Gott oder das Göttliche sowohl transzendent als auch immanent vor. Gegenüber biblischen Konnotationen sind die Befragten dagegen reserviert.«[48] Im Einzelnen weisen die Autoren auf folgende Sachverhalte hin:

Die befragten Jugendlichen haben zum Teil erhebliche Schwierigkeiten, ihre Vorstellungen von Gott zu verbalisieren. Vielfach werden religiöse Autorität und Offenbarungsvorstellungen kritisiert, favorisiert werden dagegen ein universalistisches Religionsverständnis und die Aufnahme kosmologischer und holistischer Elemente in das Gottesbild. »Die Vorstellung eines allmächtigen Gottes ist … für die meisten kognitiv nicht überzeugend.«[49] Sie bevorzugen Begriffe wie Kraft, Energie und Macht, um Gott zu beschreiben.

Am häufigsten finden sich bei den Jugendlichen Gottesvorstellungen, die eine biblisch orientierte, eine immanente, eine »kosmodeistische« oder eine religionskritische Konzeption voraussetzen. Hierbei werden die immanente und die kosmodeistische Vorstellung annähernd gleich positiv genannt. »Sowohl Aussagen, die von der Immanenz Gottes sprechen, als auch Aussagen, die Gott bzw. das Göttliche als höhere Macht im Kosmos vorstellen, über die es letztendlich kaum etwas auszusagen gibt, haben für die Befragten Überzeugungskraft. Eine inhaltliche Füllung dieser Vorstellungen würden biblisch formulierte Vorstellungen anbieten, doch diese werden nicht als attraktiv und plausibel empfunden.«[50] Biblisch formulierte

46 Klein, Gottesbilder.
47 SHELL-Jugendstudie 2006, S. 208.
48 Ziebertz u.a., Signaturen, S. 340.
49 Ziebertz u.a., Signaturen, S. 345.
50 Ziebertz u.a., Signaturen, S. 350.

Gottesaussagen werden mehrheitlich abgelehnt, religions- und gotteskritische Aussagen auch. Das überwiegend schlechte Image der Kirchen bleibt nicht ohne Auswirkungen auf das individuelle Gottesbild. Jugendliche, die sich selbst als religiös einschätzen, stimmen dem biblischen Gottesbild nur gering zu, »diejenigen, die unsicher sind, ob sie sich als religiös bezeichnen sollen, lehnen es ab, und nicht-religiöse Jugendliche haben eine eindeutig negative Einstellung gegenüber den biblisch-christlichen Gottesaussagen.«[51]

Beate-Irene Hämel kommt zu einer vergleichbaren Einschätzung der erhobenen Daten. Sie erkennt eine »Mainstream-Religiosität bei westdeutschen Jugendlichen, die vor allem durch folgende Charakteristika gekennzeichnet ist: Eine Ablehnung der Institution Kirche bei gleichzeitiger Anerkennung ihrer sozialen Dienste; eine zunehmende Unkenntnis oder selektive Auswahl christlicher Symbolik; ein überwiegend anonymes, pantheistisches oder deistisches Gottesbild, das immanent und transzendent zugleich gefüllt werden kann; die Leugnung der Göttlichkeit Jesu und der Relevanz von Tod und Auferstehung bei gleichzeitiger Wertschätzung seiner herausragenden Menschlichkeit; die Vorstellung eines Weiterlebens nach dem Tod, das aber nicht spezifisch christlich, sondern uneindeutig und in Anlehnung an Reinkarnationsgedanken formuliert wird.[52]

Der 2008 erschienene Religionsmonitor der Bertelsmann-Stiftung[53] zeichnet ein etwas anderes Bild der »religiösen Landschaft« in Deutschland. Religiosität definiert sich dem Monitor zufolge grundsätzlich durch einen Transzendenzbezug (Gott, Göttliches) und berücksichtigt einen multidimensionalen Religionsbegriff (öffentliche und private religiöse Praxis) sowie Interesse an religiösen Themen, »Glaube an die Transzendenz« und »Gefühle gegenüber dem Göttlichen«. Zu fragen ist, ob dieser sehr weite Religionsbegriff in der Lage ist, valide Aussagen zu spezifischen Formen von Religiosität wie der Gottesvorstellung oder der Orientierung an der Bibel zu treffen. Zur Gottesfrage stellt die Untersuchung fest: Für die meisten Deutschen ist Gott »eine höhere Macht oder das Göttliche ist die Natur selbst. Gleich häufig ist aber auch die Vorstellung vertreten, dass Gott eine Person ist, zu der man sprechen kann. Fast 40 Prozent der Deutschen glauben an einen Gott, der sich mit jedem Menschen persönlich befasst. Viele vergleichen ihn oder das Göttliche dagegen eher mit einer Energie, die alles durchströmt, einem Gesetz, das ewig gilt, oder auch schlicht mit einem höchsten Wert. Fast jeder Dritte sagt dagegen auch: ›Ich glaube an das Göttliche in mir.‹ Nur eine kleine Minderheit der religiösen Deutschen sagt, Gott müsse man sich eher als eine menschliche Idee ohne eigene Existenz vorstellen.« Zwar sei in der Altersgruppe der 18–29-Jährigen das Interesse an religiösen Fragen insgesamt schwächer ausgeprägt als bei ihren Eltern und spiele im Vergleich mit anderen Lebensbereichen (Partnerschaft, Arbeitswelt, Politik) nur eine untergeordnete Rolle. »Umgekehrt findet sich in dieser Gruppe das größte Maß an Zustimmung bei der Frage, ob sie an Gott, ein Leben nach dem Tod, die Unsterblichkeit der Seele oder eine Wiedergeburt glauben. Die hohen Zustimmungswerte werden in keiner anderen Altersgruppe festgestellt.« »Kirchenfromm« – so konzediert die Studie – sind sie

51 Ziebertz u.a., Signaturen, S. 358–362.

52 Hämel, Textur-Bildung, S. 103f.

53 Zusammenfassung der Ergebnisse unter http://www.bertelsmann-stiftung.de/cps/rde/xbcr/SID-0A000F0A-5EC8D 236/bst/dtl_ergebnisse-im-ueberblick.pdf. Die folgenden Angaben beziehen sich auf S. 2, 5 und 7.

allerdings deutlich geringer als die über 60-Jährigen. Der Religionsmonitor untersucht die Religiosität der Bevölkerung insgesamt. Für das Jugendalter ist er insofern wenig aufschlussreich, als nur Personen über 18 Jahren befragt wurden.

Zwischen Ablehnung und Erwartung – die Bibel

Spätestens mit dem beginnenden Jugendalter werden im Blick auf den Bibelunterricht zwei Sachverhalte bedeutsam: Jugendliche verhalten sich gegenüber biblischen Vorstellungen und Deutungsmustern mehrheitlich reserviert; diese Reserviertheit verdankt sich nicht einer gründlichen Kenntnis biblischer Inhalte, sondern allgemeinem Ressentiment. Mit welchen Einstellungen begegnen Kinder und Jugendliche der Bibel, mit welchen Vorbehalten oder Vorlieben und mit welchen Vorkenntnissen nähern sie sich diesem Buch? Antworten sind bereits in verschiedenen größeren und kleineren Untersuchungen dokumentiert.

Zunächst stimmen die Untersuchungen darin überein, dass im Blick auf vorhandene Vorkenntnisse bei Kindern und Jugendlichen weitgehend Fehlanzeige zu vermelden ist. Die Bibel ist ihnen überwiegend fremd. Der Unterschied zwischen Altem und Neuem Testament ist selten geläufig und nur Wenigen gelingt es, biblische Protagonisten wie Mose, Jesus oder Paulus richtig zuzuordnen. Vorhandene Kenntnisse sind allenfalls rudimentär. Natürlich gibt es Ausnahmen, im konfessionell stärker geprägten Süddeutschland häufiger als im Norden oder Osten der Republik. Aber selbst in kirchennahen Milieus ist das Erzählen biblischer Geschichten im Elternhaus die Ausnahme.[54] Zwischen der Hälfte und zwei Dritteln der Schülerinnen und Schüler begegnen biblischen Texten zum ersten Mal in der Schule und sehen Religion und Bibel als »Neuland«.[55] Die Zahlen schwanken etwas in den Untersuchungen[56], der Trend aber ist eindeutig.[57] Horst Klaus Berg spricht von Relevanz-, Evidenz- und Realitätsverlust, unter dem die Bibel und ihre Rezeption leiden.[58] Schaut man auf die eigene Bibellektüre junger Menschen, so ergibt sich ein vergleichbarer Befund:

> »In der Bibel lesen 1 Prozent aller Befragten sehr oft, 2 Prozent oft, 19 Prozent selten und 79 Prozent nie. Mit dem Alter geht die Lektüre leicht zurück; etwas mehr weibliche Jugendliche lesen überhaupt in der Bibel. Die Jugendlichen mit Hauptschulniveau tun dies zu geringstem Anteil, diejenigen mit Oberschulniveau zu größtem.«[59]

54 Vgl. Hanisch/Bucher, Da waren die Netze randvoll (Erhebungsdatum 1999).

55 Schmid, Grundschulumfrage, S. 16.

56 Nach Wuckelt, Lot, S. 174 , wurden insgesamt 52,2 % erst durch den Religionsunterricht mit der Bibel bekannt. In einer österreichischen Studie gaben 47 % an, ihren Eltern hätten nie aus der Bibel erzählt, 36 % sagten ›gelegentlich‹ und 17 % ›oft‹ (vgl. Bucher, Religionsunterricht, S. 52).

57 In der Studie »Kindheit in Deutschland« (Zinnecker/Silbereisen, Erhebungsdatum 1993) wurde u.a. gefragt, ob sich die Kinder von ihren Eltern religiös erzogen fühlen und sich die Eltern ihrerseits an eine religiöse Erziehung erinnern können. Unabhängig davon, ob Kinder und Eltern mit religiöser Erziehung dasselbe verbinden, ist das Ergebnis aufschlussreich: 1993 erinnern sich rund 60 % der Eltern an eine eigene religiöse Erziehung, während nur 43 % der Kinder von einer eigenen religiösen Erziehung sprechen. Es ist davon auszugehen, dass sich dieser Trend weiter fortgesetzt hat.

58 Berg, Wort, S. 16f.

59 Fuchs-Heinritz, Werner, Religion, S. 157–180, hier S. 167.

Eine Allensbacher Untersuchung aus dem Jahr 2005 bestätigt diesen Befund. Geschichten aus der Bibel sind ihr zufolge mehrheitlich unbekannt. Allenfalls die Weihnachtsgeschichte ist auf Grund der jährlichen Wiederholung 85 Prozent der 16–29-Jährigen geläufig. David und Goliath kennen 74 Prozent der Bundesbürger und 63 Prozent der Jüngeren. Generell lesen dieser Umfrage zufolge 62 Prozent der Erwachsenen nie in der Bibel, 9 Prozent hin und wieder und 4 Prozent häufig. Bei der jungen Generation liegen die Zahlen darunter.[60] Bemerkenswert ist, dass gleichaltrigen ›Bibellesern‹ dennoch Respekt entgegengebracht wird: Lesen in der Bibel ist offensichtlich eine private, persönliche Angelegenheit, die als solche durchaus akzeptiert und sogar geschätzt werden kann, auch wenn man selbst die Bibel nicht liest.

Wenn Kinder und Jugendliche in der Schule mit der Bibel in Berührung kommen, ergibt sich ein altersmäßig differenziertes Bild. Offenbar verbinden Grundschulkinder vielfach gute Empfindungen und Erfahrungen mit biblischen Geschichten.[61] Diese positive Einschätzung biblischer Geschichten ist durch verschiedene Untersuchungen gut belegt: »Das Interesse der Kinder für biblische Geschichten ist groß.«[62] Wenn junge Erwachsene auf ihren Religionsunterricht zurückblicken, ist ihnen die Begegnung mit biblischen Geschichten in der Grundschule in überwiegend angenehmer Erinnerung: »In der Grundschule … wurden Geschichten erzählt, die alle so schön waren, dass man gerne an sie glaubte.«[63] Diese Einschätzung wird rückblickend offensichtlich auch dann noch positiv erinnert, wenn sich das aktuelle Interesse an der Bibel verändert hat.

Im Laufe des Heranwachsens wandelt sich die positive Bewertung der Bibel. Eine zurückhaltende bis ablehnende Einstellung beginnt teilweise schon in der Grundschule, steigert sich aber signifikant in der Sekundarstufe I. Eine 1998/99 durchgeführte Umfrage zum Religionsunterricht in Deutschland[64] belegt den Kontrast zwischen den Altersstufen: Während 62 Prozent der 10- und 11-Jährigen die Bibel für sehr wichtig oder wichtig halten, findet sich diese positive Einschätzung nur noch bei 24 Prozent der 16-Jährigen. Zwei Aussagen von Oberstufenschüler/innen im Blick auf die ersten und die letzten Jahre der Sekundarstufe können dies belegen: Zunächst »blieben die Geschichten genauso schön wie früher, außer dass man nicht mehr an sie glaubte.« Die inhaltliche Zustimmung zu biblischen Erzählungen geht zurück, ohne dass dies zunächst ihren Beliebtheitsgrad berührt. Zwei Schuljahre später liest sich dies dann so: »Wurde jetzt … mal die Bibel oder eine ihrer Geschichten aufgegriffen, verfielen wir in lautes Stöhnen und Desinteresse.«[65] Während also in der Grundschule Zuneigung und Zustimmung zu biblischen Erzählungen häufig zusammengehören, gehen in der Sekundarstufe I Abneigung und Ablehnung immer stärker konform. »Sie können uns mit allem kommen, bloß

60 Institut für Demoskopie Allensbach, Geschichten. Eine gewisse Skepsis ist gegenüber solchen Umfragen allerdings geboten. Zum einen wären bei fast allen anderen Gegenstandsbereichen (z. B. bei mathematischen Formeln) ähnliche Ergebnisse zu erwarten; zum Anderen ist zu berücksichtigen, dass Wissen in bestimmten Zusammenhängen erworben und behalten wird und außerhalb dieser Zusammenhänge oft nicht in gleicher Weise zur Verfügung steht.

61 Bucher, Kinder, S. 139, vgl. auch die Tabelle auf S. 139.

62 So ein Religionslehrer bei Schmid, Grundschulumfrage, S. 15.

63 Kliemann/Rupp, 1000 Stunden, S. 90.

64 Bucher, Religionsunterricht, S. 88.

65 Zitiert bei Kliemann/Rupp, 1000 Stunden, S. 90.

nicht mit der Bibel«[66] – so reagieren Schülerinnen und Schüler, die Agnes Wuckelt befragte. Sie konstatiert, dass 35,8 Prozent aller Schülerinnen und Schüler Bibelarbeit als etwas Langweiliges empfinden und 43 Prozent sie überhaupt ganz ablehnen. Erzählungen von Gott oder Jesus, die Grundschüler als spannend und anregend empfanden, werden nun überwiegend als langweilig oder unwahr eingeschätzt.

Während die Hälfte aller Fünftklässler[67] eine große Bedeutung der Bibel bejaht, nimmt dies im Laufe der Zeit bis auf 15 Prozent ab, die Mehrheit der Schülerinnen und Schüler aber legt sich nicht fest. Im persönlichen Leben hat sie für die meisten keine Bedeutung, hilfreich erscheint sie dagegen in schwierigen Lebenssituationen. Die Frage, ob die Bibel Menschen bei der Lösung von Problemen helfen kann, will die Hälfte der Befragten nicht entscheiden, ein Drittel der Befragten bejaht sie. Eindeutig aber ist die Bibel ein Buch für alte, kranke und unglückliche Menschen, weniger für junge, fröhliche Leute. Besondere Situationen, in denen Menschen in der Bibel lesen, können sich die meisten Schülerinnen und Schüler nicht vorstellen, allenfalls »wenn man mal richtig verzweifelt ist.«[68] Auch in der Rangliste von Themen, die in evangelischen Jugendgruppen behandelt werden, liegt »die Bedeutung der Bibel« mit 28,2 Prozent auf Rang 13 (von 18 genannten Themen).[69] Das Interesse scheint also auch bei Jugendlichen, die kirchliche Angebote wahrnehmen, nicht besonders groß.

Zweifellos gibt es verschiedene Gründe für diesen Bedeutungsrückgang der Bibel im Jugendalter. Zunächst ist der entwicklungspsychologisch bedingte Übergang vom konkret- zum formal-operationalen Denken zu berücksichtigen. Erzählungen sind für Grundschulkinder ein Mittel zur Erkundung ihres Lebensraums und der Welt. Sie leben »in Geschichten«. Biblische Geschichten passen zu diesem Modus der Welterschließung und faszinieren durch die fremde Welt. Das formal-operationale Denken ermöglicht demgegenüber in zunehmendem Maß abstraktes Denken. Daraus folgt eine Orientierung am Faktischen und »Wirklichen«. Sie bezieht sich sowohl auf die Geschichte (was ist wirklich passiert?) als auch die Erscheinungen der umgebenden Welt (glaubt man etwas nur oder ist es tatsächlich so?). Geschichten, die »nicht wirklich passiert sind«, werden tendenziell als unglaubwürdig abgelehnt. Was nicht genau so war, wie es da steht, ist überhaupt nicht wahr.

Bei der zunehmenden Distanz zur Bibel spielen auch die religiöse Sozialisation in der Familie und die Teilnahme an kirchlichen Angeboten eine Rolle. Dem Rückgang religiöser Erziehung in den Familien und der kirchliche Bindung folgt nicht nur ein rückläufiges Bibelwissen, sondern auch eine Einstellungsänderung biblischen Texten gegenüber. In ihrem persönlichen Lebensumfeld begegnen Heranwachsende eher selten Menschen, für die die Bibel einen Wert hat und ihr Inhalt Plausibilität besitzt. Auf der anderen Seite sind gesellschaftliche Rahmenbedingungen und Entwicklungen zu nennen, die einer intensiven Bibellektüre tendenziell hinderlich sind: Die Hochschätzung des Machbaren im persönlichen Lebensentwurf, die schnelle und abgekürzte Kommunikation, die Eventkultur, das Effektivitätsdenken – und damit in Zusammenhang auch die Betonung der »harten« Fächer in Schulorganisation und -alltag.

66 Wuckelt, Lot S. 173.
67 Nach einer Untersuchung von Berg, Grundriß.
68 Berg, Grundriß, S. 15.
69 Kwiran, Jugend, S. 31.

Neben diesen den Bibelunterricht von außen betreffenden Entwicklungen ist auch auf interne Aspekte des Religionsunterrichts zu achten: Die Orientierung an einer theologisch »richtigen« Auswahl und Anordnung der zu behandelnden Texte ist primär an Exegese und Theologie orientiert und weniger an den Bedürfnissen der Schüler. Auch die geltenden »Interpretationsmuster für biblische Texte« entstammen »den Lebens- und Erfahrungswelten (theologisch gebildeter) Erwachsener.«[70] Demgegenüber steigt die Zustimmung zu dem Satz, im Religionsunterricht solle man sich mit Problemen von heute beschäftigen und dabei auch Texte aus der Bibel berücksichtigen, mit zunehmendem Alter an. Schließlich sind einige der »Siegel« zu nennen, die die Bibel verschließen: Die Unlust zu lesen, insbesondere alte und dicke Bücher; der Eindruck, mit der Kenntnis einiger Geschichten die Bibel schon zu kennen; die Langeweile, die mit dem Lesen der Bibel assoziiert wird; schließlich die Vorstellung, dass die Bibel etwas sei für alte, kranke und benachteiligte Menschen.

Konsequenzen für die Bibeldidaktik

Drei Fragestellungen haben bei der Beurteilung von Religion und Glaube für Jugendliche besondere Relevanz: Sind Glaube und moderne Welt kompatibel oder nicht? Ist die Religion für die eigene Lebensgestaltung relevant oder nicht? Sind religiöse Erfahrungen plausibel zu machen oder nicht?[71] Diese Fragestellungen lassen sich auch auf die Beurteilung der Bibel übertragen und führen zu Konsequenzen für die Formulierung einer Bibeldidaktik.

- Die Einstellungen von Kindern und Jugendlichen zur Bibel sind vielfältig und individuell verschieden. Sie reichen von Bibelverdrossenheit und Ablehnung über Neutralität und Gleichgültigkeit bis hin zu positiver Wahrnehmung und persönlicher Bedeutsamkeit. Dies ist abhängig von Alter, Bildungsstand, Lebensgeschichte, Elternhaus, Religionsunterricht und den Unterrichtenden. Von einer einheitlichen Haltung kann man nicht ausgehen.
- Für die Mehrheit der Kinder und Jugendlichen ist die Bibel »Niemandsland«. Die Fremdheit ist als Ausgangspunkt zu akzeptieren. Ausnahmen bestätigen die Regel. Fremdheit ist – didaktisch betrachtet – aber kein schlechter Ausgangspunkt. Niemandsland kann bedeutungslos sein, sich aber auch zur Relevanz hin öffnen. Ein Begegnungsprozess zwischen Schülerinnen, Schülern und der Bibel muss aber gestaltet werden, damit er gelingen kann.[72]
- Generell festzustellen ist eine Abnahme des Interesses an der Bibel im Laufe der Sekundarstufe I. Dadurch legen sich unterschiedliche Schwerpunkte in den verschiedenen Schulstufen nahe. In einer Zeit relativ großer Bibelferne in dieser Altersstufe auf biblische Inhalte zu verzichten empfiehlt sich jedoch nicht. Es ist im Gegenteil davon auszugehen, dass ein kreativer und an eigenen Lebensfragen orientierter Umgang mit der Bibel gerade in der Sekundarstufe I unabdingbar ist, um das Interesse an der Bibel wach zu halten.

---

70 Wuckelt, Lot, S. 179.
71 Vgl. Ziebertz u.a., Signaturen, S. 371.
72 Troue, Rote Fäden, S. 263: »Ich erlebe bei den Schülern »Neugier auf der Basis von Unwissen, eine Konstellation, die durchaus Chancen enthält.«

- Jugendliche neigen dazu, aus dem Angebot religiöser Sinndeutungen eine eigene Auswahl zu treffen. Was Gott oder die Bibel für sie bedeuten, wollen sie selbst entscheiden. Eine Bibeldidaktik muss anschlussfähig sein an die disparate und vielfältige Lebenswelt der Kinder und Jugendlichen. Wichtiger als ein bestimmtes Verständnis der oder eine bestimmte Herangehensweise an die Bibel ist es, Zugangswege überhaupt erst zu öffnen und die Frage nach der Bedeutung der Bibel (und ihrer Gottesbilder) offen zu halten.
- Die weit gehende Ablehnung biblischer Gottesvorstellungen bei gleichzeitiger Unkenntnis der Bibel verweist auf die Notwendigkeit, biblische Aussagen erfahrungsbezogen zu formulieren. »Zum Beispiel: Der Gott der Bibel erweist sich als Befreier – wie ist das heute zu denken? Gott hat seinem Volk eine Heimat geschenkt – wer ist sein Volk, was bedeutet Heimat? Gott steht für Zukunftshoffnung – ist das eine Illusion oder was meint es konkret? Bei Gott können die Geplagten in der Not Zuflucht finden – was sind heute Kennzeichen des Geplagtseins, was heißt Zuflucht finden?[73] Diese Fragen haben eine klare Aktualisierungstendenz, sie sind aber deutlich von der biblischen Tradition her formuliert. Fragt man von den Kindern und Jugendlichen aus, wird man sich an Problemen orientieren, die für sie eine wichtige Rolle spielen: Was ist gerecht und gibt es Gerechtigkeit? Gibt es Übernatürliches und wie ist das Verhältnis von Natürlichem und Übernatürlichem? Ist alles im Leben Zufall oder gibt es eine Bestimmung? Lenkt Gott das Leben? Ist Gott Kraft, Energie, Person?
- Im Zentrum bibeldidaktischer Bemühung steht die Zusammenführung der Erfahrungswelten der Bibel und der Schülerinnen und Schüler. Damit dies gelingen kann, sind Elementarisierungsprozesse notwendig. Dabei geht es darum, nach grundlegenden und korrelierenden Zügen der Text- und der Lebenswelt zu suchen. Diese Suche stellt sich dar als das Fragen nach möglicher Bedeutsamkeit. So wie die Exegese über die philologische Genauigkeit hinaus nach dem fragt, was in der Mitteilungsperspektive der Texte wichtig ist, so muss die Religionspädagogik fragen, warum sie meint, gerade diese Aussage, dieses Gleichnis, diesen Text in den Unterricht einbringen zu sollen. Vor allem in dieser Frage nach Relevanz konvergieren die exegetische und die religionspädagogische Perspektive. Leitfragen können dabei sein: Wo kommt die Bibel im Alltag vor, wie ist ihr alltagskultureller Gebrauch? Welche biblischen Symbole bzw. Symbolerzählungen gewinnen als religiöse Deutung gegenwärtiger Erfahrung Evidenz? Wodurch werden sie in ihrer Lebensdienlichkeit erkannt? Wie können sie in die symbolischen Welten Eingang finden, die für die Lebenseinstellungen und -vorstellungen der Zeitgenossen in der Mediengesellschaft bestimmend sind?

73 Ziebertz u.a., Signaturen, S. 377.

4. Bibeldidaktische Lösungsansätze und Konzeptionen

Bibeldidaktische Konzeptionen lassen sich von verschiedenen Seiten her formulieren. Man kann den Akzent bei der Bibel und ihrer Auslegung setzen und sie als Ausgangs- und Bezugspunkt der Bibeldidaktik verstehen. Eine Bibeldidaktik behandelt dann vor allem die Frage, welche Texte aus der biblischen Tradition besonders wichtig sind und auf welche Weise sie Lernenden vermittelt werden können. Grundlage und Kriterium ist dabei die sachgemäße Interpretation der Texte. Man kann den Akzent auch bei der Didaktik setzen und vornehmlich nach den Rezipienten, deren Verstehensvoraussetzungen und dem didaktischen Prozess fragen. Hier rücken dann die Erfahrungen und Fragen der Lernenden in den Vordergrund. Neuere bibeldidaktische Entwürfe vermeiden eine Polarisierung und tragen sowohl den Einsichten der Bibelwissenschaft als auch dem Sachverhalt Rechnung, dass Schülerinnen und Schüler Subjekte von Unterricht und Lernen sind.

In den verschiedenen religionspädagogischen Konzeptionen der letzten Jahrzehnte kommt der Frage nach dem Stellenwert der Bibel grundlegende Bedeutung zu. Diese Konzeptionen können hier nicht im Einzelnen dargestellt werden.[1] Im Folgenden geht es um die Rolle der Bibel in den jeweiligen Konzeptionen: Wie wird die Bibel gesehen? Wie wird das Verhältnis zwischen Bibel und Rezipienten bestimmt und wie das Verhältnis zwischen Bibel und Lehrkraft? Welche Rolle spielt die Bibelwissenschaft? Und welche Bedeutung hat die Bibel in der Gesamtkonzeption?

Von der Evangelischen Unterweisung zur problemorientierten Bibeldidaktik

Das biblische Zeugnis

Die liberale Theologie des ausgehenden 19. Jahrhunderts war überzeugt von der Harmonie zwischen Religion und Kultur. Das Individuum sollte sich durch Religion zu einer sittlichen Persönlichkeit entwickeln. Diese Vorstellung zerbrach im ersten Weltkrieg mit seinen Ausbrüchen der dunklen Seiten des Menschseins. Deshalb war die nationale Katastrophe zugleich eine religiöse. Eine Neuorientierung war nötig. Sie lag in der Entscheidung des Einzelnen angesichts des an ihn ergehenden Wortes Gottes. Dieses verkündigte Wort Gottes an die einzelnen Christen, das so genannte Kerygma, kann deshalb die nun entstehende Richtung der Bibeldidaktik bezeichnen.

---

1 Vgl. hierzu beispielsweise Kunstmann, Religionspädagogik, S. 49 ff.

Während ihr erster Vertreter, Gerhard Bohne, in einem programmatischen Aufsatz von »Religionsunterricht und religiöse(r) Entscheidung«[2] sprach, wurde in dem nach dem 2. Weltkrieg weitergeführten kerygmatischen Religionsunterricht das Stichwort Religion ganz vermieden. Religion kennzeichne ein menschliches Bemühen, sich Gott anzunähern. Die Grenze zwischen Mensch und Gott könne aber nur von Gott überwunden werden, und zwar durch das Evangelium. Deswegen sprach man nun von »Evangelischer Unterweisung«. Dieser Begriff sollte deutlich machen, dass sich diese Unterweisung weder staatlichen Vorgaben noch ideologischen Zwängen verdanke, sondern allein dem Evangelium und der Kirche als dessen Verkündigerin. Dementsprechend galten die Evangelische Unterweisung als Veranstaltung der Kirche in der Schule und die Lehrkräfte als Zeugen des Evangeliums. »Evangelische Unterweisung ist Unterweisung im rechten Umgang mit dem Evangelium.«[3] Der »rechte Umgang« aber sei das Hören, das Wahrnehmen des Wortes Gottes als eines gebietenden Wortes, dem man glaubend zu gehorchen habe. Vor diesem Hintergrund spielt die Bibel im Konzept der Evangelischen Unterweisung eine zentrale Rolle:

- Sie ist ansprechendes und gebietendes Wort Gottes: Kerygma. Dieses Kerygma wird im heilsgeschichtlichen Zusammenhang von Altem und Neuem Testament entfaltet.
- Als getaufte Christen leben die Schüler von Gottes Wort her. Als Heranwachsende müssen sie aber in dessen Kraft, Umfang und Bedeutung noch unterwiesen werden.
- Die Lehrkräfte vermitteln und bezeugen die Wahrheit der biblischen Botschaft. Als Zeugen »stellen sie sich unter das Wort Gottes«.
- Im Zentrum der Konzeption steht das Kerygma. Die Bibelwissenschaft hat eine dienende Funktion. Sie kann die heilsgeschichtliche Struktur des Kerygmas verdeutlichen.

Insgesamt hat der verkündigende Unterricht in der biblischen Botschaft Zentrum und Ziel. Der kerygmatische Unterricht ist Bibelunterricht. Die Konzeption wurde freilich in den 60er Jahren brüchig, weil ihre Voraussetzungen in Frage gestellt wurden: Die Schülerinnen und Schüler empfanden den Unterricht zunehmend als überholt und langweilig. Sie monierten, dass ihre Fragen und ihre Lebenswelt keine Rolle spielten; durch eine zunehmende Lockerung der Kirchenbindung wurde zudem die Adressierung der Evangelischen Unterweisung an getaufte Christen fraglich; die Lehrkräfte empfanden ihre Rolle als »Zeugen des Evangeliums« in zunehmenden Maß als unangemessen; der Anspruch des Religionsunterrichts, »Kirche in der Schule« zu sein, wurde von Schule und Gesellschaft in Frage gestellt. Damit geriet die Evangelische Unterweisung in eine Krise.

---

2 Bohne, Religionsunterricht.
3 Kittel, Religionsunterricht, S. 10.12.

Die Tradition verstehen

Als Reaktion auf die Krise der Evangelischen Unterweisung entstand in den 1960er Jahren die hermeneutische Bibeldidaktik. Damit Menschen durch Bibeltexte angesprochen und Glaube bei ihnen geweckt werden kann, müssen die Texte durch geeignete Methoden zunächst einmal erschlossen werden. Nach Siegfried Vierzig ist ohne eine vorangehende Einführung in diese Methoden eine sinnvolle Lektüre biblischer Texte nicht möglich. Sein Buch zum Markusevangelium im Religionsunterricht trägt dementsprechend den Untertitel »Einführung in das historisch-kritische Bibelverständnis.« In den Studien von Hans Stock[4] werden die verschiedenen Methoden des historisch-kritischen Methodenbündels besonders deutlich auf den Religionsunterricht bezogen.

Das Verstehen zielt auf ein verstehendes Sich-Öffnen für die Texte. Hier kommt Bultmanns existenziale Interpretation ins Spiel. Indem der Mensch nach Glück, Heil und Sinn sucht, stellt er die Frage nach seiner Existenz. Die biblischen Texte geben Antworten auf diese Frage. Der suchende Mensch und die biblischen Texte haben damit Anteil an derselben Sache.[5] Das Existenzverständnis der Bibel ist nach Bultmann allerdings in zeitbedingten Vorstellungen der Antike verpackt, die heute den Zugang zu den Existenzaussagen erschweren. Deshalb ist für ihn der Schritt der Entmythologisierung notwendig, der den Wahrheitsanspruch der biblischen Botschaft von seiner zeitbedingten mythologischen Sprache zu trennen versucht.

Dass der Wahrheitsanspruch den Menschen aber nur treffen kann, wenn er verstanden wird, wird auch als schultheoretisches Argument verwendet. Denn zwar ist die Verkündigung Sache der Kirche. Wenn das Kerygma verstanden werden soll, kommt aber die Schule ins Spiel, da das Verstehen von Überlieferung und Tradition als eine grundlegende Aufgabe der Schule anzusehen sei.[6] Dies alles rückt die Bibel in ein gegenüber der Evangelischen Unterweisung verändertes Licht. Nach wie vor steht sie im Zentrum des Unterrichts, aber auf andere Weise:

- Die Bibel ist historisches Dokument mit bedeutender Wirkungsgeschichte und potentieller Gegenwartsbedeutung, die als existenzielle Betroffenheit erfahren werden kann.
- Die Schülerinnen und Schüler sind Rezipienten von Überlieferung. Sinnvoll mit ihr umgehen und sich ihrer Botschaft öffnen können sie nur, wenn sie sie verstehen.
- Die Lehrkraft ist Experte für das Verstehen der biblischen Botschaft im Blick auf die historisch-kritische Methode und auf das Offenlegen von Gegenwartsbedeutung.
- Die Bibelwissenschaft schafft die Grundlage für einen verstehenden Umgang mit der Bibel. Lernende müssen ansatzweise in den Umgang mit ihren Methoden eingeführt werden.

Der Religionsunterricht wird demnach von der Schule und ihren Aufgaben her begründet. Dies hat sich in der Folgezeit als unaufgebbar erwiesen. Auch der Schwerpunkt auf dem Verstehen von Überlieferung ist eine bleibend wichtige Erkenntnis.

4 Stock, Studien.
5 Bultmann, Problem, S. 227.
6 Vgl. beispielsweise Otto, Schule.

Ohne das Verstehen von Überliefertem ist Schule nicht vorstellbar – und dies bezieht sich auch auf religiöse Überlieferung. Allerdings hatte der Hermeneutische Religionsunterricht einige Schwächen. Zwar traten die Lernenden ins Blickfeld der Überlegungen, insgesamt blieben aber die Tradition und das Bemühen, sie zu verstehen, im Zentrum des Interesses. Das Existenzverständnis »des Menschen« prägte das Bild der anzusprechenden jungen Menschen, während ihre eigenen Fragen und ihre entwicklungsbedingt und individuell verschiedenen Perspektiven auf die Bibel weitgehend unbeachtet blieben. Der Schwerpunkt auf der historisch-kritischen Methode führte zu einem Unterricht, der »abgespeckten Proseminaren« gleichkam und die Distanz der Texte zur Lebenswelt oft eher verstärkte als überwand. Schließlich blieb der Anspruch, dass die Bibel es tatsächlich wert sei, als Überlieferungsgut in der Schule behandelt und für das Verstehen geöffnet zu werden, affirmativ und letztlich unbegründet.

Muss die Bibel im Mittelpunkt des Religionsunterrichts stehen?

In der zweiten Hälfte der sechziger Jahre wurde die Vernachlässigung der Schülerinnen und Schüler zunehmend als pädagogisches Problem erkannt. Das hatte Auswirkungen auf die Stellung der Bibel im Religionsunterricht. Mit der Frage »Muss die Bibel im Mittelpunkt des Religionsunterrichts stehen?« regte Hans-Bernhard Kaufmann eine neue Runde bibeldidaktischer Überlegungen an.[7]

Nach Kaufmann darf man die biblischen Texte nicht im Sinne von »Anschlussstoffen« bis in die Gegenwart hinein verlängern; die Texte und die Auseinandersetzung mit ihrer Wirkungsgeschichte brauchen vielmehr eine neue didaktische Funktion.[8] Sie sollen den Interessen und Bedürfnissen der Heranwachsenden gerecht werden und ihre Lernvoraussetzungen sowie gesellschaftliche Erfordernisse berücksichtigen. Sie sollen zudem innerbiblisch von Bedeutung und im Urteil der Bezugswissenschaften angemessen sein. Nur so lasse sich ihre Behandlung in die Aufgaben der Schule einfügen. Dieser Perspektivenwechsel hat für die Stellung der Bibel im Religionsunterricht erhebliche Folgen. Sie gilt nun nicht mehr als fraglos vorausgesetzter Stoff des Unterrichts. Ausgangspunkt muss nach Kaufmann vielmehr die Situation der Lernenden sein, von der aus sich die mögliche Relevanz biblischer Texte ergeben kann. Biblische Texte werden im Unterricht herangezogen, wenn sie in der Lage sind, die gegenwärtige und zukünftige Lebenssituation der Lernenden zu erhellen. Der Situation wird didaktisch der Vorrang vor der Tradition eingeräumt. Dass sich der hieraus entwickelte thematisch-problemorientierte Ansatz des Religionsunterrichts rasch bis in die Lehrpläne durchsetzte, war im Unbehagen an der Evangelischen Unterweisung und dem Hermeneutischen Unterricht begründet. Unterstützt wurde dies durch die Entwicklungen in der Bundesrepublik Deutschland am Ende der sechziger Jahre. Die Neuorientierung setzt in der Bibeldidaktik folgende Akzente:

- Die Bibel ist wichtig, da sie für gegenwärtige und zukunftsrelevante Fragen Lösungen und Perspektiven anbieten kann.

---

7 Die Thesen erschienen zuerst 1966 in den Loccumer Protokollen. Vgl. Kaufmann, Streit, S. 23ff.

8 Kaufmann, Streit, S. 27.

- Ausgangs- und Bezugspunkt des Unterrichts ist jedoch die Situation der Schülerinnen und Schüler. Von ihren Fragen und Perspektiven aus wird die Bibel befragt. Im Mittelpunkt des Religionsunterrichts steht nicht die Bibel, sondern der Schüler.
- Die Lehrkraft ist in der Lage, mögliche Beiträge der Bibel zu aktuellen Lebensfragen zu benennen und in den Unterrichtsprozess einzubringen.
- Die Bibelwissenschaft erschließt diejenigen Bibeltexte, die bei der Behandlung bestimmter Themen als Gesprächspartner fungieren sollen.

Zweifellos formuliert die Bibel Perspektiven, die helfen können, die gemeinsame Zukunft zu meistern (z. B. die Forderungen nach Bewahrung der Schöpfung, Durchsetzung von Gerechtigkeit und Erhaltung des Friedens). In dieser Hinsicht greift der problemorientierte Ansatz die Bibel sachgerecht auf. Wenn die Bibel für heutige und künftige Fragen keine Antworten bereit hielte, wäre in der Tat fraglich, wozu wir sie noch lesen sollen. Und ein Verdienst dieser religionspädagogischen Konzeption ist, die Lernenden ins Zentrum zu stellen. Dies geschah (nicht der Theorie nach, aber faktisch) jedoch zu dem Preis einer Randstellung der Bibel. Die Vorordnung der Themen hatte häufig eine Reduktion der biblischen Inhalte auf wenige »Paradetexte« zur Folge, durch die ein umfassendes Verständnis der biblischen Tradition kaum erreichbar ist. Und wenn Bibeltexte auf Aktualität reduziert werden, liegt die Gefahr einer »Selbstsäkularisierung« nahe[9], da die Bibel dann ja nur das sagen kann, was gegenwärtig als wichtig angesehen wird.

Neuere bibeldidaktische Konzeptionen

Die bisher behandelten Konzeptionen haben jeweils einen längeren Zeitraum maßgeblich geprägt. Seit der Mitte der 1970er Jahre wurden verschiedene religionspädagogische Konzeptionen entwickelt, die nebeneinander bestehen, in Konkurrenz zueinander treten, von vielen Lehrkräften aber auch miteinander kombiniert werden. Dies betrifft auch die Rolle der Bibel im Religionsunterricht, die ich im Folgenden an einigen wichtigen Beispielen verdeutliche.

Die Orientierung an biblischen Lernwegen

In Auseinandersetzung mit dem problemorientierten Religionsunterricht hat Ingo Baldermann eine Konzeption biblischen Unterrichts entwickelt, die sich an der Bibel und ihrer Sprache orientiert. In den biblischen Sprachformen sieht er eine eigene Didaktik der Bibel enthalten.[10] Er geht vor allem ein auf »Formen theologischer Rede, die die Erfahrungen nicht darstellen und betrachten, sondern unmittelbar aus den Erfahrungen heraus sprechen«.[11] Klage und Bitte, Lob und Dank, Sprichwort und Formel (als Sprache der Einsicht) und allen voran die Verheißung Gottes »Ich bin bei

9 Theißen, Zur Bibel motivieren, S. 80.
10 Baldermann, Bibel, S. 6.
11 Baldermann, Bibel, S. 23f.

euch« sind nach Baldermann elementarer Ausdruck von Erfahrung und deshalb in der Lage, einen Prozess des Lernens in Gang zu setzen.[12] Daneben benennt er »biblische Grundbegriffe« – Gerechtigkeit und Ehre, Bund und Opfer, Gottes Herrschaft und die Herrschaft der Götter, Tod und Leben[13] – sowie einige »Eigenarten biblischer Sprache«: Sie ist nach Baldermann eine »schwere Sprache«, die Mühe macht, eine Sprache der elementaren Zeichen, der vielen Stimmen und der Menschlichkeit. Diese Eigenarten der biblischen Sprache, die elementaren Sprachformen und die biblischen Grundbegriffe führen hin zu den Erzählungen (Wundergeschichten, Verheißungsgeschichten, Leidensgeschichten, Nachfolgegeschichten, Begründungsgeschichten), zu argumentativer Rede (Prophetenworte, Ermutigung, Gleichnisse) und schließlich zu den großen biblischen Gattungen wie der priesterschriftlichen Erzählung, der »paulinischen Didaktik im Römerbrief«, der johanneischen Didaktik. Schließlich gelangt man auf diesem Lernweg zu Knotenpunkten[14], an denen diese verschiedenen Fäden zusammenlaufen. Dies sind nach Baldermann die jüdischen und christlichen Bekenntnisse und hier wiederum die Rede von der Schöpfung, dem Leiden für uns, der Auferstehung.

Auf diese Weise ergibt sich nach Baldermann ein biblischer Lernweg, der bei den elementaren Sprachformen beginnt und in verschiedenen Schritten bis hin zu den jüdisch-christlichen Bekenntnissen führt. Ansatz und beständiger Bezugspunkt auf diesem Lernweg sind für Baldermann die Psalmen[15], denn es gibt »in der Bibel kein anderes Buch, in dem so elementar von und mit Gott geredet wird wie in den Psalmen.«[16] Die Elementarisierung und der Blick auf die Kinder führen dabei zu der Erkenntnis, dass man nicht von ganzen Psalmen ausgehen soll, sondern von einzelnen Versen.[17] Mit ihrer Hilfe setzt Baldermann den Weg des Lernens mit der Bibel in Gang. Möglich ist dies, weil in den elementaren Kategorien der Bibel »sowohl theologisch wie anthropologisch Grundlegendes erschlossen wird.« Elementare Strukturen der Theologie seien zugleich elementare Strukturen der Anthropologie und umgekehrt. Elementarisierung müsse deshalb heißen, sich auf die elementaren Sprachstrukturen der Bibel einzulassen und an und mit ihnen das sachgerechte Sprechen über Gott und Mensch zu lernen. Baldermanns Position lässt sich folgendermaßen zusammenfassen:

- Die Bibel bringt auf elementare Weise Gott und Mensch ins Gespräch. Sie tut dies in schwerer, aber direkter und ansprechender Sprache, die einen eigenen Lernweg eröffnet.
- Schülerinnen und Schüler haben einen unmittelbaren Zugang zu Worten der Bibel und können von dort aus eigene Lernwege beschreiten.
- Die Lehrkraft kennt die »Stationen« der biblischen Didaktik und kann die biblischen Lernwege ausleuchten.
- Die Bibelwissenschaft spielt für die Lehrkräfte insofern eine Rolle, als sie die Didaktik der Bibel zu klären hilft. Für den Unterricht selbst ist sie von untergeordneter Bedeutung.

---

12 Baldermann, Bibel, S. 25–50.
13 Baldermann, Bibel, S. 51–83.
14 Baldermann, Bibel, S. 117–152.153–184.185–235.237–257.
15 Vgl. Vor allem Baldermann, Wer hört mein Weinen; ders., Ich werde nicht sterben, sondern leben.
16 Vgl. zur Bedeutung von Pslamworten in Baldermanns Konzeption Schmidt, Bibel, S. 125ff.
17 Baldermann, Wer hört mein Weinen, S. 10f.

– Die Bibel steht im Zentrum des Religionsunterrichts. An ihren Texten kann man das sachgerechte Sprechen über Gott und Mensch lernen.

Die Konzeption von Baldermann ist vielfach rezipiert worden und hat eine Reihe anderer Arbeiten angestoßen. Sein Konzept gilt mit Recht als »Meilenstein in der modernen Bibeldidaktik der Primarstufe«.[18] Der Hinweis auf die Primarstufe schränkt allerdings ein – und es ist in der Tat zu fragen, ob das Konzept in gleicher Weise auf die Sekundarstufe übertragbar ist. Wie lässt sich die kognitive Beschäftigung mit den Texten, die neben dem existenziellen Zugang ein eigenes Recht hat[19], damit in Einklang bringen? Weitere Anfragen kommen hinzu: Dass Psalmworte auf elementare Weise ansprechen können, soll nicht bezweifelt werden. Dass die Psalmen als nahezu unabdingbare Grundlage jedes biblischen Lernwegs anzusehen seien, leuchtet allerdings nicht ein. Dass ein erfahrungsnahes Gleichnis wie das vom verlorenen Schaf oder vom wachsenden Senf eine vorangehende Beschäftigung mit Psalmworten erfordere, halte ich nicht für überzeugend. Auch die genaue Vorstrukturierung des Lernwegs ist problematisch. Zweifellos lassen sich in den elementaren Sprachformen didaktische Ansätze erkennen, aber eben nicht nur in ihnen. Hinzu kommt, dass Baldermann die Distanz zwischen der Sprache der Psalmen und den Erfahrungen und der Sprache von Kindern vermutlich unterschätzt. Ich bestreite die Selbstwirksamkeit der Bibel durchaus nicht; dass biblische Texte aber immer direkt anzusprechen vermögen, »ist hermeneutisch naiv und insbesondere im Umgang mit kritisch denkenden Jugendlichen unbefriedigend.«[20] Diese kritischen Einwände heben nicht auf, dass von Baldermann viel zu lernen ist. Er hat auf die emotionale Kraft und die seelsorgerliche Qualität der Texte ebenso hingewiesen wie auf die zum Teil beeindruckenden Verstehensmöglichkeiten von Grundschulkindern. Nicht zuletzt hat er im Gegenüber zur problemorientierten Konzeption den Eigenwert der Bibel betont und für den Religionsunterricht festgehalten. Die Anfragen sollen aber verdeutlichen, dass ich den vorgezeichneten biblischen Lernweg, wie Baldermann ihn versteht, nicht konsequent mitgehen kann.

Symboldidaktik

Die Symboldidaktik ist eine seit dem Beginn der 1980er Jahre entwickelte Unterrichtsform.[21] Hubertus Halbfas, einer ihrer Hauptvertreter, wendet sich einerseits gegen das Bemühen der Evangelischen Unterweisung und des Hermeneutischen Unterrichts, einen theologischen Zentralgehalt biblischer Texte herauszuarbeiten, andererseits gegen die Verzweckung der Texte im problemorientierten Religionsunterricht. An seiner Gleichnisdeutung lässt sich seine Position am deutlichsten erkennen. Er kritisiert das Bemühen, diese erfahrungsreichen Texte auf ein theologisches Proprium zu reduzieren, das dann als Merkschema vermittelt werden könne. »Stand anfangs eine Geschichte wenigstens auf dem Papier, so war sie am Stundenende

18 Fricke, Bibeltexte, S. 82.86.
19 Vgl. Meurer, Bibeldidaktik. Konzepte – Methoden – Ziele, S. 176.
20 Karle, Bibel, S. 123
21 Vgl. Biehl/Baudler, Erfahrung; Halbfas, Auge; zu den unterschiedlichen Ausformungen der Symboldidaktik bei Halbfas und Biehl vor allem Saal, Symbol.

zuverlässig um ihr narratives Leben gebracht, zerredet, von theologischen Sprüchen zerfetzt, zu Langeweile kleingemahlen ...«[22] Im Anschluss an Ricoeur, Jüngel und Weder will Halbfas die Besonderheit der metaphorischen Sprache der Gleichnisse erfassen und den »Symbolsinn« einüben. Dazu brauche man ein »drittes Auge«, um die Tiefendimension der Wirklichkeit wahrzunehmen. Es gehe nicht um eine historische Erklärung biblischer Texte, sondern darum, mit ihrer Hilfe einen neuen Blick auf die Welt und das eigene Leben zu gewinnen. Aufgabe des Religionsunterrichts sei die Schulung des Symbolsinns, des »dritten Auges«.

Georg Baudler und Peter Biehl haben die Symboldidaktik in eine andere Richtung entwickelt. Sie gehen von dem Sachverhalt aus, dass Symbole im Erfahrungshorizont von Kindern und Jugendlichen faktisch vorkommen (z. B. Songs, Sportkleidung, Kuscheltiere, ein Liebesbrief, Stars etc.). Sie können das Verstehen der Welt fördern, aber auch behindern. Sie können auch den eigenen Erfahrungshorizont mit dem Glauben verbinden, denn beide stimmen darin überein, dass sie auf Symbolisierungen angewiesen sind. Symbole haben nach Biehl deshalb eine hermeneutische und didaktische Brückenfunktion. Lebensweltliche und christliche Symbole fragen gemeinsam nach dem, was dem Leben Grund, Sinn und Hoffnung gibt. Im symboldidaktischen Lernarrangement werden deshalb die selbst gebildeten und gesellschaftlich vermittelten Symbole mit biblisch-christlichen Symbolen konfrontiert, dadurch erweitert, aber auch in Frage gestellt. Dieser Prozess von Vermittlung und Konfrontation soll die Identitätsfindung der Lernenden fördern. Aus diesem Grund geben Symbole nach Biehl »etwas zu lernen« und führen zu einer kommunikativen Didaktik. Aufgabe der Symboldidaktik ist demzufolge, das Symbolverstehen so weit zu fördern, dass Symbole verstanden, erklärt und kritisch betrachtet werden können. Die Wahrnehmung, Deutung und Gestaltung religiöser Symbole soll dazu beitragen, dass Schülerinnen und Schüler ein eigenes Selbst-, Welt- und Gottesverständnis entwickeln können.[23] An biblischen Lernwegen ist die Symboldidaktik insofern orientiert, als sie den Lernenden die biblischen Symbole zur Wahrnehmung und Auseinandersetzung anbietet, sie meditativ erschließt (Halbfas) oder in einem kritischen Dialog mit lebensweltlichen Symbolen zur Sprache bringt (Biehl). Damit leistet die Symboldidaktik zugleich einen Beitrag zur Entwicklung religiöser Sprachfähigkeit. Zusammengefasst:

- In der Bibel sind grundlegende Erfahrungen in symbolischer Verdichtung enthalten.
- Schülerinnen und Schüler bilden individuelle Symbole und haben Teil an gesellschaftlich vorhandenen Symbolen. Die Auseinandersetzung mit biblischen Symbolen hilft ihnen, eine eigene Symbolsprache und -welt zu entwickeln.
- Die Lehrkraft ist in der Lage, die Symbolsprache der Bibel zu verstehen und in Beziehung zu lebensweltlichen Symbolen der Lernenden zu setzen.
- In der Symboldidaktik nach Halbfas spielt die Bibelwissenschaft eine untergeordnete Rolle; bei Biehl ist ihre Bedeutung im Rahmen einer kritischen Symbolkunde größer.

22 Halbfas, Religionsunterricht, S. 49.
23 Biehl, Symbole I, S. 154 ff.

- Die biblische Sprache und ihre Symbolwelt nehmen eine wichtige Stelle in der Gesamtkonzeption ein. Insgesamt handelt es sich aber um einen Teilaspekt von Bibeldidaktik.

In der Symboldidaktik liegt damit ein wichtiger, aber kein umfassender Zugriff auf biblische Texte vor. Biblische Symbole können durchaus ins Zentrum biblischer Sprache und Denkweise führen. Sie tun dies aber punktuell und stellen gewissermaßen »Vokabeln« dar, die aber der Verbindung mit anderen Sprachformen, also einer »Grammatik« bedürfen. Biehl hält mit Recht fest, dass die gegenwärtige religionspädagogische Situation didaktische Flexibilität und das Zusammenspiel unterschiedlicher Unterrichtsformen erfordert, insbesondere traditionserschließender, problemorientierter und symboldidaktischer Formen.[24] Der Rückgriff auf biblische Symbole ist dabei insofern von Bedeutung, als mit ihrer Hilfe ein Zugang zur biblischen Sprache und ihrer Tiefendimension gewonnen, dadurch Tradition erschlossen und eine Brücke zu gegenwärtigem Symbolverstehen geschlagen werden kann.

Elementarisierung

Karl Ernst Nipkow hat den Begriff der Elementarisierung stärker systematisiert[25] und gezeigt, dass neben der »elementare(n) theologischen Traditionserschließung als Ermittlung der zentralen biblischen Thematik«[26] die »elementaren Erfahrungen« bedacht werden müssen, d. h. »alltagsnahe und alltagsbezogene Fragen der ›Laien‹ jeden Lebensalters, Fragen, die sich aufdrängen und nicht abschütteln lassen.«[27] Deshalb ist auch nach den elementaren Zugängen, d. h. nach den Verstehensvoraussetzungen zu fragen, von denen aus Schülerinnen und Schüler sich den Themen und Texten nähern. Verbindet man diese Elemente, so kann Elementarisierung nicht nur auf elementare Begriffe reduziert werden, sondern muss nach Nipkow das elementare Mitsprechen ermöglichen. »Traditionserschließung als elementares Gespräch« setzt nach Nipkow freilich die Erkenntnis voraus, dass der Begriff der Erfahrung nicht nur in der heutigen Situation angesiedelt sei, sondern ebenso in der Bibel selbst entdeckt werde; »denn die Bibel ist voll von Erfahrung.«[28] Nur deshalb kann sie als gegenwärtig und künftig bedeutsam erkannt werden. Diese Frage nach der Bedeutsamkeit wird im Elementarisierungskonzept als »elementare Wahrheit« bezeichnet. Friedrich Schweitzer hat diesen vier Dimensionen der Elementarisierung noch eine fünfte hinzugefügt: Die elementaren Methoden müssen so gewählt werden, dass sie das elementare Gespräch auch ermöglichen.[29] Die Erkenntnis, dass in der biblischen Tradition grundlegende und bleibend wichtige Erfahrungen verdichtet sind, lässt andere Religionspädagogen nach »biblischen Grundworten«, nach »kategorialen Grundeinsichten« oder nach »Grundbescheiden« in der bib-

24 Biehl, Symboldidaktik.
25 Nipkow, Grundfragen, Band 3, S. 191 ff.
26 Ebd., S. 195
27 Ebd., S. 202 ff.
28 Ebd., S. 214. 216.
29 Schweitzer, Elementarisierung – ein religionsdidaktischer Ansatz.

lischen Tradition[30] fragen. Solche Grundworte oder Bescheide drängen sich, weil in ihnen Erfahrungen verdichtet sind, »geradezu als Transfer-Schienen zwischen Tradition und Situation auf.«[31]

Die neueren Entwürfe wollen demnach die Lernchancen des biblischen Unterrichts herausarbeiten, dabei jedoch die Defizite eines Bibelunterrichts im Sinne der Evangelischen Unterweisung oder des Hermeneutischen Unterrichts vermeiden. Denn hinter die Erkenntnis, dass sich der Religionsunterricht an der Lebenswirklichkeit der Schülerinnen und Schüler und ihrem Erfahrungshintergrund orientieren muss, kann nicht zurückgegangen werden. Die wechselseitige Zuordnung von Tradition und Situation ist als zentrale Frage jeder religionsdidaktischen Bemühung anzuerkennen. Vor diesem Hintergrund erweist es sich als sinnvoll, von bibelorientierter Problemerschließung einerseits, von problemorientierter Texterschließung andererseits zu sprechen.[32]

Biblische Grundbescheide und Motive

Hier sind vor allem die wichtigen bibeldidaktischen Entwürfe von Horst Klaus Berg und Gerd Theißen zu nennen. Ausgangspunkt der Überlegungen von Horst Klaus Berg sind die Fragen: »Welche Probleme bewegen die Schüler? Wo brauchen sie Orientierungsangebote? Erst dann kann ... überlegt werden, in welcher Perspektive die biblische Überlieferung auszulegen ist, damit sie den jungen Menschen als Hilfe zur Selbstfindung und Selbstbestimmung vorgelegt werden kann.«[33] Als Gefährdungen des Lebens junger Menschen – Berg hat vor allem Schülerinnen und Schüler der Sekundarstufe I im Blick – erkennt er die Kompliziertheit, Anonymität und Hektik des Lebens sowie die Bedrohungsgesellschaft mit resignativen Zügen auf der einen und dem Zwang zur Perfektion auf der anderen Seite.[34] Angesichts dieser Ausgangssituation komme es darauf an, Lernchancen für den biblischen Unterricht neu auszuloten: »Die Bibel lehrt Hoffnung und Widerstand im Blick auf scheinbar unabänderliche Verhältnisse«; sie »bietet Modelle gelingenden Lebens an«; sie »bewahrt heilvolle und heilende Erinnerungen, die auch heute wirksam werden können«; sie »vermittelt die Erkenntnis, dass der Mensch ein sündiges Geschöpf ist«; sie »hat eine kommunikative Grundstruktur«; und sie »spricht ihre Leser und Hörer ganzheitlich an.«[35]

Diese Lernchancen bündelt Berg, indem er aus dem biblischen Traditionsstrom sogenannte Grundbescheide herausfiltert. Grundbescheide sind »Verdichtungen biblischer Erfahrungen«, Abkürzungen (»heilsgeschichtliche Abbreviaturen«), in denen grundlegende Aussagen der biblischen Tradition konzentriert sind[36], wie

30 Stock, Evangelientexte, S. 26; Biehl, Erfahrung, S. 15ff; Berg, Grundriß, S. 76ff.
31 Berg, Grundriß, S. 132.
32 Ich folge hier der Terminologie Bergs (Grundriß, S. 140f). Wegenast, Artikel Bibel V, S. 97, spricht von einem »problemorientierten Bibelunterricht«; Meurer, Bibeldidaktik. Konzepte – Methoden – Ziele, S. 180, von einer »textgemäßen Adressatenorientiertheit«.
33 Grundriß, S. 20.
34 Grundriß, S. 20ff.
35 Grundriß, S. 38ff.
36 Grundriß, S. 76f.

etwa die Aussage »Gott schafft Leben«. Grundbescheide dienen nach Berg als Attraktionszentrum. Der Grundbescheid »Gott schafft Leben« beispielsweise zieht eine Vielzahl unterschiedlicher Texte an (Schöpfungstexte, Wundererzählungen, Vergebungs- und Rettungsgeschichten, Auferstehungszeugnisse). Zu jedem Grundbescheid soll ein »Text-Pool« angelegt werden, wobei aber keine Eindeutigkeit in der Zuordnung gefordert wird. Ein Textkomplex wie die Wundererzählungen kann durchaus mehreren Grundbescheiden zugeordnet werden. »Solche wechselnden Perspektiven zeigen, dass die Bibel kein Lehr-, sondern ein Lebensbuch ist, das sich nicht in ein Schema pressen lässt.[37] Dies gilt ebenso für die anderen Grundbescheide, die Berg in der biblischen Tradition identifiziert:

- Gott stiftet Gemeinschaft (Liebe, Partnerschaft, Bund, Ökumene)
- Gott leidet mit und an seinem Volk (Leiden und Leidenschaft)
- Gott befreit die Unterdrückten (Befreiung)
- Gott gibt seinen Geist (Heiliger Geist und Begeisterung)
- Gott herrscht in Ewigkeit (Gottesherrschaft, Schalom).[38]

Mit den Grundbescheiden sieht Berg »die wichtigsten Linien des alt- und neutestamentlichen Kerygmas« angezeigt. Gleichwohl will er sie nicht als »systematisch ordnende Liste« verstanden wissen, sondern als hermeneutischen Schlüssel, »der Einzeltexte in einen sinnvollen biblischen Gesamtzusammenhang bringt und damit Beliebigkeit und Willkür bei der Auslegung« begrenzt.[39] Eine andere Perspektive ist ebenso wichtig: Die Grundbescheide haben für Berg weniger lehrhaften als tröstenden und ermutigenden Charakter. Sie sind in der Lage, existenziell wichtige Fragen anzusprechen. Diese Fragen der Kinder und Jugendlichen sind denn auch der Ausgangspunkt für Bergs Bibeldidaktik; die Suche nach Grundbescheiden ist gewissermaßen die Antwort darauf. Die Grundbescheide zeigen, dass die Bibel angesichts persönlicher und gesellschaftlicher Probleme Orientierung bieten kann. Sie tun dies, indem sie »gefährliche Erinnerungen« aufbewahren, die etwas verändern wollen[40] und damit die vorfindliche Realität überschreiten.

Gerd Theißen geht in seiner Bibeldidaktik einen etwas anderen Weg. Mit den Grundaxiomen des Monotheismus und des Glaubens an einen Erlöser öffnet er sein Konzept auch für die Christologie und seine 14 Grundmotive sind weit differenzierter als die Grundbescheide bei Berg. Außerdem vertritt er einen stärker bildungstheoretischen Ansatz[41]: Jeder gebildete Mensch unseres Kulturkreises müsse unabhängig von der Zugehörigkeit zu einer Kirche oder Konfession biblische Grundkenntnisse haben, um an öffentlichen Diskursen teilnehmen zu können. Insofern geht es ihm um eine »offene Bibeldidaktik«, die das Gespräch mit allen gebildeten Menschen sucht.

Theißen greift auf die didaktische Konzeption von Klafki mit der Vorstellung einer doppelten Erschließung zurück.[42] Dessen Kategorien des Fundamentalen, Elementaren und Exemplarischen ergänzt er durch die Frage nach dem Kommunikativen, die er noch einmal in Elementarisierung und Dialogisierung unterteilt: Wir

37 Grundriß, S. 135ff.
38 Grundriß, S. 80ff.
39 Grundriß, S. 78.
40 Grundriß, S. 77.
41 Theißen, Motivieren, § 2, z.B. S. 52f.62.
42 Theißen, Motivieren, S. 118f.

müssen »bei dem, was wir lernen, immer fragen, wie wir dadurch mit anderen Menschen ins Gespräch kommen. Das Kommunikative und Dialogfähige entspricht als neues Kriterium nicht nur dem didaktischen Gespräch zwischen Lehrenden und Lernenden, sondern auch unserer geschichtlichen Lage, in der sich Menschen mit verschiedenen Überzeugungen verständigen müssen. Wir werden diese vier Kriterien: das Fundamentale in der Sache, das Elementare im Leben, das Exemplarische für das Lernen und das Kommunikative als Elementarisierung und Dialogisierung zusammenfassen.«[43]

Das Fundamentale in der Bibel ist Gott. »Alles andere dient dazu, Zugang zu ihm zu finden. Gott wird durch seinen ›Geist‹ zugänglich.« Der Geist erschließt »nach biblischem Verständnis den Menschen für das Fundamentale der Bibel, für Gott, und er erschließt den Text der Bibel für den Menschen, so dass er ihm zustimmen kann.«[44] Erschlossen wird das Fundamentale durch eine Sprache der religiösen Zeichen, die aus Erzählungen, sprachlichen Bildern, Riten und Gegenständen besteht. Wir lernen diese Sprache, indem wir im Gebrauch unbewusst ihre Regeln (ihre »Grammatik«) erkennen. Die Theologen sind also sozusagen »Grammatiklehrer«, und die grammatischen Regeln sind die Grundmotive der Bibel. Zugleich sind sie »der Geist der Bibel«.[45] Die Motive ruhen auf den biblischen Grundaxiomen, dem Monotheismus und dem Glauben an einen Erlöser.[46] Sie werden aufgeschlüsselt durch Grundmotive, in denen die Welt und das Leben gedeutet werden und in denen der Geist der Bibel erkennbar wird. Die offene Liste umfasst bei Theißen folgende Motive[47]:

- das Schöpfungsmotiv
- das Weisheitsmotiv
- das Wundermotiv
- das Entfremdungsmotiv
- das Hoffnungsmotiv
- das Umkehrmotiv
- das Exodusmotiv
- das Stellvertretungsmotiv
- das Einwohnungsmotiv
- das Glaubensmotiv
- das Agapemotiv
- das Positionswechselmotiv
- das Gerichtsmotiv
- das Rechtfertigungsmotiv.

Diese Elemente der biblischen Grammatik reichen nach Theißen aus, »um den ›Geist der Bibel‹ zu erfassen.«[48] Außerdem helfen sie dazu, Texte didaktisch analysieren zu können. »Man weiß, woraufhin man sie auszulegen und zu bearbeiten hat.« Sie dienen weiterhin zur Prüfung, »ob der ›Geist der Bibel‹ repräsentativ und exemplarisch

43 Theißen, Motivieren, ebd.
44 Theißen, Motivieren, S. 122f.
45 Theißen, Motivieren, S. 131f.
46 Theißen, Motivieren, S. 133.
47 Theißen, Motivieren, S. 139–165.
48 Theißen, Motivieren, S. 165f.

in einer Auswahl von Themen und Texten zur Geltung kommt oder nicht[49] und damit als Auswahlkriterium für biblische Texte. Die – ambitionierte – Auswahl orientiert sich vor allem an der unterschiedlichen Form von Texten: »In einem Bibelstudium – in Schule, Studium oder Erwachsenenbildung – sollten die wichtigsten Textsorten und Gattungen der Bibel vertreten sein, ferner epochentypische Texte und Themen, also bei einer textimmanenten biblischen Epocheneinteilung Texte für Urgeschichte, Väter-, Wüsten-, Richter- und Königszeit usw. Es sollten ferner die wichtigsten Schriften (wie Genesis, Jesaja, Hiob, Psalter, ein synoptisches Evangelium, das Johannesevangelium, die großen Paulusbriefe) in für sie typischen Texten vorhanden sein. Je mehr Kriterien kumulieren, desto besser die Auswahl.«[50]

Auch wenn Berg und Theißen unterschiedliche Ausgangspunkte wählen und verschiedene Akzente setzen, stimmen sie in wichtigen Grundzügen überein.

- Die Grundbescheide/Grundmotive der Bibel helfen dazu, sich selbst in Vergangenheit und Gegenwart zu verstehen und die Wirklichkeit zu erschließen.
- Schülerinnen und Schüler lassen sich durch geeignete Anreize für das Bibelstudium motivieren. Bei Berg sind ihre Probleme zugleich Ausgangspunkt der Überlegungen; Theißen hat dagegen den »gebildeten Zeitgenossen« im Blick.
- Die Lehrkraft ist in der Lage, Bibeltexte so zu erschließen, dass ihre verändernde Kraft bzw. der »Geist der Bibel« darin zum Vorschein kommt.
- Die Bibelwissenschaft stellt Grundlagen und inhaltliche Orientierungspunkte für die Bibeldidaktik zur Verfügung.
- Die Bibel ist offen für das Gespräch mit anderen Wirklichkeitsdeutungen. Bei Berg sind dies vor allem die Deutungen der Schülerinnen und Schüler, bei Theißen die verschiedenen Deutungen in den gesellschaftlichen Diskursen. Das Gespräch führt zu einer »offenen« Bibeldidaktik, die zugleich das Kernstück religionspädagogischer Bemühungen ist.

Beim Durchgang durch beide Bücher bleiben Fragen. Bei Horst Klaus Berg ist zunächst der Begriff »Grundbescheid« problematisch. Unter einem Bescheid versteht man eine autoritative Auskunft, mit der man in der Regel weder »gefährliche Erinnerungen« (dies allenfalls beim Steuerbescheid) noch den Wunsch nach Veränderung assoziiert. Die Aussage »Gott schenkt Leben« ist biblisch betrachtet weniger Bescheid als vielmehr Staunen und Dank, Versprechen und Zusage. Auch Aussagen wie »Gott leidet mit und an seinem Volk« oder »Gott herrscht in Ewigkeit« sind als »Bescheid« nicht angemessen beschrieben. Intentionale Textsammlungen (»Text-Pool«) sind im Prinzip sinnvoll. Ihre Zuordnung zu sechs Grundbescheiden fördert aber sowohl ein Verständnis von Bibeltexten im Sinne mehr oder weniger abgeschlossener Einheiten als auch den Eindruck von Handhabbarkeit und abrufbarem Wissen. »Gefährliche Erinnerungen« lassen sich nicht so leicht kategorisieren.

Bei den sechs Grundbescheiden handelt es sich durchaus um eine »systematisch ordnende Liste«. Der Begriff »heilsgeschichtliche Abbreviaturen« unterstreicht dies. Leitend ist dabei die Theologie im wörtlichen Sinn: Alle Grundbescheide beginnen mit Gott, der Leben schenkt, Gemeinschaft stiftet, leidet und befreit, seinen Geist gibt und in Ewigkeit herrscht. Von Gott als Grundvokabel der Bibel aus wird alles andere

49 Theißen, Motivieren, S. 166.
50 Theißen, Motivieren, S. 170.

erschlossen, nicht zuletzt auch die Christologie im Neuen Testament. Christologisch betrachtet sind die Grundbescheide defizitär. Hinzu kommt die Frage nach dem Ausgangspunkt: Wenn man die Suche nach Grundbescheiden darauf aufbaut, was für Schülerinnen und Schüler notwendig ist, engt man sie zugleich ein. M.E. ist dies bei dem christologischen Defizit der Berg'schen Konzeption deutlich zu erkennen. Damit stellt sich die Frage, wie in einer Bibeldidaktik sowohl die aktuellen Fragen und Lebensdeutungen als auch die Bibel mit ihrer Weltsicht gleichberechtigt zum Zuge kommen können.[51]

Beim Durchgang durch das Buch von Theißen bleibt ein zwiespältiger Eindruck. Vieles ist gut, manches geradezu glänzend geschrieben. Gleichwohl ergeben sich kritische Rückfragen auf verschiedenen Ebenen. Theißen geht es um die Elementarisierung biblischer Erfahrungen, die er in Axiomen und Grundmotiven erkennt. Damit bezieht er sich faktisch auf die elementaren Strukturen der »Sache«, also der Bibel. Das Elementarisierungskonzept der Religionspädagogik ist jedoch umfassender und bezieht mit den elementaren Erfahrungen und Zugängen die Schülerinnen und Schüler sehr viel stärker in den Elementarisierungsprozess mit ein. Theißen vertritt dagegen ein auf die Sache konzentriertes und damit reduziertes Elementarisierungsverständnis. Er geht von den als elementare Strukturen definierten Grundmotiven in der Bibel aus und postuliert, dass daraus bei den Schülerinnen und Schülern Lebensmotive werden, die elementare Erfahrungen ermöglichen. So verstanden sind elementare Erfahrungen durch den Text angestoßene Erfahrungen.[52] Was die Schülerinnen und Schüler an Erfahrungen mitbringen und was sie bewegt, ist dabei nicht im Blick. Dies gilt im Grunde auch für die Frage der »Dialogisierung«[53]: Dass Theißen säkulare Menschen, andere Religionen und christliche Konfessionen in den Blick nimmt, erschließt wichtige Dimensionen des Dialogs. Aber die Grundstruktur der Argumentation bleibt gleich: Es wird nicht in erster Linie nach den Dialogpositionen der Partner gefragt, sondern nach der Dialogfähigkeit der Bibel. Diese Frage ist notwendig, beantwortet aber noch nicht die Fragen der Gesprächspartner.[54]

Eine zweite Ebene der Kritik betrifft die Verknüpfung der biblischen Grundmotive mit dem »Geist der Bibel«. Sie hat den Vorteil, dass damit fundamentalistische Auslegungen ausgeschlossen sind. Indem der »Geist der Bibel« an Grundmotive gebunden wird, wird er jedoch zugleich erheblich reglementiert. Nach Joh 8,3 weht der Geist aber, wo er will. Ebenfalls wenig kompatibel sind die Begriffe Grammatik und Geist. Grammatik steht für die grundlegende Struktur einer Sprache, deren Nichtbeachten als Regelverstoß gilt. Ist der »Geist der Bibel« in diesen Kategorien zu fassen?

Auf einer dritten Ebene sind hermeneutische Anfragen zu stellen. Die konkrete Textauswahl orientiert sich bei Theißen an bibelinternen Kriterien. Die Rezipienten und »ihre Texte« (z. B. der Konfirmationsspruch, der Werbeslogan, der eigene Name mit biblischem Hintergrund) spielen keine erkennbare Rolle. Da die Grundmotive

51 Vgl. zu Bergs Konzeption und der Kritik daran jetzt auch Schmidt, Bibel, S. 41–109.

52 Theißen, Motivieren, S. 119.

53 Theißen, Motivieren, S. 119.

54 Theißen, Motivieren, S. 174f: In der modernen Welt müssen wir die »innerbiblischen Dialoge fortführen.« Ob die »moderne Welt« diesem Dialogmodell ohne weiteres zustimmt, steht auf einem anderen Blatt.

darlegen, woraufhin man Texte auszulegen hat, stellen sie faktisch ein hermeneutisches Prinzip mit grundlegender Geltung dar. Trotz der Betonung, dass Einzeltexte gründlich gelesen werden sollen, unterliegt diese Lektüre dem bereits aufgestellten systematischen Raster: »Nicht in bestimmten Inhalten und Texten, sondern in … Grundmotiven, die sich in, mit und unter den Texten erschließen, finden sich jene ›Lerninhalte‹, die christliche Identität ausmachen und dialogfähig machen.«[55] Der Text wird damit nicht als solcher wahrgenommen, sondern als Konkretion eines Grundmotivs. Der autoritäre Grundzug, den Theißen z.T. in anderen bibeldidaktischen Entwürfen moniert, liegt hier nicht fern. Überhöht wird dieser Grundzug noch durch den Rekurs auf den »Geist der Bibel«. Faktisch kann dieser »Geist« anhand des hinreichenden Vorkommens bestimmter Grundmotive überprüft werden. Dies bedeutet aber, dass der »Geist der Bibel« an die Schrift selbst gebunden ist. Mit ihrer Rezeption hat er offenbar nichts zu tun.

Schließlich sind religionspädagogische Anfragen notwendig. Das vorgelegte Lektüreprogramm ist außerordentlich umfangreich. Wenn neben den wichtigsten Textsorten und Gattungen die wesentlichen epochentypischen Texte und die wichtigsten Schriften in für sie typischen Texten »vorhanden sein« sollen, braucht man sich über andere Inhalte des Unterrichts keine Gedanken mehr zu machen. Außerdem kommen die Adressaten der Bibeldidaktik nicht wirklich in den Blick, wie schon das Inhaltsverzeichnis zeigt. Gefragt wird: »Warum soll man die Bibel studieren?« Was ist das Wesentliche in der Bibel?« »Wie kann man zum Bibelstudium motivieren?« *Wer* zu diesem Studium motiviert werden soll, spielt kaum eine Rolle.[56] Dies fügt sich zu der Auffassung, dass religiöse Motive und Interessen als Anknüpfungspunkt der Religionsdidaktik nicht taugen.[57] Und dem entspricht wiederum, dass die vorgeschlagenen Anreize für den Unterricht praktisch durchgehend textorientiert sind (also Textvergleich, Widersprüche im Text aufdecken, Unwahrscheinlichkeiten und Ungewissheiten im Text aufdecken, Ergänzungs-, Kürzungs- und Umstellungsaufgaben etc.).[58] Problematisch sind dabei nicht die Anreize als solche; viele von ihnen können sinnvoll in den Unterricht integriert werden. Das Problem ist vielmehr die Ausschließlichkeit der Textorientierung. Die berechtigten Fragen, die Verstehensprobleme und die Rahmenbedingungen des Verstehens bei den Kindern und Jugendlichen sowie ihre Schwierigkeiten beim Verknüpfen von alten Texten und einer (scheinbar) ganz anderen eigenen Wirklichkeit bleiben dagegen weithin unberücksichtigt.

Rote Fäden

Einige Autoren sind mit anderen Vorschlägen zur Benennung grundlegender biblischer Denkstrukturen hervorgetreten. Ihre Versuche, Sinnlinien in der biblischen Tradition aufzuspüren, sind in den »Katechetischen Blättern« dokumentiert. Für die

55 Theißen, Motivieren, S. 115.
56 Theißen, Motivieren, S. 297–299. Hier wird eine Liste von Wunschthemen aus den 70er Jahren vorgelegt.
57 Theißen, Motivieren, S. 288 ff. Dementsprechend werden in dem Buch vorwiegend allgemeine Kategorien wie intrinsische und extrinsische Motivation etc. behandelt.
58 Theißen, Motivieren, S. 300 ff.

Sinnlinien wird die Metapher vom »roten Faden« bzw. den »roten Fäden« verwendet, die das »der Bibel Eigene« bezeichnen.[59] Es handelt sich dabei nicht um dogmatische Vorgaben oder um Vorlieben für bestimmte Themen; vielmehr dürfe man solche roten Fäden nur »aus der Bibel selbst heraus entwickeln und formulieren«. Auch gehe es nicht um eine Hierarchie von Wahrheiten und nicht »um kurze und knappe essentials aus der Fülle der biblischen Botschaft«.[60] Die roten Fäden der Bibel führen gleichwohl zum Wesentlichen, »denn das, was Menschen durch Jahrhunderte hindurch immer wieder in ihrem Verhältnis mit Gott beschäftigt hat, in Not und Freude, mit Klage und Lob, ist immer wieder aufgegriffen worden und bestimmt die biblische Botschaft. Wer also rote Fäden in der Bibel sucht, wird sich selbst immer wieder in Frage stellen müssen – vor allem was seine eigenen Wünsche und Erwartungen in Bezug auf diese Texte betrifft. Aber wer rote Fäden in der Bibel sucht, wird hineingenommen in die lange Glaubensgeschichte, von der die Bibel zeugt und für die die Bibel steht. ... Erfahrbar und begreifbar aber wird es nur, wenn man sich selbst auf den Weg macht quer durch die Bibel.«[61] Im Hintergrund stehen Überlegungen zur biblischen Theologie und ihre Suche nach dem Verbindenden zwischen den biblischen Schriften.[62]

Der rote Faden wird unterschiedlich beschrieben[63]: »Vom Paradies zum himmlischen Jerusalem« führt er nach Thomas Söding; für Ilse Müllner ist das Stichwort »Beziehung« der rote Faden; in den Bildern, die die Texte aufscheinen lassen, ist er nach Thomas Staubli zu finden; für Axel Knauf in den Wegen der Tora[64]; Marlies Gielen sieht den roten Faden in der Zuneigung und Nähe Gottes zu den Menschen. Dass diese verschiedenen roten Fäden die Texte nicht reglementieren und die Bibel nicht systematisch kartographieren wollen, macht mir die Metapher sympathisch. Gleichwohl kann man nicht übersehen, dass sie selbst von ihrem Ursprung her auf das Labyrinth und auf den *einen* Weg verweist, der hindurch führt. Ist die Bibel ein verschlungenes System, das den Weg hinein oder heraus zu einem Rätsel macht? Was macht man, wenn man den Faden einmal verliert? Und gibt es nur diesen einen Weg? Die zitierten Autoren sind offenbar nicht dieser Meinung – und ich stimme ihnen zu. Aber dann ist das Bild vom »roten Faden« schief, so gut es mir gefällt. Allenfalls im Plural ist es verwendbar – und stellt dann unabweisbar die Frage, wie denn die einzelnen Fäden miteinander verknüpft werden können. Ungeklärt ist außerdem die Frage, wie mit Hilfe solcher roter Fäden konkreter Unterricht gestaltet werden soll.

Im gleichen Heft der Katechetischen Blätter fragt Elisabeth Hennecke angesichts der vielen Wissenslücken im Blick auf die Bibel: »Mit wie wenig kann ich mich zufrieden geben?«[65] Auch diese resignative Frage zielt auf einen unaufgebbaren Grundbestand biblischer Texte, der möglichst für die gesamte Bibel repräsentativ sein soll.

59 So Dohmen/Hieke, Faden, S. 245.
60 Diese Abgrenzungen sind, obwohl Berg und Theißen als Bezugspunkte genannt werden, doch im Grunde gegen deren Ansatz gerichtet.
61 Ebd.
62 Vgl. hierzu oben, S. 28–30.
63 Müllner/Söding/Knauf/Gielen/Staubli, Frage.
64 Frage, S. 252f. Das NT ist für Knauf allerdings lediglich ein Annex zum AT: »Ich war bei früheren gelegentlichen Besichtigungen dieses Annexes wenig beeindruckt und habe ihn schon lange nicht mehr besucht.«
65 Hennecke, Bibel, S. 238.

Typisch hierfür ist m. E. der Vorschlag in dem »Leuchtfeuerpapier« der EKD, in dem es darum geht, im Blick auf die religiöse Bildungsarbeit der Kirche »die Kernbestände der christlichen Tradition zu sichern«. »Schwerpunktsetzung statt Vollständigkeit« lautet die grundlegende Basisannahme. Deshalb wird für die religiöse Bildungsarbeit in Kindertageseinrichtungen, Kinder- und Jugendarbeit sowie Konfirmandenarbeit« vorgeschlagen, sich »über die 12 wichtigsten biblischen Geschichten, die 12 wichtigsten evangelischen Lieder und die 12 wichtigsten Gebete« zu verständigen.[66] Im Blick auf die pädagogische Arbeit im Vorschulbereich wird gefordert: »90 Prozent aller Kinder eines Jahrganges sollten im Laufe ihrer ersten sechs Lebensjahre mit biblischen Geschichten und christlichen Symbolen, mit christlichen Festen und kirchlichen Traditionen sowie ihren modernen Vermittlungsformen in Berührung kommen«[67] – ohne dabei eine Zahl festzulegen. Nach der Kindergartenzeit scheint man sich selbst, den Kindern und den Jugendlichen aber nicht mehr als 12 Geschichten zutrauen und zumuten zu können. Dass es gerade 12 Texte, Lieder und Gebete sein sollen, weist in biblisch-christlicher Tradition freilich darauf hin, dass mit diesen Texten die Kenntnis zentraler Texte vermittelt werden soll. Welche Texte das sein könnten ist aber völlig offen – und eine Einigung lässt sich nur schwer vorstellen.[68]

Hartmut Rupp schlägt ein bibeldidaktisches Rahmenkonzept vor, mit dessen Hilfe der Aufbau der beiden Testamente in ihrem Zusammenhang erkennbar werden soll.[69] Es ist narrativ angelegt und durch die Aussagen des Glaubensbekenntnisses geprägt. In einem »Bibel-Lern-Ritual« in sieben Schritten stellt Rupp mit Hilfe bunter Tücher Grundaussagen der Bibel als Bodenbild dar. Biblische Kernaussagen sind dabei: Die Welt als Gottes Schöpfung (blaues Tuch); der mitgehende Gott (grün); der verborgene Gott (schwarz); das Wirken Jesu (weiß); Passion und Auferstehung Jesu (schwarz/weiß); das Wirken des Geistes (rot); die Zukunft der Schöpfung (blau). Bei der ersten Einführung wird dieser Durchgang durch die Bibel ausführlich erzählt; spätere Wiederholungen können kürzer ausfallen, sich auf einzelne Aspekte konzentrieren und das Bodenbild durch andere Materialien (Symbole, Bewegungen, Lieder) anreichern. Diese Ritualisierung ist bestechend durch ihre Anschaulichkeit (besonders wenn man sie im konkreten Vollzug miterlebt). In gewisser Weise charakteristisch ist allerdings, dass bei dem entstehenden Bodenbild eine Bibel oder konkrete Bibeltexte fehlen. Vorgestellt wird ein biblisches Destillat, das am Glaubensbekenntnis entlang entwickelt ist. Auch dass die Farben der Tücher auf die Farben des Kirchenjahres anspielen, belegt die eher aus dogmatischer Perspektive entwickelte Herangehensweise. Dass Rupp sein anschauliches Vorgehen mit Hilfe lernpsychologischer Erkenntnisse[70] begründet, ist aber ein wichtiger Hinweis, den aufzugreifen sich lohnt.

---

66 EKD, Kirche der Freiheit, »Siebtes Leuchtfeuer«, S. 79.

67 Ebd., S. 80.

68 Dies gilt trotz der Tatsache, dass bestimmte biblische Texte immer wieder in Lehrplänen und Unterrichtsmaterialien aufgegriffen werden. Dazu gehören zweifellos die Schöpfungsgeschichten, die Erzählungen von Abraham und Josef, David und Goliath, Psalm 23, im Neuen Testament die lukanische Geburtsgeschichte, Bartimäus, einige Gleichnisse Jesu. Begründungen für die Auswahl dieser Texte werden meist nicht genannt, lassen sich aber erschließen: Sie gelten als allgemein bekannt und lebensrelevant; eine Vielzahl von Unterrichtseinheiten zeigt, dass sie sich bewährt zu haben scheinen. Gleichwohl dürfte eine Einigung auf 12 Texte kaum gelingen.

69 Rupp, Kontinuität.

70 Rupp bezieht sich auf die Theorie der »advanced organizers«, vgl. dazu unten, S. 97f.

Die Orientierung an der fremden Welt der Bibel

Verschiedentlich wird die Bibeldidaktik mit einem Zugang zu einer fremden Welt verglichen. Bibeltexte sind fremde Welten – »allerdings fürs erste keine spannenden. Das schwierigste didaktische Problem, aber auch die vielversprechendste Aufgabe heutiger theologischer Arbeit besteht darin, die Fremdheit der Texte als Chance für den Unterricht zu nutzen und sie zumindest ansatzweise vom Makel des Uncoolseins zu befreien.«[71] Dabei gilt: Wir kennen die Gesetze der fremden Welten nicht; wir müssen damit rechnen, dass sie anders sind als die, die unsere Welt und unsere Rationalitäten bestimmen.[72] Vor allem aber muss man, um fremde Welten zu verstehen, Kontakt zu ihnen aufnehmen. Dazu dient eine semiotische Lektüre. Sie besteht aus einer syntagmatischen Analyse, die nach der (Erzähl-)Abfolge eines Textes fragt, einer semantischen Analyse der einzelnen Zeichen innerhalb dieser Abfolge und einer pragmatischen Analyse der Wechselbeziehungen zwischen einem Text und denen, die ihn lesen. In der Sturmstillungsgeschichte Mk 4,35ff wird beispielsweise an dem Befehlswort Jesu »Schweig, verstumme« an die Adresse des Meers deutlich, dass wir es hier nicht mit den Regeln unserer Welt zu tun haben, und ebenso, dass auch die Jünger dies offenbar nicht als alltäglich verstanden haben. Deshalb darf man beim Lesen von Texten als fremden Welten nicht davon ausgehen, dass das eigene Weltwissen, mit dem wir die Tageszeitung lesen, den Bibeltexten angemessen ist. »Wir müssen bei jedem einzelnen Wort damit rechnen, dass es in diesem Text etwas anderes bedeutet, als wir es gewohnt sind.« Denn es geht nicht darum, uns von den fremden Texten das erzählen zu lassen, was wir ohnehin wissen. Das würde heißen, sie zu okkupieren anstatt ihnen zu begegnen.[73] Deshalb darf z. B. bei einer Wundergeschichte das Wunder nicht rational, ethisch oder psychologisch wegerklärt werden. Vielmehr ist zu fragen. »Wofür waren Wunder ein Zeichen in den Texten des Neuen Testaments? Wofür sind sie Zeichen in der Hebräischen Bibel und wofür im Koran und in anderen Religionen? Wofür stehen ›Wunder‹ in Schlagertexten, in denen wahrscheinlich häufiger als in allen andern Textgattungen Wunder vorkommen …? Wie sehen wir die Welt und uns, wenn wir auf ein Wunder hoffen?«[74]

Auch Thomas Ruster versteht die Texte der Bibel als fremde Welt und die Erfahrung mit dem Gott der Bibel als fremde Erfahrung. »Deswegen scheint es mir die Hauptaufgabe gegenwärtigen Religionsunterrichts zu sein, die Schülerinnen und Schüler zur Teilhabe an der Erfahrung, die in der Bibel aufgespeichert ist, zu führen.« Ruster möchte den Religionsunterricht als »Einführung in das biblische Wirklichkeitsverständnis« konzipieren.[75] Damit einher geht eine grundlegende Kritik gegenwärtiger Religionspädagogik und ihres Bibelverständnisses.

Ruster geht von der Beobachtung aus, dass sich das Christentum in der Gesellschaft eingerichtet habe und gut in die religionsfreundliche Gegenwart passe. Er erhebt demgegenüber die Forderung, den Gott der Bibel als »fremden Gott« wiederzuentdecken[76], der sich nicht in den üblichen Gottesprädikaten denken lasse, vor

71 Alkier/Dressler, Wundergeschichten, S. 167
72 Alkier/Dressler, Wundergeschichten, S. 166.
73 Alkier/Dressler, Wundergeschichten, S. 181.183.
74 Alkier/Dressler, Wundergeschichten, S. 186.
75 Ruster, Welt, S. 200.
76 Ruster, Gott, S. 7f.

allem nicht mit der Vorstellung einer höchsten Macht. Denn Macht werde in der Gesellschaft anders definiert und habe nichts mehr mit dem Gott der Bibel zu tun. Dadurch gerate das Christentum und der Gottesbegriff in eine Krise – in der allerdings auch die Chance stecke, die fremden Elemente des biblischen Gottesverständnisses wiederzuentdecken.[77]

Von hier aus verfolgt Ruster zwei Linien des Gottesverständnisses. Mit der ersten Linie lasse sich »die Weltgeschichte des biblischen Gottes als eine beispiellose Erfolgsgeschichte erzählen.« Die zweite Linie setzt dagegen bei der biblischen Auseinandersetzung zwischen Gottesdienst und Götzendienst an und zielt auf die Entflechtung von Religion und Christentum. Sie zeigt nach Ruster, dass der Glaube an Jesus Christus die Glaubenden ebenso vor der Verwechselung von Gott und den Götzen bewahrt wie dies die Tora für die Juden tut. »Götzendienstkritik bedeutet Kritik der Religion: zuerst der Religion, die das Christentum selber war und oft noch sein will, dann Kritik der so genannten Religionen, schließlich Kritik der bislang unbenannten Religion des Kapitalismus.«[78] Kritik bedeute nicht Verwerfung, wohl aber Unterscheidung und Klärung. Die alles bestimmenden Kraft des Kapitalismus lasse sich mit dem Gott der Bibel nicht mehr vereinbaren. Aus diesem Grund sei eine Entflechtung von Religion und Christentum dringend erforderlich.[79]

Die Kritik Rusters an einem »religiösen Christentum« ist von einer systematisch theologischen Position her formuliert, hat aber Konsequenzen für Religionspädagogik und Bibeldidaktik. Da in der gegenwärtigen Religionspädagogik die Erfahrung eine grundlegende Rolle spielt, sei zu fragen, um welche Erfahrungen es sich dabei faktisch handele. Nach Ruster sind alle Erfahrungen, Erlebnisse und Ziele der Schülerinnen und Schüler, aber auch der Lehrkräfte, von der »kapitalistischen Religion« bestimmt. Das »Erfahrungsdogma« der Religionspädagogik verweist deshalb seiner Auffassung nach auf eine falsche Religion und verhindert geradezu eine Unterscheidung zwischen Gott und den Götzen. Die Erfahrung mit dem Gott der Bibel ist »eine fremde Erfahrung, und da der Satz weiterhin gilt, dass Glaube auf Erfahrung angewiesen ist, kommt es für den Glauben darauf an, ob er an fremder Erfahrung Anteil gewinnen kann.« Dies aber bedeute, dass der Erkenntnisweg nicht von den Erfahrungen der Lernenden her strukturiert werden könne. Der religionspädagogische Grundsatz der Erfahrungsorientierung sei aufzugeben. Als religionspädagogisch legitimen Weg empfiehlt er dagegen das »Einführen, Einspinnen auf alle Weise in die Welt der Bibel« und vor allem das Erzählen, aber eben nicht im Sinne einer Anknüpfung an die Erfahrungen der Lernenden, sondern im Gegenteil als Störung ihrer Erfahrungen durch die Welt der Bibel.[80]

Den Ansätzen von Alkier und Dressler und von Ruster ist gemeinsam, dass sie die Bibel als fremde Welt verstehen, die als fremd akzeptiert werden muss, um Begegnung mit ihr zu ermöglichen.

- Wer die Bibel als fremde Welt betrachtet, kann nicht damit rechnen, ihr mit dem geläufigen Wirklichkeitsverständnis begegnen zu können.
- Gerade die Fremdheit regt aber, wenn man sie zulässt, Rückfragen an die eigene Welt und das eigene Wirklichkeitsverständnis an.

77 Ruster, Gott, S. 8.
78 Ruster, Gott, S. 193f.
79 Ruster, Gott, S. 192ff.
80 Ruster, Gott, S. 198–200.

- Deshalb ist es bibeldidaktisch angemessen, die Elemente des Fremden genau zu betrachten, um sie möglicherweise als Fragen an die eigene Welt erkennen zu können.
- Die Bibelwissenschaft stellt hierzu die nötigen Instrumente zur Verfügung. Die Lehrkräfte können mit diesen Instrumenten sachgemäß und kreativ umgehen.

Thomas Ruster verbindet, anders als Alkier und Dressler, dieses Verständnis biblischer Texte mit einer Fundamentalkritik an der Erfahrungsorientierung der Religionspädagogik.

- Lernende und Lehrende sind gleichermaßen Anhänger der kapitalistischen Religion. Beide müssen sich der Fremdheit des biblischen Gottesbildes stellen. Die Lehrkräfte haben die Aufgabe, die fremden Elemente des biblischen Gottes zu erkennen und an die Lernenden heranzubringen.
- Die Bibelwissenschaft hat vor allem diejenigen Elemente des biblischen Gottesverständnisses in den Vordergrund zu stellen, die unter dem Einfluss der kapitalistischen Weltsicht verborgen geblieben sind.

Diese theologische Kritik Rusters an der Religionspädagogik hat eine breite Diskussion ausgelöst. Mit seinem »religionskritischen« Verständnis der biblischen Tradition versucht Ruster den »fremden Gott« der Bibel gegen den domestizierten Gott herkömmlicher Religion zur Geltung zu bringen. Dabei schießt er religionspädagogisch allerdings über das Ziel hinaus. Die Erfahrungen der Schülerinnen und Schüler nicht zu berücksichtigen hieße, die Adressaten der Bibeldidaktik aus dem Spiel zu lassen. In der Konsequenz müsste die Verwendung der Bibel allein von biblisch-theologischen Argumenten her begründet und ausgestaltet werden. Dies kann religionspädagogisch nicht genügen. Hinzu kommt, dass Rusters Wirklichkeitsdeutung durchaus fraglich ist. Zwar unterliegt es keinem Zweifel, dass die Ökonomie eine grundlegende Größe der gegenwärtigen Gesellschaft darstellt. Aber es ist nicht zu übersehen, dass die Ökonomisierung auch Gegenbewegungen und Kritik hervorruft, die teilweise, aber nicht nur durch die Bibel motiviert sind. Und die verschiedenen Jugendstudien zeigen, dass das Bild von durch und durch kapitalistisch beherrschten Kindern und Jugendlichen ein Zerrbild ist. Unabhängig davon ist die Forderung, die Bibel nicht zu zähmen und zu verzwecken, sondern ihre Fremdheit wahr- und anzunehmen, sachgemäß. Die Frage, »was es bringt«, sich mit solchen fremden Texten zu beschäftigen, muss freilich auch hier beantwortet werden.

Ästhetische und handlungsorientierte Ansätze

Michael Meyer-Blank vertritt einen zeichenorientierten und -theoretischen Ansatz des Religionsunterrichts.[81] Der bibeldidaktische Denkweg kann nicht nur von der Exegese zur Lebenswelt führen, sondern muss auch in umgekehrter Richtung von einer »Exegese der Lebenswelt« ausgehen.[82] Es geht also um eine doppelseitige Erschließung. Der hermeneutische Unterricht wird in diesem Zusammenhang

81 Vgl. hierzu Meyer-Blank, Symbol; ders., Exegese.
82 Meyer-Blank, Exegese, S. 72.

gewürdigt, ohne dass daraus jedoch wieder die »Karikatur eines Proseminars« wird. »Die Alternative von historischer Information oder Thematisierung gegenwärtiger Befindlichkeiten führt ebenso wenig weiter wie deren unreflektierte Kombination.«[83] Im Anschluss an Christoph Bizer versteht Meyer-Blank die Christusgeschichten als Verheißungsgeschichten: »Sie versprechen etwas im Namen von Jesus Christus, sie sind auf Glauben aus und verlangen keine Gegenleistung, und sie haben Jesus Christus zum Inhalt.« Deshalb lassen sie sich mit anderen Verheißungen, beispielsweise in der Werbung, vergleichen. Dabei geht es nicht um besserwisserische Kritik, sondern um eine spielerische, ästhetisch gebrochene Zugangsweise zu den Texten, die den Jugendlichen von Werbung und Videoclips her vertraut ist. Das Spielerische produktiv aufzunehmen sieht Meyer-Blank als eine noch unerledigte Aufgabe der Religionspädagogik, die um so dringlicher sei, als der Streit um die Wahrheit zunehmend hinter das Experiment mit partiellen Wahrheiten zurücktrete. Das vorrangige Ziel dieses Zugangs ist deshalb »nicht der Glaube an die Christusverheißungen wie in der Evangelischen Unterweisung, auch nicht nur das Verstehen der Verheißung wie im Hermeneutischen Religionsunterricht, aber auch nicht die Entschlüsselung der religiösen Tiefe des ›Christussymbols‹, sondern zunächst und als Voraussetzung für alle diese (begrenzt sinnvollen) Intentionen das Spiel mit Verheißungen« – mit dem Ziel, die Vielfalt möglicher Erfahrungen zu entdecken.[84] Diese Entdeckerfreude wirkt sich auf die Methoden des Unterrichts aus, bei denen es darum gehe, »die Sprache verschiedener Jesusbilder (= Christologien) zu verstehen, auch Anspielungen in Texten, Bildern, Musik wahrzunehmen und dann im Hinblick auf die darin zum Ausdruck kommenden Lebensverhältnisse, Wünsche und Hoffnungen (›Verheißungen‹) zu beschreiben, ohne diese der Oberflächlichkeit zu bezichtigen.«[85] Der Ansatz lässt sich folgendermaßen zusammenfassen:

- Die Bibel kommt vor allem mit ihrem Verheißungscharakter zur Sprache.
- Biblische Verheißungen sind den Lernenden mehrheitlich unbekannt; sie stehen gleichberechtigt neben anderen Verheißungen.
- Die Lehrkraft muss in der Lage sein, mit den biblischen Texten auf spielerische Weise umzugehen und die Schülerinnen und Schüler in den Streit um die Wahrheit einzuführen.
- Die biblischen Verheißungen sind Teil der biblischen Zeichensprache. Die Bibelwissenschaft trägt dazu bei, diese Zeichensprache zu entschlüsseln.

Als »Spiel mit Verheißungen« kann die Bibeldidaktik nach Meyer-Blank exemplarischen Charakter für den Religionsunterricht insgesamt bekommen. Fraglich ist bei dieser Konzeption die Konzentration auf den Verheißungsbegriff. Zwar spielen Verheißungen in beiden Testamenten eine wichtige Rolle. Kommt damit aber die Breite der biblischen Überlieferung in den Blick? Außerdem ist zu fragen, ob sich der spielerisch-entdeckende Charakter der Bibeldidaktik im Unterricht durchhalten lässt und ob die »Entdeckerfreude an der Vielfalt der Sprachen, Zeichen und … möglichen Erfahrungen« als Ziel der Bibeldidaktik ausreicht.

---

83 Meyer-Blank, Exegese, S. 67.
84 Meyer-Blank, Exegese, S. 67–69.
85 Meyer-Blank, Exegese, S. 69.

Thomas Meurer will die Bibeldidaktik als ästhetische Rekonstruktion verstehen. Ausgehend von der Kritik an bibeldidaktischen Entwürfen, die sich als Anwalt des biblischen Textes im Vermittlungsgeschehen verstehen, rückt Meurer das »Nicht-Verstehen« fremder Äußerungen als Normalfall ins Zentrum seiner Überlegungen: »Verstehen ist immer Anders-Verstehen eines unaufhebbar Anderen.«[86] In der Konsequenz kann sich die Bibeldidaktik nach Meurer nicht »als bloße Vermittlung von Wissen« verstehen, sondern muss sich »dem Verstehen von Problemlagen sowie der Selbstwahrnehmung der Lernenden verpflichtet« sehen.[87] Es gehe um »denkende Erfahrung«, die ihren Ausgangspunkt am Phänomen nimmt, also auch am biblischen Text, und an der Erfahrung mit diesem Phänomen philosophiert. Die Rolle der Bibelwissenschaft innerhalb dieses Konzeptes sei »darin zu suchen, dass sie im Verlauf des Lernprozesses einen Wissensvorrat und ein Methodenreservoir bereithält, das im Bedarfsfall herangezogen werden und angesichts einer Fehl- bzw. Überinterpretation eines biblischen Textes Entscheidungskriterien bereitstellen« kann.[88] Es gehe aber nicht an, über der Orientierung an der Fachwissenschaft die konkreten Adressaten des Unterrichts zu vernachlässigen.[89] Denn im Religionsunterricht stehe nicht mehr »der Begriff« im Vordergrund, sondern Anschauung und Begegnung. In Verbindung mit dem Methodenreservoir der Exegese ergebe sich daraus eine »methodengestützte Anschauung«[90], die ohne Angst vor der Vieldeutigkeit auf die Wahrnehmungsfähigkeit setze.

Meurer wendet sich gegen das Arrangieren eines didaktischen Prozesses, weil dieser etwas zu erreichen verspreche, das sich nicht erreichen lasse. Bibeldidaktik im Sinne eines ästhetischen Geschehens hat nach Meurer dagegen einerseits »den Boden des gemeinsamen Themas im Blick« (also z. B. die Gottesrede oder existenzielle Themen wie Liebe, Krankheit, Freundschaft), sieht aber andererseits auch »das fremde und verfremdende Element, das der Gegenstand im Blick auf das Thema mit sich bringt.«[91] »Das ästhetische Moment an diesem Verständnis der Didaktik zielt gerade auf den Punkt der Ergebnisoffenheit. Ästhetische Didaktik hechelt keinem fachwissenschaftlich abgesteckten Lernziel hinterher, sie will nichts arrangieren, erreichen, aufbereiten und ›machen‹. Sie möchte in erster Linie freisetzen, Dissonanzen zulassen und darauf vertrauen, dass der Gegenstand, je fremder er ist, selber zu seinem Gegenüber ›spricht‹.« Insofern geht es um »ästhetische Anschauung«, um eine »absichtslose Begegnung mit der fremden Welt der Bibel.«[92] Diese Begegnung schließt nach Meurer die »reflexive Anstrengung, also Aktivität und das Bedürfnis nach Eingrenzung und Feststellung ein.« Der Bibeltext steht »als ästhetischer Gegenstand im Mittelpunkt.«[93] Zusammengefasst:

- Die Bibel wird als fremde Welt und als ästhetischer Gegenstand gesehen.
- Schülerinnen und Schüler können sich mit der Bibel kreativ auseinandersetzen und ihr auf diese Weise begegnen.

86 Meurer, Fremde, S. 6.
87 Meurer, Fremde, S. 8.
88 Meurer, Fremde, S. 9.
89 Meurer, Fremde, S. 13.
90 Meurer, Fremde, S. 15.
91 Meurer, Bibeldidaktik, S. 83 f.
92 Meurer, Bibeldidaktik, S. 86.
93 Meurer, Bibeldidaktik, S. 87.

- Die Lehrkraft muss sich selbst der kreativen Zerstörung der Texte gewidmet haben; sie muss das Methodenreservoir der Exegese beherrschen, um es nötigenfalls einbringen zu können.
- Die Bibelwissenschaft stellt ein Methodenreservoir zur Verfügung, das im Hintergrund bereit steht und Fehldeutungen zu begrenzen hilft.

In der literaturwissenschaftlichen und exegetischen Debatte der letzten Jahrzehnte spielt die Ästhetik eine wichtige Rolle. Allerdings wird nicht immer geklärt, was damit gemeint ist. Dies ist auch hier nicht wirklich der Fall. Während »ästhetische Anschauung« lediglich ein »weißer Schimmel« ist, impliziert »ästhetischer Gegenstand« das Ästhetische als Eigenschaft eines Gegenstands. Wenn der »Gegenstand der ästhetischen Anschauung« dann zerstört, wieder neu zusammengesetzt und interpretiert werden soll, setzt dies eine bis dahin vorhandene Anschauung voraus. Welche Anschauung aber ist dies und wer hat sie? Dass es in der Bibeldidaktik nicht lediglich um das Erreichen fachwissenschaftlich abgesteckter Lernziele gehen kann, ist eine Überzeugung, die ich mit Meurer teile. Aber kann es genügen, im Sinne einer absichtslosen Kontemplation eine Begegnung mit der fremden Welt zu ermöglichen? Warum dann gerade mit dieser fremden Welt? Es gibt so viele andere unbekannte. Und auch hier muss man fragen, ob die ästhetische Kontemplation den Schülerinnen und Schülern angemessen ist. Nach meiner Erfahrung stellen Schülerinnen und Schüler konkretere Fragen: Was bringt es mir, in der Bibel zu lesen? Kann ich das, was in der Bibel steht, für mein Leben gebrauchen? Vor diesen Fragen kann sich eine Bibeldidaktik nicht drücken.

Als ästhetischer Gegenstand wird die Bibel auch im performativen Religionsunterricht verstanden. Ausgangspunkt des performativen Religionsunterrichts ist die doppelte Erkenntnis, dass viele Schülerinnen und Schüler keine eigenen Erfahrungen im religiösen Bereich haben und dass Religion der denkenden Erschließung, der Bilder und des Handelns gleichermaßen bedarf, um überhaupt begreifbar zu sein.[94] Ohne konkrete Wahrnehmung gelebter und erfahrbarer Religion sei religiöses Lernen nicht möglich[95], denn »Religion ist eben allererst eine Religonspraxis«.[96] Dies gelte nicht zuletzt für die Bibel. In erster Linie sei sie »Anrede, weniger Anschreiben«. Als Text zwischen Buchdeckeln oder gar auf kopierten Zetteln verfehle sie ihre eigentliche Absicht. »Erst das präsentierte, also das öffentlich aus- und aufgeführte Wort setzt diejenige Referenz in Kraft, von der es handelt und die es letztlich bezeugt. Verheißung und Glaube korrelieren im Modus der Präsentation.«[97] Deshalb könne die Behandlung der Bibel als Lerngegenstand weder ihrer eigenen Intention entsprechen noch das eigenständige Umgehen mit der Bibel fördern. Wenn die Qualität des Bibel-Wortes darin bestehe, bei einem Adressaten ankommen zu wollen, dann brauche es eine wahrnehmbare Gestalt. Daraus folgt für Thomas Klie, dass die Wortlaute der Bibel tatsächlich zur Sprache kommen und in Szene gesetzt werden müssen. Denn beispielsweise das Gleichnis vom verlorenen Sohn stelle keinen zu vermittelnden Inhalt dar, sondern sei eine Vorlage, die gestaltet

94 Klie, Religion, S. 104f.
95 Klie, Religionsunterricht.
96 Leonhard/Klie, Ästhetik, S. 13.
97 Klie, Religion, S. 107.

werden müsse – zunächst als gelesenes Wort und dann als wahrnehmbares Stück. Denn »Evangelische haben keine Religion des Buches, sondern eine Religion der Aufführung. … Evangelische Religion ist, so sie sich auf die der religiösen Qualität des Bibelbuches angemessene Lesart besinnt, immer eine Inszenierungsreligion.«[98] Wie diese Inszenierung erfolgt, ob tatsächlich als Spiel oder mit Hilfe anderer handlungs- und produktionsorientierter Methoden[99], ist von der jeweiligen Unterrichtssituation abhängig. Und ob es über Inszenierung und Transformation[100] zu einer eigenständigen Auseinandersetzung oder gar Aneignung von oder eines Einverständnisses mit biblischen Aussagen kommt, muss angesichts der Probesituation im Unterricht ohnehin offen bleiben.[101] Zentral wichtig ist im Rahmen des performativen Religionsunterrichts aber, sowohl dem gesteigerten ästhetischen Bewusstsein der Schülerinnen und Schüler als auch der Gestaltqualität der religiösen Gegenstände selbst und des eigenen Tuns mehr Gewicht zuzumessen.[102] Denn ein Unterricht, der allein Textgehalte reflektiert, verfehlt sein Thema. Zusammenfassung:

- Die Bibel wird als ästhetischer Gegenstand gesehen, der wahrgenommen und – im wörtlichen Sinn – zu Sprache, Form und dramaturgischer Gestalt kommen will.
- Schülerinnen und Schüler können sich mit der Bibel kreativ und gestaltend auseinandersetzen, sich ihrem Anspruch probehalber aussetzen und ihr auf diese Weise begegnen.
- Die Lehrkraft ist in der Lage, ihren Umgang mit Religion zu zeigen. Sie stellt ihren Umgang mit und Gebrauch von biblischen Texten dar und lädt zu einer probeweisen Übernahme der Zeichen- und Sprachräume der christlichen Religion ein. Sie ist zugleich in der Lage, die dramaturgische Gestaltung biblischer Texte in reflexiver Distanz zu betrachten.
- Die Bibelwissenschaft ist von Belang, da sie auf das Zeichen- und Handlungsrepertoire biblischer Texte und auf deren jeweiligen »Sitz im Leben« aufmerksam macht.
- Der gestaltende Umgang mit der Bibel ist nur ein Teilaspekt der performativen Didaktik. Sie versteht sich darüber hinaus als elementare Form des (religiösen) Lernens.

Die Vertreter der performativen Religionsdidaktik weisen darauf hin, dass es bei diesem Konzept nicht nur um methodische Fragen geht, sondern dass mit dem »Zeigen« ein grundlegender Aspekt von Lernen und Bildung angesprochen ist. Die

98 Klie, Religion, S. 107. Die Kategorie der Inszenierung soll nach den Vertretern der performativen Religionsdidaktik nicht mit »Show« oder »Effekthascherei« konnotiert werden. Als Formalbegriff soll Inszenierung vielmehr dann gebraucht werden, »wenn etwas im Beisein und unter Mitwirkung von anderen zur Darstellung gebracht und gezeigt wird« (Leonhard/Klie, Ästhetik, S. 10).

99 Vgl. hierzu Hahn, Zugänge.

100 Vgl. hierzu den instruktiven Aufsatz von Roose, Religionsunterricht.

101 Klie, Religion, S. 106: »Unterrichtliches Handeln ist … immer ein probeweises, experimentelles Handeln. Lehrende und Lernende agieren miteinander in einer ›Probe-Realität‹, … gewissermaßen auf einer Probebühne«.

102 Klie, Religionsunterricht. Es liegt auf der Hand, dass sich der performative Religionsunterricht mit besonderem Interesse den Räumen zuwendet, in denen sich Religion ereignet (Kirchen, Friedhöfe, Banken-Tempel, Einkaufsparadiese). Aber auch die Bibellektüre hat raum-zeitliche Dimensionen, die oft gar nicht wahrgenommen werden.

Kritik von Godwin Lämmermann[103], dass die performative Religionsdidaktik in problematischer Nähe zu kirchlicher Katechetik und zur Evangelischen Unterweisung stehe, ist der Sache nach zwar unbegründet, weist aber auf eine tatsächlich vorhandene Schwierigkeit des Konzeptes hin. Das »Zeigen von Religion« jenseits einer Forderung nach (einengender) Authentizität[104] und zugleich mit einem notwendigen Spielraum der Distanz stellt außerordentlich hohe Anforderungen an die Religionslehrkräfte, deren Rolle in diesem Konzept m. E. noch nicht hinreichend geklärt ist. In bibeldidaktischer Perspektive erscheint zudem die Auswahl der (z.T. in beeindruckender Weise präsentierten) biblischen Texte eher zufällig.

Weitere bibeldidaktische Modelle

Eine »konfliktorientierte Bibeldidaktik« vertritt Christian Cebulj für die Sekundarstufe I. Ausgangspunkt sind für ihn die Beziehungen und Beziehungskonflikte der Jugendlichen zwischen 13 und 16 Jahren. Deshalb liege der Zugang zur Bibel über konfliktgesättigte Texte nahe. Sein entwicklungsorientierter Ansatz sucht nach hierfür aussagekräftigen biblischen Symbolen und Denkmodellen. Eine lebenswelt- und entwicklungsorientierte Bibeldidaktik für die Sekundarstufe I, die vorrangig von Konfliktsymbolen bei Jugendlichen ausgeht, könne biblische Texte für Jugendliche interessant werden lassen: »Religionsunterricht wird, statt mit Emphase und oft vergeblich Glaubenstradition zu bemühen, um so mehr der Glaubensperspektive dienen, je mehr er den Menschen dient.«[105] Exemplarisch wird das Johannesevangelium als Textbasis herangezogen, da hier verschiedene Konflikte zwischen Jesus und »den Juden« eine wesentliche Rolle spielen. Mit dem Ansatz ist auch ein bildungstheoretischer Anspruch verbunden: »Ohne zweckoptimistisch zu sein, lassen sich in Literatur, Kunst und Musik Ansätze entdecken, welche auch in posttraditionalen Zeiten deutlich für die Überlebensfähigkeit der Bibel als Quelle für Welt- und Lebensdeutung sprechen. Sie ist Teil unseres ›kulturellen Gedächtnisses‹ und leistet einen unverzichtbaren Bildungsbeitrag.«[106] Insgesamt ist für Cebulj wichtig:

- Die Bibel (z. B. Joh) spiegelt Konfliktsituationen im frühen Christentum wider.
- Konfliktsituationen sind prägend für das Jugendalter und Ausgangspunkt für die Behandlung der Bibel.
- Die Lehrkraft hält die Bibel als Teil des kulturellen Gedächtnisses wach.
- Die Auswahl der Bibeltexte erfolgt aus der Perspektive des Jugendalters und seiner Probleme. Bei der Analyse der Texte werden bibelwissenschaftliche Erkenntnisse herangezogen.

An diesen entwicklungsorientierten Ansatz Cebuljs sind Rückfragen in zweifacher Hinsicht zu stellen. Die Bibel ist unaufgebbarer Teil des kulturellen Gedächtnisses, erschließt sich aber nicht leicht und muss deshalb aus der Perspektive der Jugendlichen betrachtet werden. Dass damit die Eigenständigkeit der biblischen Tradition

103 Fenster, S. 27; Rolle, S. 385.
104 Vgl. Dressler/Klie, Strittige Performanz, S. 223.
105 Cebulj, Johannes.
106 Cebulj, Johannes, S. 352.

hinreichend gewahrt ist, erscheint fraglich. Und weiter: Ist zu erwarten, dass die frühchristlichen Konflikte für die Jugendlichen verstehbar und für ihre Konfliktlagen hilfreich sind? Die zweite Fragehinsicht bezieht sich auf die Deutung des Jugendalters als konfliktgeladener Zeit. Ist die Konfliktorientierung so durchgängig, dass sie eine bibeldidaktische Orientierung über mehrere Schuljahrgänge hinweg rechtfertigt?

Ulrich Kropač möchte Bibelarbeit als Dekonstruktion verstehen. Ausgehend von der Kritik an der »traditionellen hermeneutischen Vorstellung« der Sinnentnahme zielt sein Entwurf auf eine Folge von Interpretationen: »Gefundene Deutungen sollen in ein Gespräch gebracht und so erneut interpretiert werden. Auf diese Weise entsteht eine Kette immer neuer Deutungen, die an kein letztes Glied gelangt.«[107] »Ziel der Lektüre ist es, den biblischen Text in seinen Dunkelheiten und Brüchen, seinen Bezügen zu anderen Texten und in der Weise, wie in ihm Diskurse aufeinander treffen, zur Geltung zu bringen. Indem nachgezeichnet bzw. entdeckt wird, wie der Text sich selbst immer wieder unterläuft, wird die Illusion eines eindeutig zu erhebenden Sinns zerstört.«[108] Daraus ergibt sich für Kropač eine doppelte Lernchance: Den Schülerinnen und Schülern kann aufgehen, dass die Arbeit an Texten Achtsamkeit erfordert und es kann ihnen bewusst werden, »dass eine Textinterpretation zu kurz greift, welche die Bedeutung des Texts herauszuarbeiten versucht. Deutungen evozieren neue Deutungen, und zu dieser potenziell unendlichen Kette immer neuer Sinngenesen können die Schülerinnen und Schüler selbst einen Beitrag leisten.«[109]

Dekonstruktion hat für Kropač noch eine weitere Dimension. Bei der Lektüre stellen die Lernenden immer Verknüpfungen mit eigenen Erfahrungen und dem eigenen Wirklichkeitsverständnis her, das jeweils aus unterschiedlichen Elementen zusammengesetzt ist. »Die dekonstruktive Arbeit an Texten vermag für die Haarrisse, Brüche und Irrationalismen in der eigenen Fiktion von Wirklichkeit zu sensibilisieren.« So gesehen hat die Lektüre biblischer Texte dekonstruktive Kraft: »Sie wirken ›destruktiv‹, indem sie die Selbstgewissheit des Subjekts aufstören und beruhigende Sinnschemata, die es sich zur Bewältigung des Daseins geschaffen hat, in Frage stellen.« Die dekonstruierende Textlektüre zielt also zugleich auf die Dekonstruktion des lesenden Subjekts und seiner Vorstellungen. Dadurch entfaltet sie zugleich konstruktive Kraft, die alternative Denk- und Handlungsmöglichkeiten eröffnet. Geeignete Methoden einer dekonstruierenden Lektüre sind vor allem solche, »die Verfremdungseffekte hervorrufen (›Dekonstruktion‹) oder einen Text in neue Zusammenhänge rücken (›Konstruktion‹) und Kombinationen davon«,[110] also z. B. Darbietung des Textes in Fragmenten, Isolierung von Textstücken und Suche nach neuen Kontexten, Suche nach Irritationen und Brüchen, probeweise Veränderung von Textteilen, Vergleich von Übersetzungen, Vergleich neutestamentlicher Texte mit alttestamentlichen Vorlagen, verschiedene Inszenierungen der Texte etc. Kurz:

- Die Bibel ist Produkt vielfältiger Bezüge zu anderen Texten und regt zu neuen Texten und Wirklichkeitsbezügen an.

107 Kropač, Bibelarbeit, S. 370f.
108 Kropač, Bibelarbeit, S. 372.
109 Kropač, Bibelarbeit, S. 372.
110 Kropač, Bibelarbeit, S. 372f.

- Schülerinnen und Schüler sind einerseits Textarchäologen, die Textfragmente aufspüren und neu zusammensetzen; sie werden von den Texten andererseits auf die Fragmentarität ihrer eigenen Lebensentwürfe hin befragt.
- Die Lehrkräfte sind Experten für Intertextualität. Sie sind mit intertextuellen Beziehungen der Bibel vertraut und regen zur Konstruktion neuer Verknüpfungen und Textsinne an.
- Die Bibelwissenschaft hat mit der Dekonstruktions- und Intertextualitätsdebatte die Vorlage für diese bibeldidaktische Konzeption geliefert.

Eine religionspädagogische Gesamtkonzeption ist bei Kropač nicht ausdrücklich im Blick.[111] Ihr Kernpunkt wäre aber die Dekonstruktion von Texten und Bildern mit dem Ziel, aus den Fragmenten von Erfahrung und Tradition neue Vorstellungen zu entwickeln. Problematisch ist dabei einerseits, dass kritische Anfragen an die Dekonstruktion als »Schlüsselbegriff der Postmoderne«[112] bei Kropač ganz fehlen. Problematisch ist andererseits vor allem das zu Grunde liegende Verständnis von Jugend und Jugendlichen. Der souverän-spielerische Umgang mit Texten ist von ihrem Wirklichkeitsverständnis und ihren Problemen weit entfernt. Wieso sollen sich Jugendliche, die mit den Ambivalenzen ihrer eigenen Welt oft nicht zurecht kommen, von den Ambivalenzen in den Texten angezogen fühlen? Ist es bei jungen Menschen, die gerade dabei sind, »Selbstgewissheiten des Subjekts« aufzubauen, wirklich an der Zeit, sie sofort wieder zu zerstören? Wie passt eine dekonstruierende Lektüre zur pragmatischen Orientierung von Jugendlichen, die danach fragen, was »eine Kette immer neuer Deutungen, die an kein letztes Glied gelangt«, ihnen eigentlich bringt? Und nicht zuletzt: Sind die Lehrkräfte als Experten für Intertextualität zutreffend beschrieben?

Konsequenzen für die Bibeldidaktik

Die Durchsicht der verschiedenen bibeldidaktischen Entwürfe zeigt, dass die Bibel selbst, die Bibelwissenschaft, die Schülerinnen und Schüler und die Lehrkraft jeweils unterschiedlich bewertet werden und dass dadurch die Bibel im Gesamtrahmen des Religionsunterrichts einen je eigenen Stellenwert bekommt. Folgende Aspekte sind von besonderer Bedeutung:

- Die Orientierung an den Schülerinnen und Schülern ist trotz Rusters Einspruch unaufgebbar. Dies bedeutet nicht, dass die Erfahrungen der Lernenden alleiniger Orientierungspunkt sein können. Bibeldidaktische Bemühungen können aber nicht gelingen, wenn diejenigen nicht hinreichend beachtet werden, die die Bibel lesen und verstehen sollen.
- Die Orientierung an biblischen Lernwegen ist ebenfalls von bleibender Bedeutung. Dass dies genau der Lernweg ist, den Baldermann vorschlägt, erscheint mir zwar fraglich. Das »Vielstimmenbuch« Bibel bietet daneben und darüber hinaus

111 Kropač, Bibelarbeit, S. 374.
112 Kropač, Bibelarbeit, S. 370.

auch andere Lernchancen. Solche Chancen und Wege des Lernens ergeben sich von den Texten her und sind deshalb didaktisch von Bedeutung. Lernen kann man von Baldermann, den Texten mit ihrer Sprache und ihrem Anspruch etwas zuzutrauen.

- Der Bibel zuzutrauen, dass ihre Aussagen für gegenwärtige Diskurse und für die Fragen von Heranwachsenden hilfreich sein können, ist das Anliegen der bibeldidaktischen Entwürfe von Theißen und Berg. Um die Besonderheit der Texte in den Dialog einbringen zu können, müssen sie erschlossen werden. Dazu sind Kenntnisse über ihre Grundstrukturen und Kernaussagen unabdingbar. Die Bibelwissenschaft erarbeitet solche Kenntnisse und ist deshalb für die Bibeldidaktik eine wichtige Bezugsgröße.
- Eine Bibeldidaktik kann unter den gegenwärtigen Rahmenbedingungen nur »offen« konzipiert werden. Theißen betont die Öffnung für gesellschaftlich relevante Fragen, andere Religionen und generell für gebildete Zeitgenossen. Berg hat die Öffnung für Kinder und Jugendliche im Blick und entwirft eine beziehungsstiftende Didaktik. Beide »Öffnungen« sind weiterführend. Zu fragen ist aber darüber hinaus, ob die Bibel als »Buch mit sieben Siegeln« nicht in einem viel grundsätzlicheren Sinn überhaupt erst geöffnet werden muss.
- Als eins der »sieben Siegel«, die die Bibel verschlossen halten, hat sich ihre (scheinbare) Bekanntheit gezeigt. Tatsächlich laden die Texte der Bibel in eine fremde Welt ein. Dies wird in neueren bibeldidaktischen Entwürfen wiederholt und mit Recht betont. Die Texte in ihrer Fremdheit wahrzunehmen, bewahrt davor, in ihnen nur das zu finden, was man ohnehin schon weiß oder zu wissen glaubt.
- Lesen, laut lesen und vorlesen sind performative Akte, die dazu helfen können, den Texten mit ihrem je eigenen Anspruch gerecht zu werden.

5. Schlüssel zur Bibel

Wozu soll ich heute die Bibel lesen?
Was bringt mir das?
Kann ich das, was in der Bibel steht, für mein Leben gebrauchen?

Diese Fragen sind so vordergründig nicht, wie sie auf den ersten Blick erscheinen – nur auf schnellen Nutzen bedacht. Tatsächlich handelt es sich um legitime und wichtige Fragen. Dass sie häufig dazu verwendet werden, die scheinbare Unzeitgemäßheit der Bibel zu behaupten, hebt nicht auf, dass es in der Tat kaum zu begründen wäre, die Bibel zu lesen, wenn man sie nicht gebrauchen könnte und sie nichts »bringen« würde. Wie aber kann man die Bibel so öffnen, dass sie als ermutigendes, tröstendes, provozierendes und bedeutsames Buch gelesen und verstanden werden kann?

Bisheriger Ertrag

Die vorangehenden Abschnitte wurden jeweils mit Konsequenzen für die Bibeldidaktik abgeschlossen. Jetzt ist es an der Zeit, diese Konsequenzen zu bündeln. Ich tue dies, um die verschiedenen Aspekte, die für eine Bibeldidaktik von Bedeutung sind, zusammenzuführen und darauf mein eigenes Verständnis von Bibeldidaktik aufzubauen.

Zunächst zeigt sich, dass eine Bibeldidaktik die gesellschaftlichen Rahmenbedingungen zur Kenntnis nehmen muss. Sie muss sich ihnen keineswegs unreflektiert anpassen, aber sie muss die Adressaten und Situationen kennen, an die und in die hinein sie sich wendet. Die Rede des Paulus auf dem Areopag in Athen in Apg 17,18ff liefert dafür ein biblisches Beispiel.

Apg 17,18–23: Einige Philosophen aber, Epikureer und Stoiker, stritten mit ihm. Und einige von ihnen sprachen: Was will dieser Schwätzer sagen? Andere aber: Es sieht so aus, als wolle er fremde Götter verkündigen. Er hatte ihnen nämlich das Evangelium von Jesus und von der Auferstehung verkündigt. [19]Sie nahmen ihn aber mit und führten ihn auf den Areopag und sprachen: Können wir erfahren, was das für eine neue Lehre ist, die du lehrst? [20]Denn du bringst etwas Neues vor unsere Ohren; nun wollen wir gerne wissen, was das ist. [21]Alle Athener nämlich, auch die Fremden, die bei ihnen wohnten, hatten nichts anderes im Sinn, als etwas Neues zu sagen oder zu hören. [22]Paulus aber stand mitten auf dem Areopag und sprach: Ihr Männer von Athen, ich sehe, dass ihr die Götter in allen Stücken sehr verehrt. [23]Ich bin umhergegangen und habe eure Heiligtümer angesehen und fand einen Altar, auf dem stand geschrieben: Dem unbekannten Gott. Nun verkündige ich euch, was ihr unwissend verehrt.

Der christliche Glaube und mit ihm auch die Bibel stehen faktisch in Konkurrenz zu anderen religiösen und nichtreligiösen Weltdeutungen mit teilweise umfassenden

Ansprüchen. Die Bibel ihrerseits wird innerhalb des christlichen Spektrums auf unterschiedliche Weise interpretiert. Auf diesen pluralistischen Horizont reagieren Menschen mit individuellen Suchbewegungen. Eine Bibeldidaktik kann darauf nicht mit fest gefügter Unhinterfragbarkeit reagieren, sie kann allerdings auch nicht den Anspruch der biblischen Texte selbst aufgeben. Zwischen beiden Polen muss sie versuchen, Menschen unter den Bedingungen der Gegenwart anzusprechen. Sie entspricht damit der Entwicklung der Didaktik von einer Inhalts- und Lehrerorientierung hin zu kommunikativ und interaktional geprägten Lehr- und Lernprozessen. Eine angemessene Elementarisierung ist dabei ebenso unabdingbar wie die Fähigkeit der Lehrenden, den Schülerinnen und Schülern variationsreiche Lernwege zu öffnen, ohne sie auf einen einzigen Weg festzulegen.

Die Einstellungen von Schülerinnen und Schülern zur Bibel sind individuell sehr verschieden. Für die Mehrheit ist die Bibel weitgehend unbekannt. Bibelkenntnis kann nicht vorausgesetzt werden. Der exegetisch und religionspädagogisch gleichermaßen interessante Versuch, die Bibel als fremde Welt zu verstehen, lässt sich damit gut vereinbaren. Die Fremdheit muss nicht erst hergestellt werden, sie ist längst da. Grundlegend wichtig ist es deshalb, Zugangswege zur Bibel und damit die Frage nach ihrer möglichen Bedeutung und Lebensdienlichkeit erst einmal zu öffnen. Vor allem für Jugendliche spielt die Frage nach der Relevanz von Religion und Bibel für die eigene Lebensgestaltung eine wichtige Rolle. Eine Bibeldidaktik sollte darauf antworten können. Deshalb muss sie anschlussfähig sein an die Lebenswelt von Kindern und Jugendlichen und konkrete Bezugspunkte benennen können. Angesichts der Symbolisierungen in der Lebenswelt ist dabei die Symbolsprache der Bibel von Bedeutung.

Eine Bibeldidaktik muss aber auch die Bibel mit eigenem Recht zur Sprache bringen. Dabei ist die Exegese als methodisch abgesicherte Textanalyse eine unaufgebbare Bezugsgröße. Die Vermehrung der Textzugänge zeigt dabei, dass nicht jede Auslegungsmethode für jeden Text in jeder Situation angemessen ist. Auch intuitive Interpretationen der Schülerinnen und Schüler haben ihren Sinn, müssen sich im Unterrichtszusammenhang aber der Überprüfung stellen. Textauslegung heißt immer, Verstehensoptionen zu erproben, ungenügende auszuscheiden, wichtige zu erkennen und zu präzisieren. Der Ertrag der Debatte um die Intertextualität ist dabei die Erkenntnis, dass Texte untereinander vielfältige und wechselseitige Beziehungen aufweisen; die Debatte um die Biblische Theologie hat ergeben, dass auf konvergierende Linien zwischen beiden Testamenten zu achten ist, ohne dabei eine unreflektierte Einheit vorauszusetzen. Die Wahrnehmung der biblischen Inhalte, ihrer Lernchancen und ihrer sprachlichen Kraft führt schließlich dazu, diesen Texten und ihrem Anspruch etwas zuzutrauen.

Wie offen ist die Bibeldidaktik?

Welche Gründe, fragt Gerd Theißen mit Recht, »haben wir dafür, die Beschäftigung mit diesem Buch auch künftigen Generationen … ans Herz zu legen« und im Religionsunterricht sogar zur Pflicht zu machen?[1] Klar ist, dass es nicht lediglich um vor-

1 Theißen, Motivieren, S. 19.

dergründigen Nutzen gehen kann. Die Bibel ist kein Rezeptbuch mit fertigen Lösungen für alle Wechselfälle des Lebens. Nutzen kann sehr kurzsichtig definiert werden im Sinne unmittelbarer Verwertbarkeit. Andererseits kann eine Arbeit an und mit der Bibel, die die Frage nach ihrem Nutzen ausblendet, auf Dauer keinen Bestand haben. Denn diese Frage zielt, recht verstanden, auf die weitergehende Frage ihrer Gegenwarts- und Zukunftsbedeutung. Üblicherweise werden für die Beschäftigung mit der Bibel folgende Argumente genannt:

- Die Bibel ist ein herausragendes Dokument unserer kulturellen Herkunft, und zwar unabhängig davon, ob man sie als prägende Kraft der Vergangenheit oder als weiterhin gültige Orientierung für das eigene Leben begreift.
- Die Bibel, in Deutschland vor allem die Lutherübersetzung, hat die Alltagssprache und die Literatur gleichermaßen stark beeinflusst.
- Kein anderes Buch ist auf so vielfältige Weise interpretiert worden. Von frühen Formen der Bibelauslegung spannt sich über den »vierfachen Schriftsinn« bis zu aktuellen Textzugängen ein weiter Bogen. Hermeneutische Kompetenz lässt sich an Bibeltexten exemplarisch fördern.
- Mit ihren Geschichten, ihren Maßstäben und Glaubensaussagen kann die Bibel – in Aneignung oder Ablehnung – eine wesentliche Rolle bei der Identitätsfindung spielen.
- Die Bedeutung des interreligiösen Gesprächs hat in den letzten Jahrzehnten beständig zugenommen. Als Grundlagenbuch des Christentums bietet die Bibel nicht nur Zugang zur christlichen Symbolsprache. Sie weist darüber hinaus verschiedene Konzepte zum Umgang mit Fremden auf und ist durch ihre Protagonisten Abraham, Mose und Jesus für den Dialog mit dem Islam unaufgebbar.

Diese Argumente führen zu dem Schluss: Selbst wenn es keinen Religionsunterricht an den öffentlichen Schulen unseres Landes gäbe, hätte die allgemein bildende Schule die Aufgabe, Kindern und Jugendlichen die Bibel hinreichend bekannt zu machen. Gleichwohl sind die Argumente aus einer bestimmten Perspektive formuliert. Sie setzen ein Wissen um die Bedeutung der Bibel voraus und schlüsseln diese Bedeutung argumentativ auf. Die Argumente werden vor dem Horizont der Lernenden und auf ihre möglichen Erfahrungen hin formuliert, jedoch im Wesentlichen vom Expertenwissen her ausgewählt und strukturiert. Darüber hinaus muss eine Bibeldidaktik, die die gegenwärtigen Verstehensbedingungen ernst nimmt, folgende Aspekte berücksichtigen:

- Tatsächlicher Bibelgebrauch und faktische Bibelkenntnis sind bei Kindern, Jugendlichen und der Mehrzahl der Erwachsenen gering. Es ist deshalb damit zu rechnen, dass die Begegnung mit Bibeltexten vielfach eine Erstbegegnung ist. Zusammenhänge, die bei eingehender Lektüre hervortreten, sind dabei alles andere als klar. Dieser Sachverhalt muss didaktisch und methodisch angemessen berücksichtigt werden.
- Die Fragen nach den Inhalten, nach der biblischen Sprache, nach der Bibel als Buch mit einer Entstehungs- und Wirkungsgeschichte und die entsprechenden Kenntnisse und Fähigkeiten, die dann im Sinne einer Aufbaulogik geordnet werden können, liegen für viele Schülerinnen und Schüler jenseits einer Barriere von Unkenntnis, Desinteresse und Unlust, in einem so dicken Buch zu lesen. *Bevor* wir uns bibeldidaktisch mit der Bibel als Buch, mit ihrer Sprache, ihren Inhalten und

schließlich mit verschiedenen Auslegungsmethoden beschäftigen, ist es zunächst nötig, sie – in einem übertragenen Sinn – zu öffnen. Denn die Bibel ist für viele ein Buch mit sieben Siegeln.

- Eine »offene« Bibeldidaktik bewegt sich innerhalb gegenwärtiger Diskurse in den Bezugswissenschaften und der Gesellschaft. Aber sie ist noch nicht offen genug, wenn sie sich damit begnügt, die Bibel als Bildungsgut zu vermitteln. Eine offene Bibeldidaktik muss sich darüber hinaus öffnen: Der Unkenntnis, dem Unverständnis, dem (frommen oder unfrommen) Missverstehen, dem fragmentierenden Herauspicken einzelner Aussagen, der Scheu vor diesem Buch, dem Desinteresse, der Unlust zu lesen, den eigenen (und manchmal merkwürdigen) Zugängen, den verschiedensten Lebensdeutungen mit ihren Hoffnungen und Ängsten.
- Offenheit ist nicht gleichzusetzen mit dem Aufgeben von Standpunkten und Erkenntnissen. Es geht vielmehr um die Suche nach Anschlussmöglichkeiten in verschiedene Richtungen. Ist die Beschäftigung mit der Bibel anschlussfähig an die Problemstellungen von jungen Menschen, an gesellschaftliche Entwicklungen und an den wissenschaftlichen Diskurs? Der Begriff der Anschlussfähigkeit grenzt den Eigenwert der biblischen Tradition nicht aus. Es war ein Problem des problemorientierten Religionsunterrichts, dass er die Bibel im Wesentlichen dann befragte, wenn es sich von tatsächlich oder vermeintlich aktuellen Fragestellungen her so ergab. Eine Bibeldidaktik, die sich der Bibel und der Didaktik gleichermaßen verpflichtet weiß, muss Anschlussfähigkeit in verschiedene Richtungen thematisieren und sowohl von der Bibel als auch von den Fragen und Problemstellungen der Rezipienten her formulierbar sein. In gleicher Weise ist nach elementaren Strukturen der biblischen Überlieferung und nach grundlegenden Erfahrungen von Schülerinnen und Schülern, welche ihr Wirklichkeitsverständnis konturieren, zu fragen. Beide Fragestellungen müssen aufeinander bezogen werden.

Von einer Didaktik der Bibel zur Bibeldidaktik

Die bedeutenden bibeldidaktischen Entwürfe von Baldermann, Berg und Theißen gehen von der Erkenntnis aus, dass verschiedene Inhalte, Grundbestandteile und Aufbaumerkmale der Bibel oder die biblische Sprache didaktische Impulse geben oder sich didaktisch interpretieren lassen. Die Bibel selbst gibt demnach die Anstöße zu einer biblischen Didaktik. Horst Klaus Berg sucht nach Grundbescheiden, die die Fülle der biblischen Glaubenserfahrungen verdichten und an die vergleichbare Aussagen angelagert werden. Gerd Theißen sucht nach Grundmotiven der Bibel, die gewissermaßen ihre Grammatik und zugleich den Geist der Bibel darstellen. Baldermann hat bereits vor Berg und Theißen eine Konzeption für den biblischen Unterricht entwickelt, die sich an der Sprache der Bibel orientiert. Die Bibel ist für ihn ein Buch des Lernens, das einen eigenen Lernweg eröffnet und konturiert.

Ich spreche im Folgenden nicht von Grundbescheiden oder Grundmotiven. Grundmotive verleiten dazu, konkrete Texte mit einer »Brille« zu lesen, nämlich mit der Frage, welchem Grundmotiv ein Text zugeordnet werden kann. Dies reduziert die Individualität von Texten auf bestimmte Grundaussagen. Nun gibt es zweifellos Motive in der Bibel, die wiederholt vorkommen und sich in verschiedenen Textzusammenhängen konkretisieren. Indem sie sich aber konkretisieren, gehen sie in die Verschiedenheit der Einzeltexte ein und entfalten dort jeweils eigene Aussageabsichten. Von einem Grundmotiv ohne die dazu gehörenden Konkretisierungen und Akzentsetzungen zu sprechen stellt eine Abstraktion dar, die den Texten nicht angemessen ist. Und wenn die Grundmotive darlegen, woraufhin man Texte auszulegen und zu bearbeiten hat, dann fungieren sie als hermeneutisches Prinzip mit axiomatischer Geltung.[2] Der Text wird nicht als solcher wahrgenommen, sondern als Konkretion eines Motivs, das die Exegese herausgearbeitet hat und vorgibt.

Hinzu kommt, dass die verschiedenen Grundmotive gewissermaßen durch die Hintertür die Texte fragmentieren. Man kann dann z. B. im Markusevangelium Einzeltexte verschiedenen Grundmotiven zuweisen – und wird solche Motive zweifellos finden. Ob man auf diese Weise aber der Intention des Evangeliums oder seinem Charakter als Gesamtwerk gerecht wird, erscheint mir zweifelhaft. Natürlich lassen sich biblische Ganzschriften im Religionsunterricht nur in begrenztem Maß behandeln. Es kann durchaus auch sinnvoll sein, »Text-Pools« mit vergleichbaren Texten anzulegen. Zunächst aber sollte es bei der Bibellektüre darum gehen, die Texte selbst zu Wort und die Schülerinnen und Schüler bei der Lektüre zu eigenen Erkenntnissen kommen zu lassen.

Zum Auftrag der einzelnen theologischen Disziplinen gehört neben der fachspezifischen Detailarbeit die Aufgabe, ihre wesentlichen Erkenntnisse verständlich zusammenzufassen. Ebenso gehört dazu, Anschlussmöglichkeiten für die jeweils anderen Disziplinen zu formulieren. Aus diesem Grund stellt das Herausarbeiten biblischer Grundmotive eine Aufgabe der Exegese dar. Sie öffnet damit den Weg hin zur Bibeldidaktik, ist aber noch nicht selbst Bibeldidaktik. Wenn man die Bibel als »Buch des Lernens« (Baldermann) versteht, das »Lernchancen« aufzeigt (Berg), und wenn man das »Wesentliche in der Bibel« elementar und dialogfähig darstellt (Theißen), handelt es sich um eine »*Didaktik der Bibel*«. Baldermann hat ganz mit Recht einem Buch den Titel »Einführung in die biblische Didaktik« gegeben, denn genau davon handelt es und will »biblische Wege des Lernens« aufzeigen. Nach Baldermann ist dies allerdings zugleich die heute angemessene Form der Bibeldidaktik. Da stimme ich nicht zu, auch wenn ich Baldermann in vielen Beobachtungen folge. Die Bibel setzt Leserinnen und Leser voraus, die in erheblich höherem Maß, als dies heute der Fall ist, mit der Bibel leben. Deshalb kann ich die biblischen Wege des Lernens, so aufschlussreich und wichtig sie sind, doch nicht als *das* Modell einer heutigen Bibeldidaktik ansehen. Eine *Didaktik der Bibel* sucht nach didaktischen Impulsen in der Bibel selbst, nach Sprachformen, Bildern und elementaren Strukturen, die einen Weg des Lernens beschreiben. Aber es ist ein innerbiblischer Weg, der vielen, für die die Bibel ein »Buch mit sieben Siegeln« ist, verschlossen bleibt. Deshalb muss eine Bibeldidaktik einen Schritt weiter gehen und nach didaktischen Möglichkeiten und Lernarrangements für diejenigen fragen, die (noch) keinen Zugang zur Bibel haben. Mit anderen Worten: Aus einer *Didaktik der Bibel* muss eine *Bibeldidaktik* werden.

2 Theißen, Motivieren, S. 115.

Schlüssel zur Bibel

Ich spreche im Folgenden von Schlüsseln zur Bibel. Diese Metapher gibt keine Definition, sondern öffnet eine Tür und damit einen Raum und setzt einen Prozess in Gang.

Ich verwende das Wort Schlüssel und in diesem Zusammenhang einen Begriff wie »Schlüsseltexte« anders als dies üblicherweise (nämlich im Sinn wichtiger und repräsentativer Texte) geschieht. Für mich steht die Frage im Vordergrund, ob ein Text in der Lage ist, wie ein Schlüssel eine Tür zur Bibel aufzuschließen. Dies kann, es muss aber kein herausragend bedeutsamer Text der Bibel sein. Vielmehr soll ein so verstandener Schlüsseltext in der Lage sein, Interesse zu wecken, Motivation für das Lesen und Weiterlesen zu schaffen und auf diese Weise einen Zugang zur Bibel zu öffnen. Denn dazu sind Schlüssel da: Sie schließen etwas auf, was verschlossen ist, sie eröffnen Zugänge. Schülerinnen und Schüler brauchen solche Schlüssel, um sich Zugänge zu diesem Buch überhaupt oder auch wieder zu verschaffen. Bevor sie sich in der Bibel bewegen können, müssen sie erst einmal »in sie hinein kommen«. Schlüssel müssen demnach in zweierlei Hinsicht »passen« – in die Hand der Schülerinnen und Schüler und ins Schloss. Ohne Metapher:

- Schlüsseltexte müssen für die Lernenden begreifbar und nachvollziehbar sein; sie müssen in der Lage sein, Interesse zu wecken, sie müssen anschlussfähig sein an den Denkhorizont, das Wirklichkeitsverständnis und die Fragen von Kindern und Jugendlichen.
- Schlüsseltexte müssen in der Lage sein, die biblische Tradition zu erschließen. Von ihnen ausgehend müssen sich Fragen ergeben, Querverbindungen und Verknüpfungen ziehen lassen, Wege öffnen – und zwar nicht festgelegt und reglementiert, sondern im Blick auf die Fülle der Bibel in verschiedene Richtungen.

Solche Schlüsseltexte können in der Tat Textabschnitte sein. Von der Versuchungsgeschichte in Mt 4,1–11 ausgehend kann man beispielsweise dem Begriff Versuchung in der Bibel und seiner Verwendung in der Gegenwart nachgehen (Versuchung ist z. B. ein beliebtes Motiv in der Werbung) und einen Bogen schlagen zum Vaterunser (»… und führe uns nicht in Versuchung«). Man kann die Erzählung mit der anderen Berg-Geschichte am Ende des Evangeliums in Mt 28,16–20 verknüpfen; man kann nachsehen, wo die Zitate in der Erzählung herkommen, vor allem dies, dass der Mensch »nicht vom Brot allein lebt«; die Frage kann anschließen, wovon wir denn dann leben, wenn nicht allein vom Brot. Der Schlüsseltext öffnet einen Raum und verschiedene Wege, die gangbar sind und in die biblische Überlieferung hineinführen.

Schlüssel können auch Einzelverse sein, die den Schülerinnen und Schülern bekannt oder wichtig sind (ein Konfirmationsspruch beispielsweise: Lass dich nicht vom Bösen überwinden, sondern überwinde das Böse mit Gutem; die Liebe aber ist die größte unter ihnen; und ob ich schon wanderte im finstern Tal). Was macht einen solchen Vers bedeutsam? Gibt es ähnliche Worte, in der Bibel oder außerhalb von ihr?

Schlüssel können Worte und Begriffe sein, die in unserer Gesellschaft Bedeutung oder Aufmerksamkeitswert haben (z. B. Gott, Paradies, Gerechtigkeit, Hoffnung, Gnade, Glaube, Himmel, Sünde, Tod, Teufel, Engel, Mensch, Zukunft, Frieden). So kann beispielsweise die Gerechtigkeit zum Schlüsselwort werden: Zum einen, weil die Frage nach gerechtem Handeln und Behandelt-Werden für Schülerinnen und

Schüler von enormer Bedeutung ist; zum anderen, weil sich von diesem Wort aus verschiedene Wege auftun: Die Frage nach der sozialen Gerechtigkeit bei Amos, die Rebellion gegen das unverständliche Handeln Gottes bei Hiob, das Verhältnis von Gerechtigkeit und fürsorglicher Zuwendung bei den Arbeitern im Weinberg Mt 20,1 ff oder die Gerechtigkeit aus Glauben bei Paulus.

Auch Bilder können Schlüssel sein, z. B. der Baum, der gepflanzt ist an den Wasserbächen; der Weg: Befiehl dem Herrn deine Wege; der Hirte: Der Herr ist mein Hirte, mir wird nichts mangeln; das Brot: Unser tägliches Brot gibt uns heute. Ein Symbol wie die Tür kann zum Schlüssel für weiter gehendes Fragen innerhalb der Bibel und im Blick auf das eigene Leben werden.

Schlüssel können schließlich auch Szenen sein, beispielsweise die Konfrontation zwischen David und Nathan in 2Sam 12: Sie erschließt Fragen nach der vorangehenden Uria-Geschichte, nach der Liebesgeschichte zwischen David und Bathseba oder nach dem weiteren Ergehen Davids; man kann dem Verhältnis von Propheten und Königen generell nachgehen, nach dem Verständnis der Prophetie und ihrem Verhältnis zur Macht fragen oder auch danach, wie und wo der Satz »Du bist der Mann« übertragbar ist auf eigene Erfahrungen.

Schlüssel haben die Funktion, Türen zu öffnen – und damit einen Raum, den man erkunden kann. Wichtig ist bei der Suche nach so verstandenen Schlüsseltexten, -worten und -bildern demnach dreierlei:

- Sie sollen motivieren und in der Lage sein, Interesse oder Neugier zu wecken (weil sie spannend, provozierend, tröstend, überraschend oder in schöner Sprache formuliert sind; weil sie in alltäglichen Zusammenhängen begegnen etc.).
- Sie sollen anschlussfähig sein an die Verstehensvoraussetzungen und die Fragestellungen der Rezipienten.
- Und es soll möglich sein, von ihnen aus innerbiblisch in verschiedene Richtungen weiter zu fragen.

Bei der Suche nach geeigneten Schlüsseln zur Bibel müssen die Vielfalt der biblischen Tradition und die Lebenswelt von Schülerinnen und Schülern angemessen berücksichtigt werden. Schlüssel zur Bibel werden sich am ehesten da finden lassen, wo beide Perspektiven ineinander greifen.

Schlüssel aus der Perspektive von Kindern und Jugendlichen

Wenn Schlüsseltexte, Schlüsselverse, Schlüsselbegriffe, Schlüsselbilder und -szenen motivieren und Interesse wecken sollen, müssen sie aus der Perspektive von Schülerinnen und Schülern gesucht werden. Verschiedene Suchbewegungen bieten sich dafür an.

Die Bibel in der Lebenswelt von Kindern und Jugendlichen

Die Bibel ist faktisch, wenn auch oft unerkannt, in der Lebenswelt von Kindern und Jugendlichen präsent. Das ist nicht verwunderlich, da sie ein grundlegendes Prägeelement unserer Kultur bis in die Gegenwart hinein ist. Die Werbung ist sich dessen

> Sabrina Setlur: Das will ich sehen
>
> Ich will sehen, wie sein Zelt bei den Menschen ist und er bei ihnen weilt.
> Das will ich sehen.
> Ich will sehen, wie sie seine Völker sind und er selbst bei ihnen ist.
> Das will ich sehen. *(Das will ich sehen.)*
> Ich will sehen, wie Wolf und Lamm einträchtig weiden
> und der Löwe Stroh frisst wie ein Stier.
> Ich will sehen, wie kein Schaden gestiftet wird noch irgendwie Verderben
> auf seinem ganzen heiligen Berg.
> Das will ich sehen *(Das will ich sehen.)*
> Ich will sehen, wie er Kriege aufhören lässt bis an das äußere Ende der Erde.
> Das will ich sehen.
> Ich will sehen, wie sie ihre Schwerter zu Pflugscharen schmieden.
> Das will ich sehen. Das will ich sehen.
> …

bewusst und arbeitet relativ stark mit biblischen Anspielungen. Häufig finden sich das Paradiesmotiv (z. B. »Renault Clio – Made in Paradise«), zentrale biblische Begriffe wie »Glaube, Liebe, Hoffnung« (z. B. Premiere World), einzelne Bibelworte (z. B. »Geben ist seliger als nehmen«; »Der Mensch lebt nicht vom Brot allein«) oder Engel und Teufel (z. B. die Zigarettenmarke »West«).[3] Charakteristisch für die Benutzung biblischer Inhalte in der Werbung ist, dass die Anspielungen keinesfalls zu direkt auf bestimmte Bibelverse zurückgreifen. Die Bibel wird eher in einem allgemeinen Sinn als »heiliges Wort« verwendet, das in der Lage ist, bestimmte Produkte mit einer Aura des Besonderen aufzuladen. Eine zu spezifische Bezugnahme wird in der Regel vermieden, da die Werbestrategen nicht nur den hohen Anmutungscharakter der Bibel kennen, sondern auch die Vorbehalte ihr gegenüber. Die Präsenz der Bibel in der Werbung bedeutet deshalb nicht, dass alle Anspielungen auf die Bibel von den Adressaten auch als solche erkannt werden. Vielfach wird es sich lediglich um eine vage Ahnung handeln, dass eine Aussage aus der Bibel stammen könnte. Ähnliches gilt für die Aufnahme biblischer Inhalte in der Popmusik oder in Filmen. Selbst bei einem Song wie »Das will ich sehen« von Sabrina Setlur[4], der vollständig aus Bibelzitaten besteht, ist nicht davon auszugehen, dass dies bewusst wahrgenommen wird. Um so weniger ist dies der Fall, wenn nicht ausdrücklich auf bestimmte Texte, sondern auf Begriffe, Vorstellungen und übergreifende Motive aus der biblischen Tradition zurückgegriffen wird, wie dies beispielsweise in den Filmen »Matrix« (Erlösung aus einer fremdbestimmten Welt), »Pulp Fiction« (Bekehrung, Wunder, Schrift), »Pretty Woman« (Rettung), »Titanic« (Liebe ist stärker als der Tod), »Der König der Löwen« (Krippenszene, Taufritual, die Geschichte von Kain und Abel etc.) oder »Der König von Narnia« (Das Leben geben für die Freunde, Auferstehung)[5] der Fall ist. Auch verschiedene Science-Fiction-Filme greifen Menschheitsfragen auf, die wiederholt im Anklang an biblische Motive gestaltet werden, ohne dass dies ausdrücklich thematisiert wird. Die Spannung zwischen Gut und Böse prägt das gesamte Star-Wars-Epos, bis schließlich in Episode III die Wandlung des (guten) Anakin Skywalker zum (bösen) Darth Vader vollzogen ist. In den frühen Star-Trek-Folgen wird vor allem an Mr. Spock, einem Vulkanier, das Wesen von Freundschaft bis hin zum Einsatz des eigenen Lebens für die Freunde gezeigt. In Star Trek V stößt die Crew der

3 Eine Sammlung von Werbeplakaten mit religiösen Motiven ist unter www.glauben-und-kaufen.de zu finden.
4 Der ganze Text bei www.magistrix.de/lyrics/Sabrina%20Setlur/Das-Will-Ich-Sehen-23161.html am 8.4.2008.
5 Vgl. Hermann, Sinnmaschine Kino, S. 112 ff. 131 ff. 169 ff. 192 ff; Mühling, König.

Enterprise bis zum Planeten Sha-kaa-ree und zu Gott vor (der sich aber als nur als bedingt göttlich und damit gerade nicht als göttlich erweist).

Ähnlich verborgen begegnet die Bibel in der Alltagssprache, die stark vor allem durch die Lutherübersetzung geprägt ist. Längst nicht allen, die die Bibel als »Buch mit sieben Siegeln« bezeichnen, ist bewusst, dass sie damit die Bibel zitieren, von vielen anderen Begriffen und Sprichworten in der Alltagssprache ganz abgesehen. So unbestreitbar die Bibel in der Lebenswelt von Kindern und Jugendlichen faktisch vorhanden ist, so unerkannt bleibt sie oft.

Aus all diesen Anspielungen lassen sich Lernchancen gewinnen. Ein Lied wie »Das will ich sehen« kann ein Schlüssel sein, weil es als Popsong anschlussfähig ist an den Erfahrungshorizont von Schülerinnen und Schülern und zugleich mit der Zusammenstellung prophetischer Aussagen einen wichtigen Bereich biblischer Tradition erschließt. Und dass der Mensch nicht allein vom Brot lebt (Mt 4,4), kann verballhornt werden, kann aber auch als Schlüssel für die vielschichtige Erzählung von der Versuchung Jesu in Mt 4 dienen. Den Charakter des Schlüssels gewinnen solche Zitate und Texte dadurch, dass sie in den Erfahrungshorizont der Schülerinnen und Schüler gehören und zugleich eine Tür zur biblischen Tradition öffnen.

Gott im Netz

Im Internet ist gegenwärtig ebenso wie in den Printmedien oder Fernseh-Talkrunden eine Debatte um Gott zu finden, die zwar mit meist wenig originellen Argumenten, aber recht breit geführt wird. Nicht zu verkennen ist dabei ein deistischer Grundzug der Argumentation. Der Deismus geht seit seinen Anfängen im 17. Jahrhundert davon aus, dass die Welt und das ganze Universum zwar von Gott geschaffen wurden, dass Gott seit der Schöpfung aber keinen Einfluss mehr auf das Universum nimmt. In einem »Philosophie-Blog« liest sich das unter der Frage »Wo ist Gott?« folgendermaßen:

- »jamguy« meint: »Gott selber hat doch nur die Evolution losgetreten. Ich bin im Glauben, dass er sich nicht um das Entstehen und Entwickeln der Lebensformen bemüht, das läuft doch alles automatisch ab.«
- Etwas drastischer formuliert »Broken Nose«: »Ich denke mal, falls es sowas wie einen Gott je gab, dass er sich verpisst hat. Spätestens nach dem Fiasko, das er mit der Erschaffung des Menschen angerichtet hat, soll er sich das Leben genommen haben. Zumindest falls er sowas wie wahre Größe besessen hat.«[6]

Natürlich wird in solchen Blogs viel Unsinn geschrieben. Aber die Frage nach Gott ist im Internet höchst präsent und wird in vielen Foren ausführlich behandelt. Der Deismus ist dabei in der Tat die Leitlinie. Wenn Gott die Welt sich selbst überlässt, kann er nicht für die verschiedenen Katastrophen verantwortlich gemacht werden. Christliche Fundamentalisten, vor allem in den USA, sehen dies allerdings ganz anders, nehmen die biblischen Schöpfungsgeschichten wörtlich und versuchen die Behandlung der biblischen »Schöpfungslehre« im Biologieunterricht durchzusetzen. Diese Kreationismus-Debatte hat auch Deutschland erreicht. Der missionarische

6 www.spin.de/forum/503/-/1972?page=3 am 2.1.2009.

Eifer, mit dem solche Gedanken vorgetragen werden, ruft wiederum die »neuen Atheisten« auf den Plan, die einen »Kreuzzug« am liebsten gegen Gott selbst führen würden.

Im Blick auf Schülerinnen und Schüler ist diese Debatte in verschiedener Hinsicht von Bedeutung: Sie wird zumindest von Schülerinnen und Schülern der Oberstufe zur Kenntnis genommen. Sie schließt an das Konzept religiöser Entwicklung von Oser/ Gmünder an, demzufolge auf der dritten Stufe der Deismus die zentrale Deutungskategorie für das Gottesbild ist – und das heißt: für die Mehrheit junger Menschen zwischen 10 und 25 Jahren, aber häufig auch danach. Das Letztgültige wird nicht geleugnet, ihm wird aber ein Reservat zugewiesen, in dem es die menschliche Verantwortung nicht tangiert. Die beiden zitierten Äußerungen aus dem Internet können als Schlüssel für die Gottesfrage dienen und darauf aufmerksam machen, dass das biblische Gottesverständnis gerade nicht darin aufgeht, dass Gott die Evolution losgetreten habe. Dann stellt sich aber die Frage, ob Gott »an allem schuld ist«, neu und man kann sich auf die Suche nach Antworten machen.

Grundlegende Fragen

Wolfgang Hildesheimer hat in seinem Werk »Tynset« eine ätzende Kritik am Verhältnis von Frage und Antwort im Christentum und in der religiösen Erziehung formuliert:

> »Keiner fragt, denn keiner weiß, dass man überhaupt fragen kann. Alle sind nur mit den Antworten groß geworden, denkt der Lehrer, aber es sind keine Antworten auf Fragen, vielmehr sind es Scheinantworten, sie dienen dazu, der Frage zuvorzukommen … Zuerst kam die Antwort, denkt mein Freund, und dann erst die Frage, das steht schon in der Bibel … und als die Frage kam, kam sie, wie der Poet zur Verteilung der Güter dieser Erde, zu spät, für sie gab es keinen Platz mehr, so denkt der Lehrer. Grinsend saßen sie schon … die Männer Gottes auf den Kisten, in denen die Antworten lagen, wohl verpackt, um in die Welt hinausgeschickt zu werden. Grinsend deuteten sie auf die Kisten, zeigten auf die Adressen. Auf den Vermerk ›Vorsicht! Nicht stürzen!‹ hatten sie verzichtet, denn sie konnten sich auf die Spediteure verlassen.«[7]

Die »Männer Gottes auf den Kisten« mit den Glaubensantworten symbolisieren das Zerrbild einer Vermittlung von Glaubensinhalten im Sinne eines bloßen Weiterreichens ohne Rücksicht auf die Fragen und Lebensbezüge der Adressaten. Für eine

7 Hildesheimer, Tynset, S. 70f. Das folgende Bild stammt von Steiger, S. 230.

»Religionspädagogik der Frage« hat Hubertus Halbfas dagegen folgende Anregung gegeben: »Willst du fragen lernen, schnür die amtlich verpackten Bündel auf. Stürz den Inhalt der geordneten Kisten um und erprobe selbst, womit du leben kannst. Wag dich auch an die schweren Pakete mit den Etiketten ›Gott‹, ›Erlösung‹, ›Gebet‹ heran. Lass dich nicht irritieren durch die Warnung, es würde dir wie mit der Uhr gehen, die du, auseinander genommen, nicht wieder zusammenfügen kannst. Vertrau auf dich und wage zu fragen. Das führt in die Weite …«[8]

Rainer Oberthür hat »große Fragen« von Grundschulkindern zusammengestellt. Welche Fragen sind groß? »Über (wörtlich verstandene) ›lange‹ Fragen kamen die Kinder auf ›schwere‹ Fragen und in der Folge zu Fragen, auf die es nicht nur eine einzig richtige Antwort gibt oder die sogar niemand endgültig beantworten kann. Als Beispiele nannten sie ›Wie sieht Gott aus?‹ und ›Wieso bin ich so, wie ich bin?‹« Große Fragen sind also Fragen, »über die ich mir den Kopf zerbreche.«[9] Die Tatsache, dass sich solche Fragen einer letzten Beantwortung entziehen, schließt die Möglichkeit des Antwortens keineswegs aus. Im Zusammenhang der Debatte um den Konstruktivismus wird auf den Unterschied zwischen entscheidbaren und prinzipiell unentscheidbaren Fragen aufmerksam gemacht. Bei entscheidbaren Fragen kann man sich auf logische Prinzipien stützen. Deshalb sind entscheidbare Fragen beantwortbar und intersubjektiv überprüfbar. Auch wenn *ich* sie auf Grund mangelnder Kenntnisse nicht beantworten kann, sind sie doch im Grunde entschieden. Andere Fragen, z. B. nach dem Sinn des Lebens oder nach Gott, sind unter den Bedingungen menschlicher Erkenntnis prinzipiell unentscheidbar. Dies bedeutet aber nicht, dass sie nicht beantwortet werden können. Unentscheidbare Fragen fordern zu eigenen Antworten geradezu heraus, auch wenn sie nicht abschließbar sind. Die eigene Suche nach Erkenntnis und Verstehen ist zugleich aber angewiesen auf Antworten, die ihr entgegen gebracht werden und mit denen sie sich dann auseinandersetzen kann.

8 Halbfas, Sprung, S. 74. Vgl. Oelkers, Frage, S. 13.
9 Oberthür, Kinder und die großen Fragen, S. 14 ff.

Wenn man sieht, wie Mafalda[10] ihre Frage nach der Philosophie vorbereitet – sie bringt einen kleinen Tisch herbei, einen Hocker für sich selbst und etwas zu trinken; offenbar stellt sie sich auf Längeres ein –, liegt auf der Hand, dass sie Zeit zum Nachdenken braucht, aber auch erwartet, dass der Vater sich Zeit nimmt, ihr Rede und Antwort steht und ihr Anregungen gibt. Das wäre bei der Frage nach Gott oder dem Sinn des Lebens sicher nicht anders. Antworten, vorschnell gegeben, können einengen und das Fragen vor der Zeit abschließen. Fragen ohne die Möglichkeit der Antwort – und sei es auch einer vorläufigen oder falschen – macht Orientierung jedoch schwer. Beides gehört zusammen.

Das evangelische Magazin »chrismon« versucht in einer Reihe »Religion für Einsteiger« aktuelle religiöse Fragen aufzuspüren und zu beantworten. Schon nach den ersten Heften haben Leserinnen und Leser mit eigenen Fragen die Reihe mitbestimmt.[11] Sie lauten beispielsweise: Ist Gott allmächtig? Was passiert nach dem Tod? Gibt es Wunder? Haben wir alle einen Schutzengel? Geht es nicht auch ohne Gnade? Wer ist der Teufel? Hilft beten? Wiedergeburt – ein Tabu für Christen? Kam Jesus als Heiland zur Welt?

Beide Fragekataloge, die der Kinder und die der Chrismon-Leser, sind von der Bibel und ihrer Wirkungsgeschichte beeinflusst – und stehen im allgemeinen Verstehenshorizont der Gegenwart. Dies lässt sich z. B. am Wunderbegriff zeigen, der nicht selten in den Medien begegnet und dort durchaus mit Gott in Verbindung gebracht wird. Die Frage »Gibt es Wunder?« ist vor dem Verstehenshorizont der Gegenwart gestellt, erweist sich aber als anschlussfähig an biblische Motive und Erzählungen. Insofern können der Wunderbegriff oder auch eine bestimmte Wundergeschichte als Schlüssel für die biblische Tradition dienen.

Interessant ist weiterhin, dass die Fragekataloge, obwohl von verschiedenen Altersgruppen und auf verschiedenen Verstehensniveaus formuliert, miteinander korrelieren. Dies zeigt sich auch, wenn man die Schülerfragen mit berücksichtigt, auf die Schweitzer, Nipkow, Faust-Siehl und Krupka im Rahmen der Elementarisierungsdebatte hingewiesen haben.[12] Neben den Fragen nach Gott, nach Gerechtigkeit und Wahrheit nennen sie die Frage nach Leistung, nach Beziehung, nach Armut und Reichtum, nach dem Gebet und dem Tod. Im Vergleich dieser Kataloge lassen sich trotz unterschiedlicher Verstehensniveaus und individueller Variationen bei Kindern, Jugendlichen und Erwachsenen gemeinsame Fragehorizonte erkennen, vor allem:

10 Mafalda ist eine Comicfigur des argentinischen Zeichners Quino. Der erste Comic Strip erschien 1964 in der argentinischen Wochenzeitung Primera Plana und ab dann regelmäßig bis 1973.
11 Chrismon, Woher weiß ich, dass ich glaube?
12 Schweitzer/Nipkow/Faust-Siehl/Krupka, Religionsunterricht, S. 63ff.

- Fragen zu den Grenzen des (eigenen) Lebens, nach Leben und Tod
- Fragen nach der Welt, ihrer Herkunft und Zukunft
- Fragen nach Gott und nach dem Verhältnis zu Gott
- Fragen nach der Person, dem Wirken und der Bedeutung Jesu
- Fragen nach dem rechten Tun und der Verantwortung
- Fragen nach Leid, Sünde und Bösem in der Welt
- Fragen nach Leistung und Gnade
- Fragen nach Freiheit und Bindung, Individualität und Sozialität
- Fragen nach Treue, Wahrheit und Glauben
- Fragen nach dem Wunderbaren und der Auferstehung
- Fragen nach den Heiligen, den Engeln
- Fragen nach der Hoffnung.

Solche Fragen zusammenzustellen bedeutet nicht, die Bibel als Antwortsammlung zu sehen. Mit ihren »vielen Stimmen« ist die Bibel selbst ein Fragebuch, und keineswegs alle Fragen werden beantwortet, jedenfalls nicht im Sinne »abschließbarer« Antworten. Die Fragen beschreiben jedoch den Horizont gegenwärtigen Suchens und sind anschlussfähig an die biblische Tradition.

Eine Karte

Von den Spuren christlicher Tradition in der Alltagskultur, der gegenwärtigen Diskussion in den Leitmedien und von den Fragestellungen der Kinder und Jugendlichen ausgehend lassen sich unschwer Begriffe finden, die in der Lebenswelt von Kindern und Jugendlichen eine wichtige Rolle spielen. Natürlich tauchen diese

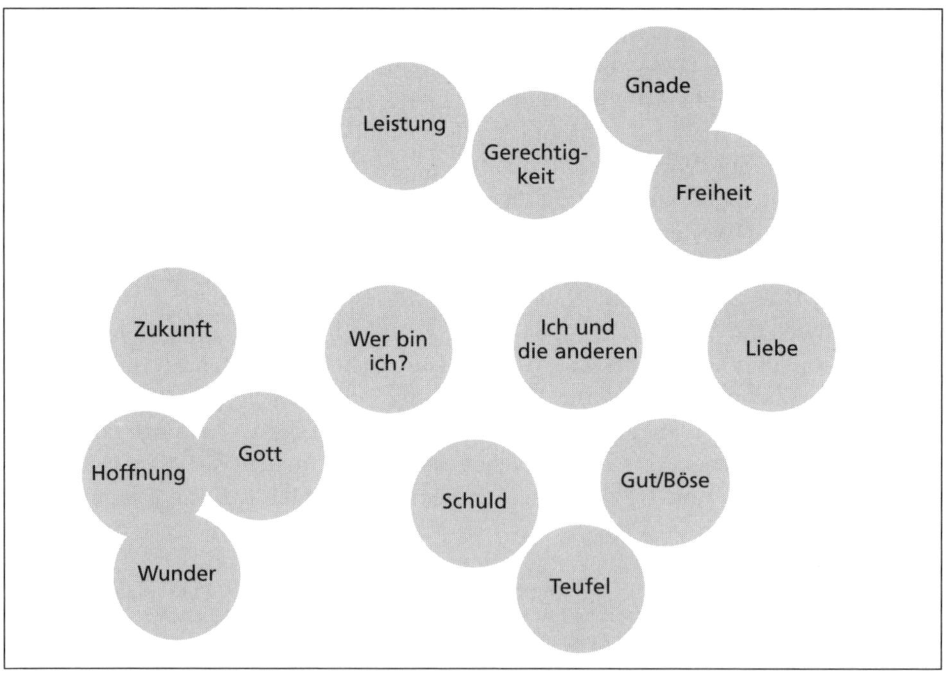

Begriffe nicht als abstrakte Größen auf, sondern in konkret formulierten Fragen, z. B.: Was ist gerecht? Gibt es überhaupt Gerechtigkeit? Worauf kann ich hoffen? Was passiert, wenn ich die geforderte Leistung nicht bringe? Warum greift Gott nicht ein? Man kann gewissermaßen eine »Karte« entwickeln und diese Fragen und Begriffe darin einzeichnen. Die jeweilige Zuordnung wird individuell verschieden sein. Die Frage nach der eigenen Identität und nach dem Verhältnis zu anderen spielt vermutlich eine generell wichtige Rolle. Aber bestimmte Begriffe und Fragestellungen gruppieren sich darum und weisen auf Anschlusspunkte für die biblische Tradition hin. Wenn es gelingt, mit biblischen Begriffen, biblischen Texten und Bildern hieran anzuschließen, können sie als Türöffner für die Bibel dienen.

Schlüssel aus der Perspektive der Bibel

Schlüssel zur Bibel haben zunächst die Aufgabe, Desinteresse zu überwinden, Motivation zu wecken, die biblische Tradition aufzuschließen und Fragen anzuregen. Was als Schlüsselwort, Schlüsseltext oder -bild geeignet ist, muss deshalb von den Schülerinnen und Schülern her zu begründen sein. Ob die Schlüssel dann aber tatsächlich einen Raum öffnen, in dem und von dem aus man sich bewegen kann – oder nur eine Abstellkammer, zeigt sich daran, ob sich von den Begriffen, Texten, Bildern oder Szenen aus Wege öffnen, Fragen ergeben und Verbindungslinien andeuten. *Bibel*didaktisch ist also nach Texten, Begriffen, Bildern und Szenen zu suchen, von denen aus Wege innerhalb der biblischen Tradition möglich sind. Eine Bibeldidaktik muss darauf bedacht sein, Texte, Aneignungsweisen und Lernwege ins Spiel zu bringen, die den Denkwegen der Bibel entsprechen, sie verbreitern und dazu helfen, sich in ihr zu orientieren. Die Orientierung soll dabei in verschiedene Richtungen möglich und für verschiedene Ergebnisse offen sein. Damit stellt sich die Frage, welche Lernwege und Verknüpfungsmöglichkeiten die Bibel anbietet und wie man sie erkennen kann.

Orientierung in der Bibel

David Ausubel hat 1960 die Theorie von sogenannten »advanced organizers« vorgestellt[13], die in der Folgezeit in die Entwicklung verschiedener Formen der Wissensorganisation eingeflossen ist. Bei den Organizers handelt es sich nicht um eine Unterrichtsmethode, sondern um eine bestimmte Art des Lernens. Ausubel ging davon aus, dass Bedeutung gewinnendes und verstehendes Lernen immer in Kontexten geschieht und eine bestimmte Organisation des Wissens um Bedeutungen und Konzepte herum erfordert. Deshalb plädierte er dafür, den Lernenden vor dem Unterricht einen Überblick über die Methoden und Ziele des Lernens zu geben, wobei sich dieser Überblick auf einer höheren Ebene als der präsentierte Stoff selbst befindet. Metaphorisch gesprochen sollen Schülerinnen und Schüler vor dem Lernen das große Bild sehen, auf das hin sie lernen, damit sie bestimmte Themen und Inhalte

13 Ausubel, Use.

zuordnen und Neues mit bereits erworbenem Wissen verknüpfen können. Die bekannteste Form solcher Wissensorganisation ist die Mindmap-Methode. Jean Mandler hat diesen Ansatz aus der Sicht der Entwicklungspsychologie weitergeführt und verschiedene Schemata herausgearbeitet, die die Organisation von Wissen, Lernen und Verstehen prägen.[14] Sie unterscheidet

- Stories, die mit Hilfe einer jeweils bestimmten »Gestalt« einen Geschehensverlauf strukturieren. Bereits entwickelte Verstehensmuster können angewandt werden, um neue Information einordnen zu können.
- Scripts, die regelmäßig wiederholte Ereignisse oder Rituale (z. B. Feste) strukturieren und mit deren Hilfe ein Verständnis davon aufgebaut wird, wie solche Ereignisse üblicherweise ablaufen.
- Scenes, die mit Hilfe einprägsamer Bilder die Details einer Sache oder eines Ereignisses strukturieren und einander zuordnen.

Diese und ähnliche Erkenntnisse aus dem Bereich der Lernpsychologie und der Wissensorganisation können Gewinn bringend auf die Organisation biblischen Wissens angewandt werden. Es geht darum, Wissensstrukturen aufzubauen, mit deren Hilfe die Komplexität der biblischen Überlieferung reduziert, ein biblisches Rahmenwissen aufgebaut werden kann und Einordnungshilfen für neue biblische Aussagen entstehen. Dies ist im Übrigen keine rein von außen an die biblische Überlieferung herangetragene Vorgehensweise, sondern entspricht »Lernwegen«, wie sie auch in den biblischen Schriften selbst zu finden sind.

Themenkreise

Berg und Theißen haben gezeigt, dass sich in der biblischen Tradition verschiedene Themen und Motive unterscheiden lassen. In dieser Hinsicht stimme ich ihren bibeldidaktischen Entwürfen zu, setze aber einen anderen Akzent. Ich spreche nicht von Grundbescheiden, -motiven oder -axiomen, sondern von Themenkreisen. Damit nehme ich die Erkenntnis auf, dass die Grundmotive in der biblischen Überlieferung nie isoliert und für sich stehen. Darauf macht Theißen selbst z. B. bei dem »Positionswechselmotiv« aufmerksam: Es kann sowohl im Geschichtshandeln Gottes (vgl. 1Sam 2,6f; Lk 1,52) als auch im Rahmen ethischer Mahnungen (vgl. Mk 10,42ff; Phil 2,6ff)[15] oder der Eschatologie (Mk 10,31.35ff) begegnen. Vergleichbares gilt auch von den anderen Motiven. Das Schöpfungsmotiv kann als Lob und Dank laut werden (Ps 66,3; 139,14), es kann weisheitlich formuliert sein (Spr 3,19), aber auch ethische Mahnungen begründen (vgl. Mt 5,45) und hat seinerseits eine Beziehung zur Eschatologie (2Kor 5,17; Offb 21,1). Das Wundermotiv wiederum kann mit Schöpfungsaussagen kombiniert werden (Hiob 37,5; Ps 66,5), es steht besonders im Neuen Testament in eschatologischem Horizont (Lk 11,20), es kann indirekt aber

14 Mandler, Stories. Vgl. auch Mietzel, Psychologie, S. 222ff (»vorangestellte Erschließungs- und Einordnungshilfen«); Seel, Psychologie, S. 261 (»instruktionale Modelle«). Solche Modelle müssen einerseits die Vielfalt der biblischen Überlieferung reduzieren, andererseits aber Verknüpfungs- und eigene Bearbeitungsmöglichkeiten aufzeigen.

15 Theißen, Motivieren, S. 161f. Phil 2,6–11 ist insofern besonders aufschlussreich, als Phil 2 ganz überwiegend ethische Mahnungen formuliert und in deren Zentrum einen hymnischen Text einfügt, der das Positionswechselmotiv beinhaltet.

auch als Handlungsanweisung dienen (Mt 8,23–27; Mk 7,24–30). Um mit den Fachbegriffen zu sprechen: In einem Textzusammenhang aus den Evangelien oder bei Paulus die Christologie, die Soteriologie und die Eschatologie (um nur einmal diese drei Bereiche zu nennen) voneinander abzugrenzen, ist nur selten möglich, weil die jeweiligen Aussagen ineinander greifen und sich gegenseitig bedingen. Das bedeutet: Die einzelnen Motive sind im Alten und Neuen Testament eingebettet in gedankliche Zusammenhänge. Sie daraus zu isolieren stellt eine Abstraktion dar und erfordert didaktisch immer einen doppelten Schritt: Die Isolierung eines Motivs und das Bemühen, dieses Motiv dann in ähnlich gestalteten Zusammenhängen wiederzufinden. Dies stellt zugleich eine Reduktion der Einzeltexte dar, die ja eine Aussageabsicht haben und nicht lediglich ein Motiv vorstellen. Ich vertrete demgegenüber die Auffassung, dass es angemessener ist, auf die Texte und die Verbindungslinien zu achten, die sie selbst aufzeigen. Es geht also nicht darum, Motive zu isolieren, sondern Zusammenhänge zu erkennen.

Von den meisten Texten aus kann man in verschiedene Richtungen gehen (darauf macht vor allem die Debatte um die Intertextualität aufmerksam). Es gibt viele Verstehenswege durch die Bibel. Manche sind gut ausgeschildert, andere kaum entdeckt; aber alle helfen dazu, die Fülle der biblischen Botschaft zu erschließen. Nach Themenkreisen und Verbindungslinien zu suchen legt sich durch die Eigenheit der Texte nahe. Natürlich sind auch die Zusammenhänge, die ich mit den folgenden Themenkreisen darstelle, eine Abstraktion. Sie verweisen aber mit ihren Verknüpfungen auf die Bibel als Ganzes und lassen grundlegende Aspekte des Nachdenkens über »Gott und die Welt« erkennen. Im Folgenden stelle ich vier Themenkreise dar, die m.E. für die Bibel grundlegend wichtig sind. Sie gehören wie in einem Gewebe zusammen. Von Gott und der Welt ist in der Bibel immer in einem Atemzug die Rede; auch die Frage »Was ist der Mensch?« wird immer in Verbindung mit Gott beantwortet; Glauben, Handeln und Hoffen entstehen aus der Beziehung zu Gott als grundlegende Äußerungen des Menschen; und das Neue Testament geht in allen Schriften davon aus, dass die Welt und der Mensch mit seinem Glauben, Handeln und Hoffen nur von Jesus Christus her zu begreifen sind. Ich gebe zunächst einen Überblick über diese Themenkreise.

Gott und Welt

In der Bibel geht es buchstäblich um Gott und die Welt. Gott ist allerdings kein »Thema« der Bibel in dem Sinn, dass Theorien über ihn entwickelt würden. Er ist in der Bibel überall gegenwärtig, aber nicht als »Gott an sich«, sondern als Gott, der handelt und in seinem Handeln erfahren wird.

Wenn die Welt von Gott her betrachtet wird, wirkt sich das auf das Verständnis der Welt aus: Sie gilt als Schöpfung. Eine angemessene Reaktion auf die Schöpfung sind Staunen und Lob. Das Lob steht am Anfang des Redens über die Schöpfung: »Siehe, es war sehr gut« (Gen 1,31). Gott hat die Welt wunderbar gemacht; mit allem, was es in ihr gibt, ist sie ein Wunder. Die Weisheit schließt daran an und versucht das Wunder der Schöpfung zu ergründen. Welt und Leben werden dabei aber nicht wertfrei beschrieben, sondern in der Rückbindung an Gott als den Schöpfer. Dies führt zu einem Handeln, das der guten Schöpfung Gottes angemessen ist.

Dieser Zusammenhang macht deutlich, dass die Bibel von einem ganz bestimmten Wirklichkeitsverständnis ausgeht. Die Welt ist aus biblischer Sicht ohne Gott nicht zu verstehen. Mit Gott zu rechnen ist deshalb kein Zeichen von Weltfremdheit, sondern im Gegenteil ein Zeichen von Weltzugewandtheit. Denn nur wer die Welt als Schöpfung Gottes begreift, kann sie und sich selbst in ihr begreifen und sachgemäß handeln. Wer die Welt betrachtet, ohne mit Gott zu rechnen, steht dagegen in der Gefahr, sie als beherrschbares Objekt zu sehen, sie zu gefährden und sich selbst zu überheben.

So wie die Schöpfung insgesamt ein Wunder ist, ist für die biblische Überlieferung unstrittig, dass Gott Wunder tun kann und tut. Gott und seine Wundermacht gehören zur Wirklichkeit konstitutiv dazu. Deshalb ist es für die biblischen Verfasser keine Frage, dass es Wunder gibt. Es geht nicht darum, sie zu erklären. Wichtig ist vielmehr, in den Wundern Gott am Werk zu sehen. Oft wirkt Gott Wunder durch Menschen, im Alten Testament etwa durch Mose oder Elia, im Neuen Testament vor allem durch Jesus. Aber immer ist es Gott, der hinter diesen Menschen steht und ihnen die Macht dazu gibt. Aus diesem Grund spielen die Tatsächlichkeit und der genaue Ablauf von Wundern eine untergeordnete Rolle. Häufig wird dagegen die Reaktion derer beschrieben, die das Wunder erleben. Denn die angemessene Reaktion der Menschen auf das Wunder ist das Lob: »Gott hat alles wohl gemacht« (Mk 7,37).

Gott und Mensch

So wie die Welt in der Bibel von Gott her betrachtet wird, so steht auch der Mensch in Beziehung zu Gott. Eine »Lehre vom Menschen« sucht man in der Bibel vergebens. Aber vielfach sind grundlegende Erfahrungen menschlicher Existenz angesprochen. Der Mensch lebt in der Natur und hat zugleich die Aufgabe, sie zu gestalten. Wie alles um ihn herum ist auch der Mensch von Gott geschaffen. Aber er steht zu Gott in einer besonderen Beziehung. Sie kommt in Gen 1,26f in der Vorstellung von der Ebenbildlichkeit Gottes zum Ausdruck und ist als bleibende Beziehung verstanden. Die Bibel erzählt, dass Gott Abraham berief und ihm Verheißungen gab, dass er sich Israel erwählte, aus Ägypten befreite und einen Bund mit ihm schloss und dem Volk seine Nähe zusagte. Der Mensch antwortet auf das verlässliche Handeln Gottes mit dem Glauben und dem Tun. Hinter den Begriffen Wahrheit, Treue, Verlässlichkeit und Glaube steht im Hebräischen ein und dieselbe Wurzel *aman* im Sinne von fest sein, zuverlässig sein, tragfähig sein. Das Verhältnis zwischen Gott und den Menschen ist deshalb grundlegend geprägt durch Wahrheit, Zuverlässigkeit, Treue und ein Handeln, das dem entspricht. In der Tora, den Weisungen, die Gott den Menschen gibt, haben sie einen Maßstab für rechtes Handeln.

Wenn Menschen sich von Gott und seinen Weisungen abwenden, stehen sie dagegen in der Gefahr, dass ihr Leben misslingt. Allzu schnell rückt anderes an die Stelle Gottes: Andere Götter oder das, woran man sein Herz hängt. Dies nennt die Bibel Sünde. Von Gen 3 an werden dazu in beiden Testamnten viele Geschichten erzählt. Wer sich von Gott abwendet, setzt sich gern selbst an Gottes Stelle oder orientiert sich an Mächten, die vereinnahmen. Dadurch geraten Menschen schnell ins Unrecht, im Kleinen wie im Großen, bei Königen (2Sam 11f) und im normalen Alltag (Mt 5,21–24). Oft ist das Böse nicht einmal bewusst gewollt. Paulus beschreibt dies in Röm 7,18–20: »Das Gute, das ich will, das tue ich nicht; sondern das Böse, das ich nicht will, das tue ich. Wenn ich aber tue, was ich nicht will, so tue nicht ich es, sondern die Sünde, die in mir wohnt.« Die Sünde erscheint hier wie eine Macht, die den Menschen beherrschen kann, sogar gegen seinen eigenen Willen.

Selbst dann aber hält Gott von seiner Seite aus am Bund und an seinen Verheißungen fest, wendet sich dem Volk erneut zu, schenkt ihm Vergebung und ermöglicht ihm Umkehr. Im Neuen Testament wird die Verlässlichkeit, Wahrheit und Treue Gottes vor allem mit Jesus verbunden. In ihm, in seiner Verkündigung, seinem Handeln und seinem Geschick, steht Gott zu seinen Verheißungen. Dementsprechend richtet sich der Glaube der Menschen auf Jesus und auf das, was er in seiner Verkündigung und seinem Handeln von Gott sichtbar werden lässt.

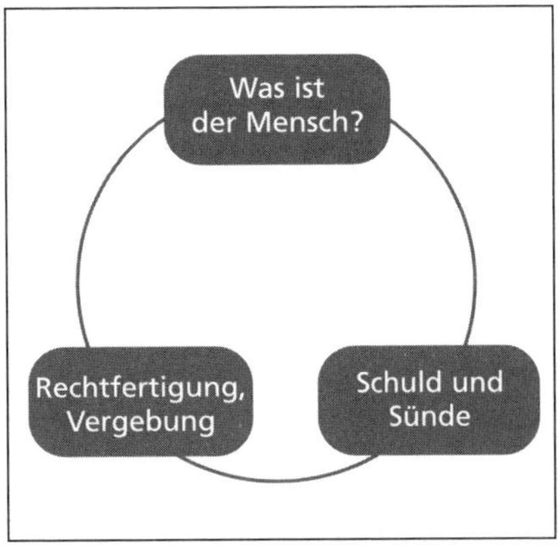

Glauben, Hoffen, Handeln

Beim Glauben im biblischen Sinn geht es nicht um das Für-wahr-Halten von Sachverhalten, die nicht bewiesen werden können. Glaube ist vielmehr ein Beziehungswort und lässt sich am ehesten mit Vertrauen umschreiben: Darauf vertrauen, dass Gott die Welt gut geschaffen und Gutes mit ihr vorhat; darauf vertrauen, dass seine Gebote dem Leben dienen und es fördern; darauf vertrauen, das er seine Zusagen hält; mit Jesus auf Gott zu hoffen und sich Gott von ihm erschließen zu lassen. Der Glaube rechnet in der Welt und im eigenen Leben, in Vergangenheit, Gegenwart und Zukunft mit Gott. Deshalb geht es beim Glauben nicht darum, diesen oder jenen Sachverhalt für wahr zu halten, sondern um ein die ganze Existenz bestimmendes Verständnis der Wirklichkeit.

Wer die Zuwendung Gottes erfahren hat (in der Schöpfung, durch sein befreiendes Handeln, in den Geboten, durch die Verkündigung der Propheten oder in der Begegnung mit Jesus), wird sein Leben daran ausrichten. Die ethischen Weisungen haben ihren Grund in dieser Zuwendung Gottes. Dies gilt bereits für das Alte Testament. Die Einleitung des Dekalogs führt die Gebote auf Gott zurück, der dem Volk die Freiheit geschenkt hat. Deshalb sind die Gebote Zeichen der engen Bindung Gottes an sein Volk. Die Ethik des Neuen Testaments ist in vieler Hinsicht vom Alten Testament beeinflusst. Jesus spricht von den Geboten und konzentriert sie auf das Doppelgebot der Liebe. Wo die Liebe zu Gott und zu den Menschen im Zentrum steht, können selbst wichtigste Vorschriften wie das Sabbatgebot in den Hintergrund treten (z. B. Mk 3,1–6); deshalb wird das konkrete Verhalten von der wechselseitigen Liebe zu Gott und dem Nächsten her begründet.

Wer sich im Denken und Handeln an Gott orientiert, findet darin Grund zur Hoffnung – für das eigene Leben und darüber hinaus. Hoffnung hat biblisch betrachtet einen weiten Horizont. Sie schließt Wohlergehen im irdischen Leben ein. Aber von den Verheißungen Gottes an Abraham bis zur Reich-Gottes-Verkündigung Jesu spannt sich ein großer Bogen der Hoffnung, die auf das Wohl der ganzen Schöpfung zielt. Die Hoffnung bezieht sich auf die Erfahrungen zurück, die die Glaubenden im Alten Testament mit Gott gemacht haben. Darin hat sich die Verlässlichkeit Gottes gezeigt. Sie lässt die Glaubenden vertrauensvoll in die Zukunft blicken. Dies gilt auch im Neuen Testament weiter. Aber es kommt noch ein neuer Grund für die Hoffnung dazu. In Jesu Wirken hat Gott nach neutestamentlicher Auffassung die Treue zu Israel erfüllt und für alle Menschen geöffnet; und in Jesu Sterben und Auferweckung hat er der Hoffnung selbst über den Tod hinaus einen Grund gegeben. Was im Alten Testament am Rand aufscheint, dass nämlich Gott die Macht des Todes brechen wird (Jes 25,8; Hes 37; Hos 13,14), das gewinnt im Neuen Testament von der Auferstehung Jesu her grundlegende Wirkkraft. Die Hoffnungsbilder von Jesaja bis zur Offenbarung sind bunt und vielfältig. Durchgehend aber zeichnet sich biblische Hoffnung dadurch aus, dass sie sich auf Gott und sein Handeln ausrichtet.

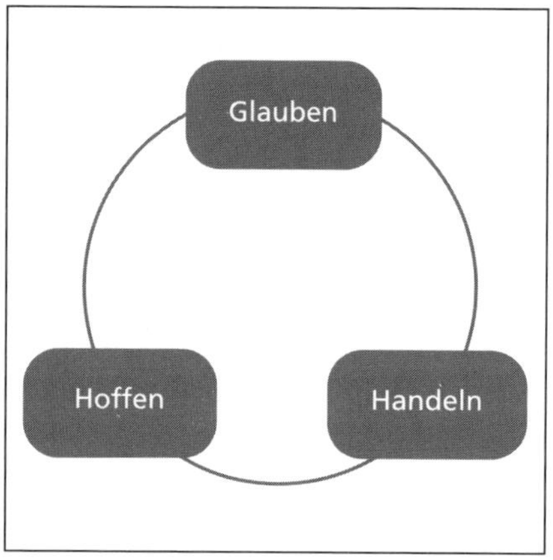

Jesus Christus

Jesus ist die zentrale Gestalt des Neuen Testaments. In den Evangelien wird von seiner Verkündigung, seinem Handeln und seinem Geschick erzählt, in den Briefen steht vor allem sein Geschick im Vordergrund. Gemeinsam sprechen sie von Jesus im Rückblick aus der Perspektive des Glaubens. In dieser Perspektive bekommt auch das Alte Testament einen neuen Stellenwert.

Im Zentrum der Verkündigung und des Handelns des irdischen Jesus steht das Reich Gottes. Er erzählt davon in Geschichten und Gleichnissen. Aber er erzählt nicht nur von einer großen Hoffnung, sondern lebt sie vor und weckt sie bei den Menschen. Die Heilungen, die von Jesus erzählt werden, sind eingeordnet in den weiten Horizont der Gottesherrschaft.

Jesus sammelt Jünger um sich. Die Zwölf repräsentieren die zwölf Stämme Israels und damit das ganze Volk, alle Randsiedler, alle Kleinen, Unbedeutenden und Elenden eingeschlossen. Die Vielen, die ihm folgen, Männer und Frauen, machen dies anschaulich. Dass Jesu Anhänger seine Botschaft von der Gottesherrschaft noch weiter öffnen, über Israel hinaus und für alle Menschen, liegt in der Perspektive, die Jesus selbst ihnen aufgezeigt hat (Mt 28,18–20).

Tod und Auferstehung Jesu spielen im Neuen Testament eine herausragende Rolle. Für die Jünger bedeutet der Tod Jesu zunächst das Scheitern der Hoffnungen Jesu und das Ende ihrer eigenen Hoffnungen. Die Erfahrung der Auferstehung Jesu aber rückt alles in ein neues Licht. Über die Auferweckung Jesu selbst schweigen die Evangelien fast völlig. Der Schwerpunkt liegt vielmehr auf der Begegnung mit Jesus und der Beziehung zu ihm. Durch die Begegnung mit dem auferstandenen Jesus bekommen das Leben und Wirken Jesu, aber auch sein Leiden und Sterben einen neuen Stellenwert. Was Jesus sagte, tat und erduldete, sehen die Jünger durch seine Auferweckung bekräftigt und bestätigt. Es sind Worte und Taten dessen, zu dem Gott sich bekennt. Dadurch bekommen sie eine Bedeutung, die über die konkreten Ereignisse hinausgeht.

In der Konsequenz der Auferweckung liegt auch eine Neubewertung der Person Jesu. Sie wird in den neutestamentlichen Schriften auf verschiedene Weise vollzogen. Zunehmend werden alttestamentlich-jüdische Heils- und Hoheitsaussagen auf Jesus übertragen (vor allem Menschensohn und Messias), aber auch Bezeichnungen aus der griechisch-römischen Umwelt (Gottessohn, Herr). Trotz unterschiedlicher Vorstellungen im Einzelnen stimmen alle neutestamentlichen Schriften darin überein, dass Gott sich in Jesus Christus den Menschen auf unüberbietbare Weise gezeigt hat. Sie sind davon überzeugt, dass Jesu Geschichten die Gottesherrschaft auf glaubwürdige Weise bezeugen, dass sein Handeln die Nähe Gottes schon sichtbar werden lässt und dass seine Weissagungen das Kommen Gottes verlässlich ankündigen.

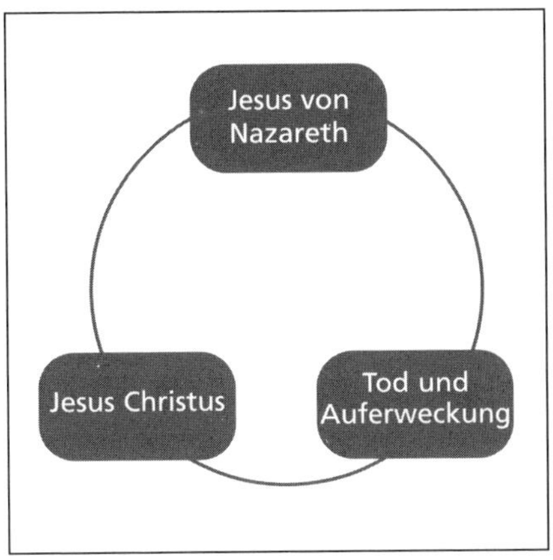

Verknüpfungen

Die Themenkreise Gott und Welt, Gott und Mensch, Glauben, Hoffen, Handeln sowie Jesus Christus stehen untereinander in vielfältigen Beziehungen, wirken aufeinander ein und überlagern sich. Die Frage nach dem Wunder ist bei Gott und Welt ebenso zu verorten wie im Themenkreis Jesus Christus. Dass sie hier vor allem Gott und Welt zugeordnet wird, hängt damit zusammen, dass die Wundertäter im Alten und im Neuen Testament Wunder durch die Kraft Gottes vollbringen und dass darüber hinaus die Schöpfung insgesamt ein Wunder ist. Auch der Mensch gehört zur Schöpfung und könnte deshalb auch im Rahmen von Gott und Welt behandelt werden. Aber die Beziehung zwischen Gott und Mensch hat der übrigen Schöpfung gegenüber besonderes Gewicht und wird deshalb gesondert betrachtet. Der Aspekt von Rechtfertigung und Vergebung gehört neutestamentlich betrachtet eng mit Tod und Auferweckung Christi zusammen. Der hier vorgeschlagene Themenkreis Gott und Mensch berücksichtigt stärker den gesamtbiblischen Befund. Klar ist, dass der

Themenkreis Glauben – Handeln – Hoffen mit allen anderen Themenkreisen zusammenhängt und in sie integriert werden könnte. Was Glauben bedeutet, wie er sich im Handeln bewährt und worauf er sich hoffend ausstreckt, wird in den biblischen Schriften jedoch in so vielfältiger Variation behandelt, dass ein eigener Themenkreis gerechtfertigt erscheint. Und schließlich versteht sich von selbst, dass sowohl die Frage nach Gott als auch die nach dem Menschen alle anderen Aspekte mit berühren.

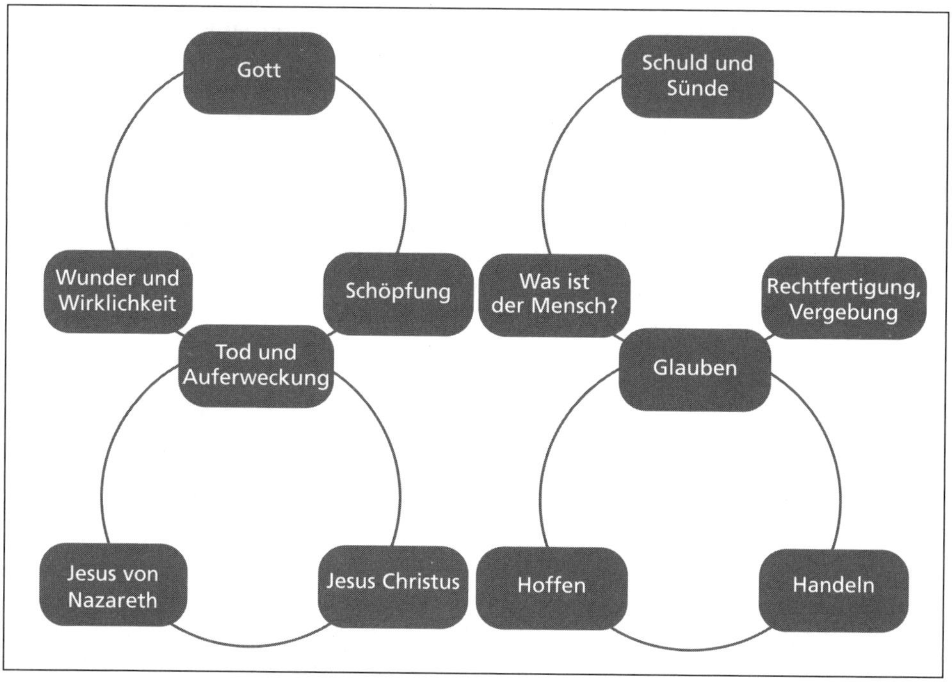

Die Themenkreise lassen sich also durchaus anders zuschneiden. Ich habe sie auf diese Weise zusammengestellt, um grundlegende innerbiblische Beziehungen darzustellen. Denn eine Unterrichtseinheit beispielsweise zur Schöpfung hat es nicht mit einem isolierbaren biblischen Thema zu tun und die folgende Einheit zu Wundergeschichten mit einem isolierten anderen. Beide sind miteinander verknüpft und verweisen aufeinander. Auch Tod und Auferweckung Jesu sind mit der Schöpferkraft Gottes verbunden. Damit sich ein Gesamtbild erschließen kann, eine »Karte« des Lernens und Verstehens der Bibel, sind solche grundlegende Verknüpfungen wichtig. Die hier vorgeschlagenen Themenkreise versuchen also, die Fülle biblischer Themen und Aussagen auf elementare Weise zugänglich zu machen. Dabei bleiben viele Aspekte der biblischen Tradition notwendigerweise ungenannt. Mit komprimierten »advanced organizers« lässt sich die biblische Tradition nicht in ihrer Fülle erschließen. Die hier vorgelegten Themenkreise wollen aber in erster Linie grundlegende Wege in der Bibel erschließen.

Verknüpfen lassen sich die Themenkreise aber auch mit den Fragen, die Kinder und Jugendliche an die Bibel heranbringen. Das liegt für die Fragen nach Gott und nach der Bedeutung Jesu auf der Hand, lässt sich aber auch darüber hinaus zeigen. Die Frage nach der Welt und ihrer Herkunft ist biblisch mit der Schöpfungsthematik zu verbinden. Die Fragen nach Leid, Sünde und Bösem in der Welt, nach Leistung und Gnade, nach dem Wunderbaren, nach Zukunft und Hoffnung, nach Treue und Wahrheit, Leistung und Gnade schließen an die anderen Themenkreisen an. Auf diese Weise werden Anschlussmöglichkeiten sichtbar, die die Lebenswelt von Kindern und Jugendlichen mit biblischen Aussagen und auch umgekehrt biblische Aussagen mit Fragen von Kindern und Jugendlichen verknüpfen.

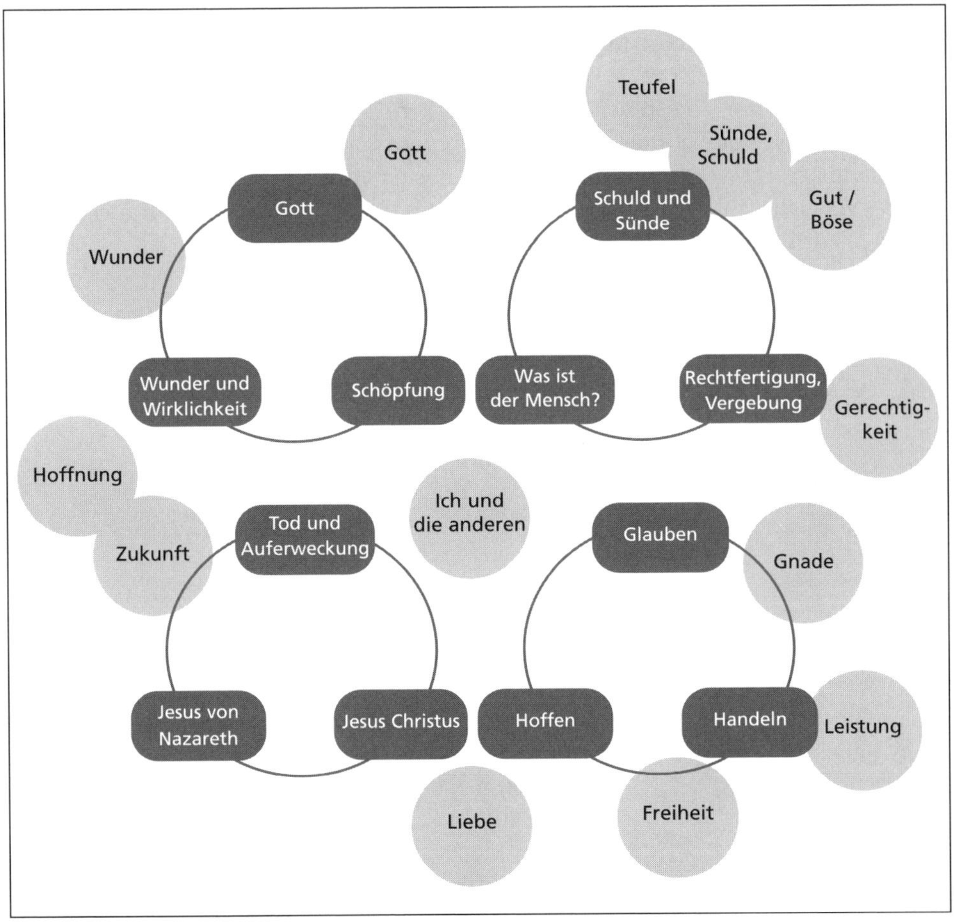

Struktur der folgenden Kapitel

Schlüssel zur Bibel sollen in die Hand der Schülerinnen und Schüler ebenso passen wie ins »Schloss«. Sie müssen in der Lage sein, Interesse auf Seiten der Lernenden zu wecken und wichtige Aspekte der biblischen Tradition aufzuschließen. Die folgenden Kapitel versuchen dies anhand der vier aufgezeigten Themenkreise. Die Kapitel sind jeweils so strukturiert, dass

- die Themenkreise in ihren Grundlinien nachgezeichnet werden
- aktuelle Fragestellungen aufgezeigt werden, die damit in Verbindung stehen
- Themenkreise und aktuelle Fragestellungen in einem »Schlüssel« komprimiert

– und einige konkretisierende Hinweise gegeben werden. Natürlich sind immer auch andere Zugänge und Konkretionen möglich. Es liegt in der Konsequenz des hier vorgestellten Modells, dass nicht der *eine* Schlüssel oder die *eine* Konkretion notwendig verwendet werden müssen. Es geht darum, mögliche Zugänge zur Bibel aufzuzeigen und bis in denkbare Konkretionen hinein zu verfolgen. Weil aber die Schülerinnen und Schüler verschieden sind und die Bibel vielfältig ist, kommt es darauf an, in der jeweiligen Unterrichtssituation eine Passung anzustreben. Dazu geben die folgenden Kapitel Anregungen.

Es geht also darum, Anschlusspunkte zu suchen, an denen die aktuelle Diskussion und Lebenswelt von Schülerinnern und Schülern mit biblischen Grundaussagen in Beziehung gesetzt werden können. Es handelt sich um exemplarische und elementarisierte Versuche, Bibel und Lebenswelt in Kontakt zu bringen, um auf diese Weise Zugänge zur Bibel zu öffnen.

6. Gott und Welt

Die Bibel spricht im buchstäblichen Sinn von Gott und der Welt. Gott ist das Grundwort. Aber die Rede ist nicht von »Gott an sich«, sondern von einem Gott, der handelt und durch sein Handeln erfahren werden kann. Alles kommt von ihm her. Deshalb kann die Bibel von der Welt nicht so reden, als gäbe es Gott nicht. Er ist das Grundwort auch für die Welt. Weil die Welt von Gott wunderbar gemacht ist, ist sie selbst ein Wunder und es lassen sich Wunder in ihr erkennen. Gott, die Welt als seine Schöpfung, als erfahrbare Wirklichkeit und die Wundermacht Gottes – das gehört nach biblischer Auffassung eng zusammen und erschließt sich in diesem Zusammenhang.

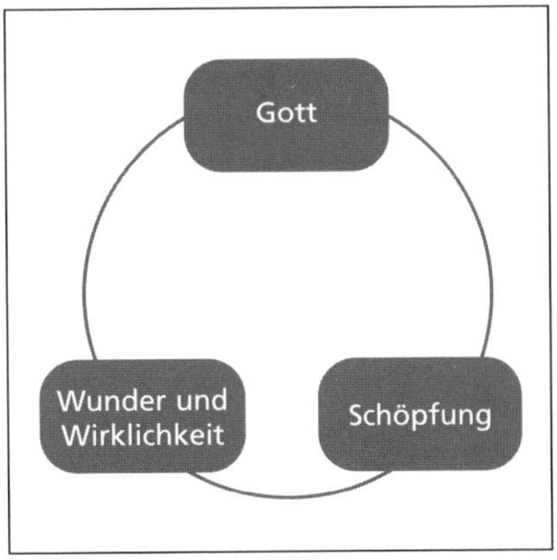

If God had a name

Eine 1994 veröffentliche Denkschrift der Evangelischen Kirche in Deutschland (EKD) bestimmt die Gottesfrage als Mitte des Religionsunterrichts: »Religion bewahrt und beantwortet die Frage nach Gott. Wie in keinem Fach sonst erhalten die Schüler und Schülerinnen im Religionsunterricht die Gelegenheit, über Gott nachzudenken und zu reden. Die angemessene Behandlung dieses einzigartigen ›Unterrichtsgegenstandes‹ ist für die Lernenden wie für die Lehrenden die verantwortungsvolle Mitte des Faches.«[1]

Besonders ist Gott als »Unterrichtsgegenstand« schon allein dadurch, dass er sich der Definition und Überprüfung beharrlich entzieht. Das hat die Frage nach Gott mit anderen »großen Fragen« gemeinsam. Gäbe es auf sie eindeutige »Antworten, wäre die Frage nach dem Anfang und dem Ende der Welt durch Wissen zu erledigen. Je weniger aber letztes Wissen für die letzte Frage möglich ist, … desto mehr liegt Glauben nahe«[2], nicht als dogmatische Setzung, sondern als Offenhalten einer Grundfrage des Menschseins. Im Zusammenhang damit geht es auch darum, warum heute überhaupt noch nach Gott gefragt werden soll und welche Gründe es gibt, von ihm so zu sprechen, wie der christliche Glaube es tut.

1 EKD, Identität, S. 30f.
2 Oelkers, Frage, S. 13.19.

Dass Gott einen Namen hat, mit dem er sich bekannt macht und Menschen sich an ihn wenden können, ist ein biblisches Grundmotiv. Heutige Aussagen sind zurückhaltender und sprechen im Konjunktiv. Exemplarisch dafür ist Joan Osbornes Lied »One of us«:

If God had a name,
what would it be
and would you call it to His face,
if you were faced with Him
in all his glory?
What would you ask
if you had just one question?

Trotz des Refrains »God is great, God is good« ist die offene Frage für den Song charakteristisch.[3] Hätte Gott einen Namen, wie würde er lauten? Wenn er ein Gesicht hätte, wie würde es aussehen – und würde man es ansehen wollen, wenn damit gleichzeitig der Glaube gefordert wäre an den Himmel, an Jesus, die Heiligen und Propheten? Die letzte Frage zeigt eine Distanz zu herkömmlichen Gottesvorstellungen. Sie ist in Kombination mit dem Refrain »God is great, God is good« charakteristisch für die aktuelle Gottesrede. Ein erstaunlich unbefangenes Reden von Gott steht offenen Fragen und einer nicht zu übersehenden Distanz zu überlieferten Gottesvorstellungen gegenüber.

Dass Gott groß, gut, mächtig oder gütig sei, ist keine objektive Aussage, sondern – selbst in der Gebrochenheit des Popsongs – eine Aussage der Beziehung. Wie Gott ist, lässt sich nicht per definitionem entscheiden. Auf derselben Linie liegt die Frage, ob es Gott gibt. Dietrich Bonhoeffer hat sie bekanntlich mit dem paradoxen Satz beantwortet: Einen Gott, den »es gibt«, gibt es nicht. Es gibt ihn in der Tat nicht so, wie es den Himalaja oder den Bodensee gibt. Über alles, was »es gibt«, können Menschen verfügen, und sei es auch nur in Gedanken. Dennoch ist die Frage, ob es Gott »wirklich« gibt, nicht unwichtig. Sie belegt eine offenbar vorhandene Skepsis bei der Frage nach Gott ebenso wie die Sehnsucht nach Sicherheit und Verlässlichkeit. Zugleich verweist sie darauf, dass der Hinweis auf die Wirklichkeit im Sinne dessen, was »es gibt«, nicht ausreicht, wenn es um Gott geht.

Anknüpfungspunkte für das Reden von Gott ergeben sich vor allem da[4], wo Gott
- als Helfer in der Not Liebe und Gutes garantiert – oder sich verborgen hält,
- zur Erklärung des rätselhaften Anfangs der Welt dient – oder ausgedient hat,
- dem individuellen Ende des Lebens Sinn geben kann – oder versagt,
- als Symbol und Deutekategorie des Lebens erkannt wird – oder leere Formel ist,
- glaubhaft verbürgt und verständlich bezeugt wird – oder unverständlich bleibt.

Es geht also darum, ob Gott zum »Beziehungswort« werden kann oder eine zwar vielleicht richtige, aber irrelevante Aussage darstellt. Für die biblische Gottesvorstellung ist die Frage nach der Beziehung grundlegend. An diesem Punkt ist sie mit den

3 Der ganze Text unter www.lyricson-demand.com/onehitwonders/ifgodwasoneofuslyrics.html am 5.1.2008.
4 Vgl. Nipkow, Pädagogik, S. 331 ff.

gegenwärtigen Fragen kompatibel. Der Gott der Bibel ist immer Gott für jemanden (für Abraham, Israel, Jesus usw.). Deshalb zielt die biblische Gottesrede weder auf »die Gottesfrage« noch »den Gottglauben«, sondern auf Gottesbeziehung. Im Rahmen einer Bibeldidaktik muss es darum gehen, wie die offene Frage nach Gott mit dem Beziehungen schaffenden Gott der Bibel verknüpft werden kann.

Gott hat einen Namen

Die Bibel spricht nicht von Gott ›an sich‹, sondern davon, wie er handelt und in seinem Handeln erfahren werden kann. Grundlegend für die Erfahrung dieses Gottes ist, dass er seinen Namen kundtut. Diese für das Alte Testament zentrale Aussage beruht auf der Erzählung von der Berufung des Mose am brennenden Dornbusch:

Ex 3,1–14: Mose aber hütete die Schafe Jitros, seines Schwiegervaters, des Priesters in
Midian, und trieb die Schafe über die Steppe hinaus und kam an den Berg Gottes, den
Horeb. 2Und der Engel des HERRN erschien ihm in einer feurigen Flamme aus dem Dorn-
busch. Und er sah, dass der Busch im Feuer brannte und doch nicht verzehrt wurde. 3Da
sprach er: Ich will hingehen und die wundersame Erscheinung besehen, warum der Busch
nicht verbrennt. 4Als aber der HERR sah, dass er hinging, um zu sehen, rief Gott ihn aus dem
Busch und sprach: Mose, Mose! Er antwortete: Hier bin ich. 5Gott sprach: Tritt nicht herzu,
zieh deine Schuhe von deinen Füßen; denn der Ort, darauf du stehst, ist heiliges Land! 6Und
er sprach weiter: Ich bin der Gott deines Vaters, der Gott Abrahams, der Gott Isaaks und der
Gott Jakobs. Und Mose verhüllte sein Angesicht; denn er fürchtete sich, Gott anzuschauen.
7Und der HERR sprach: Ich habe das Elend meines Volks in Ägypten gesehen und ihr
Geschrei über ihre Bedränger gehört; ich habe ihre Leiden erkannt. 8Und ich bin hernieder-
gefahren, dass ich sie errette aus der Ägypter Hand und sie herausführe aus diesem Lande
in ein gutes und weites Land, in ein Land, darin Milch und Honig fließt, in das Gebiet der
Kanaaniter, Hetiter, Amoriter, Perisiter, Hiwiter und Jebusiter. 9Weil denn nun das Geschrei
der Israeliten vor mich gekommen ist und ich dazu ihre Not gesehen habe, wie die Ägyp-
ter sie bedrängen, 10so geh nun hin, ich will dich zum Pharao senden, damit du mein Volk,
die Israeliten, aus Ägypten führst. 11Mose sprach zu Gott: Wer bin ich, dass ich zum Pharao
gehe und führe die Israeliten aus Ägypten? 12Er sprach: Ich will mit dir sein. Und das soll
dir das Zeichen sein, dass ich dich gesandt habe: Wenn du mein Volk aus Ägypten geführt
hast, werdet ihr Gott opfern auf diesem Berge. 13Mose sprach zu Gott: Siehe, wenn ich zu
den Israeliten komme und spreche zu ihnen: Der Gott eurer Väter hat mich zu euch
gesandt!, und sie mir sagen werden: Wie ist sein Name?, was soll ich ihnen sagen? 14Gott
sprach zu Mose: Ich werde sein, der ich sein werde. Und sprach: So sollst du zu den Isra-
eliten sagen: »Ich werde sein«, der hat mich zu euch gesandt.

Überall, wo in der der Lutherübersetzung »HERR« mit Großbuchstaben geschrieben wird, steht im hebräischen Text das sogenannte Tetragramm (= vier Buchstaben): JHWH (Jahwe).[5] In Ex 3,14 wird das Tetragramm als Name bezeichnet und zugleich gedeutet: »ich bin, der ich bin«, »ich werde sein, der ich sein werde« oder »ich werde da sein, als der ich da sein werde.«[6] Die Besonderheit dieses Namens liegt darin, dass

5 Neben dem Tetragramm finden sich in der hebräischen Bibel auch andere Gottesbezeichnungen (*adonaj, elohim, el, el elion, el schaddai*, vgl. Rendtorff, Theologie, S. 160ff). Das Tetragramm wurde ursprünglich ohne Vokale wiedergegeben. Die Scheu, den Gottesnamen auszusprechen, führte dazu, dass man das Tetragramm ersatzweise mit den Vokalen von *adonaj* las. Dies führte zu der unangemessenen Lesart »Jehova«.

6 So Link, Spur, S. 48. Der Name ist von dem Verb *sein, werden* abgeleitet und hat dynamischen Klang. »Ich werde da sein, als der ich da sein werde« bringt dies angemessenen zum Ausdruck.

Gott sich damit offenbart und zugleich verborgen bleibt. Es geht bei der Kundgabe des Namens nicht um eine Definition, sondern um das Angebot einer Beziehung. Einen Namen trägt und gibt man kund um der anderen willen. Der Name ist auf Beziehung aus. Die Selbstvorstellung Gottes verweist auf das begleitende und befreiende Handeln dieses Gottes für sein Volk. Von hier aus wird verständlich, dass das Alte Testament die Bekanntgabe des Gottesnamens als ein grundlegendes Datum für die Geschichte Israels verstanden hat.

Aus diesem Grund kann »der Name« in der Bibel zum Synonym für Gott werden: Der Name wird verkündigt (Ex 9,16), gepriesen (Ps 103,1) und gefürchtet (Ps 86,11), mit dem Namen werden die Israeliten gesegnet (Num 6,27), Salomo soll »dem Namen ein Haus bauen« (2Sam 7,13). Häufig steht »der Name« für Gott selbst. In den Psalmen kann beides nebeneinander stehen: »Preiset den Herrn mit mir, lasst uns miteinander seinen Namen erhöhen« (Ps 34,4). So ist der Name Gottes Hinweis auf eine paradoxe Erfahrung: Gott ist ansprechbar, aber er ist nicht »der Fall« und lässt sich nicht endgültig definieren. Wichtig ist auch: Im Kontext der Dornbuscherzählung wird der Name in Zusammenhang gebracht mit der Geschichte des Volkes Israel (Ex 3,9–14): Der »ich werde da sein« ist kein weltabgewandter Gott, sondern einer, der das Leiden seines Volkes wahrnimmt und Befreiung schaffen wird.

Die Zuwendung des »Ich werde da sein« spiegelt sich in den Namen der Menschen. Neben vielen anderen Namen, in denen das »-ja« von JHWH vorkommt (z. B. Elia – *elija(hu)* – mein Gott ist JHWH, oder *Netanja(hu)* – gegeben hat JHWH), trifft dies im Neuen Testament vor allem auf den Namen Jehoschua/Jeschua/Jesus – JHWH ist Rettung – zu. Dass Gott da ist und hilft, kommt in diesem Namen programmatisch zum Ausdruck. Matthäus hat dieses »Namensprogramm« in 1,21–23 an den Anfang seines Evangeliums gestellt.[7]

Das Handeln und Helfen Gottes kann in Bilder umgesetzt werden. Wenn Gott *wie* ein Vater oder eine Mutter handelt, zeigt schon das Vergleichswort, dass es sich um Bilder handelt. Viele sind aus dem menschlichen Bereich entnommen (Vater, Mutter, König, Richter, Hirte) oder stammen aus der Natur: Fels (Gen 49,1; Ps 18,3 u. ö.), Adler (Dtn 32,11) usw. Die Vielfalt der Bilder und Symbole ist groß. Sie deuten Gott an, bergen aber auch die Gefahr in sich, dass ihnen selbst Verehrung entgegengebracht wird. Das »goldene Kalb« gilt dafür als Urbild.

Ex 32,1–7: Als aber das Volk sah, dass Mose ausblieb und nicht wieder von dem Berge zurückkam, sammelte es sich gegen Aaron und sprach zu ihm: Auf, mach uns einen Gott, der vor uns hergehe! Denn wir wissen nicht, was diesem Mann Mose widerfahren ist, der uns aus Ägyptenland geführt hat. 2Aaron sprach zu ihnen: Reißet ab die goldenen Ohrringe an den Ohren eurer Frauen, eurer Söhne und eurer Töchter und bringt sie zu mir. 3Da riss alles Volk sich die goldenen Ohrringe von den Ohren und brachte sie zu Aaron. 4Und er nahm sie von ihren Händen und bildete das Gold in einer Form und machte ein gegossenes Kalb. Und sie sprachen: Das ist dein Gott, Israel, der dich aus Ägyptenland geführt hat! 5Als das Aaron sah, baute er einen Altar vor ihm und ließ ausrufen und sprach: Morgen ist des HERRN Fest. 6Und sie standen früh am Morgen auf und opferten Brandopfer und brachten dazu Dankopfer dar. Danach setzte sich das Volk, um zu essen und zu trinken, und sie standen auf, um ihre Lust zu treiben. 7Der HERR sprach aber zu Mose: Geh, steig hinab; denn dein Volk, das du aus Ägyptenland geführt hast, hat schändlich gehandelt.

7 Siehe unten, S. 112–113.

Während verschiedener Krisen in der Geschichte Israels geht es immer wieder um die Hinwendung des Volkes zu anderen Göttern, ihren Bildern und Altären (vgl. Num 25; Ri 2,11.13; 3,7; 1Kön 11,4.10; 18 u. ö.). Das Bilderverbot in Israel (Ex 20,4–6; Dtn 5,8–10) verbietet gleichwohl die Bilder nicht generell, sondern mahnt zum rechten Umgang mit ihnen: »Bete sie nicht an und diene ihnen nicht« (Ex 20,4f). Kritisiert wird die Verehrung von Kultbildern, nicht aber jede bildliche Darstellung als solche. So lange sich Israel an das »Höre, Israel, der HERR ist unser Gott, der HERR allein« (Dtn 6,4) hält, ist es in der Lage, in einer Fülle von Bildern von diesem Gott zu sprechen.

Dtn 6,4–9: Höre, Israel, der HERR ist unser Gott, der HERR allein. [5]Und du sollst den HERRN, deinen Gott, liebhaben von ganzem Herzen, von ganzer Seele und mit all deiner Kraft. [6]Und diese Worte, die ich dir heute gebiete, sollst du zu Herzen nehmen [7]und sollst sie deinen Kindern einschärfen und davon reden, wenn du in deinem Hause sitzt oder unterwegs bist, wenn du dich niederlegst oder aufstehst. [8]Und du sollst sie binden zum Zeichen auf deine Hand, und sie sollen dir ein Merkzeichen zwischen deinen Augen sein, [9]und du sollst sie schreiben auf die Pfosten deines Hauses und an die Tore.	hören liebhaben zu Herzen nehmen einschärfen, (von den Worten) reden, binden, ein Merkzeichen sein, schreiben

Bei diesem »theologischen Programm«[8] ist nicht nur die Konzentration auf den einen Gott Israels von Bedeutung, sondern auch der Zusammenhang des Bekenntnisses (der Herr ist unser Gott) mit einer konkret-leiblichen Aktualisierung und Personalisierung. Die verwendeten Verben zeigen, dass sich dieses »Programm« nicht im Kognitiven erschöpft, sondern die Glaubenden im Inneren (zu Herzen nehmen) wie im Verhalten (V. 7–9) prägt.

Die Verehrung JHWHs hat sich von Anfang an auf den eigenen Gott konzentriert, die Existenz anderer Götter aber zunächst nicht bestritten (Monolatrie). Die Formulierung des Verbots fremder Götter (Ex 20,3; Dtn 5,7) spiegelt dieses Stadium wider. Eine Weiterentwicklung zeigt sich darin, dass der Umgang mit fremden Göttern ausdrücklich sanktioniert wird, so vor allem mit dem Hinweis auf den »eifersüchtigen Gott«, der keine anderen Götter neben sich duldet (Ex 20,5; Dtn 5,9).[9] Die Hinwendung zu ihnen kommt nun einer grundlegenden Abkehr von dem Gott Israels gleich (Ex 32; 34,12–14; 1Kön 18). Über Reformbewegungen (vgl. 2Kön 22) und die Exilserfahrung kommt es schließlich zur Vorstellung des einen und einzigen Gottes. Werden andere Götter verehrt, so handelt es sich um Größen, denen fälschlicherweise Göttlichkeit zuerkannt wird. Deshalb muss der eine Gott auch nicht eifersüchtig sein. Er wendet sich aber – mahnend, strafend, erbarmend – gegen die vielfältigen Versuche der Menschen, geschaffene Größen zu vergötzen. Dies wird weder der Größe Gottes gerecht noch dient es den Menschen. Wer dennoch andere Mächte verehrt, führt sich und andere in die Irre und verdunkelt dadurch das Menschsein.

---

8 So Rose, 5. Mose, S. 26.

9 Vgl. die Verehrung anderer Götter im anderen Land (Ruth 1,16; 2Kön 5,17f), Kritik an »ausländischen Frauen« mit ihren religiösen Bindungen (1Kön 11,1ff) an Totenbeschwörungen (1Sam 28,3ff) und Höhenkulten (1Kön 3,2ff).

Das Bekenntnis zu JWHW als einzigem Gott hat als Konsequenz, dass nunmehr alle Erfahrungen des Lebens, auch die negativen, auf ihn bezogen werden. Hier liegt der Ansatzpunkt für die Theodizee-Frage: Wie kann das Leid und das Böse in der Welt angesichts dieses einen Gottes, der alles bewirkt (vgl. Am 3,6), erklärt werden? Im Hiobbuch ist diese Frage zugespitzt, aber nicht beantwortet. Sie bleibt offen. Die Pointe liegt darin, dass selbst diese bedrängende Frage nicht ungestellt bleiben muss, sondern in Gott einen Adressaten hat.

Gott wird durch Christus bekannt gemacht

Das Neue Testament setzt die Gotteserfahrung im Alten Testament voraus. Gott ist Schöpfer und Erhalter der Welt und des individuellen Lebens (z. B. Mt 5,45; Offb 4,11). Er ist der Gott der Geschichte und zugleich derjenige, den die Einzelnen mit Lob und Klage anrufen können. Auf viele zentrale Gestalten des Alten Testaments wird im Neuen Testament zurückgegriffen, vor allem auf Abraham, Mose, David und Salomo. Sie sind Träger der Verheißungen Gottes und bezeugen das Handeln Gottes in der Geschichte. Der neue und eigene Akzent ist, dass die frühen Christen die Rede von Gott unauflöslich an Jesus Christus gebunden haben.

Joh 1,18: Niemand hat Gott je gesehen; der Eingeborene, der Gott ist und in des Vaters Schoß ist, der hat ihn uns verkündigt.

Nach neutestamentlicher Auffassung liegt in der Person Jesu Gottes Offenbarung in endgültiger Weise vor. Dies zeigt sich in der Verkündigung Jesu: Dass Gott als König herrscht, wird in der Verkündigung Jesu von der kommenden Gottesherrschaft aufgenommen (Mk 1,14f und die Reich-Gottes-Gleichnisse). Dass die Herrschaft Gottes noch nicht vollendet, aber bereits angebrochen ist, kommt vor allem in den Wundern

Mt 1,18-25: Die Geburt Jesu Christi geschah aber so: Als Maria, seine Mutter, dem Josef vertraut war, fand es sich, ehe er sie heimholte, dass sie schwanger war von dem Heiligen Geist. [19]Josef aber, ihr Mann, war fromm und wollte sie nicht in Schande bringen, gedachte aber, sie heimlich zu verlassen. [20]Als er das noch bedachte, siehe, da erschien ihm der Engel des Herrn im Traum und sprach: Josef, du Sohn Davids, fürchte dich nicht, Maria, deine Frau, zu dir zu nehmen; denn was sie empfangen hat, das ist von dem Heiligen Geist. [21]Und sie wird einen Sohn gebären, dem sollst du den Namen Jesus geben, denn er wird sein Volk retten von ihren Sünden. [22]Das ist aber alles geschehen, damit erfüllt würde, was der Herr durch den Propheten gesagt hat, der da spricht: [23]»Siehe, eine Jungfrau wird schwanger sein und einen Sohn gebären, und sie werden ihm den Namen Immanuel geben«, das heißt übersetzt: Gott mit uns. [24]Als nun Josef vom Schlaf erwachte, tat er, wie ihm der Engel des Herrn befohlen hatte, und nahm seine Frau zu sich. [25]Und er berührte sie nicht, bis sie einen Sohn gebar; und er gab ihm den Namen Jesus.	Die Begründung des Jesusnamens erfolgt dreifach: dass er »sein Volk retten wird von ihren Sünden« greift die jüdische Messiaserwartung auf (vgl. Ps Sal 17,22ff; äth Hen 62,2); die Immanuelbezeichnung geht auf Jes 7,14 zurück und verbindet Jesus mit der prophetischen Weissagung; die Übersetzung »Gott mit uns« versteht Matthäus als »Programmsatz«, den er an wichtigen Stellen, vor allem in 18,20 und 28,20, wieder aufgreift.

Jesu und seiner Zuwendung zu den Randsiedlern der Gesellschaft zum Ausdruck. Auch im Blick auf den Gottesnamen lässt sich eine Verbindung zwischen beiden Testamenten ziehen: Der Immanuel (mit uns ist/sei Gott) aus Jes 7,14 wird von Matthäus auf Jesus bezogen (1,23). Die ausdrücklich angefügte Übersetzung ist ein Programm für das ganze Evangelium, das in 28,30 mit dem Schlusssatz Jesu »Ich bin bei euch alle Tage bis an der Welt Ende« aufgenommen und abgerundet wird.

Schlüssel und Konkretionen

Gegenwärtige Gottesrede muss sich Klarheit darüber verschaffen, wie angemessen von Gott gesprochen werden kann. Klar ist, dass Gott »niemals beweisbar, feststellbar und gegenständlich fassbar (ist), sehr wohl aber kann er an, in und hinter unserer Lebenswirklichkeit erfahrbar, verifizierbar und sagbar werden.« Lachmann zieht daraus die Konsequenz, dass das Reden von Gott im Religionsunterricht »verständlich, plausibel und existenziell ansprechend zu machen« sei.[10] Von Gott »beziehungsreich« zu reden ist die Aufgabe. Ein grundlegendes Wort der Beziehung ist der Name. Von Anfang an, vom Alten Testament bis zu den heutigen Schülerinnen und Schülern, tragen Namen Bedeutungen, werden Hoffnungen in sie gelegt und Beziehungen damit zum Ausdruck gebracht. Deshalb können Namen als Schlüssel für die biblische Gottesrede dienen. Namen sind anschlussfähig an die Erfahrungen der Kinder und Jugendlichen und öffnen zugleich Wege in die biblische Überlieferung:

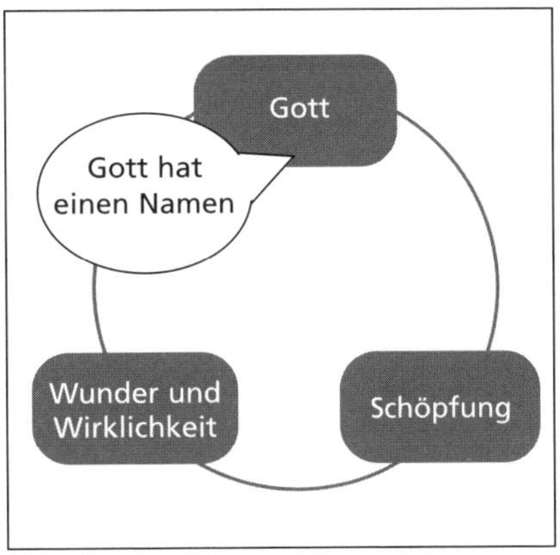

- Was bedeutet mein Name (Herkunftsbuch)?
  Welche Namen haben etwas mit Gott oder mit Glaubensinhalten zu tun?
- Namensgeschichten (von Rumpelstilzchen über Max Frischs Walter Faber bis hin zu Harry Potter[11]).

Von diesen Namenszugängen aus sind verschiedene Wege durch die Bibel gangbar. Man kann

- Namensgeschichten in der Bibel selbst folgen, z. B. Gen 4 (Kain und Abel); Gen 32 (Jakob – Israel); Jes 8,1 ff (Raubebald und Eilebeute); die Namen im Buch Rut; Jes 7,14; Mt 1,18–25; 28,18–20 (Immanuel, Jesus); Mt 3,16; 16,16 (Petrus),
- biblische Namen suchen, die etwas mit Gott zu tun haben (z. B. Jes 40,25 f; 43,1; Mt 6,9; Apg 19,5),
- die Namensgeschichte Gottes in Ex 3 mit Mt 1,18–25 oder mit Joh 1,18 verknüpfen,

10 Lachmann, Gott, S. 112–114.118.

11 In Max Frischs »Homo Faber« deutet der Name des Protagonisten Walter Faber seine Lebenseinstellung an (homo faber ist der schaffende, tätige Mensch). Auch die Namen in den Harry-Potter-Bänden sind »sprechende Namen«, z. B. Albus (der weiße) Dumbledore oder Voldemort (in dem das Wort »Tod« steckt).

- die Geschichte von den Menschen, die »sich einen Namen machen wollen« (Gen 11) mit der Vaterunser-Bitte »Geheiligt werde dein Name« verknüpfen,
- den Gottesnamen mit Gottesbildern verbinden[12]: »Ich bin, ich werde da sein« als ...,
- oder vom Popsong aus fragen: If God had a name ... wie würde er lauten?

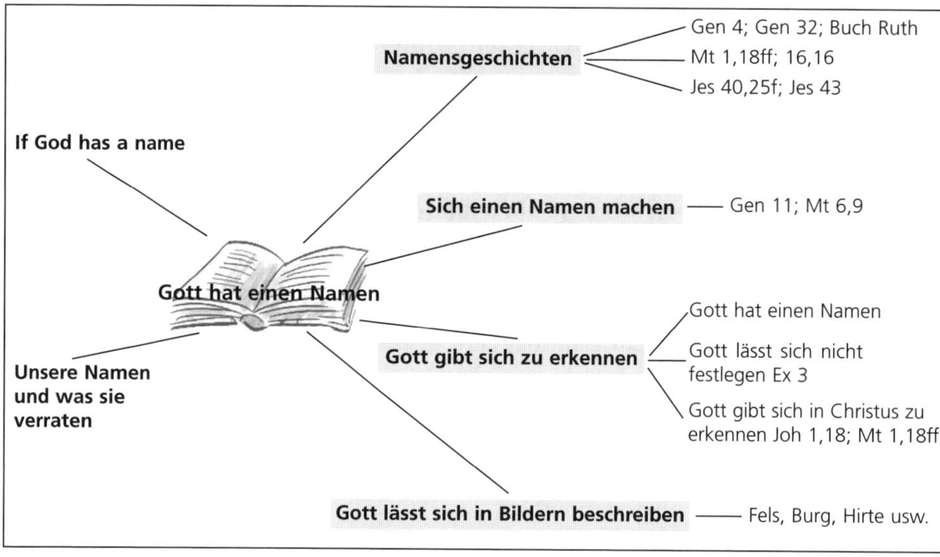

Gott schafft und erhält die Welt

Alles kommt von Gott. Die Rede von der Schöpfung appelliert an die Erfahrung: Sieh dich um; du lebst inmitten der Schöpfung und bist selbst Teil davon. In der gesamten biblischen Tradition steht fraglos fest, dass Gott der Schöpfer von Himmel und Erde ist.

Hiob 12,7–9: Frage doch das Vieh, das wird dich's lehren, und die Vögel unter dem Himmel, die werden dir's sagen, oder die Sträucher der Erde, die werden dich's lehren, und die Fische im Meer werden dir's erzählen. Wer erkennte nicht an dem allen, dass des HERRN Hand das gemacht hat.
Jes 45,18: So spricht der HERR, der den Himmel geschaffen hat – er ist Gott; der die Erde bereitet und gemacht hat – er hat sie gegründet; er hat sie nicht geschaffen, dass sie leer sein soll, sondern sie bereitet, dass man auf ihr wohnen solle: Ich bin der HERR, und sonst keiner mehr.

Sieht man sich heute um, muss man nicht notwendigerweise auf den Gedanken der Schöpfung kommen. Die Theorie vom »Urknall« steht daneben und besticht durch überzeugende Argumente. Manche denken, dass diese naturwissenschaftliche Sicht den Glauben an die Schöpfung verdränge. Aber das ist nicht der Fall. Gleichwohl

12 Vgl. Drews/Gabler/Kämper/Landgraf, Kinder, S. 27.

stellen Kinder und Jugendliche Fragen: Hat Gott die Welt gemacht? Oder ist sie zusammen mit Zeit und Raum durch einen Urknall entstanden? Dahinter stehen noch weitere Fragen: Ist es Zufall, dass es die Welt gibt und sie sich so entwickelt hat? Ist es Zufall, dass es mich gibt? Wo komme ich her?

Die Rede von der Schöpfung appelliert an die Erfahrung – und geht darüber hinaus. Denn wer vom Anfang dessen reden will, was uns umgibt, kann sich gerade nicht auf Erfahrung berufen. Bei dem Versuch, die Welt und ihren Ursprung zu ergründen, stoßen wir an Grenzen des Erkennens. Die naturwissenschaftliche Frage nach der Entstehung der Welt hat dabei unaufgebbare Bedeutung. Auch wenn sie für den Urknall selbst und die Bedingungen davor keine Aussagen machen kann, erlaubt sie doch einen relativ gesicherten Blick in die Frühgeschichte des Universums. Aber die Frage »Wie ist es gewesen?« sagt nichts über Sinn und Bedeutung dieses Geschehens. Die Naturwissenschaft fragt nach der Natur und ihren Gesetzmäßigkeiten. Die Rede von der Schöpfung stellt dagegen alles, was lebt, in einen großen Verstehenszusammenhang hinein. Schöpfung ist ein theologischer Begriff, der die Beziehung der Welt zu Gott thematisiert. Diese lässt sich nicht objektiv, sondern nur als Bekenntnis aussagen. Die Welt und damit auch der Mensch, der solche Aussagen macht, sind keine Zufallsprodukte, existieren nicht »halt so«, sondern als Schöpfung Gottes.

Loben, erzählen und ergründen

Im Alten Testament finden sich Schöpfungsaussagen in verschiedenen Zusammenhängen. Der Gedanke der Schöpfung ist grundlegend, aber nicht einlinig. Es finden sich zunächst Aussagen von Lob, Dank und Staunen angesichts der Schöpfung. Ansatzpunkt ist die eigene Erfahrung: Der Regen tränkt die Erde, Pflanzen können wachsen, eine Vielfalt des Lebens ist vorhanden, Quellen löschen den Durst (Ps 104). Die Erfahrung verweist auf die Größe dessen, der dies geschaffen hat. Unbegreiflich sind alle seine Werke (z. B. Hiob 36,26), der Mensch kann sie nicht ergründen (Pred 3,11; 8,17; Hiob 38,4). Die angemessene Reaktion auf die Schöpfung sind Staunen und Lob (Ps 139,4). Das Staunen über die Schöpfung schließt den Menschen selbst mit ein: »Was ist der Mensch, dass du seiner gedenkst?« (Ps 8,5).

Erkenntnis, Lob und Staunen angesichts der Schöpfung sind in Gen 1–2 in zwei Geschichten erzählend ausformuliert. Dass sie keinen Bericht über die Entstehung der Welt geben, zeigt sich bereits daran, dass sie sich in verschiedenen Details widersprechen. Sie wurden dennoch miteinander verbunden, weil sie die Schöpfung aus verschiedenen Blickwinkeln betrachten und ihr Bedeutung zuschreiben. Insofern gehen alle Versuche, die Übereinstimmung dieser Erzählungen mit heutigen naturwissenschaftlichen Erkenntnissen nachzuweisen, prinzipiell in die Irre: Sie verkennen die Aussageabsicht der Texte.[13] Das heißt nicht, dass in die Texte nicht das Wissen der damaligen Zeit eingegangen wäre. Aber das steht nicht im Vordergrund.

Beide Erzählungen stammen von verschiedenen Autoren und aus verschiedenen Zeiten. Die erste Erzählung in Gen 1,1–2,4 ist die jüngere; sie gehört zur sogenannten

13 Hier liegt die Problematik des sogenannten Kreationismus, der die Übereinstimmung der biblischen Schöpfungsgeschichten mit naturwissenschaftlichen Erkenntnissen zu beweisen versucht.

Priesterschrift und ist in der Zeit des Exils (586–538 v. Chr.) und danach entstanden.[14] Schon die Form zeigt, dass es um ein Lob Gottes geht: Wie ein Refrain zieht sich »Und Gott sah, dass es gut war« durch den ganzen Text hindurch (1,4.10.12.18.21.25), um schließlich in die Zusammenfassung zu münden: »Und Gott sah alles an, was er gemacht hatte, und siehe, es war sehr gut« (1,31). Der Text hat lobende Absicht: Gott ist souverän, er schafft die Welt durch sein Wort – und sie entsteht. Den Menschen wird am Ende der Schöpfungswerke der Auftrag erteilt, verantwortlich über die Erde zu herrschen (1,28). Ziel der ganzen Schöpfung ist der Ruhetag, der Sabbat, an dem die Menschen gleichsam mit Gott ruhen und die Schöpfung loben. Die zweite Erzählung (Gen 2,4–25) wird dem Jahwisten zugeordnet (10. oder 9. Jahrhundert v. Chr.).[15] Der Ablauf der Schöpfung wird hier anders dargestellt und er hat ein anderes Ziel. Gott erschafft zuerst den Menschen. Für diesen Menschen pflanzt er einen Garten und setzt ihn hinein.

Gen 2,4b–25: Es war zu der Zeit, da Gott der HERR Erde und Himmel machte. [5]Und alle die Sträucher auf dem Felde waren noch nicht auf Erden, und all das Kraut auf dem Felde war noch nicht gewachsen; denn Gott der HERR hatte noch nicht regnen lassen auf Erden, und kein Mensch war da, der das Land bebaute; [6]aber ein Nebel stieg auf von der Erde und feuchtete alles Land. [7]Da machte Gott der HERR den Menschen aus Erde vom Acker und blies ihm den Odem des Lebens in seine Nase. Und so ward der Mensch ein lebendiges Wesen. [8]Und Gott der HERR pflanzte einen Garten in Eden gegen Osten hin und setzte den Menschen hinein, den er gemacht hatte. [9]Und Gott der HERR ließ aufwachsen aus der Erde allerlei Bäume, verlockend anzusehen und gut zu essen, und den Baum des Lebens mitten im Garten und den Baum der Erkenntnis des Guten und Bösen. … [15]Und Gott der HERR nahm den Menschen und setzte ihn in den Garten Eden, dass er ihn bebaute und bewahrte. [16]Und Gott der HERR gebot dem Menschen und sprach: Du darfst essen von allen Bäumen im Garten, [17]aber von dem Baum der Erkenntnis des Guten und Bösen sollst du nicht essen; denn an dem Tage, da du von ihm isst, musst du des Todes sterben. [18]Und Gott der HERR sprach: Es ist nicht gut, dass der Mensch allein sei; ich will ihm eine Gehilfin machen, die um ihn sei. [19]Und Gott der HERR machte aus Erde alle die Tiere auf dem Felde und alle die Vögel unter dem Himmel und brachte sie zu dem Menschen, dass er sähe, wie er sie nennte; denn wie der Mensch jedes Tier nennen würde, so sollte es heißen. [20]Und der Mensch gab einem jeden Vieh und Vogel unter dem Himmel und Tier auf dem Felde seinen Namen; aber für den Menschen ward keine Gehilfin gefunden, die um ihn wäre. [21]Da ließ Gott der HERR einen tiefen Schlaf fallen auf den Menschen, und er schlief ein. Und er nahm eine seiner Rippen und schloss die Stelle mit Fleisch. [22]Und Gott der HERR baute eine Frau aus der Rippe, die er von dem Menschen nahm, und brachte sie zu ihm. [23]Da sprach der Mensch: Das ist doch Bein von meinem Bein und Fleisch von meinem Fleisch; man wird sie Männin nennen, weil sie vom Manne genommen ist. [24]Darum wird ein Mann seinen Vater und seine Mutter verlassen und seinem Weibe anhangen, und sie werden sein ein Fleisch. [25]Und sie waren beide nackt, der Mensch und seine Frau, und schämten sich nicht.

Im Zentrum dieser Erzählung steht nicht der Kosmos, sondern der Mensch. Und im Hintergrund zeigen sich menschliche Grundfragen: Wozu lebt er Mensch? Welche Aufgaben hat er? Warum zerfällt er zu Erde, wenn er stirbt? Warum fühlen Mann und Frau sich zueinander hingezogen? In der Form einer Erzählung werden diese

---

14 Den von ihrem religiösen Zentrum Jerusalem deportierten Israeliten wird gesagt: Nicht der babylonische Götterkönig hat Himmel und Erde in Kampf und Krieg erschaffen, sondern der Gott Israels mit seinem Wort. Die Welt ist nicht Schauplatz von Streit und Krieg, sondern ein guter Ort für alles Leben, für das die Menschen Verantwortung tragen sollen. Der Sabbat erinnert an die Schöpfung und gibt den Menschen ein Zeichen der Gegenwart Gottes.

15 Dieser Autor wird so bezeichnet, weil er von Gott als von Jahwe spricht.

Fragen in den Anfang der Welt eingeschrieben. Außerdem ist die Erzählung mit Gen 2,25 nicht zu Ende. Sie wird weitergeführt mit dem »Sündenfall« (Gen 3). Darin zeigt sich ein weiterer Grundzug menschlichen Lebens: Der Mensch ist ein zwiespältiges Wesen. Er ist auf Gemeinschaft mit Gott hin geschaffen, aber er kann sich auch von Gott abwenden. Er kann Gutes und Böses tun. Zeigt die erste Schöpfungserzählung die gute Welt, so weiß die zweite auch vom Unheil in der Welt.

Neben dem Staunen über die Schöpfung und den Erzählungen über Grundfragen des Menschseins findet sich im Alten Testament auch das Bemühen, über die Schöpfung nachzudenken und sie zu verstehen. In den älteren Weisheitsschriften (vor allem in Spr 10–31) steht der Mensch in seiner Beziehung zu Gott als dem Schöpfer (Spr 14,31; 17,5; 22,2; 29,13) und in seinem Verhältnis zu den Mitmenschen im Zentrum. In den späteren Weisheitsschriften (Spr 1–9; Hiob, Prediger) geht es vor allem um Gott als Schöpfer und Erhalter der Welt. In der Hiobdichtung (Hiob 3,1–42,6) wird die überlegene und fürsorgliche Weisheit des Schöpfers angesichts der Undurchschaubarkeit des menschlichen Schicksals betont. Bei den Propheten stehen Schöpfung und Heilshandeln Gottes in engem Zusammenhang. Vor allem bei Deuterojesaja (Jes 40–55) kommen Schöpfungsaussagen in drei Zusammenhängen vor: Gott wird als Schöpfer vorgestellt, um seine Macht zur Befreiung Israels aus dem Exil zu betonen (Jes 40,12–31; 44,24–28), um die bleibende Zuwendung Gottes zu seinem Volk verständlich zu machen (Jes 43,1–7; 44,2) und um von einer neuen Schöpfung sprechen zu können, die für Mensch und Welt Heil bringen wird (Jes 40,3–4; 43,19–20; 65,17; 66,22).

Gott handelt nicht nur am Anfang

Ein weiterer, grundlegender Aspekt der Rede von der Schöpfung ist, dass Gott gehandelt hat, handelt und handeln wird. Dementsprechend enthält das Alte Testament keine Gotteslehre, sondern erzählt Geschichten von diesem Gott – der den Abraham berief und ihm die Verheißungen gab, der sich Israel als Volk erwählte, es aus Ägypten befreite, ihm die Treue versprach, einen Bund mit ihm schloss, der dann sein Volk segnend begleitete und es mahnte und strafte, wenn es den Bund mit Gott vergaß, und der doch am geschlossenen Bund festhielt. Deshalb wird von Gott vor allem mit Hilfe von Verben gesprochen[16]: Er schafft, er befreit, er herrscht und richtet. Gott ist nach alttestamentlichem Verständnis nicht »der Schöpfer« im Sinne einer abstrakten Wesensbeschreibung, sondern derjenige, der schafft (Gen 2,3f; 5,2; 6,7; vgl. Gen 1,31; 2,2f u. ö.). Er formt den Menschen und die Tiere (Gen 2,7f.19), er gründet den Erdkreis (1Chr 16,30; Ps 24,2) und spannt den Himmel aus (Ps 104,2). Ein Substantiv »der Schöpfer« gibt es dagegen nicht. In vergleichbarer Weise gilt dies auch für die Errettung Israels von der Unterdrückung in Ägypten, die mit den Verben wegführen, retten und erlösen umschrieben wird.

Ex 6,6: Ich bin der HERR und will euch wegführen von den Lasten, die euch die Ägypter auflegen, und will euch erretten von eurem Frondienst und will euch erlösen mit ausgerecktem Arm und durch große Gerichte.

16 Rendtorff, Theologie, S. 181ff.

Dass Gott herrscht ist eine weitere häufige Gottesaussage. Das Verb spricht vom Herrschen als einer kontinuierlichen Tätigkeit Gottes. Erst von hier aus können »Herrscher« bzw. »König« zu Substantiven werden, die Gottes Tun beschreiben. Gott ist König über das Universum (Ps 103,19) und die ganze Schöpfung (Ps 95,4f), er ist König über die Erde (Ps 47,3.8) und alle Völker (Ps 47,9; 96,7ff). Er herrscht im Himmel und auf der Erde (Ps 103,19; 47,9f), er hütet sein Volk (Ps 80,2; Jer 31,10; Hes 34), er erbarmt sich über seine Kinder (Ps 103,13) und tröstet sie wie eine Mutter (Jes 66,13). Israel wendet sich jedoch immer wieder vom Weg Gottes ab und geht eigene Wege. In solchen Situationen treten Propheten auf und erinnern das Volk an den Bund und seine Gebote. Vor diesem Hintergrund finden die Propheten Worte, in denen von einem neuen Himmel, einer neuen Erde und einem neuen Bund die Rede ist.

Jes 65,17: Denn siehe, ich will einen neuen Himmel und eine neue Erde schaffen, dass man der vorigen nicht mehr gedenken und sie nicht mehr zu Herzen nehmen wird.
Jer 31,31–33: Siehe, es kommt die Zeit, spricht der HERR, da will ich mit dem Hause Israel und mit dem Hause Juda einen neuen Bund schließen, [32]nicht wie der Bund gewesen ist, den ich mit ihren Vätern schloss, als ich sie bei der Hand nahm, um sie aus Ägyptenland zu führen, ein Bund, den sie nicht gehalten haben, ob ich gleich ihr Herr war, spricht der HERR; [33]sondern das soll der Bund sein, den ich mit dem Hause Israel schließen will nach dieser Zeit, spricht der HERR: Ich will mein Gesetz in ihr Herz geben und in ihren Sinn schreiben, und sie sollen mein Volk sein, und ich will ihr Gott sein.

Das Neue Testament nimmt die Schöpfungsaussagen des Alten Testaments weitgehend auf. Alle neutestamentlichen Schriften stimmen darin überein, dass Gott der Schöpfer des Himmels und der Erde ist. An einigen Stellen ist das Schöpfungshandeln Gottes ausdrücklich thematisiert (vgl. Mk 6,25–34; 10,6–8; Apg 14,15–17; 17,22–30). Daneben wird Gott vielfach in formelhaften Wendungen als Schöpfer bezeichnet (z.B. 1Petr 4,19; Röm 1,25; Eph 3,9; Kol 3,10). Aus Gott, durch ihn und auf ihn hin sind alle Dinge erschaffen (Röm 11,36). Hierin liegt eine Spitze gegen polytheistische Anschauungen (Apg 14,15). Eine eigenständige Kosmologie ist im Neuen Testament nicht intendiert. Weder »Schöpfung« noch »Welt« können für sich allein betrachtet werden, sondern dienen als »Bezeichnung der von Gott geschaffenen und getragenen Weltwirklichkeit«.[17] Über die Welt und den Menschen in ihr wird nachgedacht, weil und insofern Welt und Mensch in einem Verhältnis zu Gott stehen. Zur geschaffenen Welt gehören die Zeitlichkeit und die Vergänglichkeit dazu. Dies wird im Neuen Testament vor allem im Rahmen der Eschatologie hervorgehoben.

Im Neuen Testament ist nirgendwo ungebrochen von einer »sehr guten Schöpfung« die Rede (vgl. Gen 1,31; Ps 104,24; Ps 111,2f). Auch ein reines Staunen über die geordnete Bewegung der Himmelskörper findet sich hier nicht. Die neutestamentliche Rede von der Schöpfung schließt immer den Hinweis auf Schuld und Sünde ein, die in der Schöpfung am Werk sind: Die Schöpfung »seufzt und ängstigt sich« (Röm 8,22). Sie ist ohne ihren Willen der Vergänglichkeit unterworfen – aber auf Hoffnung hin (Röm 8,20). »Was ›Schöpfung‹ ist, lässt sich also an der Welt, wie sie uns begegnet, nicht einfach ablesen. Von der Welt als Schöpfung kann auch nicht in

17 Hahn, Theologie II, S. 73.

komosfrommer Naivität geredet werden. Nur in einer zweiten Naivität, durch den Bruch des Todes und Gerichtes hindurch, in der Überwindung der Todesmächte, ist ›Schöpfung‹: als neue Schöpfung.«[18] Die Betrachtung der Welt als Schöpfung geschieht deshalb immer als Schauen und Staunen, aber auch als Seufzen. Deshalb zielt das Neue Testament auf eine Neuschöpfung in Christus (vgl. Mk 7,37), die ihren Grund in der Auferweckung Christi hat. Wer sich an Christus orientiert und sich ihm in der Taufe anvertraut, für den ist die endzeitliche Wirklichkeit angebrochen, für den ist das Alte vergangen und Neues geworden (2Kor 5,17; Gal 6,15) – noch nicht vollendet, aber schon angebrochen.

Offb 21,1–4: Und ich sah einen neuen Himmel und eine neue Erde; denn der erste Himmel und die erste Erde sind vergangen, und das Meer ist nicht mehr. [2]Und ich sah die heilige Stadt, das neue Jerusalem, von Gott aus dem Himmel herabkommen, bereitet wie eine geschmückte Braut für ihren Mann. [3]Und ich hörte eine große Stimme von dem Thron her, die sprach: Siehe da, die Hütte Gottes bei den Menschen! Und er wird bei ihnen wohnen, und sie werden sein Volk sein, und er selbst, Gott mit ihnen, wird ihr Gott sein; [4]und Gott wird abwischen alle Tränen von ihren Augen, und der Tod wird nicht mehr sein, noch Leid noch Geschrei noch Schmerz wird mehr sein; denn das Erste ist vergangen.

Von der Schöpfung ist in der Bibel demnach im Plural verschiedener Schöpfungsvorstellungen und in verschiedenen Kontexten die Rede. Es geht nicht um einen Sachverhalt oder Lehrsatz. Dass Gott die Welt geschaffen hat, ist nicht »an sich« wichtig, sondern im Blick auf das Verstehen der Welt und das Handeln in der Welt. Die Rede von der Schöpfung zielt auf Deutungsfähigkeit, weil sie erlaubt, auf vielfache Weise von der Welt »vor Gott« zu sprechen. Dazu gehören Schauen und Staunen ebenso wie das Seufzen. Insgesamt ist klar, dass Schöpfung als theologischer Begriff die Beziehung der Welt zu Gott thematisiert. Diese Beziehung ist auf Zukunft hin offen. Schon im Alten Testament ist von einer neuen Schöpfung die Rede. Charakteristisch für die Rede von Gott im Neuen Testament ist die Spannung zwischen der Gegenwart und der Zukunft des Heils. Die Gottesherrschaft ist so nah, dass sie die Menschen jetzt schon erfasst. Im Handeln Jesu wird Gott als gegenwärtig erfahren. Aber Gott handelt weiter, über das Wirken des irdischen Jesus hinaus, jetzt schon durch seinen Geist (Apg 2,16ff u. ö.) und am Ende der Zeit, wenn seine Herrschaft für alle offenbar werden wird. Aus diesem Grund schließt der Glaube an den Gott der vergangenen Geschichte und der Gegenwart immer die Hoffnung auf den in der Zukunft handelnden Gott ein.

Schlüssel und Konkretionen

Schöpfung ist ein elementares, alle Menschen betreffendes Thema. Woher kommt die Welt, in der wir leben? Ist sie tatsächlich von einem Schöpfer so geschaffen, wie sie ist? Ist sie in einem Prozess entstanden, den wir naturwissenschaftlich erklären können? Verdankt sie sich einer letztlich zufälligen Kombination von Entwicklungen, die die Erde als Lebensraum entstehen ließen? Auch diejenigen, die die Welt nicht als Gottes Schöpfung sehen, leben in der Welt, haben Anteil an ihren Proble-

18 Bayer, Staunen, S. 197.

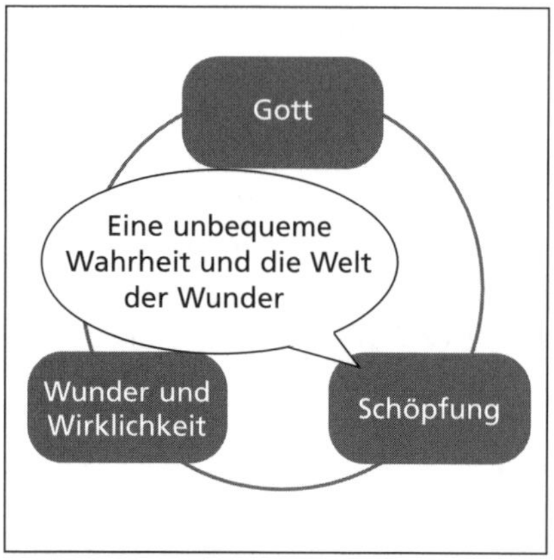

men und denken über Zukunftsstrategien nach. Viele erkennen die Notwendigkeit, die zunehmende Umweltverschmutzung und Erderwärmung zu bekämpfen, um die Erde auch für folgende Generationen als Lebensraum zu bewahren. Im alltäglichen Verhalten schlägt sich diese Einsicht nicht immer nieder, weder im internationalen noch im öffentlich-gesellschaftlichen oder im privaten Bereich. Es gibt eine Diskrepanz zwischen Einsicht und Verhalten. Filme wie »Eine unbequeme Wahrheit« mit dem ehemaligen US-Vizepräsidenten Al Gore wirken in diese Diskrepanz hinein und werden hoch geschätzt (der Film gewann 2007 den Oscar für den besten Dokumentarfilm). Der Titel zeigt jedoch schon, dass es sich um eine kritische und unbequeme Wahrheit handelt. Der erhobene Zeigefinger ist pädagogisch nicht immer sinnvoll.

Die biblische Rede von der Schöpfung verweist auf einen anderen Zugang. An erster Stelle stehen Staunen und Lob über die wunderbare Welt. Der Versuch, die Schöpfung zu ergründen, ist dem Lob nachgeordnet. Vergleichbares findet sich in säkularer Form in den Medien. Eine Serie des Privatsenders RTL 2 heißt »Welt der Wunder«.[19] Bei den meisten dieser »Wunder« handelt sich um erstaunliche Sachverhalte (Untertitel: »Weil Wissen Spaß macht«), nicht um Wunder in biblischem Sinn. Das Staunen über die Komplexität verschiedener Phänomene findet sich hier aber ebenso wie das Staunen über Schönheit und Faszination der Welt in den vielen Natur- und Tierfilmen, die sich größter Beliebtheit erfreuen (vgl. z. B. »Unsere Erde«).[20] Man hat den Eindruck, dass das Staunen über Gottes Schöpfung in säkularisierter Weise ins Fernsehen Einzug gehalten hat.[21] Manche Kommentare in Tier- und Naturfilmen stehen jedenfalls Ps 104 nicht viel nach:

19 Alle Hinweise finden sich unter www. weltderwunder.de am 20.10.2008.

20 »Unsere Erde« von Alastair Fothergill ist »eine spektakuläre Naturdokumentation über das Wunder des Lebens und die atemberaubende Schönheit unserer Erde« (www.unsere-erde.der-film/de am 20.10.2008).

21 Evers, Wunder, S. 67, macht auf die »Wunderrhetorik« in diesem Zusammenhang aufmerksam.

Ps 104,10–18: Du lässest Wasser in den Tälern quellen, dass sie zwischen den Bergen dahinfließen, [11]dass alle Tiere des Feldes trinken und das Wild seinen Durst lösche. [12]Darüber sitzen die Vögel des Himmels und singen unter den Zweigen. [13]Du feuchtest die Berge von oben her, du machst das Land voll Früchte, die du schaffest. [14]Du lässest Gras wachsen für das Vieh und Saat zu Nutz den Menschen, dass du Brot aus der Erde hervorbringst, [15]dass der Wein erfreue des Menschen Herz und sein Antlitz schön werde vom Öl und das Brot des Menschen Herz stärke. [16]Die Bäume des HERRN stehen voll Saft, die Zedern des Libanon, die er gepflanzt hat. [17]Dort nisten die Vögel, und die Reiher wohnen in den Wipfeln. [18]Die hohen Berge geben dem Steinbock Zuflucht und die Felsklüfte dem Klippdachs.

Lobenden Charakter hat nicht nur dieser Psalm; auch die Schöpfungsgeschichten am Anfang der Bibel verdanken sich in erster Linie dem staunenden Lob. Allerdings setzen sie das Lob in Erzählung um. Dadurch entsteht der Eindruck eines nachvollziehbaren Ablaufs. Wenn man versucht, daraus einen historisch überprüfbaren Ablauf zu rekonstruieren, geht man am lobenden Grundton der Texte vorbei. Die Erzählungen vom Anfang in Gen 1–11 haben nichts mit rekonstruierbarer Geschichte zu tun, sondern beschreiben die Grundlagen der Welt und des menschlichen Lebens aus einer Perspektive des Glaubens. Deshalb stehen sie auch nicht im Gegensatz zu naturwissenschaftlichen Erkenntnissen.

Die drei Aspekte: das Lob der Schöpfung oder allgemeiner des Lebens, das Wissen um die unbequeme Wahrheit der Gefährdung unserer Welt und die (zumindest oberflächlich) weit verbreitete Kenntnis der Urknalltheorie können Schlüssel für die Bibel sein, die Wege innerhalb der Bibel erschließen.

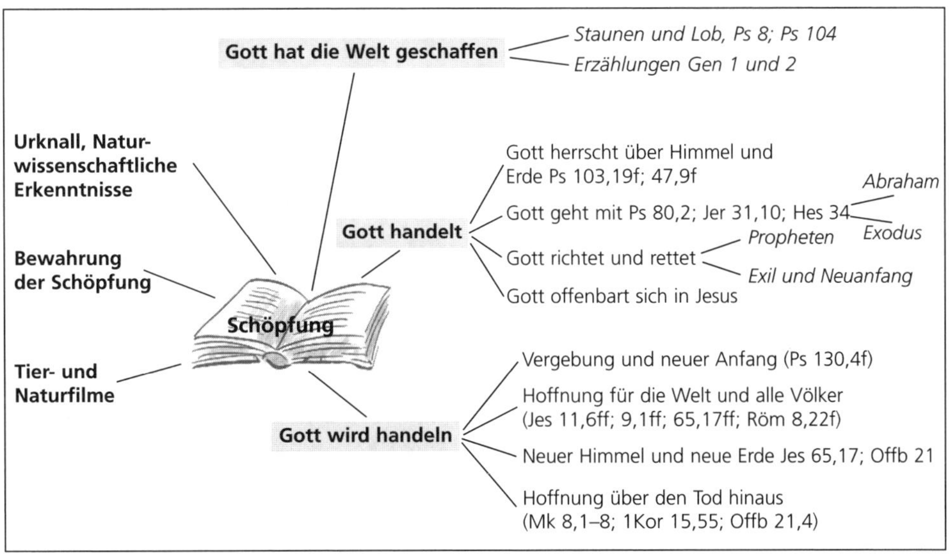

Konkretionen sind in verschiedene Richtungen möglich:

- Die unterschiedliche Ausrichtung naturwissenschaftlicher Welterklärung und biblischer Schöpfungserzählungen kann durch einen Vergleich der Textsorten deutlich werden. Dabei werden ein einfacher naturwissenschaftlicher Text und Gen 1 nebeneinander gestellt und verglichen. Die Aussagen »Es war gut; und siehe, es war sehr gut« wird man in einem naturwissenschaftlichen Text vergeblich suchen. Ein solcher Text versucht zu zeigen, wie es war; die biblischen Texte schreiben dem Anfang eine Bedeutung zu. Die Verschiedenheit der Textsorten zeigt sich auch beim lauten Lesen. Gen 1 kann vorgetragen und »inszeniert« werden, ein naturwissenschaftlicher Text dagegen nicht.

– Der »Urknall« ist eine gut begründete, aber letztlich unanschauliche Theorie.[22] Deshalb brauchen wir Modelle oder Bilder zur Veranschaulichung. Ein Vergleich verschiedener Bilder kann die Unterschiede zwischen naturwissenschaftlichen Aussagen und Glaubensaussagen verdeutlichen.[23]

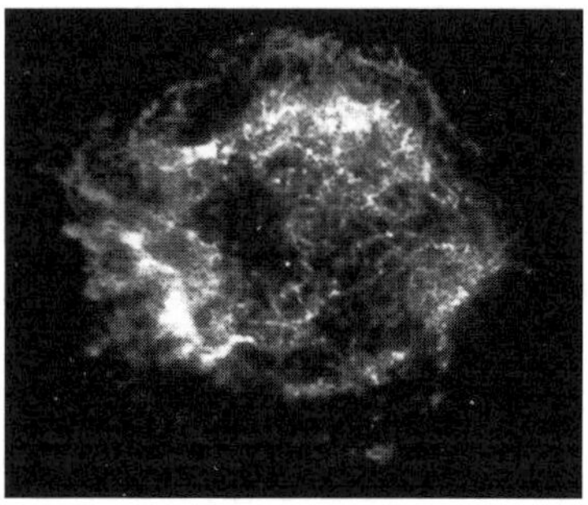

Die mittelalterliche Handschrift setzt zwar ein vormodernes Bild der Erde als Scheibe voraus, geht aber, indem sie Gott einen Zirkel als Werkzeug in die Hand gibt, von einem exakten Schöpfungsplan aus und spiegelt damit das wissenschaftliche Verständnis der Zeit. Das »Weltraumbild« mit einer explodierenden Sonne versucht die heutige naturwissenschaftliche Sichtweise anschaulich zu machen. Sieger Köder malt ein Bild, das in Anlehnung an Gen 1 die Erde als guten, von einem Schöpfer gewollten Lebensraum für Pflanzen, Tiere und Menschen beschreibt.

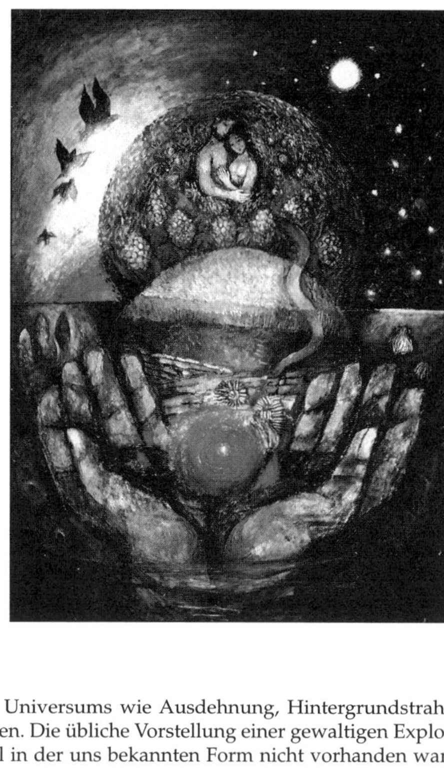

22 Die Theorie kann verschiedene Eigenschaften des Universums wie Ausdehnung, Hintergrundstrahlung und Zusammensetzung der Materie gut erklären. Die übliche Vorstellung einer gewaltigen Explosion setzt aber Materie voraus, die bei dem Urknall in der uns bekannten Form nicht vorhanden war. Und über das, was vor dem Urknall war, kann aus erkenntnistheoretischen Gründen keine überprüfbare Aussage gemacht werden.

23 (o.) Gammstrahlungen; (u.l.) französische Buchmalerei aus dem 13. Jahrhundert; (u.r.) Sieger Köder, Schöpfung

- Der Vergleich einer Passage aus einem Tier- oder Naturfilm mit Psalm 104 kann die Nähe beider Genres zeigen. Der Naturfilm steht dem lobenden Charakter des Psalms näher als einer rein naturwissenschaftlichen Beschreibung.
- Filme wie »Eine unbequeme Wahrheit«, aber auch entsprechende Berichte in Zeitschriften machen auf die Folgen menschlichen Handelns in der Welt aufmerksam und mahnen zu einem verantwortungsvollen Umgang mit den natürlichen Ressourcen. Diese Mahnung kann anthropologisch begründet werden im Blick auf nachfolgende Generationen, sie kann auch theologisch begründet werden im Blick auf die Welt als Gabe Gottes.
- Freies Schreiben mit Schreibplakaten kann zu einem Gespräch zwischen den Schülerinnen und Schülern führen, das durch die festgelegte Form leicht strukturiert werden kann. Auf einem Plakat mit der Frage »Hat Gott die Welt geschaffen?«, schrieb ein Schüler: »I mach mir do net so viele Gedanka drüber!« Ein anderer kommentierte: »I däds aber scho gern wisse.« Neben der Diskussion auf den Plakaten selbst können die Äußerungen weitergehende Gesprächsanlässe bieten. Diese Art der Kommentierung erleichtert jedenfalls die Diskussion.

Wunder und Wirklichkeit

»Kann ein moderner Mensch an Wunder glauben?« So lautete ein Buchtitel aus dem Jahr 1905. »Darf man an Wunder glauben?«, fragte Klaus Berger 1996 mit seinem gleichnamigen Buch. »Muss man noch an Wunder glauben?« lautete die Eingangsfrage einer ZDF-Sendung, ebenfalls aus dem Jahr 1996.[24] Die Fragen vom Anfang und vom Ende des 20. Jahrhunderts zeigen: Die Wunderproblematik ist nicht – wie vielfach prognostiziert – verschwunden. Sie hat nach wie vor verschiedene Aspekte: »Kann man glauben?« fragt nach der Vereinbarkeit eines technisch geprägten Weltbildes mit der Vorstellung von Wundern, »Muss man glauben?« hinterfragt eine dogmatisch auftretende Autorität, die tatsächlich oder vermeintlich den Wunderglauben fordert, »Darf man glauben?« ist der Auftakt zu einer »offensiven Strategie« im Umgang mit dem Wunder[25], derzufolge der Wunderglaube im Christentum nicht nur möglich, sondern geradezu notwendig sei.

Ulrike Popp-Beier hat die neueren empirischen Erhebungen zur Wunderfrage ausgewertet.[26] Sie lassen erkennen, dass nicht zuletzt bei jüngeren Menschen der Glaube an Wunder in den letzten Jahren zugenommen hat. Dabei wird das Wort Wunder für Ereignisse gebraucht, »die unerklärbar oder unbegreiflich sind und in denen sich etwas auf unerwartete Weise zum Guten wendet«.[27] Auf der anderen Seite sehen viele Jugendliche die Wundergeschichten der Bibel als Geschichten aus der Kinderzeit an, die ihre Glaubwürdigkeit verloren haben. Das macht den Zugang zu ihnen schwierig.

---

24 A. Splittgerber, Hamburg 1905; Berger, Stuttgart 1996; ZDF, 28.11.1996.
25 Berger, Wunder, S. 62.
26 Popp-Baier, Wunder, S. 114ff.
27 Popp-Baier, Wunder, S. 116.

Welt und Wirklichkeit in der biblischen Tradition

Das deutsche Wort »wirklich« bzw. »Wirklichkeit« kommt in der Bibel nur an wenigen Stellen vor. Es kann als Äquivalent für »in Wahrheit« bzw. »wahrhaftig« verwendet werden (1Kön 8,27; 2Chr 6,18), es kann das Seiende meinen im Sinne von Tatsächlichkeit oder die Wendung »von Angesicht zu Angesicht« wiedergeben. Die Kundschafter berichten vom Land Kanaan (Num 13,27), dass dort wirklich (aber im übertragenen Sinn!) Milch und Honig fließe. Sir 34,1–3 kritisiert »unweise Leute«, die sich auf Träume verlassen, die nichts anderes sind als »Bilder ohne Wirklichkeit«. Bei der Frage nach der Johannestaufe in Mk 11,32 verweigern die Gegner Jesu die Antwort, weil das Volk Johannes wirklich für einen Propheten hält. Gideon begegnet nach Ri 6 einem Engel Gottes und glaubt es nicht; erst auf ein Zeichen des Engels hin kann er sagen (6,22): »Ich habe wirklich den Engel des Herrn gesehen!« In Hiob 19,4 sagt Hiob: »Habe ich wirklich geirrt, so trage ich meinen Irrtum selbst.« Eigentlich meint er: Wenn ich geirrt hätte – aber ich habe nicht. In Hiob 36,4 behauptet einer seiner Freunde, dass er tatsächlich die ganze Sache durchschaut: »... vor dir steht einer, der es wirklich weiß.« Die Stellen zeigen, dass es im Verständnis des Wirklichen eine Bandbreite vom Vermeintlichen über das Tatsächliche bis hin zum Gewissen gibt. Das Abstraktum »Wirklichkeit« gibt es in der biblischen Sprache allerdings nicht.

Aus diesem Grund muss man danach fragen, auf welche andere Weise sich das biblische Wirklichkeitsverständnis Ausdruck verschafft. Der zentrale Gedanke ist: Welt und Wirklichkeit sind nach biblischem Verständnis ohne Gott und andere übernatürliche Kräfte nicht vorstellbar. Deshalb ist auch nicht fraglich, dass diese Mächte in das menschliche Geschehen eingreifen können. Diese Überzeugung lässt sich noch weiter differenzieren[28]:

Das biblische Wirklichkeitsverständnis ist relational. Alles Geschaffene steht in Beziehung zu Gott. Die Welt als solche und allein mit ihren weltlichen Möglichkeiten zu betrachten, entspricht nicht der Perspektive der biblischen Autoren.

Gott ist der Schöpfer der Welt und die Menschen sind seine Geschöpfe; Schöpfer und Geschöpfe sind unterschieden im Blick auf ihre Wertigkeiten und Fähigkeiten. Das Handeln der Menschen erfolgt innerhalb ihrer Möglichkeiten. Gott unterliegt den menschlichen Grenzen nicht; er kann Dinge tun, die den Menschen unmöglich sind. Das Eingreifen Gottes in die Welt ist prinzipiell möglich. Aber es ist nicht berechenbar und gehört nicht zum normalen Alltag. Auch ist es der menschlichen Forderung entzogen (vgl. Mk 8,12). Aus diesem Grund ist die angemessene Reaktion auf Gottes Eingreifen nicht die Beurteilung, sondern das Staunen und das Lob Gottes (Mk 7,37).

Gott kann durch Menschen wirken, im Alten Testament etwa durch Mose oder Elia. Im Neuen Testament ist Jesus der Protagonist göttlicher Vollmacht. Obwohl ihn die Evangelien als Christus und Gottessohn darstellen, bleibt seine Wundertätigkeit an die ihm von Gott verliehene Vollmacht gebunden (vgl. z. B. Mk 6,41; 7,35; Joh 11,41 f).

---

28 Ich lehne mich hier an Alkier, Wunder, S. 285–288 an, der allerdings das Wirklichkeitsverständnis der paulinischen Briefe im Blick hat.

Nicht berechenbar ist Gottes Eingreifen in der Gegenwart. Aber auch für die Zukunft lässt es sich nicht vorausplanen. Wenn aber Gott am Ende der Zeit kommt, dann werden seine Herrschaft und sein Handeln aller Welt offenbar. Die gegenwärtige Welt ist dagegen eine Welt der Mehrdeutigkeit. Auch andere Mächte können in ihr wirken. Die Mahnungen vor falschen Wundertätern, z.B. in Mk 13,6; Offb 13,11ff, setzen dies ebenso voraus wie die Kritik der Jerusalemer Schriftgelehrten, Jesus treibe die bösen Geister durch Beelzebul, den Obersten der Dämonen, aus (Mk 3,22).

Gott tut Wunder

Vor diesem Hintergrund sind die biblischen Wundergeschichten zu betrachten. Sie begegnen im Alten wie im Neuen Testament, im großen Rahmen und als individuelle Erfahrung. Die Befreiung des Volkes Israels aus Ägypten wird nicht nur von Wundern begleitet (Ex 4; 7–12; 14), sondern selbst als Wunder verstanden (vgl. Dtn 4,37; Ps 77; 105,26ff u.ö.).

Dtn 6,21–22: Wir waren Knechte des Pharao in Ägypten, und der HERR führte uns aus Ägypten mit mächtiger Hand; 22und der HERR tat große und furchtbare Zeichen und Wunder an Ägypten und am Pharao und an seinem ganzen Hause vor unsern Augen.

Die Wunder geschehen durch Mose, aber es ist letztlich Gott, der sie bewirkt. Dies ist auch bei Elia und Elisa der Fall. In 2Kön 4,1–8,6 liegt eine Sammlung verschiedener Rettungswunder vor, die Elisa als »Gottesmann« in enger Beziehung zu Gott (vgl. 4,27) vollbringt. 1Kön 17,17–24 erzählt Vergleichbares von Elia. Es geht nach biblischem Verständnis bei einem Wunder deshalb nicht um die Durchbrechung naturgesetzlicher Vorgaben (das ist eine moderne Sichtweise), denn Gott selbst ist es ja, der die Welt geschaffen, den Gestirnen ihre Bahn gesetzt, Land und Wasser geschieden, die Erde mit kreatürlicher Kraft begabt und Mensch und Tier ins Leben gerufen hat (vgl. Hiob 38f). Die Josefserzählung (Gen 37ff) zeigt exemplarisch, wie Gott auch in die Geschichte(n) der Menschen eingreift und sie zum Guten wendet: »Ihr gedachtet es böse mit mir zu machen, aber Gott gedachte es gut zu machen« (Gen 50,20). Die Wunder bewegen sich in diesem Rahmen. Dass sie von Menschen bewirkt werden, verweist auf die besondere Nähe dieser Menschen zu Gott. Insofern ist die Rede von Wundern grundlegend für die biblische Botschaft – und im Rahmen dieser Botschaft auch plausibel, so lange man jedenfalls die Welt und Gott in einem Zusammenhang sieht.

Auch das Neue Testament geht davon aus, dass mitten in der menschlichen Geschichte göttliche Macht aufscheinen kann. Der »Chorschluss« am Ende vieler Wundererzählungen zeigt, dass die Wunder Jesu im Horizont der Wundermacht Gottes erzählt werden: »Alles hat er gut gemacht: Die Tauben macht er hörend und die Stummen sprechend« (Mk 7,37 in Aufnahme von Jes 35,5). Im Neuen Testament ist Jesus der Protagonist charismatischer Macht, die von Gott herkommt und sich an ihm orientiert. Weil seine Vollmacht im Horizont der Schöpfermacht Gottes steht, sind die Wundergeschichten anders strukturiert als neuzeitliche Leser dies erwarten: Es geht häufig nur am Rand um die Frage des »Wie« und schon gar nicht um die Frage des »Dass«. An Mk 10,46–52 kann man das exemplarisch sehen.

Mk 10,46–52: Und sie kamen nach Jericho. Und als er aus Jericho wegging, er und seine Jünger und eine große Menge, da saß ein blinder Bettler am Wege, Bartimäus, der Sohn des Timäus.	Situationsbeschreibung. Einführung von Jesus, einer großen Menge und des blinden Bartimäus.
47Und als er hörte, dass es Jesus von Nazareth war, fing er an, zu schreien und zu sagen: Jesus, du Sohn Davids, erbarme dich meiner!	Versuch des Bartimäus, die Aufmerksamkeit Jesu zu gewinnen. Bitte um Hilfe.
48Und viele fuhren ihn an, er solle stillschweigen.	Erschwernis: Bartimäus soll still sein.
Er aber schrie noch viel mehr: Du Sohn Davids, erbarme dich meiner!	Gesteigertes Bemühen des Bartimäus.
49Und Jesus blieb stehen und sprach: Ruft ihn her!	Jesus lässt Bartimäus rufen.
Und sie riefen den Blinden und sprachen zu ihm: Sei getrost, steh auf! Er ruft dich!	Wandel bei den »Vielen«: Jetzt ermutigen sie ihn.
50Da warf er seinen Mantel von sich, sprang auf und kam zu Jesus.	Bartimäus kommt zu Jesus.
51Und Jesus antwortete und sprach zu ihm: Was willst du, dass ich für dich tun soll?	Jesus fragt Bartimäus, was er tun soll.
Der Blinde sprach zu ihm: Rabbuni, dass ich sehend werde.	Bartimäus konkretisiert seine Bitte: Er will sehen können.
52Jesus aber sprach zu ihm: Geh hin, dein Glaube hat dir geholfen.	Jesus sagt Bartimäus die Heilung zu.
Und sogleich wurde er sehend und folgte ihm nach auf dem Wege.	Die Heilung tritt ein. Bartimäus folgt Jesus.

Schon die Grobgliederung dieser Erzählung zeigt, dass das Schwergewicht auf dem hartnäckigen Bemühen des Bartimäus liegt, sich bei Jesus Gehör zu verschaffen. Die eigentliche Heilung wird in V. 52 fast nebenbei erwähnt und es bleibt völlig offen, wie sie erfolgte. Wichtiger sind die Dialoge zwischen dem Blinden und der Menge und zwischen Jesus und ihm. Wichtig ist auch, dass Bartimäus am Anfang der Erzählung am Weg sitzt, in der Mitte zu Jesus kommt und am Ende Jesus »auf dem Weg« folgt. Das Wunder ist dabei vorausgesetzt, bleibt aber im Hintergrund. Auch bei der Sturmstillung (Mk 4,35–41) oder bei den Speisungsgeschichten (Mk 6.8) werden keine Details des wunderbaren Geschehens erzählt. Den Wundererzählungen liegt offensichtlich wenig an solchen Fragen. Die Tatsächlichkeit der Wunder wird nicht einmal von den Gegnern Jesu bestritten (vgl. Mk 3,22–27). Das eigentliche Problem ist damit für sie noch gar nicht benannt. Ihnen geht es um die Frage nach der Vollmacht Jesu: Kommt sie von Gott oder von widergöttlichen Mächten? Sind sie Zeichen des Bundes Gottes oder Zeichen des Bundes mit Satan? Es geht also nicht darum, ob Wunder möglich sind oder wie sie zu erklären seien, sondern darum, welche Macht sich in ihnen zeigt. Es gibt aber auch Menschen, die trinken vorzüglichen Wein ungeklärter Herkunft (Joh 2) und lassen ihn sich ohne tiefer gehende Gedanken schmecken. Insofern gibt es nicht erst heute, sondern bereits in der Bibel selbst einen »Streit um die Wirklichkeit«.[29]

Wunder und Glaube

Die einschlägigen griechischen Begriffe für Wunderbares werden im Neuen Testament nur selten verwendet (Mt 21,15; Lk 5,26). Andere Begriffe rücken mit beson-

29 Vgl. Krötke, Artikel Wirklichkeit, Sp. 1595.

deren Akzenten in der Vordergrund. Die Wunder Jesu werden vielfach als »Machttat« bezeichnet (Mk 6,2; Mt 11,20 u. ö.), weil Jesus in Gottes Vollmacht handelt. Sie können als »Werk« bezeichnet werden (Mt 11,2; Joh 9,3), was ebenfalls auf den Bezug Jesu zu Gott hinweist. Oder sie werden als »Zeichen« dafür verstanden, dass Jesus von Gott gesandt ist und in seinem Auftrag handelt (so vor allem bei Johannes). Diese Bezeichnungen für Wunder »haben keine Konnotationen des Rätselhaften oder Unerklärlichen. Im Gegenteil: Es handelt sich um klar erkennbare und erklärbare Geschehnisse, nämlich um nicht alltägliche, mit der Kraft Gottes gewirkte Geschehnisse, die mit menschlichen Möglichkeiten nicht zu bewerkstelligen sind.«[30]

Vor diesem Hintergrund wird auch ein weiteres Merkmal neutestamentlicher Wundergeschichten verständlich, dass nämlich der Glaube in verschiedenen Erzählungen nicht dem Wunder folgt, sondern ihm vorangeht.

Mk 2,1–12: Und nach einigen Tagen ging er wieder nach Kapernaum; und es wurde bekannt, dass er im Hause war. [2]Und es versammelten sich viele, sodass sie nicht Raum hatten, auch nicht draußen vor der Tür; und er sagte ihnen das Wort. [3]Und es kamen einige zu ihm, die brachten einen Gelähmten, von vieren getragen. [4]Und da sie ihn nicht zu ihm bringen konnten wegen der Menge, deckten sie das Dach auf, wo er war, machten ein Loch und ließen das Bett herunter, auf dem der Gelähmte lag. [5]Als nun Jesus ihren Glauben sah, sprach er zu dem Gelähmten: Mein Sohn, deine Sünden sind dir vergeben. [6]Es saßen da aber einige Schriftgelehrte und dachten in ihren Herzen: [7]Wie redet der so? Er lästert Gott! Wer kann Sünden vergeben als Gott allein? [8]Und Jesus erkannte sogleich in seinem Geist, dass sie so bei sich selbst dachten, und sprach zu ihnen: Was denkt ihr solches in euren Herzen? [9]Was ist leichter, zu dem Gelähmten zu sagen: Dir sind deine Sünden vergeben, oder zu sagen: Steh auf, nimm dein Bett und geh umher? [10]Damit ihr aber wisst, dass der Menschensohn Vollmacht hat, Sünden zu vergeben auf Erden – sprach er zu dem Gelähmten: [11]Ich sage dir, steh auf, nimm dein Bett und geh heim! [12]Und er stand auf, nahm sein Bett und ging alsbald hinaus vor aller Augen, sodass sie sich alle entsetzten und Gott priesen und sprachen: Wir haben so etwas noch nie gesehen.

Noch bevor der Gelähmte geheilt wird, ist vom Glauben die Rede, und nicht einmal von seinem eigenen, sondern dem seiner Träger. Ihre Beharrlichkeit, ihr Einfallsreichtum und ihr Zutrauen, dass Jesus helfen kann, wird als Glaube bezeichnet. Am Ende der Geschichte ist vom Glauben dagegen nicht die Rede. Menschen bringen Jesus Vertrauen und Glauben entgegen und erfahren in der Begegnung mit ihm Heilung und Heil.

In Joh 6 wendet Jesus sich sogar ausdrücklich gegen einen Glauben, der sich vordergründig an Wundern orientiert. Als das Wunder geschehen ist, sagen die Menschen, die satt geworden sind: »Das ist wahrlich der Prophet, der in die Welt kommen soll. Als Jesus nun merkte, dass sie kommen würden und ihn ergreifen, um ihn zum König zu machen, entwich er wieder auf den Berg, er selbst allein« (6,14f). Die Menschen finden ihn aber doch, und wenig später sagt er zu ihnen: »Ihr sucht mich nicht, weil ihr Zeichen gesehen habt, sondern weil ihr von dem Brot gegessen habt und satt geworden seid. Schafft euch Speise, die nicht vergänglich ist, sondern die bleibt zum ewigen Leben« (Joh 6,26f). Die Menschen finden die Brotvermehrung begreiflicherweise gut und wollen Jesus zum König haben. Die bloße Faszination angesichts des wunderbaren Geschehens wird von Jesus aber als unzureichend

30 Alkier, Wunder, S. 290.

kritisiert. Verstanden wird das Wunder erst, wenn es als Hinweis darauf erkannt wird, dass Jesus von Gott kommt.

Aus diesem Grund muss man weitere Texte mit heranziehen, die zusammen mit den Wundererzählungen den Wirklichkeitshorizont beschreiben. Der »Chorschluss« in Mk 7,37 gibt einen Hinweis. Was die Zeugen des Wunders dort sagen, formulieren sie nicht selbst; sie greifen vielmehr ein Prophetenwort auf: »Dann werden die Augen der Blinden aufgetan und die Ohren der Tauben geöffnet werden« (Jes 35,5). Dieses Lob Gottes kann sich auf die erwartete Zukunft, ebenso aber auf schon erfahrene Hilfe und Errettung beziehen:

Ps 34,2–8: Ich will den HERRN loben allezeit; sein Lob soll immerdar in meinem Munde sein. 3Meine Seele soll sich rühmen des HERRN, dass es die Elenden hören und sich freuen. 4Preiset mit mir den HERRN und lasst uns miteinander seinen Namen erhöhen! 5Als ich den HERRN suchte, antwortete er mir und errettete mich aus aller meiner Furcht. 6Die auf ihn sehen, werden strahlen vor Freude, und ihr Angesicht soll nicht schamrot werden. 7Als einer im Elend rief, hörte der HERR und half ihm aus allen seinen Nöten. 8Der Engel des HERRN lagert sich um die her, die ihn fürchten, und hilft ihnen heraus.

In Texten wie diesen[31] kommt zum Ausdruck, dass Gott sein Volk immer wieder errettet hat und dass sich daraus die Hoffnung auf gegenwärtiges und künftiges rettendes Handeln speist. Wundergeschichten eröffnen deshalb einen theologischen Wirklichkeitshorizont; sie rechnen grundlegend mit der Wirklichkeit und Wirkkraft Gottes, der seit Abraham, Isaak und Jakob der lebendige Gott Israels ist (vgl. Ex 3,6).

Wirklichkeit deuten und schaffen

Weil Gott nach biblischer Auffassung die Wirklichkeit verbürgt, kann die Zusage der Nähe Gottes auch Wirklichkeit stiften. Dies zeigt sich beispielsweise an dem Umschwung, der oft in den Psalmen festzustellen ist.

Ps 52,3–11: Was rühmst du dich der Bosheit, du Tyrann, da doch Gottes Güte noch täglich währt? 4Deine Zunge trachtet nach Schaden wie ein scharfes Schermesser, du Betrüger! 5Du liebst das Böse mehr als das Gute und redest lieber Falsches als Rechtes. Sela. 6Du redest gern alles, was zum Verderben dient, mit falscher Zunge. 7Darum wird dich auch Gott für immer zerstören, dich zerschlagen und aus deinem Zelte reißen und aus dem Lande der Lebendigen ausrotten. Sela. 8Und die Gerechten werden es sehen und sich fürchten und werden seiner lachen: 9»Siehe, das ist der Mann, der nicht auf Gott sein Vertrauen setzte, sondern verließ sich auf seinen großen Reichtum und war mächtig, Schaden zu tun.« 10Ich aber werde bleiben wie ein grünender Ölbaum im Hause Gottes; ich verlasse mich auf Gottes Güte immer und ewig. 11Ich will dir danken ewiglich, denn du hast es getan. Ich will harren auf deinen Namen vor deinen Heiligen, denn du bist gütig.

31 Lob ist im AT ganz überwiegend Gotteslob. Es bringt die umfassende Freude an Gott, seiner Schöpfung und seinem rettenden Handeln zum Ausdruck (vgl. Ps 146,6; 147,7f; 149,2; 69,34; 146,7ff u. ö.). Im Lob wird Gott in seiner ganzen Fülle als Gott anerkannt. Nach Ps 22,4 (du aber bist heilig, der du thronst über den Lobgesängen Israels) ist Gott im Lob Israels anwesend. Diese Vorstellungen sind auch im NT präsent. Nach Offb 19,5 wird das Lob Gottes geradezu zum Kennzeichen dafür, dass Gottes Herrschaft über alle Welt offenbar wird.

Die Zusage Gottes, demjenigen Gnade zu geben, der sein Vertrauen auf ihn setzt, ist so zuverlässig, dass die Rettung in V. 11 schon konstatiert werden kann, obwohl sie noch nicht eingetreten ist. Ähnliches gilt für die Verheißungen, die Gott von Anfang an seinem Volk gegeben hat. Die Zusage des Landes und einer großen Nachkommenschaft (Gen 12,1f; 15,6) begleitet Israel durch die ganze Geschichte hindurch und wirkt sich auch in Notsituationen wirklichkeitsstiftend aus. Denn die Wirklichkeit wird durch die Zusagen Gottes und das Vertrauen darauf zuallererst gedeutet und geschaffen.

Jes 9,1–6: Das Volk, das im Finstern wandelt, sieht ein großes Licht, und über denen, die da wohnen im finstern Lande, scheint es hell. [2]Du weckst lauten Jubel, du machst groß die Freude. Vor dir wird man sich freuen, wie man sich freut in der Ernte, wie man fröhlich ist, wenn man Beute austeilt. [3]Denn du hast ihr drückendes Joch, die Jochstange auf ihrer Schulter und den Stecken ihres Treibers zerbrochen wie am Tage Midians. [4]Denn jeder Stiefel, der mit Gedröhn dahergeht, und jeder Mantel, durch Blut geschleift, wird verbrannt und vom Feuer verzehrt. [5]Denn uns ist ein Kind geboren, ein Sohn ist uns gegeben, und die Herrschaft ruht auf seiner Schulter; und er heißt Wunder-Rat, Gott-Held, Ewig-Vater, Friede-Fürst; [6]auf dass seine Herrschaft groß werde und des Friedens kein Ende auf dem Thron Davids und in seinem Königreich, dass er's stärke und stütze durch Recht und Gerechtigkeit von nun an bis in Ewigkeit. Solches wird tun der Eifer des HERRN Zebaoth.

Dies gilt auch für Träume und Visionen, mit denen Gott in die Geschichte eingreift und sie lenkt (vgl. Gen 40f; Dan 2; Mt 1f). Und es gilt in gleicher Weise für die Zukunftsvisionen, von Jes 65 bis zur Offenbarung, die Gottes heilvolles Handeln für die Endzeit ansagen.

Eine von Gott herkommende Deutung der Wirklichkeit wird aber nicht erst für die Zukunft angesagt, sondern wirkt sich bereits in der Gegenwart aus:

Gal 3,27–28: Denn ihr alle, die ihr auf Christus getauft seid, habt Christus angezogen. [28]Hier ist nicht Jude noch Grieche, hier ist nicht Sklave noch Freier, hier ist nicht Mann noch Frau; denn ihr seid allesamt einer in Christus Jesus. [29]Gehört ihr aber Christus an, so seid ihr ja Abrahams Kinder und nach der Verheißung Erben.

Wenn in der Gemeinde das Verhältnis der Menschen untereinander davon bestimmt ist, dass alle im gleichen Verhältnis zu Christus stehen, dann wird damit das Zusammenleben neu gestaltet und eine neue Wirklichkeit geschaffen.

Schlüssel und Konkretionen

Michaela Albrecht hat in ihrem Beitrag »Heute noch an Wunder glauben?« versucht, die biblischen Wundergeschichten mit der Frage nach dem Wirklichkeitsverständnis zu verknüpfen.[32] An verschiedenen Beispielen erarbeitet sie mit Jugendlichen den Sachverhalt, dass es einen Unterschied gibt zwischen empirisch beobachtbarer Wirklichkeit und subjektiv erfahrener und gedeuteter Wirklichkeit. Diesen Ansatz greife

32 Albrecht, Wunder. Wichtig ist auch ihr Hinweis (S. 127), dass die Autoren der biblischen Zeit die Welt mit der gleichen Vernunft betrachteten wie wir. Es wäre naiv anzunehmen, sie hätten nicht gewusst, dass man nicht auf dem Wasser gehen kann. Wenn dies aber so ist, stellt sich die Frage nach der Intention von Wundererzählungen.

ich auf. Wundergeschichten haben wirklichkeitsdeutende und wirklichkeitsverändernde Kraft.[33] Nach biblischem Verständnis kann sich nicht nur da Wunderbares ereignen, wo Menschen handeln, die in besonderer Nähe zu Gott stehen. Vielmehr ist die ganze Welt als Schöpfung Gottes ein Wunder. Diese Grundeinstellung zur Welt ermöglicht es, Wunder zu sehen.

Ein Kind fragt: »Glaubt die Katze, dass Gott aussieht wie eine Katze?« Die bekannte Geschichte von dem Fisch, der einem anderen Fisch erklärt, dass es außerhalb des Wassers kein Leben geben kann, zeigt in dieselbe Richtung, Vexierbilder, in denen wir Dinge sehen, obwohl sie gar nicht da sind, ebenso. Wir sehen die Wirklichkeit immer nur in Teilbereichen, aus unserer Perspektive und dementsprechend eingeschränkt. Manchmal sehen wir auch nur das, was wir sehen wollen.

Dieser Zugang zu den Wundern ist mit der gegenwärtigen Erfahrung von Kontingenz vergleichbar. Manche Fußballfans mögen geneigt sein, das »Wunder von Bern« wörtlich zu nehmen, andere sehen darin einen glücklichen Zufall. Bei dem »Wunder von Lengede« ist die Akzeptanz des Wunderbaren allgemein ebenso groß, wie wenn bei einem Erdbeben nach Tagen ein Kind unverletzt aus den Trümmern geborgen wird. Bei solchen Gelegenheiten hoffen wir auf Wunder, obwohl menschliches Ermessen uns das Gegenteil sagt. Wir haben es durchaus nicht verlernt von Wundern zu sprechen. Deshalb geht es in der Wunderdidaktik weder um ein apologetisches Festhalten an der Tatsächlichkeit von Wundererzählungen noch um ein Weginterpretieren des Wunderbaren aus diesen Geschichten. Es geht vielmehr darum, mit der Wunderfrage die Frage nach der Wirklichkeit zu stellen. Wenn wir davon reden, dass Gott Himmel und Erde geschaffen hat und sie erhält, sind Wunder prinzipiell denkbar. Umgekehrt hat es, wenn wir Wunder prinzipiell ablehnen, ebenfalls Auswirkungen auf unser Verständnis nicht nur von Gott, sondern auch von der Welt. Die Welt wird planbar und beherrschbar und alle Folgen kann man absehen. Die Frage ist aber, ob wir in einer Welt leben möchten, in der Wunder prinzipiell unmöglich sind.

33 Ritter/Albrecht, Wunder, S. 287.

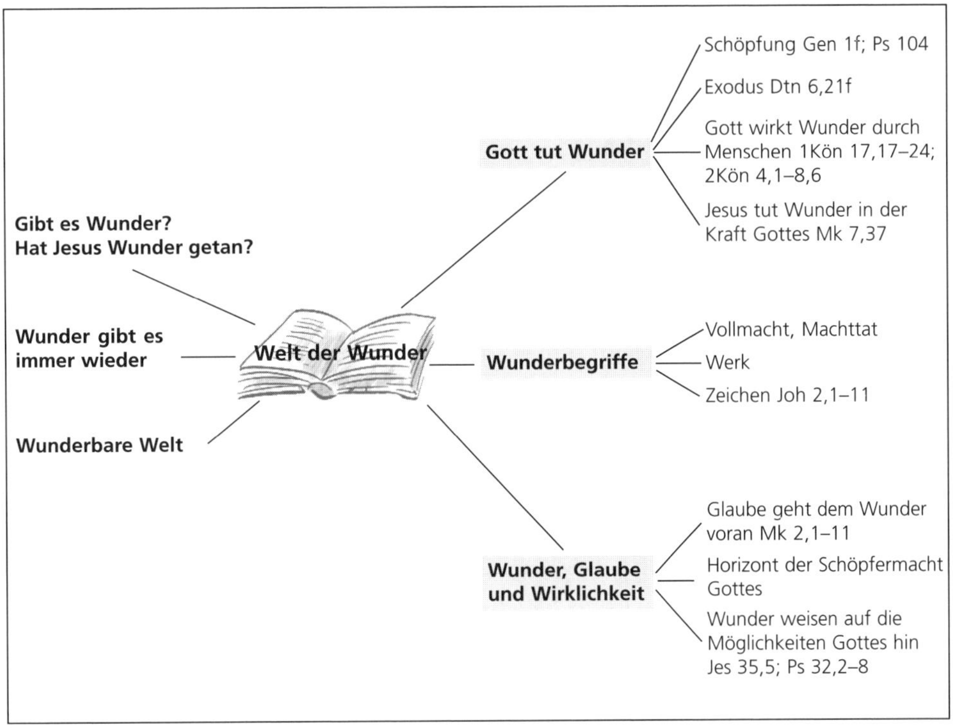

Auf folgende Querverbindungen zwischen aktuellen Fragestellungen und biblischen Wundervorstellungen möchte ich aufmerksam machen:

- Das »Wunder von Bern« und das »Wunder von Lengede« haben es bis ins Kino geschafft. Am 3.6.2008 schreibt die BILD-Zeitung (www.bild.de) vom »Baby-Wunder von Tübingen« (ein Kind, das fast vier Monate zu früh zur Welt kam). Weitere Texte lassen sich unschwer finden. Was wird hier jeweils als Wunder bezeichnet? Lassen sich diese Ereignisse auch anders bezeichnen? Haben alle Menschen diese Ereignisse als Wunder verstanden? Welche Bezeichnungen sind angemessen?
- Wunder haben es mit Wahrnehmung und mit unserem Verständnis von Wirklichkeit zu tun. Katja Ebstein sang 1970:

> Wunder gibt es immer wieder
> heute oder morgen
> können sie geschehn.
>
> Wunder gibt es immer wieder
> wenn sie dir begegnen
> musst du sie auch sehn.

Das war, wie es sich gehört, ein Lied über die Liebe. Aber der Refrain ist mit dem biblischen Wunderbegriff kompatibel. Auch in der Bibel können einem Wunder begegnen, ohne dass man sie sieht. Bileam ist blind für den Engel, der sich ihm in den Weg stellt, und schlägt seinen vermeintlich störrischen Esel (Num 22). Die Gegner Jesu bestreiten die Heilungen Jesu nicht, lehnen seinen Anspruch aber dennoch ab. Das Kinderspiel »Ich sehe was, was du nicht siehst« oder eine Strophe von Matthias Claudius' »Der Mond ist aufgegangen« bringen diese hermeneutische Grundproblematik ins Bewusstsein.

Seht ihr den Mond dort stehen?
Er ist nur halb zu sehen
Und ist doch rund und schön.
So sind wohl manche Sachen
Die wir getrost verlachen,
weil unsre Augen sie nicht sehn.

Joh 2,1–11 lässt sich direkt mit diesem Lied verknüpfen (alle Gäste trinken den Wein, aber nur die Jünger erkennen darin ein Zeichen dafür, dass Jesus von Gott kommt), aber auch eine Reihe anderer Wundergeschichten und nicht zuletzt die neutestamentliche Problematik der Wunderkritik und der Forderung nach Wundern. Wunder hat es mit Offenheit zu tun. Hilde Domin fasst das Sich Öffnen für Wunder in diese Zeilen:

Nicht müde werden
Sondern dem Wunder
Leise
Wie einem Vogel
Die Hand hinhalten.

Die Frage nach Wundern gehört in den Zusammenhang von Gott, Welt und Schöpfung hinein. Man kann die Möglichkeit von Wundern abweisen mit vielfältigen Hinweisen auf die sogenannte Realität. Damit grenzen wir freilich unser Wirklichkeitsverständnis erheblich ein, denn das, was wir Realität nennen, ist immer auf unsere eigene Perspektive begrenzt. Die Frage nach dem Wunder ist deshalb tatsächlich eine grundlegende Frage des Glaubens. Sie wird falsch verstanden, wenn sie an der Frage festgemacht wird: »Konnte Jesus über das Wasser gehen?« Sie hängt viel stärker mit unserem eigenen Verständnis von Gott, Welt und Wirklichkeit zusammen. Die Frage ist letztlich nicht, ob wir noch an Wunder glauben können, müssen oder dürfen. Die wichtigen Fragen sind vielmehr: Worauf verzichten wir, wenn wir Wunder aus unserem Wirklichkeitsverständnis ausschließen? Und was gewinnen wir, wenn wir Gott und seine Möglichkeiten in unser Wirklichkeitsverständnis einlassen?

7. Gott und Mensch

So wie die Welt in der Bibel von Gott her betrachtet wird, so steht auch der Mensch in Beziehung zu Gott. Diese Beziehung wird auf vielfältige Weise zum Ausdruck gebracht. Zusammen mit aller Kreatur ist der Mensch von Gott geschaffen und steht in einem engen Verhältnis zu ihm. Dieses Verhältnis ist aber nicht ein für allemal gleich. Es kann in den Hintergrund treten und in Vergessenheit geraten. Es kann getrübt sein durch Versagen und Schuld. Quer durch alle biblischen Schriften hindurch ist aber die Erkenntnis vorhanden, dass das Verhältnis des Menschen zu Gott zurecht gerückt werden kann – und dass dies dem Menschen dient.

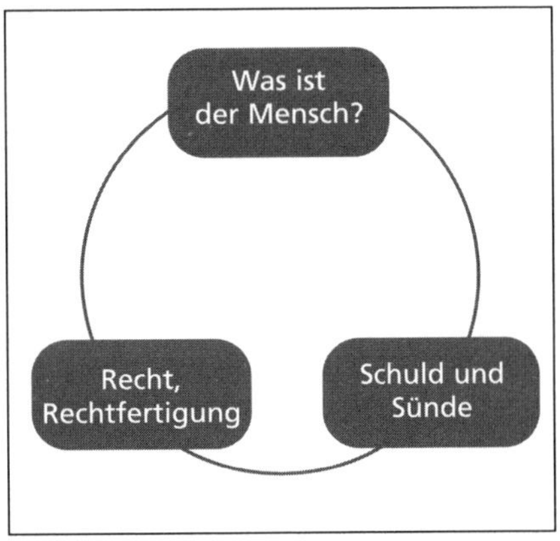

Was ist der Mensch?

Die Frage »Was ist der Mensch?« ist im wahrsten Sinn des Wortes eine Menschheitsfrage. Sie lässt sich in ganz unterschiedlichen Bereichen erkennen und auf verschiedenste Weise beantworten. Der Mensch hat einen Beruf und ein Haus und eine Familie – und wird vielfach über solche Dinge oder Beziehungen definiert. Aber was ist, wenn der Mensch arbeitslos ist oder heimatlos oder allein? Vorschnelle Antworten genügen offenbar nicht. Herbert Grönemeyer singt[1]: »Der Mensch heißt Mensch, weil er irrt und weil er kämpft, weil er hofft und liebt, weil er mitfühlt und vergibt, weil er lacht und weil er lebt.« Grönemeyer hat in diesem Lied den Tod seiner Frau verarbeitet. Das »du fehlst« ist der immer wiederkehrende Grundton. Die Frage »Warum heißt der Mensch Mensch?« ist eine Neuformulierung der alten Frage nach dem Menschen, die in Ps 8 im Blick auf die Beziehung zu Gott beantwortet wird. Das Lied kann einen Zugang zur Bibel öffnen, weil es anschlussfähig ist an die biblische und die grundlegende theologische und philosophische Frage nach dem Menschen.

Dies gilt auch für (oft unausgesprochene) Menschenbilder, die in anderen Zusammenhängen begegnen. Menschenbilder sind »basic beliefs ..., die nicht weiter beweisbar oder widerlegbar sind. Menschenbilder sind Glaubensvorstellungen.«[2] Dies gilt z. B. für die Vorstellung vom Menschen als Wesen, das (auf verschiedene Weise) ver-

1 Vollständiger Text unter http://german.about.com/library/blmus_groeneMN01.htm am 3.12.2008.
2 Peters, Menschenbilder, S. 325.

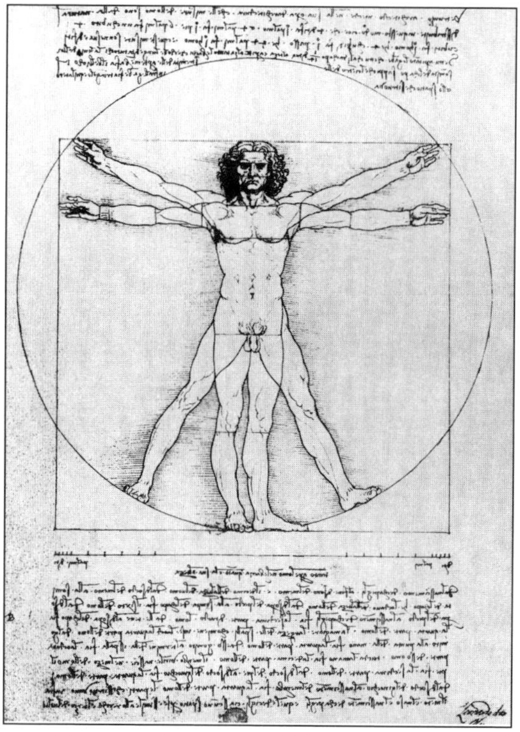

messen und definiert werden kann. Heute sind es vor allem ökonomische Zwänge, die das Menschsein bestimmen. Selbst die Bildung wird der Ökonomie untergeordnet mit dem Ziel, Schülerinnen und Schüler »fit zu machen für die Zukunft« (von der allerdings niemand genau sagen kann, wie sie sein wird).

Vielfach sind Menschenbilder in der Werbung zu finden. In aller Regel handelt es sich dabei um Idealbilder: Familien sind immer harmonisch, Kinder stets wohl erzogen und aufgeweckt, Singles nie einsam, Alte dauerhaft fit, alle sind beruflich erfolgreich, außerdem attraktiv und leben in angenehmer Umgebung. In der Werbung gibt es keine Krankheit, die nicht heilbar wäre. Leid, Tod und Erfolglosigkeit finden sich so gut wie nie.

Was Lukas Cranach einst als Jungbrunnen darstellte, präsentiert heute die Werbung: Den Mythos des glücklichen und erfolgreichen Menschen, der aus eigener Kraft sein Leben meistert. Das »Opium für das Volk«, das Marx einst in der Religion sah, findet sich heute überwiegend in der Werbung. Die Bibel zeichnet viel realistischere Bilder vom Menschsein.

Der Mensch ist ein Beziehungswesen

Das Nachdenken über den Menschen ist in der Bibel grundlegend durch die Gottesbeziehung geprägt. Die Frage »Was ist der Mensch?« wird nicht unabhängig von Gott betrachtet, sondern von dem mitgehenden Gott her beantwortet. Ps 8 zeigt diesen Zusammenhang in typischer Weise an. Das Lob »Herr, unser Herrscher, wie herrlich ist dein Name in allen Landen« führt ins Nachdenken hinein (V. 2) und rundet es ab (V. 10). Innerhalb dieses Rahmens wird die Frage nach dem Menschen gestellt (V. 5) und im wiederholten Wechsel zwischen Gott und Mensch beantwortet:

Ps 8,2–8: [2]HERR, unser Herrscher, wie herrlich ist dein Name in allen Landen, der du
zeigst deine Hoheit am Himmel! [3]Aus dem Munde der jungen Kinder und Säuglinge
hast du eine Macht zugerichtet um deiner Feinde willen, dass du vertilgest den Feind
und den Rachgierigen. [4]Wenn ich sehe die Himmel, deiner Finger Werk, den Mond
und die Sterne, die du bereitet hast: [5]was ist der Mensch, dass du seiner gedenkst, und
des Menschen Kind, dass du dich seiner annimmst? [6]Du hast ihn wenig niedriger
gemacht als Gott, mit Ehre und Herrlichkeit hast du ihn gekrönt. [7]Du hast ihn zum
Herrn gemacht über deiner Hände Werk, alles hast du unter seine Füße getan: [8]Scha-
fe und Rinder allzumal, dazu auch die wilden Tiere, [9]die Vögel unter dem Himmel
und die Fische im Meer und alles, was die Meere durchzieht. [10]HERR, unser Herrscher,
wie herrlich ist dein Name in allen Landen!

Eine »Lehre vom Menschen« sucht man in der Bibel vergebens. Aber vielfach sind grundlegende Erfahrungen menschlicher Existenz angesprochen. Menschliches Leben ist von elementaren Voraussetzungen abhängig: Der Mensch muss essen, schlafen, wohnen, arbeiten. Mit all dem hat sein Leben Grenzen. »Alt und lebenssatt« zu sterben ist das Ideal der frühen Zeit (vgl. Gen 25,8). Schlimm dagegen ist der frühe Tod. Alle Gestorbenen kommen in eine Schattenwelt, in der Gott nicht mehr gepriesen wird (Ps 88,5; Hes 26,20). Angesichts des »uralten Gesetzes: Du musst sterben« (Sir 12,18) bricht die Frage nach dem Sinn von Sterben und Leben auf. Sie wird im Alten Testament mit einem Leben in Gottesfurcht beantwortet; wer von ihr abweicht, gehört schon im Leben zu den Toten (Spr 21,16; vgl. Lk 15,24). Am Rande des Alten Testaments (Jes 25,8; Hes 37; Hos 13,14) und dann vor allem im Neuen Testament kommt die Hoffnung zum Ausdruck, dass Gott die Macht des Todes brechen wird.

Der Mensch lebt in der Natur und hat zugleich die Aufgabe, sie zu gestalten. Diese Aufgabe kommt ihm zu als demjenigen, der »wenig niedriger ist als Gott«, wie Ps 8,5f erstaunt festhält. Die besondere Beziehung des Menschen wird in Gen 1,26f mit der Vorstellung von der Ebenbildlichkeit zum Ausdruck gebracht.

Gen 1,26–28: Und Gott sprach: Lasset uns Menschen machen, ein Bild, das uns gleich sei, die
da herrschen über die Fische im Meer und über die Vögel unter dem Himmel und über das
Vieh und über alle Tiere des Feldes und über alles Gewürm, das auf Erden kriecht. [27]Und
Gott schuf den Menschen zu seinem Bilde, zum Bilde Gottes schuf er ihn; und schuf sie als
Mann und Frau. [28]Und Gott segnete sie und sprach zu ihnen: Seid fruchtbar und mehret euch
und füllet die Erde und machet sie euch untertan und herrschet über die Fische im Meer und
über die Vögel unter dem Himmel und über das Vieh und über alles Getier, das auf Erden
kriecht.

Die drei Verse haben eine unübersehbare Wirkungsgeschichte gehabt. Dies liegt nicht zuletzt daran, dass sie nicht definitorisch reden, sondern andeutend. Gerade deshalb haben sie das Nachdenken über den Menschen immer wieder neu angestoßen. Verschiedene Aspekte sind hervorzuheben und verleihen der biblischen Vorstellung vom Menschen Konturen:

- Während die übrige Schöpfung auf ein Befehlswort Gottes hin in die Existenz tritt, findet sich hier »ein Wort der Überlegung« (»Lasst uns Menschen machen«).[3] Der Mensch verdankt sich einer Überlegung Gottes.

- Geschaffen ist der Mensch – wörtlich übersetzt – »in unserem Bilde nach unserer Ähnlichkeit.« Die hebräischen Begriffe *zelem* und *d*^{e}*mut* rücken den Menschen nah an Gott heran, ohne die Grenze zu verwischen: Der Mensch ist Bild Gottes, aber nur ähnlich; er ist »wenig niedriger gemacht als Gott« (Ps 8,6), aber nicht mit ihm zu verwechseln.
- Der Mensch ist nicht als Einzelwesen erschaffen, sondern Gott schuf den »Adam« (*adam* bezeichnet das, was von der Erde – *adama* – genommen ist) »männlich und weiblich« (1,27). Die Spannung zwischen dem Gattungsbegriff *adam* und der Näherbestimmung als Mann und Frau im Plural (vgl. Gen 5,1 f) zeigt, dass erst in Beziehung zum Ausdruck kommt, was Menschsein heißt. Gen 1,26–28 denkt dabei nicht an Überordnung. Bild Gottes sind Mann und Frau in ihrer Bezogenheit aufeinander. Dem Einen wie der Anderen würde etwas fehlen, wollten sie – je für sich – Gottebenbildlichkeit in Anspruch nehmen.
- Zur Gottebenbildlichkeit gehört ein Auftrag: Die Menschen sollen sich mehren und über Erde und Tiere herrschen. Dieser Auftrag hebt sie aus allen anderen Geschöpfen heraus, qualifiziert sie aber nicht als »Krone der Schöpfung«. Die ganze Schöpfung verdankt sich Gott in gleicher Weise. Der Herrschaftsauftrag gilt nach biblischer Auffassung nicht einem vom Schöpfer emanzipierten Menschen, sondern dem Menschen als Wesen, das auf Gott hin geordnet ist. Dass Gott die Menschen mit denselben Worten *beauftragt* und *segnet*, zeigt die positive Wertung des Auftrags: Der Mensch herrscht als derjenige, der dazu beauftragt und befähigt ist und der seine Leitungsfunktion ausübt als Mitgeschöpf aller anderen Kreatur.
- Mit diesem Auftrag ist Freiheit verbunden. Die übertragene Herrschaft bringt Verantwortung und damit auch die Freiheit mit sich, sich ihr zu entziehen. Damit ist Gott »ein Risiko eingegangen, und er musste dies tun. Jede Einschränkung der menschlichen Entscheidungsfreiheit hätte bedeutet, dass der Mensch nicht mehr jene Sonderstellung eingenommen hätte, die ihm durch die Ebenbildlichkeit verliehen worden ist. … Der Mensch (kann) die Welt nur recht beherrschen und sich als das Ebenbild Gottes verstehen, das er ist, wenn und sofern er sich selbst als unter der Herrschaft Gottes als des Schöpfers lebend weiß.«[4] Das kann er allerdings auch verfehlen, und so deutet sich hier schon der Sündenfall an.

Der Mensch im Bund mit Gott

Was in Gen 1,26–28 angedeutet ist, wird im Alten Testament in verschiedenen Richtungen ausformuliert. Deshalb gibt es in der Bibel nicht das eine Menschenbild, sondern unterschiedliche Aspekte der Anthropologie. Alle stimmen jedoch darin überein, dass Hoheit *und* Niedrigkeit den Menschen auszeichnen. Er ist endlich und in dieser Endlichkeit anfällig für Versuchungen aller Art; aus seiner Hoheit folgt die

3 Zimmerli, 1. Mose 1–11, S. 72.
4 Fohrer, Grundstrukturen, S. 194 f.

Verantwortung, die er gegenüber anderen Menschen und gegenüber Gott hat. Als Beziehungswesen ist der Mensch nicht nur auf Gott hin geordnet, sondern steht auch in Beziehungen zu den Mitmenschen. Im Alten Testament ist der Mensch dabei vor allem als Angehöriger des Bundesvolkes im Blick.[5] Alle Einzelnen sind Teil des Volkes, weit über die eigene Generation hinaus:

Dtn 29,9–14: Ihr steht heute alle vor dem HERRN, eurem Gott, die Häupter eurer Stämme, eure Ältesten, eure Amtleute, jeder Mann in Israel, [10]eure Kinder, eure Frauen, dein Fremdling, der in deinem Lager ist, dein Holzhauer und dein Wasserschöpfer, [11]damit du tretest in den Bund des HERRN, deines Gottes, und unter den Eid, den der HERR, dein Gott, dir heute auflegt, [12]dass er dich heute zum Volk für sich erhebe und er dein Gott sei, wie er dir zugesagt hat und wie er deinen Vätern Abraham, Isaak und Jakob geschworen hat. [13]Denn ich schließe diesen Bund und diesen Eid nicht mit euch allein, [14]sondern mit euch, die ihr heute hier seid und mit uns steht vor dem HERRN, unserm Gott, wie auch mit denen, die heute nicht mit uns sind.

Die Bundesverpflichtung des Volkes besteht darin, die Weisungen und Gebote Gottes zu befolgen (Ex 19,8; 2Kön 23,3). Diese Weisungen sind lebensdienlich. Sie schränken nicht ein, sondern führen dazu, dass die Einzelnen mit ihrem Verhalten das Wohl der Gemeinschaft fördern. Deshalb soll der Bund nicht nur im Kult oder durch das Verlesen der Tora (vgl. Ps 25,10; 105,10; Neh 8), sondern auch durch das Verhalten im Alltag vergegenwärtigt werden (z. B. Dtn 6,9). Wenn die Einzelnen jedoch nur auf ihren eigenen Vorteil achten, schaden sie nicht nur den Mitmenschen, sondern stellen zugleich den Bund mit Gott in Frage. Dies ist der Hintergrund für die Kritik der Propheten: Gerade weil Gott Israel erwählt und einen Bund mit ihm geschlossen hat, achtet er besonders darauf, dass das Volk in seinem Verhalten dem Bund auch entspricht (z. B. Jes 24,1 ff; Jer 34,13 ff; Am 3,2 ff). Und umgekehrt: Überall, wo Menschen einander schaden, ist das Verhältnis zu Gott berührt.

In Sir 17,6–10 wird die Bundesperspektive ausgeweitet. Die Forderung, Gott zu loben, die in erster Linie dem Gottesvolk zukommt, wird hier auf alle Menschen ausgedehnt; denn Gott hat nicht nur alle Menschen geschaffen, sondern allen hat er auch Gutes und Böses gezeigt und sie mit Verstand und Erkenntnis begabt.

5 Das Alte Testament kennt mehrere Bundesschlüsse: Nach Gen 9 schließt Gott mit Noah und allen Lebewesen einen Bund: Gott wird die Erde nicht mehr (wie in der großen Flut) vernichten, sondern garantiert den Kreislauf von Saat und Ernte, Sommer und Winter, Tag und Nacht. Das Zeichen dieses Bundes ist der Regenbogen. Der Bund mit Abraham (Gen 15.17) hat die Verheißung eines Landes und einer großen Zahl von Nachkommen zum Inhalt. Bundeszeichen ist hier die Beschneidung alles Männlichen. Am Sinai schließt Gott mit dem Volk Israel einen Bund (Ex 19,5). Zentrales Element dieses Bundesschlusses ist die Tora (vgl. Ex 20 ff).

Sir 17,1–15: Gott hat die Menschen aus Erde geschaffen [2]und sie wieder zur Erde zurückkehren lassen; [3]er bestimmte ihnen die Zeit ihres Lebens und gab ihnen Macht über das, was auf Erden ist, und verlieh ihnen Kraft, wie er selber sie hat, und schuf sie nach seinem Bilde. [4]Er bestimmte, dass alle Geschöpfe sie fürchten mussten und sie herrschen sollten über Tiere und Vögel. [5]Er gab ihnen Vernunft, Sprache, Augen, Ohren und Verstand zum Denken. [6]Er erfüllte sie mit kluger Erkenntnis und zeigte ihnen Gutes und Böses. [7]Er hat sein Licht in ihre Herzen gegeben, [8]um ihnen die Größe seiner Werke zu zeigen, damit sie seinen heiligen Namen loben und seine großen Taten erzählen sollten. [9]Er hat sie gelehrt und ihnen das Gesetz des Lebens gegeben. [10]Er hat einen ewigen Bund mit ihnen geschlossen und ihnen die Ordnungen seines Rechts offenbart. [11]Sie haben mit ihren Augen seine hohe Majestät gesehen und mit ihren Ohren seine herrliche Stimme gehört. [12]Und er sprach zu ihnen: Hütet euch vor allem Unrecht!, und befahl jedem, für seinen Nächsten zu sorgen. – [13]Ihre Wege hat er immer vor Augen, und nichts ist vor ihm verborgen. [14]Jedem Volk hat er einen Herrscher gegeben, [15]aber über Israel ist er selbst Herr geworden.

Aus diesem Grund können nach Ps 117; 148 und 150 alle Menschen den Herrn loben. In umgekehrter Perspektive wird der Gedanke in Röm 1,18–3,20 aufgegriffen: Alle Menschen haben die Möglichkeit, Gott zu erkennen, sei es durch die Tora oder in der Schöpfung. Eben deshalb kann sich aber niemand freisprechen, wenn er oder sie durch das eigene Verhalten den Ordnungen Gottes widerspricht. Paulus begründet damit seine Erkenntnis, dass alle Menschen Sünder sind und sich deshalb vor Gott nicht rühmen können (Röm 3,23).

Der Mensch in der Perspektive der Jesusgeschichte

Die Evangelien greifen auf das Alte Testament zurück. Jesus selbst spricht die Menschen als Angehörige des Gottesvolkes an, nicht zuletzt die randständigen Glieder des Volkes. Zwar gehen Lk 11,28 / Mt 12,39 davon aus, dass alle Menschen schlecht sind, aber die wiederholte Aufforderung zu Wachsamkeit und Entscheidungsbereitschaft zeigt, dass sie sich mit Vertrauen an Gott wenden können. Dies gilt selbst für das Johannesevangelium, wo Menschen, die von Gott oder vom Teufel sind, einander gegenüber gestellt werden (7,17; 8,42.44); der Entscheidungsruf 12,46–48 und die Einladung in 7,37f richten sich jedoch an alle.

Grundlegend für die neutestamentliche Anthropologie aber ist ihr Bezug zu Jesus Christus. Wenn Jesus nach Mt 12,7 und 9,13 im Rückgriff auf den Propheten Hosea (6,6) Barmherzigkeit fordert, dann wird dies besonders in 9,13 mit dem Kommen Jesu selbst parallelisiert: »Ich bin gekommen, die Sünder zu rufen, nicht die Gerechten.« Der Zusammenhang, in dem Jesus die »Gleichnisse vom Verlorenen« in Lk 15,3–32 (verlorenes Schaf, verlorener Groschen, verlorener Sohn) erzählt, macht deutlich, dass er damit nicht nur ein Bild von Gott zeichnet, sondern auch sein eigenes Verhalten erklärt und seine Gesprächspartner davon überzeugen will.

Lk 15,1–7: Es nahten sich ihm aber allerlei Zöllner und Sünder, um ihn zu hören. [2]Und die Pharisäer und Schriftgelehrten murrten und sprachen: Dieser nimmt die Sünder an und isst mit ihnen. [3]Er sagte aber zu ihnen dies Gleichnis und sprach: [4]Welcher Mensch ist unter euch, der hundert Schafe hat und, wenn er eins von ihnen verliert, nicht die neunundneunzig in der Wüste lässt und geht dem verlorenen nach, bis er's findet? [5]Und wenn er's gefunden hat, so legt er sich's auf die Schultern voller Freude. [6]Und wenn er heimkommt, ruft er seine Freunde und Nachbarn und spricht zu ihnen: Freut euch mit mir; denn ich habe mein Schaf gefunden, das verloren war. [7]Ich sage euch: So wird auch Freude im Himmel sein über einen Sünder, der Buße tut, mehr als über neunundneunzig Gerechte, die der Buße nicht bedürfen.

Das Jesuswort in Mt 11,28f (»lernt von mir ...«) ruft diejenigen, die ihm nachfolgen, zu einem Verhalten auf, das dem Vertrauen auf Gott und dessen gnädiger Zuwendung zu den Menschen entspricht.

Bei Paulus wird der Mensch innerhalb von Beziehungen betrachtet, die seine Existenz bestimmen. Für Paulus unterliegt es keinem Zweifel, dass Gott Herr über alle Mächte ist und seine Macht am Ende der Zeit offenbaren wird. Aber bis dahin ist auch die Sünde in der Welt wirksam und zieht die Menschen in ihren Wirkungskreis (Röm 5,12). Sich davon zu befreien gelingt aus eigener Kraft nicht. Das zeigt sich nicht zuletzt dann, wenn der Mensch versucht, über eigene Werke vor Gott gerecht zu leben. Gerade dann ist nicht zu übersehen, dass seine Werke eben nicht nur gut sind. So lange er auf sie vertraut, bleibt er auf sich selbst angewiesen und kann damit nur scheitern (vgl. Röm 7,14ff). Freiheit von Sünde und Schuld erreicht der Mensch nicht aus eigenem Vermögen, sondern dadurch, dass er sich einer befreienden Macht überlässt (Röm 6,12–14). Diese befreiende Macht ist Gott selbst, der den Menschen in Christus entgegen kommt. Deshalb muss man auf die Geschichte Jesu Christi sehen, wenn man verstehen will, was Menschsein bedeutet. Von dieser Geschichte her kommt das Menschsein in den Blick.

Paulus betrachtet den Menschen von Gott und von Christus her. Für den Menschen vor Christus ist Adam das Urbild (Röm 5,12ff); für den Menschen, der sich dem gerecht machenden Handeln Gottes überlässt, ist das Urbild Christus selbst (Röm 5,18f). Von hier aus kann Paulus zu der Formulierung kommen, dass Christus das »Bild Gottes« ist (2Kor 4,4). An Christus wird das Wesen Gottes deutlich – und damit zugleich das Wesen des Menschen. Die Gottebenbildlichkeit des Menschen aus Gen 1,26f wird hier auf Christus hin konzentriert. Was Menschsein heißt, zeigt sich deshalb in besonderer Weise an Christus – und zwar, wie Phil 2,5ff zeigt, bis in das konkrete Handeln hinein. Das Christuslied in Phil 2,6–11 dient als Begründung des Handelns und als Anleitung dazu.

Phil 2,5–11: Seid so unter euch gesinnt, wie es auch der Gemeinschaft in Christus Jesus entspricht: [6]Er, der in göttlicher Gestalt war, hielt es nicht für einen Raub, Gott gleich zu sein, [7]sondern entäußerte sich selbst und nahm Knechtsgestalt an, ward den Menschen gleich und der Erscheinung nach als Mensch erkannt. [8]Er erniedrigte sich selbst und ward gehorsam bis zum Tode, ja zum Tode am Kreuz. [9]Darum hat ihn auch Gott erhöht und hat ihm den Namen gegeben, der über alle Namen ist, [10]dass in dem Namen Jesu sich beugen sollen aller derer Knie, die im Himmel und auf Erden und unter der Erde sind, [11]und alle Zungen bekennen sollen, dass Jesus Christus der Herr ist, zur Ehre Gottes, des Vaters.

Der Kolosserbrief hat diese paulinische Erkenntnis aufgegriffen und von Christus als dem Ebenbild des unsichtbaren Gottes gesprochen:

Kol 1,15–20: (Christus) ist das Ebenbild des unsichtbaren Gottes, der Erstgeborene vor aller Schöpfung. [16]Denn in ihm ist alles geschaffen, was im Himmel und auf Erden ist, das Sichtbare und das Unsichtbare, es seien Throne oder Herrschaften oder Mächte oder Gewalten; es ist alles durch ihn und zu ihm geschaffen. [17]Und er ist vor allem, und es besteht alles in ihm. [18]Und er ist das Haupt des Leibes, nämlich der Gemeinde. Er ist der Anfang, der Erstgeborene von den Toten, damit er in allem der Erste sei. [19]Denn es hat Gott wohl gefallen, dass in ihm alle Fülle wohnen sollte [20]und er durch ihn alles mit sich versöhnte, es sei auf Erden oder im Himmel, indem er Frieden machte durch sein Blut am Kreuz.

Von Christus zu sprechen bezieht sich auf die Schöpfung zurück und auf das künftige Heil voraus. Dass die Schöpfung die Versöhnung braucht, ist in dem hymnischen Text selbst nicht gesagt, wohl aber vorausgesetzt. In der Orientierung an Christus kommt auf diese Weise ein Zukunfts- und Zielaspekt in die Vorstellung vom Bild Gottes mit hinein. Das Bild von jemandem zu tragen verbindet mit dem Abgebildeten; die Vorstellung des Bildes hilft somit zum Begreifen Christi als Bild Gottes, aber auch des Menschen, der dem Bild Christi gleichgestaltet werden wird. Christus – als Bild Gottes verstanden – löst einen Prozess aus, in dem der Mensch sich an Christus orientiert und auf ihn hin lebt. Die Frage »Was ist der Mensch?« ist nach neutestamentlicher Auffassung deshalb im Rückblick, im Blick auf die Gegenwart und im Ausblick auf die Zukunft nur in der Orientierung an Jesus Christus zu beantworten.

Verlässlichkeit und Wahrheit

Der Bund, den Gott mit Israel geschlossen hat, ist von Verlässlichkeit und Wahrheit geprägt. Wahrheit ist im Alten Testament[6] in erster Linie ein Beziehungsbegriff. Die Beziehung zwischen Gott und Mensch steht nicht nur am Anfang, sondern ist als bleibende und mitgehende Beziehung verstanden. Die Bibel erzählt davon, dass Gott Abraham berief, dass er sich Israel erwählte und fortan begleitet. Im Bundesschluss

6 Das herkömmliche Wahrheitsverständnis ist stärker von der antiken Philosophie geprägt. Sie ergibt sich aus der Übereinstimmung einer Aussage mit der Wirklichkeit des Seienden (Korrespondenztheorie; vgl. Aristoteles, Metaphysik 1011b, 26f). Voraussetzung ist, dass die Wirklichkeit mit bestimmten Begriffen zutreffend beschrieben werden kann. Weil dies aber zunehmend fraglich geworden ist, hat man nach anderen Wahrheitstheorien gesucht. Die Kohärenztheorie geht vom Zusammenhang einer Aussage mit anderen Aussagen aus. Ob ein Satz wahr oder falsch ist, entscheidet sich demnach daran, ob und wie er mit anderen Sätzen einer übergeordneten Theorie zusammen passt. Die Konsenstheorie versteht Wahrheit als Geltungsanspruch, über den im Dialog Einigung erzielt werden muss. Und für die pragmatische Wahrheitstheorie gilt das als wahr, was sich in der Praxis bewährt hat und sich anwenden lässt. Der alltagssprachliche Gebrauch orientiert sich jedoch trotz der Schwierigkeit, die Wirklichkeit zu erfassen, weithin an der Korrespondenz von Wahrheit und Wirklichkeit.

am Sinai tritt die gegenseitige Verpflichtung am deutlichsten hervor. Gott verpflichtet sich zur Treue seinem Volk gegenüber und erlegt dem Volk die Verpflichtung auf, den Willen Gottes zu befolgen. In Ex 31,12f ist dies exemplarisch das Sabbatgebot, in Dtn 4,13 sind es die Zehn Gebote und ganz generell geht es um die Einhaltung des Gotteswillens im Alltag. Nach Ex 19,8 stimmt das Volk dem einmütig zu: »Alles, was der HERR geredet hat, wollen wir tun« (vgl. Jos 24,25).

Die Beziehung zwischen Gott und Mensch kommt in Verlässlichkeit, Treue, Wahrheit und Glauben zu ihrer Bestimmung. Hinter diesen Begriffen steht im Alten Testament derselbe Wortstamm *aman* im Sinne von fest, zuverlässig, tragfähig sein. Das hebräische Wort für Wahrheit (*ämät*) ist davon ebenso abgleitet ist wie das Wort für Glauben (*ämuna*). Das Verhältnis zwischen Gott und den Menschen ist deshalb getragen durch Wahrheit, Zuverlässigkeit und Treue. Weil Gottes Wort wahr ist (Ps 33,4), besteht diese Wahrheit in seiner Treue und Zuverlässigkeit, und umgekehrt wird der Gerechte durch seinen Glauben leben, der sich als Treue gegenüber Gott erweist. Wahrheit ist so gesehen kein statischer Begriff, sondern dynamisch: Wahrheit geschieht und wird getan. Dementsprechend kann von Gott gesagt werden: Die Werke seiner Hände sind Wahrheit und Recht (Ps 111,7), und Gott »tut« die Wahrheit (vgl. Gen 32,11; 2Sam 2,6). Ps 31,6 spricht zusammenfassend vom »Gott der Wahrheit«.[7] Und bei den Menschen gilt der als wahrhaftig, der die Wahrheit tut (vgl. z.B. Gen 24,49; Jos 2,14; Spr 20,28). Von hier aus bekommen Zuverlässigkeit und Wahrheit ihre Bedeutung auch für das Verhältnis der Menschen untereinander (vgl. 2Kön 22,7; 1Chr 9,22). Wenn im Neuen Testament zur Wahrhaftigkeit gemahnt wird (Eph 4,15; Phil 4,8), dann geht es ebenfalls um ein Verhalten, das aus der Wahrheit heraus kommt.

Im Neuen Testament wird die Wahrheit eng mit Christus verbunden, am deutlichsten im Johannesevangelium. Schon in 1,17 wird festgehalten, dass Gnade und Wahrheit durch Jesus Christus gekommen sind. Die Wahrheit kann geradezu mit Jesus identifiziert werden: »Ich bin der Weg, die Wahrheit und das Leben« (14,6). Dabei spricht Jesus nicht aus sich heraus, sondern sagt die Wahrheit, die er von Gott bekommen hat (8,40) und weitergibt (17,17). Dementsprechend entscheidet sich am Verhalten zu Jesus, ob Menschen »aus der Wahrheit« sind. Wer »aus der Wahrheit ist«, »tut« diese auch (3,21). Die berühmte Pilatusfrage »Was ist Wahrheit?« im Prozess gegen Jesus (18,38) wird deshalb nur im Zusammenhang mit der vorangehenden Aussage Jesu verständlich. Denn wenn Jesus unmittelbar davor sagt: »Ich bin dazu geboren und in die Welt gekommen, dass ich die Wahrheit bezeugen soll. Wer aus der Wahrheit ist, der hört meine Stimme«, dann geht die Frage »Was ist Wahrheit?« faktisch am Anspruch Jesu vorbei. Obwohl Pilatus im Anschluss an seine Frage »den Juden« sagt, dass er keine Schuld an Jesus finde, beugt er sich doch ihrem politischen Druck und lässt Jesus hinrichten. Auch im Neuen Testament ist die Wahrheit als Beziehungsbegriff zu verstehen und wird hier vor allem durch die Beziehung der Glaubenden zu Jesus gefüllt.

Von der biblischen Tradition aus wird deutlich, dass die Korrespondenztheorie nicht in der Lage ist, das Wahrheitsverständnis hinreichend zu beschreiben. Denn Ps 23 oder das hohe Lied der Liebe in 1Kor 13 sind nicht als abbildbare Wirklichkeit wahr. Die Wirklichkeit wird mit solchen Texten gedeutet, wenn nicht gar geschaffen.

7 Lutherübersetzung: Herr, du treuer Gott; vgl. Jer 10,10.

Wenn wahr im biblischen Kontext mit »treu«, »verlässlich«, »authentisch«, »echt« übersetzt wird, trifft dies die Intention der Texte weit besser und weist zugleich auf eine Beziehung zwischen den Texten und denen hin, die sie lesen. Die Alternative »wahr = tatsächlich passiert« – »unwahr = nicht passiert« ist nicht in der Lage die Wahrheitsfrage zu klären. Die Wahrheit eines Bibeltextes hängt daran, dass er das Leben spiegelt und uns Möglichkeiten gibt, es zu verstehen. So gesehen ist Wahrheit immer auch ein Begriff personaler Verantwortung, und »Ist das wirklich wahr?« heißt zugleich: Was hältst du davon, was bedeutet das für dich? Daraus folgt, dass Wahrheit kein Besitz sein kann. So lange unsere Erkenntnis fragmentarisch ist (vgl. 1Kor 13,12), so lange ist unsere Aufgabe das Gespräch über die Wahrheit, die Suche nach Konsens und Kohärenz, das Bezeugen der und das Eintreten für die (wenn auch nur in Vorläufigkeit erkannte) Wahrheit – und ebenso der Versuch, in Übereinstimmung mit erkannter Wahrheit zu leben.

Schlüssel und Konkretionen

Die Frage »Was ist der Mensch?« ist in der Tat eine Menschheitsfrage. Menschen aller Zeiten haben sie sich gestellt und im Lauf der eigenen Biographie stellt sie sich immer wieder. Jugendliche fragen besonders danach, wer sie sind. Vanessa schreibt: »Ich weiß, dass ich ich bin. Ich weiß, dass es mich gibt. Aber ich weiß nicht, wer ich in Wirklichkeit bin. Wer bin ich eigentlich?«[8] Aber nicht nur Jugendliche fragen so. Jedes Lebensalter hat seine eigenen offenen Fragen. Gibt es »unveränderliche Kennzeichen« des Menschseins und der eigenen Person in einem übertragenen Sinn? Gibt es etwas – über den Fingerabdruck und die Netzhautstruktur hinaus –, das Menschen wesentlich zukommt?

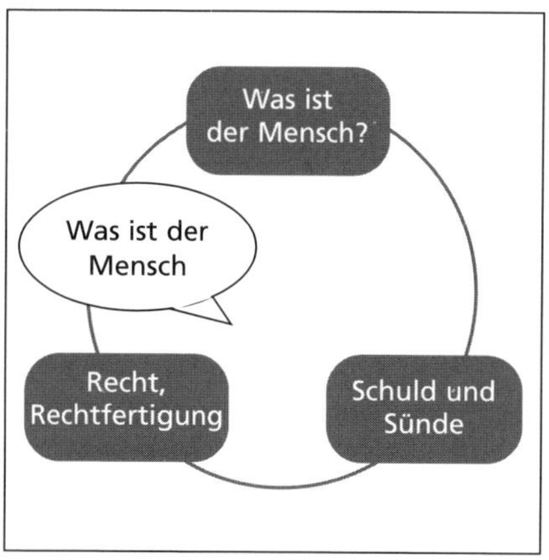

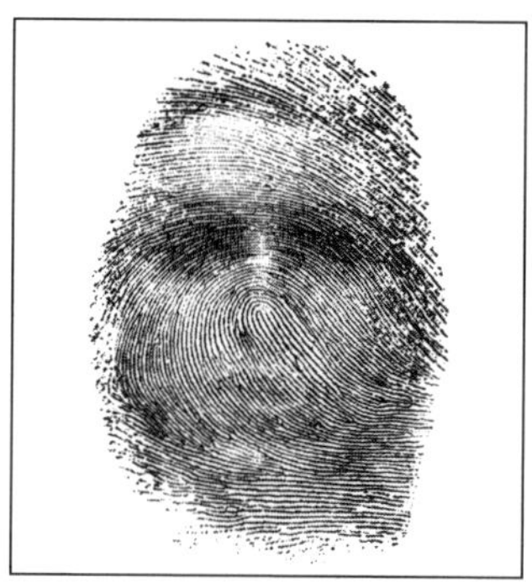

Oder bin ich das, was im Internet über mich gespeichert ist und was ich von mir zu erkennen gebe?[9]

Wer bin ich? Diese Frage kann zum Schlüssel werden, mit dem ein Zugang zur Bibel erschlossen werden kann. Sie ist unmittelbar anschlussfähig an die Frage in Ps 8,5.

8 http://nibis.ni.schule.de/~donbosco/Jahrb04/Bilder/Schuelertexte/Fingerabdruck.jpg%3DN am 2. Januar 2008.

9 Unter der Überschrift »Digital Identity Mapping« wird die Identität beispielsweise geprägt durch expression, publication, profession, opinion, reputation, certificates, knowledge, avatars (vgl. http://i135.photobucket.com/albums/q155/RobRoyBasic/whoami.jpg).

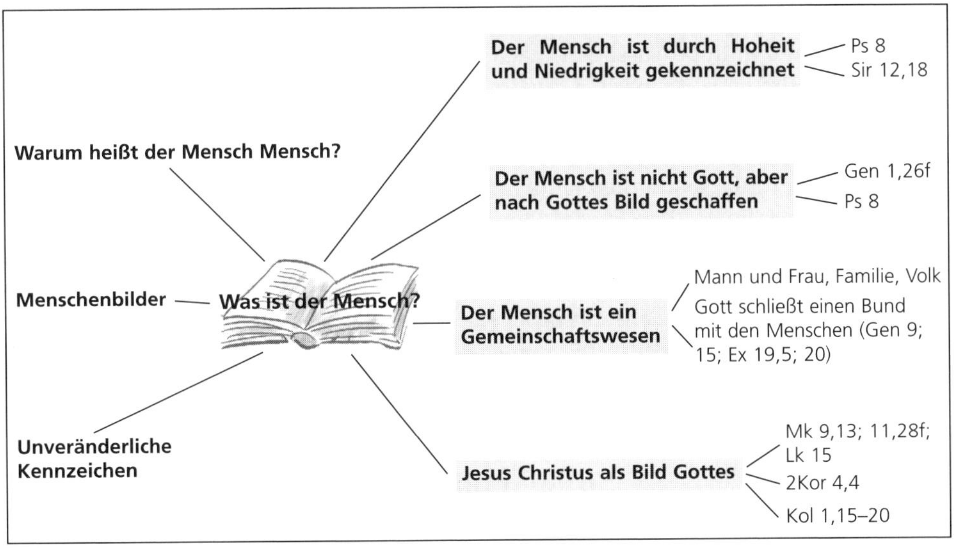

Konkretionen:

- Ps 8 stellt die Frage nach dem Menschsein innerhalb der Bibel auf klassische Weise: Was ist der Mensch? Wichtig ist aber, dass es dabei nicht um eine Definition geht, sondern um eine Beziehung. Denn die Frage geht ja weiter: »Was ist der Mensch, dass du seiner gedenkst, und des Menschen Kind, dass du dich seiner annimmst?« Sie zielt nicht auf möglichst exakte Klärung, sondern darauf, die Beziehung zwischen Gott und Mensch lobend zur Sprache zu bringen. Sie lässt sich sprachlich gut nachverfolgen. Eingeordnet ist sie in das Gotteslob, das den ganzen Psalm einrahmt. Dies lässt sich vergleichen mit Menschenbildern aus der Werbung. Eine Collage aus Zeitschriftenseiten zum Thema »Was ist der Mensch«? kann mit dem Psalm kontrastiert werden.
- Einzelne Werbeseiten mit Menschenbildern analysieren.[10]
- Beim Einwohnermeldeamt wird nach »unveränderlichen Kennzeichen« gefragt. Den Schülerinnen und Schülern sind die »äußerlichen« Kennzeichen Fingerabdruck und Netzhautstruktur bekannt. Sie reichen aus, um einen Menschen zu identifizieren. Aber reichen sie auch aus, um einen Menschen zu beschreiben?
- Der Mensch als »Ebenbild«: Ist der Mensch Ebenbild Gottes? Zu dieser Frage legt sich ein »theologisches Gespräch« nahe[11], z. B. mit folgenden konturierenden Fragen: Lässt sich sagen, welcher Mensch Bild Gottes ist? Der alte Mensch oder der junge, der »Star« oder der durchschnittliche Mensch, der Mann, die Frau, der Deutsche, die Chinesin, der Christ oder die Muslima? Ein Einzelner? Eine Gemeinschaft? Was heißt überhaupt »Bild Gottes?« Sieht Gott aus wie ein Mensch (und wenn ja, welcher)? Oder ist etwas anderes gemeint? Was heißt es, wenn ich sage: »Ich mache mir ein Bild von jemandem?«

10 Viele Beispiele finden sich auf der Website www.glauben-und-kaufen.de. Eine knappe Einführung in die Analyse von Werbebildern und verschiedene Beispiele finden sich bei Mertin/Futterlieb, Werbung, S. 61 ff.

11 Vgl. zu theologischen Gesprächen mit Kindern vor allem Freudenberger-Lötz, Gespräche.

- Was ist der Mensch? Kann man über Menschen im Allgemeinen gültige Aussagen machen? Oder über einen bestimmten Menschen? Was macht solche Aussagen schwierig? Das Vexierbild von der jungen und der alten Frau[12] zeigt, dass man andere Menschen nicht umfassend erkennen kann.
- In Gen 1,26f steht: »Lasset uns Menschen machen, ein Bild, das uns gleich sei … Und Gott schuf den Menschen zu seinem Bilde, zum Bilde Gottes schuf er ihn; und schuf sie als Mann und Frau.« Was können diese Verse an Erkenntnis zur Diskussion beitragen?

Sünde und Schuld

Wer über Sünde spricht, muss mit zwei Grunderkenntnissen rechnen: Im alltagssprachlichen Gebrauch wird das Wort Sünde, wenn überhaupt, verharmlosend gebraucht. In der biblischen Tradition ist Sünde dagegen ein wichtiger Begriff. Beide Erkenntnisse stehen in Spannung zueinander. Es muss sich zeigen, ob diese bibeldidaktisch fruchtbar gemacht werden kann.

Ein Kommunikationsproblem

In der Alltagssprache wird das Wort Sünde augenzwinkernd gebraucht. »Wir sind alle kleine Sünderlein« singen die Jecken im Karneval und fühlen sich wohl dabei. Die Sünden, von denen sie singen: Einen über den Durst getrunken, ein Flirt, vielleicht ein Seitensprung. Aber sie sind sicher: »Der Herrgott wird es uns bestimmt verzeih'n, 's war immer so.« Dann überfällt die Sünde die Menschen offenbar mit Vorliebe an der Kaffeetafel. Oder wir leisten uns etwas »sündhaft Teures« und zeigen es voller Stolz herum. Im Werbespruch »Geiz ist geil« sind mit Geiz bzw. Habgier und Wollust gleich zwei ehemalige Todsünden vereint.

Schwieriger ist es mit Verkehrssündern. Geschwindigkeitsübertretungen gelten als verzeihlich, so lange die Punkte in Flensburg nicht überhand nehmen. Passiert durch Raserei aber ein schlimmer Unfall, sind wir entrüstet. Von Sündern ist dann jedoch nicht mehr die Rede, sondern von »Verkehrsrowdies«. Auf ähnliche Weise sprechen wir bei der unsachgemäßen Entsorgung von Altöl von Umweltsündern, nicht jedoch bei dem internationalen Emissionshandel mit Treibhausgasen. Selbst bei schlimmen Verbrechen sucht man die Sünde vergeblich. Für brutale Gewalt und Böses in vielen Schattierungen taugt das Wort offenbar nicht mehr. An diesem Gebrauch des Wortes Sünde wird ein Kommunikationsproblem sichtbar.[13] Es hat verschiedene Aspekte:

12 Vgl. dazu Ruch/Zimbardo, Lehrbuch, S. 243–248.
13 Gräb, Sinn, S. 320ff.

- Wird Sünde moralisch verstanden, so ändert sich die Vorstellung von Sünde immer dann, wenn sich Moralvorstellungen ändern. Beispielhaft kann man das am Wandel in der Beurteilung vorehelicher Sexualität erkennen.
- Sünde wird in der Regel im Plural im Sinne von Einzelsünden verstanden: Das böse Wort, Missgunst, der Seitensprung etc. Sünde im Singular begegnet dagegen kaum, allenfalls im Sinn von Erbsünde, die jedoch vollends unverständlich geworden ist. Dass der Mensch unweigerlich der Sünde unterworfen sei, widerspricht der modernen Grundüberzeugung von der Mündigkeit des Menschen, dessen Fehler eben auch die Fehler des mündigen Menschen sind.
- Obwohl der alte Begriff der Todsünde wieder stärker benutzt wird, zeigt sich gerade daran ein gewandeltes Verständnis. Die Todsünden dienen als zusammenfassende Bezeichnungen für grundlegende gesellschaftliche Missstände, für deren Behebung allerdings der Mensch selbst verantwortlich ist.[14]
- Sünden werden üblicherweise einem Individuum oder einer Gruppe zugeordnet. Sünden sind jemandes Sünden. Demgegenüber sind wir vielfach mit struktureller Schuld konfrontiert. Dass weltweit Unsummen in die Rüstung gesteckt werden und gleichzeitig Menschen verhungern, empfinden wir vielleicht als Sünde. Aber wen soll man dafür konkret verantwortlich machen? Oft lässt sich gar nicht sagen, wer da versagt, etwas unterlässt oder sich vergeht.
- Ein Satz wie »Sie sind allesamt Sünder und ermangeln des Ruhmes, den sie bei Gott haben sollten« (Röm 3,23) wird bereits dadurch unverständlich, dass vor dem Begriff der Sünde schon der Gedanke vom strafenden Gott fraglich geworden ist. Vorstellungen von jüngstem Gericht gehören nicht zum Zeicheninventar des alltäglichen Lebens. Entsprechende Bilder werden in Kirchen und Museen bestaunt, aber als Relikte einer vergangenen Zeit.
- Odo Marquard hat in diesem Zusammenhang von einer Verwandlung der Theodizee in die Anthropodizee gesprochen.[15] Wenn es keinen Gott gibt, kann er auch nicht für die Katastrophen des Lebens verantwortlich sein. Dann wird der Mensch selbst zum Angeklagten und hat das Böse in der Welt zu verantworten. Ist er aber Angeklagter, kann er sich nicht zugleich freisprechen. Was bleibt, ist die Möglichkeit Schuld abzuwehren und umzulenken. So kommt es zu einer merkwürdigen Ambivalenz: Für alles Mögliche wird nach Schuldigen gesucht – und zugleich wird Schuld negiert und verharmlost.

Angesichts dieser Kommunikationsprobleme ist es schwierig geworden, von Sünde zu sprechen. Mit dem Wort die gemeinte Sache aufzugeben empfiehlt sich jedoch angesichts vielfältiger Schuld und oft unerklärlicher Schuldzusammenhänge nicht. Man kann aber versuchen, neu verständlich zu machen, was Sünde bedeutet. Wer

14 Bereits Konrad Lorenz (Todsünden) bezeichnete gesellschaftliche Probleme wie Überbevölkerung oder Kernwaffen als Todsünden. Heiko Ernst (Teufel) nimmt die Todsünden als Grundlage seiner Gesellschaftskritik und legt dar, wie Habgier und Neid zur Konsumgesellschaft führen, Wollust und Völlerei schicken Spielcharakter bekommen und die Eitelkeit als Imagemanagement firmiert. Gerhard Schulze beschreibt mit Hilfe der Todsünden die westliche Gesellschaft. Die Vorstellung soll dazu helfen, Lust und Vernunft gleichermaßen zu ihrem Recht kommen zu lassen, und auf diese Weise zu einer gereiften Moderne führen (Schulze, Sünde, S. 170 ff. 220 ff).

15 Marquard, Entlastungen.

dies versucht, muss begründen können, warum das Wort und die damit gemeinte Sache trotz Augenzwinkern auf der einen und undurchschaubaren Schuldstrukturen auf der anderen Seite sinnvoll und relevant ist. Trotz ihrer Banalisierung ist die alltagssprachliche Verwendung des Wortes dabei ein sinnvoller und sogar notwendiger Anknüpfungspunkt. Denn zum einen ist es sinnvoll, zum Verstehen eines unverständlich gewordenen Begriffs eine Brücke zu bauen; und zum anderen zeigt sich noch im trivialen Sprachgebrauch, dass das Bewusstsein für Grenzen und die Problematik ihrer Überschreitung nicht einfach verloren gegangen ist.

Der »Sündenfall«

Von Gen 3 an werden Sünde und Schuld in vielen biblischen Texten thematisiert. Erstaunlich ist aber, dass in der sogenannten Sündenfallgeschichte von der Sünde gar nicht die Rede ist. Schon dieser Sachverhalt macht darauf aufmerksam, dass man genau darauf achten muss, was die Bibel unter Sünde versteht. Nach der Urgeschichte führt die Sünde zu einer »Steigerung des Lebens« im Blick auf das Verhalten der Menschen, ihr Erkennen und Verstehen.

Gen 3,1–7: Aber die Schlange war listiger als alle Tiere auf dem Felde, die Gott der HERR gemacht hatte, und sprach zu der Frau: Ja, sollte Gott gesagt haben: Ihr sollt nicht essen von allen Bäumen im Garten? 2Da sprach die Frau zu der Schlange: Wir essen von den Früchten der Bäume im Garten; 3aber von den Früchten des Baumes mitten im Garten hat Gott gesagt: Esset nicht davon, rühret sie auch nicht an, dass ihr nicht sterbet! 4Da sprach die Schlange zur Frau: Ihr werdet keineswegs des Todes sterben, 5sondern Gott weiß: an dem Tage, da ihr davon esst, werden eure Augen aufgetan, und ihr werdet sein wie Gott und wissen, was gut und böse ist. 6Und die Frau sah, dass von dem Baum gut zu essen wäre und dass er eine Lust für die Augen wäre und verlockend, weil er klug machte. Und sie nahm von der Frucht und aß und gab ihrem Mann, der bei ihr war, auch davon, und er aß. 7Da wurden ihnen beiden die Augen aufgetan, und sie wurden gewahr, dass sie nackt waren, und flochten Feigenblätter zusammen und machten sich Schurze.

Die Worte der Schlange »ihr werdet sein wie Gott, wissend Gutes und Böses« beziehen sich nicht auf verschiedene Sachverhalte (die dann gut oder böse wären), sondern auf die Möglichkeit des menschlichen Erkennens. Der Mensch ist als Mensch auf Erkenntnis und Verstehen aus. Dieses »Aus-Sein« bringt ihn in einen Konflikt mit Gott. Daran zeigt sich: Gen 3 und die gesamte »Urgeschichte« in Gen 1–11 ist nicht Geschichte im Sinne rekonstruierbarer Ereignisse, sondern liegt der erfahrbaren Geschichte voraus. Es geht um die Beschreibung des Lebenshorizonts der Menschen insgesamt. Deshalb zielt die Erzählung nicht in erster Linie auf die Fragen: Was ist die Sünde? Wie ist sie in die Welt gekommen? Es geht viel grundlegender um die Frage: Was ist der Mensch? Wie kann man das Böse, das Leiden und den Tod verstehen? Warum gibt es solche Grenzen menschlichen Lebens? Nicht um Ursache und Wirkung geht es, sondern um den Versuch, menschliches Leben zu verstehen.[16] Sünde ist deshalb nicht in erster Linie die einzelne Verfehlung, sondern

16 Westermann, Genesis, S. 376f.

eine Grundkonstante menschlicher Existenz.[17] Paulus deutet im Neuen Testament dieses Verstrickstein in Schuld so, dass er von der Sünde als einer Macht spricht, die über den Menschen herrscht (Röm 5.7).

Zum Abschluss dieses Teils der Erzählung werden die Augen der Menschen geöffnet, sie erkennen, dass sie nackt sind und machen sich Kleider. Das Essen der Frucht bedeutet tatsächlich eine Steigerung des Erkennens. Aber die Erkenntnis hat eine Kehrseite. Die Unbefangenheit, in der die Menschen miteinander und mit Gott gelebt haben, ist vergangen. Sie können gut und böse unterscheiden und ihnen wird bewusst, dass sie nicht einfach nur gut sind. Deshalb sagt Adam in 3,10 zu Gott: »Ich hörte dich im Garten und fürchtete mich; denn ich bin nackt.« Er bezieht sich nicht auf die Übertretung des Gebots (ich versteckte mich, weil ich von der Frucht gegessen habe), sondern auf die Erkenntnis, die er gewonnen hat. Die Erkenntnis führt zur Scham. Er schämt sich, weil er so ist, wie er ist. So geht es in Gen 3 im letzten Sinn um die menschliche Existenz, ihr Streben, ihre Grenzen und Verfehlungen.

Mit Kain und Abel geht die Urgeschichte weiter. Das Böse ist in der Welt und wirkt sich aus. Ein gestörtes Gottesverhältnis hat zwischenmenschliche Schuld zur Folge – und umgekehrt.

Gen 4,4b–7: Und der HERR sah gnädig an Abel und sein Opfer, [5]aber Kain und sein Opfer sah er nicht gnädig an. Da ergrimmte Kain sehr und senkte finster seinen Blick. [6]Da sprach der HERR zu Kain: Warum ergrimmst du? Und warum senkst du deinen Blick? [7]Ist's nicht also? Wenn du fromm bist, so kannst du frei den Blick erheben. Bist du aber nicht fromm, so lauert die Sünde vor der Tür, und nach dir hat sie Verlangen; du aber herrsche über sie.

Die Erzählung ist knapp gehalten. Der Vorgang des Opferns wird nicht beschrieben. Er gehört zum Leben und Arbeiten dazu. Dem Verfasser geht es allein um den Konflikt und dessen Ausgang. Eine Begründung sucht man vergeblich: Abels Opfer wird von Gott angenommen, Kains Opfer nicht.[18]

Sünde und Schuld gehören zusammen, sind aber nicht identisch. Kain ist nicht »daran schuld«, dass Gott sein Opfer nicht annimmt; er ist auch nicht an seinen Gefühlen schuld. Er könnte durchaus »den Blick aufheben« und Gott »ins Gesicht schauen«. Dass ihm dies schwerfällt, liegt daran, dass die »Sünde vor der Tür« als Möglichkeit vorhanden ist und das Verhältnis zwischen ihm und Gott beschädigt. Man sieht das gut an dem Gespräch zwischen Gott und ihm. Es ist ein sehr einseitiges Gespräch, an dem Kain sich praktisch nicht beteiligt. Er fragt nicht einmal, warum Gott sein Opfer nicht angenommen hat.

---

17 Man muss Gen 3 gegen seine Interpretationsgeschichte geradezu in Schutz nehmen. Weder findet sich hier das Wort Sünde noch wird die Schlange mit dem Teufel identifiziert; über die Herkunft des Bösen erfahren wir nichts. Auch der spätere Gedanke, dass die Nacktheit auf die Verwerflichkeit sexueller Begierde verweise, hat mit dem Text nichts zu tun. Von einer Verführung des Mannes durch die Frau findet sich ebenfalls nichts. Der Mann macht einfach mit. Darin zeigt sich: Die Gemeinschaft der Menschen untereinander ist von Anfang an ambivalent; sie kann zu gemeinsamer Erfüllung, aber auch zu gemeinsamer Verfehlung führen. Obwohl die genannten Deutungen nichts mit dem Text zu tun haben, haben sie das Verständnis von Sünde nachhaltig geprägt.

18 Diese Offenheit hat man in der Auslegungsgeschichte vielfach eingegrenzt. Man wollte vermeiden, letztlich Gott selbst für den Brudermord verantwortlich zu machen. Typisch für diese Deutung ist die Kinderbibel von de Vries, S. 14, in der Kain als undankbar, neidisch und zornig dargestellt wird.

Von der Sünde ist die Rede, bevor es zum Mord kommt. Dabei geht es um das rechte Tun. »Wenn du fromm bist« muss wörtlich mit »Wenn du recht handelst« übersetzt werden. Wenn Kain recht handelt, kann er den Blick frei heben – auch wenn sein Opfer nicht angenommen wird. Handelt er nicht recht, lauert die Sünde vor seiner Tür. Kain wird von Gott auf die Verantwortung für das hingewiesen, was er zu tun gedenkt. Er überlässt sich der Sünde – und wird schuldig, indem er Leben konkret vernichtet. Dadurch, dass Gott Kain bestraft, ihn aber am Leben lässt und durch ein Zeichen schützt (Gen 4,9–16), wird allerdings zwischen der bösen Tat und dem Menschen, der sie verübt, unterschieden. Deshalb kann die Gemeinschaft prinzipiell wiederhergestellt werden. Und klar ist auch: Sünde gibt es nicht nur im Verhältnis von Mann und Frau und nicht nur im Verhältnis zu Gott, sondern auch im weiteren Bereich des Zusammenlebens, im Blick auf Arbeit und Arbeitsteilung, auf Rivalität und Konflikte. Gen 3 und 4 weisen damit auf zwei unterscheidbare, aber zusammengehörende Aspekte hin: In Gen 3 ist der Mensch charakterisiert als einer, der nach Vollkommenheit strebt und Gott misstraut; in Gen 4 geht es darum, wie aus Misstrauen, Neid und Eifersucht tödliche zwischenmenschliche Wirkungen entstehen.

Die Urgeschichte erklärt dies alles nicht, sondern erzählt davon und gibt dem Geschehen dadurch eine Deutung. Was am Uranfang geschehen ist, vollzieht sich in der Geschichte der Menschheit letztlich unerklärlich weiter.

Verletzung der Gemeinschaft

Im Alten Testament gibt es verschiedene Worte für Sünde. Das in Gen 4 verwendete Wort *ḥaṭâṭ* bzw. *ḥêṭ* hat die Grundbedeutung »(wie ein Schütze) das Ziel verfehlen«. Wer sündigt, verfehlt die Gemeinschaft, und zwar mit Gott und den Menschen (vgl. 1Sam 2,25; Jer 16,10–12; 1Kön 8,46). Dabei ist es unerheblich, ob diese Verfehlung absichtlich oder unabsichtlich erfolgt (z. B. Gen 20,9; Num 22,34; Lev 4f; Ps 38,4.19; 41,5), da sie auf jeden Fall Konsequenzen für die Gemeinschaft und Rückwirkungen auf denjenigen hat, der fehl gegangen ist. Qualifiziert wird also nicht das Motiv einer Handlung, sondern das Faktum als solches. Erst in zweiter Linie geht es um die Verletzung von Verhaltensnormen. Das Wort *'âwôn* hat die Grundbedeutung abweichen, abkehren, verkehren, verdrehen, sich vergehen. Es bezeichnet die Schuld im Sinne der Zerstörung und des Schadens, den man anrichtet und der einen selbst bedroht. Das Wort *pæš'* steht für Vergehen, Verbrechen und bezieht sich auf den Verstoß gegen die Gebote als Lebensordnung Gottes (z. B. Lev 16,16; Jer 16,17). Wörtlich wird bei diesem Wort etwas weggenommen, herausgebrochen oder entzogen.

Neben diesen Oberbegriffen bezeichnen andere Worte konkrete Vergehen, Unrecht, Bedrückung, Erpressung (z. B. Lev 19,13; Dtn 28,29; Ps 119,121), Trug, Täuschung, Lüge (z. B. Ps 63,12; Spr 6,17; Jer 5,31) oder Gewalttat (z. B. Ps 7,17). Die Oberbegriffe aber zeigen, dass bei der Sündenvorstellung im Alten Testament die Verletzung der Gemeinschaft im Zentrum steht. In Psalm 51,3f finden sich die drei zentralen Sündenbegriffe nebeneinander.

Psalm 51,1–19: Ein Psalm Davids, vorzusingen, [2]als der Prophet Nathan zu ihm kam, nachdem er zu Batseba eingegangen war. [3]Gott, sei mir gnädig nach deiner Güte, und tilge meine Sünden nach deiner großen Barmherzigkeit. [4]Wasche mich rein von meiner Missetat, und reinige mich von meiner Sünde; [5]denn ich erkenne meine Missetat, und meine Sünde ist immer vor mir. [6]An dir allein habe ich gesündigt und übel vor dir getan, auf dass du Recht behaltest in deinen Worten und rein dastehst, wenn du richtest. [7]Siehe, ich bin als Sünder geboren, und meine Mutter hat mich in Sünden empfangen. [8]Siehe, dir gefällt Wahrheit, die im Verborgenen liegt, und im Geheimen tust du mir Weisheit kund. [9]Entsündige mich mit Ysop, dass ich rein werde; wasche mich, dass ich schneeweiß werde. [10]Lass mich hören Freude und Wonne, dass die Gebeine fröhlich werden, die du zerschlagen hast. [11]Verbirg dein Antlitz vor meinen Sünden, und tilge alle meine Missetat. [12]Schaffe in mir, Gott, ein reines Herz, und gib mir einen neuen, beständigen Geist. [13]Verwirf mich nicht von deinem Angesicht, und nimm deinen Heiligen Geist nicht von mir. [14]Erfreue mich wieder mit deiner Hilfe, und mit einem willigen Geist rüste mich aus. [15]Ich will die Übertreter deine Wege lehren, dass sich die Sünder zu dir bekehren. [16]Errette mich von Blutschuld, Gott, der du mein Gott und Heiland bist, dass meine Zunge deine Gerechtigkeit rühme. [17]Herr, tu meine Lippen auf, dass mein Mund deinen Ruhm verkündige. [18]Denn Schlachtopfer willst du nicht, ich wollte sie dir sonst geben, und Brandopfer gefallen dir nicht. [19]Die Opfer, die Gott gefallen, sind ein geängsteter Geist, ein geängstetes, zerschlagenes Herz wirst du, Gott, nicht verachten.

Dieser Psalm hebt die Geschichte eines konkreten Vergehens (Ehebruch Davids mit Batseba, Verbrechen an Uria, 2Sam 11 f) auf eine allgemeine Ebene. David bietet sich als Identifikationsfigur an: Der große König Israels, der gleichwohl ein sündiger Mensch ist, seine Schuld nicht verdrängt, sondern vor Gott bekennt und bereut. Ps 51 bietet damit einen Gegenentwurf zur Urgeschichte, wo die Sünde geleugnet (Gen 4) oder auf andere abgeschoben wird (Gen 3). Wo Schuld geleugnet oder abgeschoben wird, ist kein offener Umgang mit ihr möglich. »›Sünde‹ funktioniert allein im Modus der Selbstzuschreibung. Sie wird möglich, wo das Bewusstsein von Schuld … im Horizont der Vergebung entsteht.«[19] Das spezifische biblische Reden von Sünde ist deshalb nicht die Anklage (auch wenn es anklagende Texte gibt), sondern die Klage über eigene Sünde und Schuld (vgl. Ps 51).[20]

Im Neuen Testament spielt die »Solidarität mit den Sündern« eine wichtige Rolle. *hamartía* ist hier das Grundwort. Es bedeutet ebenfalls ein Ziel verfehlen, vom Weg abkommen, sich verlaufen, verirren. Dies kann irrtümlich oder schuldhaft geschehen. Das Wort kann dann auch die einzelne Tat bezeichnen (Versehen, Fehler, Schuld, Sünde). So verstanden ist Sünde ein Abweichen von dem durch Gottes Willen gewiesenen Weg zum Leben. Im Sprachgebrauch des Neuen Testaments ist dabei auffällig, dass von Sünde(n) vor allem im Zusammenhang ihrer Aufhebung die Rede ist. Die Wendung »Vergebung der Sünden« und ähnliche Formulierungen sind für die Evangelien charakteristisch (vgl. Mt 1,21; Joh 1,29; Apg 3,19; 1Joh 3,5). In Mt 1,21 wird Jesus programmatisch als der bezeichnet, der das Volk von seinen Sünden erlösen wird, in Joh 1,21 als Lamm, das die Sünden der Welt trägt. Das Interesse der neutestamentlichen Schriften richtet sich nicht in erster Linie auf die Sünde selbst, sondern auf ihre Überwindung. Dementsprechend wendet Jesus sich den Sündern zu (Mt 2,17 par.) und wird »Freund der Zöllner und Sünder« genannt (Mt 9,10 f; 11,19). Vor allem bei Lukas sucht er die Gemeinschaft mit den Verlorenen (7,36 ff; 15,1 ff; 18,9 ff; 19,1 ff). Die Solidarität der Sünder zielt nicht auf die Akzeptanz der Sünde,

19 Gräb, Sinn, S. 327 f.
20 Härle, Dogmatik, S. 463–465.

sondern auf die Vergebungsbereitschaft. Niemand, der selbst sündigt, darf sich das Recht endgültigen Urteilens über andere nehmen:

Mt 18,21f: Da trat Petrus zu ihm und fragte: Herr, wie oft muss ich denn meinem Bruder, der an mir sündigt, vergeben? Genügt es siebenmal? [22]Jesus sprach zu ihm: Ich sage dir: nicht siebenmal, sondern siebzigmal siebenmal.
Mt 6,12–15: Und vergib uns unsere Schuld, wie auch wir vergeben unsern Schuldigern. [13]Und führe uns nicht in Versuchung, sondern erlöse uns von dem Bösen. [Denn dein ist das Reich und die Kraft und die Herrlichkeit in Ewigkeit. Amen.] [14]Denn wenn ihr den Menschen ihre Verfehlungen vergebt, so wird euch euer himmlischer Vater auch vergeben. [15]Wenn ihr aber den Menschen nicht vergebt, so wird euch euer Vater eure Verfehlungen auch nicht vergeben.

Es liegt auf der Hand, dass Petrus in Mt 18,21f nicht aufgefordert wird, 490-mal zu vergeben und danach nicht mehr. Das wäre absurd. Das unmittelbar folgende Gleichnis in 18,23–35 und die Vaterunser-Bitte in Mt 6,12 zeigen, worum es geht: Diejenigen, denen von Gott vergeben wird, können darauf verzichten, anderen Schuld auf- und anzurechnen. Diese Solidarität wird möglich, wenn von Sünde im Zusammenhang von Vergebung und Gnade gesprochen wird. Vergebung wird dem zuteil, der darum bittet (Lk 15,11–32) und sie nicht für sich behält. Solange Sünde gegenseitig zugewiesen wird, ist kein Entkommen aus ihr möglich. Einen Ausweg öffnet die Erfahrung von Annahme und Vergebung. Diese zuvorkommende Erfahrung konkretisiert sich im Handeln und Geschick Jesu Christi. Besonders aufschlussreich hierfür ist die Erzählung von der Frau, die wegen Ehebruch gesteinigt werden soll:

Joh 8,1–11: Jesus aber ging zum Ölberg. [2]Und frühmorgens kam er wieder in den Tempel, und alles Volk kam zu ihm, und er setzte sich und lehrte sie. [3]Aber die Schriftgelehrten und Pharisäer brachten eine Frau zu ihm, beim Ehebruch ergriffen, und stellten sie in die Mitte [4]und sprachen zu ihm: Meister, diese Frau ist auf frischer Tat beim Ehebruch ergriffen worden. [5]Mose aber hat uns im Gesetz geboten, solche Frauen zu steinigen. Was sagst du? [6]Das sagten sie aber, ihn zu versuchen, damit sie ihn verklagen könnten. Aber Jesus bückte sich und schrieb mit dem Finger auf die Erde. [7]Als sie nun fortfuhren, ihn zu fragen, richtete er sich auf und sprach zu ihnen: Wer unter euch ohne Sünde ist, der werfe den ersten Stein auf sie. [8]Und er bückte sich wieder und schrieb auf die Erde. [9]Als sie aber das hörten, gingen sie weg, einer nach dem andern, die Ältesten zuerst; und Jesus blieb allein mit der Frau, die in der Mitte stand. [10]Jesus aber richtete sich auf und fragte sie: Wo sind sie, Frau? Hat dich niemand verdammt? [11]Sie antwortete: Niemand, Herr. Und Jesus sprach: So verdamme ich dich auch nicht; geh hin und sündige hinfort nicht mehr.

Auf Ehebruch steht die Todesstrafe (Lev 20,10; Dtn 22,21f). Die jüdischen Autoritäten stehen also in Übereinstimmung mit dem Gesetz. Die Frage an Jesus ist gleichwohl eine Fangfrage. Mit einem milden Vorgehen stellt Jesus sich gegen das Gesetz, mit einem strikten gegen seine eigene Botschaft. Was Jesus »auf die Erde« schreibt bleibt offen. Es ist aber offenbar wichtig, denn es wird wiederholt. Möglicherweise liegt hier eine Erinnerung an Jer 17,13 vor: »In den Staub wird geschrieben, wer von dir weicht«. Was in Staub geschrieben wird, hat keine Dauer. Jesus verweist damit die Ankläger auf das Gericht Gottes über alle Menschen: Gott müsste sie alle »in den Staub schreiben«. Die Geste bekommt den Charakter einer Zeichenhandlung. Für diese Deutung spricht, dass mit dem zweimaligen Schreiben das Jesuswort in V. 7 eingerahmt wird. Entscheidend ist, dass Jesus die Fragenden von der angeklagten Frau weglenkt und mit sich selbst konfrontiert. Sie werden dadurch zu der Einsicht geführt, dass sie als Sünder nicht das Recht haben, andere zu richten (vgl. Mt 7,1–5).

Die Reaktion der Frager zeigt, dass sie dies verstanden haben. Im Blick auf die Sündenthematik ist die kleine Geschichte aufschlussreich. Hier wird eine »Solidarität der Sünder« eingefordert, die nicht auf eine Akzeptanz der Sünde zielt, sondern auf Vergebungsbereitschaft. Dementsprechend ermöglicht die Antwort Jesu am Ende die Wiedereingliederung der Frau in die Gemeinschaft.

Für alle neutestamentlichen Schriften steht die Universalität der Sünde fest. Zwar gibt es Gerechte (wie beispielsweise Josef bei Matthäus) und die christliche Gemeinde zeichnet sich dadurch aus, dass sie nach Gerechtigkeit strebt. Dies bedeutet aber nicht, dass sie von der Sünde nicht mehr angefochten sei. Paulus spitzt den Gedanken der Universalität der Sünde zu. Alle Menschen, Juden und Heiden, sind ihr unterworfen (vgl. Röm 1,18–3,20). Für Paulus ist die Sünde eine Macht, die nach allen Menschen greift, ihr Handeln bestimmt und über sie herrscht (Röm 5).[21] Ihre Macht findet erst da ein Ende, wo der Mensch im Vertrauen auf Christus von Gott Vergebung erfährt und für sich annimmt.

Röm 7,14–25: Denn wir wissen, dass das Gesetz geistlich ist; ich aber bin fleischlich, unter die Sünde verkauft. 15Denn ich weiß nicht, was ich tue. Denn ich tue nicht, was ich will; sondern was ich hasse, das tue ich. 16Wenn ich aber das tue, was ich nicht will, so gebe ich zu, dass das Gesetz gut ist. 17So tue nun nicht ich es, sondern die Sünde, die in mir wohnt. 18Denn ich weiß, dass in mir, das heißt in meinem Fleisch, nichts Gutes wohnt. Wollen habe ich wohl, aber das Gute vollbringen kann ich nicht. 19Denn das Gute, das ich will, das tue ich nicht; sondern das Böse, das ich nicht will, das tue ich. 20Wenn ich aber tue, was ich nicht will, so tue nicht ich es, sondern die Sünde, die in mir wohnt. 21So finde ich nun das Gesetz, dass mir, der ich das Gute tun will, das Böse anhängt. 22Denn ich habe Lust an Gottes Gesetz nach dem inwendigen Menschen. 23Ich sehe aber ein anderes Gesetz in meinen Gliedern, das widerstreitet dem Gesetz in meinem Gemüt und hält mich gefangen im Gesetz der Sünde, das in meinen Gliedern ist. 24Ich elender Mensch! Wer wird mich erlösen von diesem todverfallenen Leibe? 25Dank sei Gott durch Jesus Christus, unsern Herrn! So diene ich nun mit dem Gemüt dem Gesetz Gottes, aber mit dem Fleisch dem Gesetz der Sünde.

Schlüssel und Konkretionen

Biblisch betrachtet geht es bei der Sünde nicht in erster Linie um eine bestimmte Tat, sondern »um die grundsätzliche Frage: Was es heißt, ein Mensch zu sein.«[22] Die biblische Tradition spricht von Sünde in einer Weise, die ein vertieftes Fragen nach dem Menschen, nach seinen Chancen und Grenzen, möglich macht. Aus diesem Grund sollte in religionspädagogischen Zusammenhängen auf den Sündenbegriff nicht verzichtet werden. Er hält den Menschen nicht mit erhobenem Zeigefinger vor, dass sie da oder dort in die Irre gehen. Er stellt die viel grundsätzlichere Frage, wie wir unser Menschsein verstehen und mit Schuld umgehen. Bibeldidaktisch öffnet dieser Begriff die Lernchance, Schuldzusammenhänge und damit die menschliche Existenz besser zu verstehen. Das Thema Sünde findet sich in den Bildungsplänen zwar nur selten ausdrücklich.[23] Es steht aber in Verbindung mit anderen Inhalten, die thematisch mit der Sünde verknüpft sind: Schuld, Strafe und Vergebung, Streit und Ver-

21 Weil aber »alle sündigen« (Röm 5,12), geht es auch hier nicht um die Vorstellung einer vererbten Sünde.
22 Vgl. Riess, Mensch, S. 29.
23 Vgl. Rupp, Sünde.

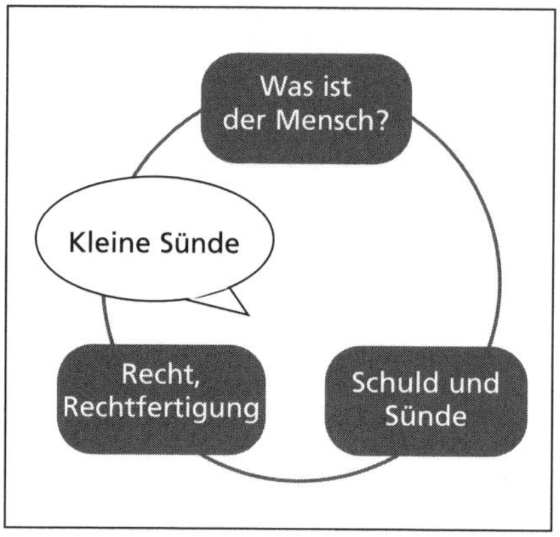

söhnung, Gerechtigkeit etc. Im Zusammenhang mit diesen Themen bringt es eine neue Dimension in das Nachdenken über sich selbst, die Welt und über Gott ein.

»Ich wusste mit elf Jahren noch gar nicht, wer ich war und wie ich bin. Ich sollte schlecht sein und alle Sünden bereuen, hatte aber außer einem verprügelten Nachbarsjungen und einer Menge viergeteilter Regenwürmer nichts zu bieten.«[24] Daraus zu folgern, dass man mit Kindern nicht über Sünde sprechen könne, wäre ein Fehlschluss. Kinder haben durchaus ein Gespür für Verhalten, das der Gemeinschaft schadet. Sie denken zunächst an konkretes Fehlverhalten und stellen eine Hierarchie sündhaften Verhaltens auf (Böses denken, Sachen beschädigen, Personen verletzen, Menschen töten). Je älter sie werden, umso abstrakter können sie von Sünde reden. Ältere Kinder erkennen bereits, dass auch Strukturen sündhaft sein können. Gleichwohl wird Sünde in der Regel als »böse Tat« verstanden. Die Vorstellung von Sünde als grundlegender menschlicher Verfasstheit wird von den Kindern nicht entwickelt.[25] Sie kommen aber zunehmend zu der Einsicht, dass alle Menschen Sünder sind. Zur Überwindung der Sünde empfehlen sie Aussprache und Wiedergutmachung. Wenn man Vergebung erfährt, ist das ein gutes Gefühl. Eine völlige Vergebung gibt es nur durch Gott.[26]

Fricke zeigt in seinen Unterrichtsprotokollen zu Gen 4, dass die Erzählung offen ist »für eine Auseinandersetzung auf verschiedenen Ebenen.«[27] Kinder bringen ihre Wirklichkeitserfahrungen mit und kombinieren sie mit den im Text niedergelegten Erfahrungen: Das Gefühl, ungerecht behandelt zu werden, der eigenen Wut ausgesetzt zu sein oder die Schwierigkeiten, wenn es darum geht, einen Menschen mit seiner bösen Tat wieder in die Gemeinschaft zu integrieren. Ihr Versuch, Gott von Schuld freizuhalten, stößt an die Grenze, die der Text selbst zieht, indem er die Reaktion Gottes auf das Opfer unerklärt lässt. Gerade darin aber liegt die Lernchance, Fragen zu stellen und vorsichtig zu sein mit dem Zuweisen von Sünden.

Schüler einer 9. Jahrgangsstufe formulieren eine darüber hinausgehende Perspektive: »Sünde ist, wenn man Gebote bricht, die von Gott in der Bibel aufgestellt wurden. Hauptleitfaden sind die 10 Gebote.« Oder: »Etwas tun, das nicht nach Gottes Willen ist, wofür man büßen muss. Etwas, das nicht vorbildlich für das Verhalten der Menschheit und den Weltfrieden ist.«

Bibeldidaktisch gesehen geht es darum, den biblischen Sündenbegriff zu erschließen und ein Verständnis dafür anzubahnen, dass mit diesem Begriff menschliche Grundfragen angesprochen und zugleich Wege aufgezeigt werden, die über die Sünde hinausführen.

24 So Claudia Schreiber in: Chrismon 9/2007, A. 26. Die flotte Formulierung verschleiert das Problem; es geht um das Verhältnis zu anderen Menschen und zur Natur, das in beiden genannten Fällen nicht gut gelungen ist.

25 Zimmermann, Sünde, S. 146.

26 Zimmermann, Sünde, S. 149.

27 Fricke, Bibeltexte, S. 413.

Ist der Zugang zum biblischen Sündenbegriff eröffnet, können verschiedene innerbiblische Wege beschritten werden:

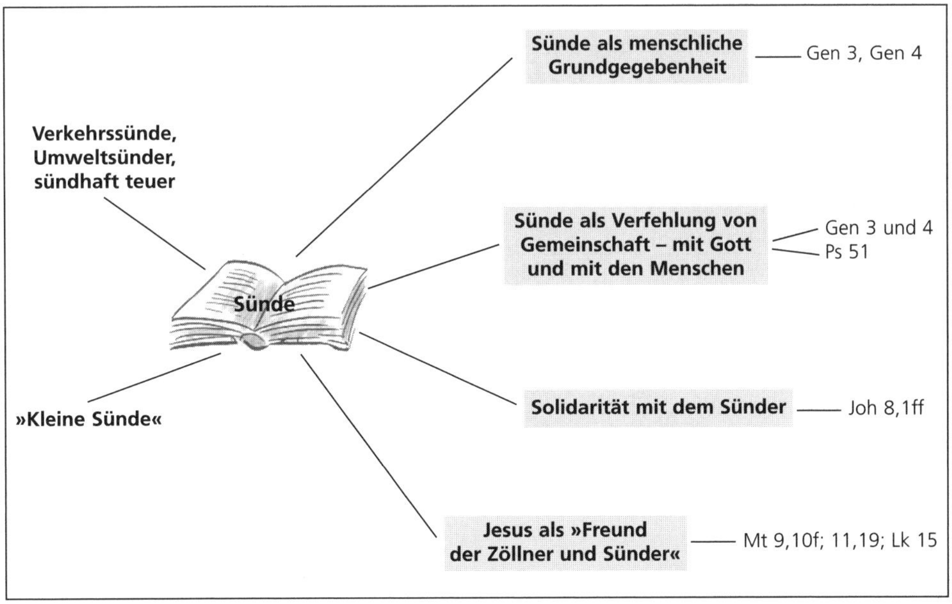

Konkretionen:

- Ein Schlüssel für diese Thematik kann der alltäglich-verharmlosende Sprachgebrauch sein. Verkehrssünder, Umweltsünder, Dopingsünder sind ebenso geläufig wie der Ausruf »Heute darf ich mal sündigen« angesichts der Schweinshaxe. Solche Worte und Wendungen kann man sammeln und fragen, was dabei jeweils als Sünde gilt. Der Dopingsünder ist dabei insofern ein besonders gutes Beispiel, weil damit nicht zum Ausdruck gebracht wird, dass der Sportler seinen Körper schädigt, sondern das Vertrauen der Zuschauer verletzt.
- Die Firma »Teekanne« wirbt für einen Früchtetee mit der Bezeichnung »Kleine Sünde«. Auf der Verpackung ist ein Engelchen mit Teufelshörnern zu sehen. Die Kombination von Engel und Teufel ist in der Werbung weit verbreitet. Sie spielt an auf das »himmlische Vergnügen«, das ein bestimmtes Produkt bereitet, das aber nicht einfach nur dauerhaft himmlisch (und damit etwas langweilig) ist, sondern auch prickelnd mit einem locker-liederlichen Unterton. Von hier aus kann man weiter fragen: Warum wird ein Früchtetee »Kleine Sünde« genannt? Was soll das Wort Sünde in diesem Zusammenhang aussagen? Ist das Trinken von Früchtetee tatsächlich eine Sünde? Gibt es auch große Sünden? Was könnte das sein? Gibt es einen Unterschied zwischen Sünde und Schuld? Könnte man den Tee auch »Kleine Schuld« nennen? Lässt sich Sünde abstufen, so wie man schwere von minder schwerer Schuld unterscheidet?

- Was ist überhaupt Sünde? Eine »Checkliste« zur Sünde führt verschiedene Deutungsmöglichkeiten an[28]:

	Ja?	Nein?
Der Begriff Sünde bezeichnet einen zentralen Glaubensinhalt		
Sünde ist ein gestörtes Verhältnis zu Gott		
Sünde ist ein Handeln gegen die Gebote Gottes		
Sünde ist ein unvermeidliches Schicksal		
Sünde zerstört Gemeinschaft		
Sünde zeigt sich in Sünden		
Sünde hat es mit Moral zu tun		
Sünden kann man erkennen (man weiß es, wenn man gesündigt hat)		
Sünde(n) soll der Mensch vermeiden		
Sünde(n) kann der Mensch vermeiden		
Sünde(n) soll/muss man beichten		
Statt von Sünde kann man auch von Schuld sprechen		
Sünde zieht Strafe nach sich		
Wer sündigt, kommt in die Hölle		
Sünden gibt es gar nicht		

- Die Methode »Zielscheibe«[29] kann ebenfalls in die Diskussion einführen: Die These »Alle Menschen sind Sünder« bzw. ein entsprechender Satz aus der Bibel wird in die Mitte einer »Zielscheibe« mit mehreren konzentrischen Kreisen geschrieben und in den Stuhlkreis gelegt. Alle Schülerinnen und Schüler erhalten einen Spielstein zum Votieren. Sie werden aufgefordert, ihren Stein auf die Zielscheibe zu legen und zwar in das Feld, dem sie persönlich zustimmen. Die einzelnen Felder bedeuten von außen nach innen: ich stimme nicht zu – ich stimme eher nicht zu – ich bin unentschieden – ich stimme eher zu – ich stimme zu. Nach dem Votieren werden die Schülerinnen und Schüler zu Kommentaren und Begründungen aufgefordert. Ein Meinungsbild ist auf diese Weise leicht erstellt und eine Diskussion über das Pro und Contra der These kann eingeleitet werden.
- Eine Metaphernmeditation kann helfen, die Phänomene von Schuld und Sünde in Worte und Bilder zu fassen: Schuld ist wie …; Sünde ist wie …; Vergebung ist wie … Welches Wort/welche Worte können den Sachverhalt beschreiben, dass menschliches Zusammenleben auf oft unverständliche Weise gestört ist?

  Vor allem Gen 3 und Joh 8,1–11 bieten sich als Einstieg in die biblische Tradition an.
- In der »Sündenfallgeschichte« nach dem Wort »Sünde« suchen; überlegen, warum sich die Menschen vor Gott verstecken. Eine andere Überschrift für die Erzählung finden.
- Joh 8,1–11 kann als Schlüsselszene dienen. Verschiedene Fragen können helfen, die Szene selbst zu entschlüsseln: Was könnte Jesus in den Sand geschrieben haben? Was könnte es bedeuten, dass Jesus überhaupt in den Sand schreibt? Was für ein Verständnis von Sünde haben die Ankläger? Jesus kritisiert unausge-

28 Nach Brockmann, Sünde, S. 11.
29 Vgl. Kliemann, Impulse, S. 84.

sprochen das Sündenverständnis der Ankläger; auf welche Weise tut er das? Warum wird die Frau nicht gesteinigt? Man kann auch die Geschichte bis V. 7 lesen und fortführen lassen oder eine andere Überschrift suchen.

Rechtfertigung und Vergebung

Schon der Sprachgebrauch ist verräterisch. Wir gebrauchen das Verb »entschuldigen« fast nur reflexiv: Ich entschuldige mich, wir entschuldigen uns. Vom Wortsinn her ist die »Entschuldigung« die Bitte um Entschuldigung. Wir machen es uns einfacher, sagen selbst »Entschuldigung« und halten die Sache für erledigt.

Von Rechtfertigung ist oft die Rede. Meistens geht es dabei um die Verteidigung des eigenen Verhaltens. Ich habe einen Fehler gemacht und versuche zu erklären, warum ich eigentlich gar nicht anders konnte. Ein Schüler hat die Hausaufgaben vergessen und führt etliche Gründe dafür an. Große Firmen rechtfertigen die Entlassung von Mitarbeitern mit den Erfordernissen des globalen Marktes. Die Speicherung der Daten von Flugpassagieren wird mit dem Kampf gegen den Terror gerechtfertigt. Rechtfertigungstendenzen sind überall zu spüren. Oft überzeugen sie nicht, manchmal wirken sie verlogen. Zwar ist für heutige Menschen nicht mehr – wie bei dem jungen Luther – Gott die Instanz, vor der man sich zu rechtfertigen hat. Das heißt aber nicht, dass es keine urteilenden Instanzen mehr gäbe. In allen Lebensbereichen werden wir nach Leistung beurteilt – oft gnadenlos. Leistung ist unserer Gesellschaft zur Instanz geworden, vor der wir uns verantworten müssen. Die Grenzen spüren alle, die die geforderte Leistung nicht erbringen können, aus welchen Gründen auch immer.[30] Daraus resultieren viele verschiedene Formen, Scheitern und Versagen zu kaschieren.

Gerechtigkeit, Rechtfertigung, Vergebung

In der Bibel hat das Wort Rechtfertigung mit dem Verhältnis zwischen Gott und Mensch zu tun. Gerecht ist, wer im richtigen Verhältnis zu Gott steht. Im Alten Testament meint Gerechtigkeit in einem grundlegenden Sinn die gute, rechte Ordnung. Gott hat in der Schöpfung der ganzen Welt eine umfassende Ordnung gegeben (Ps 97,6 »Die Himmel verkündigen Gottes Gerechtigkeit«). In besonderer Weise zeigt sich diese gerechte Ordnung in der Gemeinschaft und dem Bund Gottes mit seinem Volk. Gerechtigkeit besteht in der Treue zur Gemeinschaft: Gerecht ist, wer den Ansprüchen, die die Gemeinschaft an ihn stellt, gerecht wird. Aus diesem Grund wird die Barmherzigkeit nicht als freiwillig erbrachte Wohltat verstanden, sondern als Akt der Gerechtigkeit. Das hebräische Wort *sedakâ* ist

30 Segbers, Gerechtigkeit, macht darauf aufmerksam, dass die aktuelle öffentliche Debatte um den Gerechtigkeitsbegriff (charakteristisch sind die Begriffe Verteilungsgerechtigkeit, Befähigungsgerechtigkeit, Teilhabegerechtigkeit) dringend des biblischen Impulses bedarf, »die sozialen Verhältnisse mit dem Blick von unten, aus der Perspektive der Schwächeren und mit einer Parteinahme für den Menschen in seiner Verletzlichkeit und Bedürftigkeit anzusehen« (S. 165).

deshalb mit Gerechtigkeit nur unvollkommen wiedergegeben. Es zielt auf ein gemeinschaftsgerechtes Verhalten und teilt viele Aspekte mit dem Begriff der Solidarität. Gott erweist sich in dieser Beziehung dadurch als gerecht, dass er seiner Selbstverpflichtung nachkommt, für das ganze Volk da zu sein, es zu schützen und zu bewahren. Israels Treue zur Gemeinschaft erweist sich im Gegenzug darin, dass es Gottes Gebote hält und nach dieser hilfreichen Lebensordnung lebt. Dementsprechend hebt Dtn 6,25 hervor: »Und das wird unsere Gerechtigkeit sein, dass wir alle diese Gebote tun und halten vor dem HERRN, unserm Gott, wie er uns geboten hat.«

Bei den Propheten wird das Verständnis von Gerechtigkeit zugespitzt. In ihrer Gerichtspredigt prangern sie an, dass sich die Menschen mehr auf die eigene Kraft verlassen als auf Gott. Damit ist der Bund mit Gott gebrochen und die Grundlage der Gemeinschaft gefährdet. Zugleich verändert sich der Sinn der Gebote: Da sie den Rahmen einer guten und heilvollen Lebensordnung beschreiben, dienen sie als Anklage des Volkes, wenn es sich von Gott abgewendet hat. Nach der übereinstimmenden Auffassung der Propheten kann die Gemeinschaft mit Gott (und damit ein vertrauensvoller Umgang der Menschen untereinander) nur hergestellt werden, indem die Menschen sich wieder Gott zuwenden, sich am Bund und der Tora orientieren und wenn Gott selbst einen neuen Anfang schafft.

Durch Sünde und Schuld wird die Beziehung des Menschen zu Gott und zu den Mitmenschen gestört. Nur Gott kann die Sünde vergeben und die gestörte Beziehung heilen. Die Bitte um Vergebung wird im Gebet vor Gott gebracht (Ex 34,9; Ps 25,18). Dies ist möglich, weil Gott als der Barmherzige geglaubt und erkannt wird (Ps 103,8), der bereits barmherzig gehandelt hat (Ps 85; Dan 9,16ff). Die Gewissheit, dass Gott Schuld vergibt, ermöglicht damit erst das Bekenntnis der Schuld.

Ps 32,1–5: Wohl dem, dem die Übertretungen vergeben sind, dem die Sünde bedeckt ist! 2Wohl dem Menschen, dem der HERR die Schuld nicht zurechnet, in dessen Geist kein Trug ist! 3Denn als ich es wollte verschweigen, verschmachteten meine Gebeine durch mein tägliches Klagen. 4Denn deine Hand lag Tag und Nacht schwer auf mir, dass mein Saft vertrocknete, wie es im Sommer dürre wird. SELA. 5Darum bekannte ich dir meine Sünde, und meine Schuld verhehlte ich nicht. Ich sprach: Ich will dem HERRN meine Übertretungen bekennen. Da vergabst du mir die Schuld meiner Sünde. SELA.
Ps 103,2–5: Lobe den HERRN, meine Seele, und vergiss nicht, was er dir Gutes getan hat: 3der dir alle deine Sünde vergibt und heilet alle deine Gebrechen, 4der dein Leben vom Verderben erlöst, der dich krönet mit Gnade und Barmherzigkeit, 5der deinen Mund fröhlich macht und du wieder jung wirst wie ein Adler.

Im Neuen Testament ist zunächst auf die Verkündigung und die Wirksamkeit Jesu einzugehen. Seine grundlegende Botschaft lautet: Gottes Reich bricht an und seine Herrschaft ist bereits erkennbar. Von diesem Gottesreich erzählt Jesus. Er stellt es den Menschen vor Augen und handelt so, wie es dem Kommen Gottes entspricht. Über religiöse und gesellschaftliche Grenzen hinweg wendet er sich Menschen zu, gerade auch denen am Rand der Gesellschaft. In seinen Gleichnissen beschreibt er die Gemeinschaft zwischen Gott und Mensch: Das verlorene Schaf, die verlorene Münze, der verlorene Sohn (Lk 15,1ff) – Bilder für die Freude Gottes über die Menschen, die sich ihm zuwenden und sich von ihm finden lassen. Charakteristisch ist die kleine Erzählung vom Pharisäer und Zöllner.

Lk 18,9–14: Er sagte aber zu einigen, die sich anmaßten, fromm zu sein, und verachteten die andern, dies Gleichnis: [10]Es gingen zwei Menschen hinauf in den Tempel, um zu beten, der eine ein Pharisäer, der andere ein Zöllner. [11]Der Pharisäer stand für sich und betete so: Ich danke dir, Gott, dass ich nicht bin wie die andern Leute, Räuber, Betrüger, Ehebrecher oder auch wie dieser Zöllner. [12]Ich faste zweimal in der Woche und gebe den Zehnten von allem, was ich einnehme. [13]Der Zöllner aber stand ferne, wollte auch die Augen nicht aufheben zum Himmel, sondern schlug an seine Brust und sprach: Gott, sei mir Sünder gnädig! [14]Ich sage euch: Dieser ging gerechtfertigt hinab in sein Haus, nicht jener. Denn wer sich selbst erhöht, der wird erniedrigt werden; und wer sich selbst erniedrigt, der wird erhöht werden.

Es ist keineswegs so, dass der Pharisäer seine frommen Werke vortäuscht. Die Pharisäer zeichneten sich in der Tat dadurch aus, dass sie ihren Alltag an den Geboten Gottes auszurichten versuchten. Kritisiert wird aber seine Haltung, die das eigene Tun und Vermögen in den Vordergrund stellt. Dass Jesus den Zöllner, der um Gottes Gnade bittet und weiß, dass er auf Grund seines eigenen Tuns nicht vor Gott bestehen kann, als Vorbild hinstellt, knüpft an die alttestamentliche Überzeugung an, dass Gott die Menschen »recht« sein lässt und ihnen Gemeinschaft schenkt. Indem Jesus sich mit Zöllnern und Sündern an einen Tisch setzt, macht er dieses Wirken Gottes anschaulich.

Besonders intensiv hat sich im Neuen Testament Paulus mit dem Gedanken der Rechtfertigung auseinandergesetzt. Er sieht die Rechtfertigung in engem Zusammenhang mit Sünde und Gesetz. Sünde ist für Paulus eine Macht, die sich auf das ganze Leben auswirkt (Röm 5,12.21; 6,6.12.17 ff) – bis dahin, dass man das Gute, das man kennt und will, nicht vollbringt, das Böse dagegen, das man nicht will, dennoch tut (Röm 7,1 ff). Konsequenz dieser sündigen Existenz sind Gottferne und Tod (Röm 6,23). Wie kann aber der sündige Mensch vor Gott treten und von ihm gerecht gesprochen werden? Von seiner jüdischen Herkunft her sind Paulus die Gebote Gottes als Heilsweg vorgegeben. Er radikalisiert diesen Weg aber: Wenn das Halten der Gebote (die Werke des Gesetzes) zum Heil führen soll, dann müssen sie auch tatsächlich erfüllt werden (Röm 10,15). Bleibt man dagegen im Blick auf das Gesetz etwas schuldig (und wer bliebe nichts schuldig?), kann das Gesetz nicht mehr als Heilsweg dienen; es spricht vielmehr denjenigen schuldig, der es bricht (Röm 7,7 f). Die Klage »Ich elender Mensch! Wer wird mich erlösen von diesem todverfallenen Leibe?« (Röm 7,24) bringt die Ausweglosigkeit der Situation zum Ausdruck. Dass dennoch Hoffnung besteht, findet in Röm 3,21 seinen Ausdruck: »Nun aber ist ohne Zutun des Gesetzes die Gerechtigkeit, die vor Gott gilt, offenbart.« Dabei verbindet Paulus die Offenbarung der Gerechtigkeit Gottes mit dem Kreuz: Gott hat im Kreuz Christi die Vergebung der Sünden »für uns« bewirkt (Röm 3,25 f) und dies durch die Auferweckung Jesu von den Toten bestätigt. Gott erweist seine Gerechtigkeit und Treue also nicht darin, dass er die Menschen verurteilt, die sich von ihm abgewandt haben, sondern dass er sich ihnen zuwendet und sein Ja zu ihnen bestätigt. Diese Zuwendung Gottes nennt Paulus Gnade. Sichtbar und erkennbar wird sie in Tod und Auferweckung Jesu. Glaube ist in diesem Sinne keine fromme Leistung, sondern gerade der Verzicht darauf, er ist das Vertrauen auf den gnädigen Gott.

Von hier aus entfaltet Paulus seine ganze Theologie, von hier aus entwickelt er auch seine Vorstellungen für das Leben der Christen. Wer glaubt und getauft ist, hat eine neue Existenz »in Christus« begonnen (2Kor 5,17) und untersteht nicht mehr der Sünde. Aber die Christen leben noch in dieser Welt, in der die Sünde wirkt. Deshalb mahnt Paulus seine Gemeinden, sich von der Sünde fernzuhalten und der Zuwendung Gottes in Christus durch das eigene Handeln zu entsprechen. Aus diesem Grund gehört in den Paulusbriefen die Heilszusage (im Indikativ) mit dem Imperativ zusammen, diese Zusage im eigenen Tun zu bewahrheiten. Verbunden wird dies mit einem eschatologischen Ausblick. Denn auch wenn die Christen schon in Christus leben, so steht die Vollendung dieses Lebens doch noch aus. Die christliche Hoffnung richtet sich nach Paulus darauf, dass Christus wiederkommen wird und die Glaubenden mit ihm leben werden. Bis dies eintritt, sollen sich die Christen untereinander stützen und fördern und so die Gemeinde, den »Leib Christi«, aufbauen.

Schlüssel und Konkretionen

Die Begriffe Gerechtigkeit und Rechtfertigung werden gegenwärtig vornehmlich auf zwischenmenschliche Verhältnisse bezogen. Das biblische Verständnis, nach dem das Verhältnis zwischen Menschen immer auch das Verhältnis zu Gott tangiert und umgekehrt, ist vielen fremd geworden. Verbreitet ist allerdings noch die Vorstellung von einer ausgleichenden Gerechtigkeit, die es vor allem ahnden wird, wenn andere an mir Unrecht getan haben.

Gerechtigkeit, Recht und Rechtfertigung zielen auf Bedeutung und Wahrheit des fremden und eigenen Lebens. Wie erweisen sie sich? Kommt es an einem »Jüngsten Tag« zur Wahrheit, an dem ein perfekter Richter alle Stärken und Schwächen aufdeckt und bewertet? Misst sich der Wert meines Lebens daran, ob ich aus gegebenem Startkapital etwas mache? An dem, was andere über mich sagen oder was ich mir selbst vorschreibe? Was bin ich wert, wenn ich nicht zur Glitzerwelt der Reichen, Schönen und Prominenten gehöre? Und was, wenn ich in einer Welt, in der die Leistung zählt, arbeitslos werde? Wie erweisen sich Bedeutung und Wert unseres Lebens?

Einen Zugang zum biblischen Themenkreis von Recht und Gerechtigkeit kann der Spiegel schaffen. Denn auf allen möglichen Gebieten bekommen wir Spiegel vorgehalten. Schau dich an und vergleich dich dann mit anderen: Kannst du mithalten? Bist du gut genug? Oder bist du zu dick, zu alt, zu arm, nicht erfolgreich genug? Der Spiegel wird zum Medium von Rechtfertigung und Anklage.

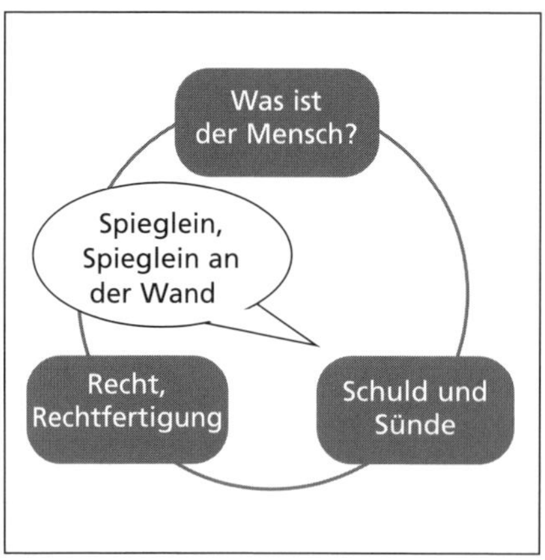

Von hier aus kann man dem Thema Rechtfertigung und Vergebung in der Bibel auf verschiedenen Wegen nachgehen.

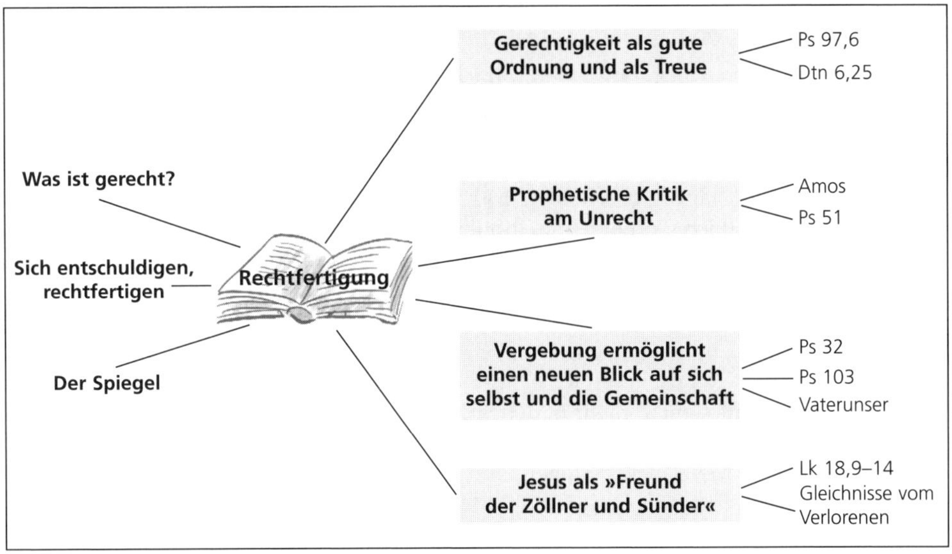

Konkretionen:

- »Spieglein, Spieglein, an der Wand, wer ist die Schönste im ganzen Land?«, fragt die Königin im Märchen von Schneewittchen – und bekommt die Antwort von ihrem Zauberspiegel, dass sie die Schönste sei, mit einer Ausnahme allerdings: »Frau Königin, Ihr seid die Schönste hier, doch Schneewittchen über den sieben Bergen, bei den sieben Zwergen, ist tausendmal schöner als Ihr.« Das lässt sie nicht ruhen. Was sehen wir, wenn wir in den Spiegel schauen?
- Im Jahr 2008 produzierte die Focus TV-Produktions GmbH die von Vox ausgestrahlte Sendung »Spieglein, Spieglein …«, eine Doku-Soap »um ganz viel Schönheit und ein positives Körperbewusstsein«[31], die sich allerdings nicht lange halten konnte. Wir kennen alle die konvex oder konkav geformten Spiegel, die schlank oder dick machen. Gerne würden wir einem attraktiven Spiegelbild glauben. Wie würden wir gerne aussehen?
- Ein gegenteiliges Phänomen zeigen die derzeit beliebten Casting-Shows. Sie erfreuen sich großer Beliebtheit, obwohl manche der Teilnehmerinnen und Teilnehmer vor einem großen Publikum gnadenlos niedergemacht werden.[32] Für die DSDS-Staffel des Jahres 2008 meldeten sich über 28.000 Interessenten, ein Beleg für den Wunsch vieler (nicht nur junger) Menschen nach Prominenz oder Medienpräsenz. Dafür nimmt man dann auch in Kauf, in aller Öffentlichkeit bloßgestellt zu werden.
- Anderen möchten wir manches Mal »einen Spiegel vorhalten«. Und es kommt vor, dass wir uns fragen, ob wir »noch in den Spiegel schauen können«, wenn wir dies oder jenes tun. Was ist der Sinn dieser Redewendungen?

---

31 Näheres unter http://www.focus.de/focustv/formate/vox_aid_263704.html am 10.2.2009.

32 Die verbalen Ausfälle von Dieter Bohlen, »Ober-Juror« von »Deutschland sucht den Superstar«, führte dazu, dass die »Kommission für Jugendmedienschutz« im Januar 2007 ein Prüfverfahren gegen DSDS wegen »möglicher sozialethischer Desorientierung von Kindern und Jugendlichen« einleitete (http://www.zeit.de/online/2008/04/dsds am 2.1.2009).

– Die Band »3. Generation« singt in dem Lied »Mein Spiegel« Folgendes[33]:

> »Ich gucke in den Spiegel und wen seh ich? Mich! Ganz äußerlich und durchschnittlich schau ich mir ins Gesicht. Und ich weiß nicht, ob mir gefällt, was ich seh. Manchmal tut es mir weh, wenn ich seh, was ich so dreh. Ich komm nicht aus der Bronx und ich bin nicht rein. Ich suche keinen Streit und bin kein fieses Schwein. Doch nein, ich kann mich nicht ständig bescheißen. Es hat keinen Sinn sich in den Himmel zu preisen. Und was soll ich Gott erzählen, hoffen, dass er mich versteht? Ich habe schon zu viele krumme Dinger gedreht. Und das Gebot, welches mir jetzt bevorsteht, hat mein ganzes Spiegelbild verdreht.
> Refrain: Mein Spiegel, sag mir die Wahrheit, was ich besser machen kann. Mein Spiegel sag mir, wer ich wirklich bin. Die Welt ist gut, die Welt ist schlecht. Ich weiß nicht, wer ich bin. Bin ich falsch, bin ich echt? Kann ich an mich glauben, kann ich mir vertraun? Ich trau mich nicht mehr in den Spiegel zu schauen. Es ist das Grauen, zurückzuschauen und zu verdauen, wie es ist, soviel dumme Scheiße zu bauen. Ja, ich habe gesündigt, habe Menschen betrogen, alle, die mir gut und heilig sind, belogen. Und jetzt? Die echten Freunde sind weg, ich sitz hier vor meinem Dreck und flehe dich an, zeig mein wahres Ich! Bitte Spiegel rette mich!«

Kann uns der Spiegel sagen, wer wir wirklich sind? Sind wir nur das, was wir selbst von uns sehen? Sind wir das, was andere in uns sehen? Oder beides zugleich? Das bekannte Gedicht Bonhoeffers »Wer bin ich?« bringt dies bis heute unübertroffen zum Ausdruck.

> »Wer bin ich? Sie sagen mir oft, ich träte aus meiner Zelle gelassen und heiter und fest wie ein Gutsherr aus seinem Schloß.
> Wer bin ich? Sie sagen mir oft, ich spräche mit meinen Bewachern frei und freundlich und klar, als hätte ich zu gebieten.
> Wer bin ich? Sie sagen mir auch, ich trüge die Tage des Unglücks gleichmütig, lächelnd und stolz, wie einer, der Siegen gewohnt ist.
> Bin ich das wirklich, was andere von mir sagen? Oder bin ich nur das, was ich selbst von mir weiß?
> Unruhig, sehnsüchtig, krank, wie ein Vogel im Käfig, ringend nach Lebensatem, als würgte mir einer die Kehle, hungernd nach Farben, nach Blumen, nach Vogelstimmen, dürstend nach guten Worten, nach menschlicher Nähe, zitternd vor Zorn über Willkür und kleinlichste Kränkung, umgetrieben vom Warten auf große Dinge, ohnmächtig bangend um Freunde in endloser Ferne, müde und zu leer zum Beten, zum Denken, zum Schaffen, matt und bereit, von allem Abschied zu nehmen?
> Wer bin ich? Der oder jener? Bin ich denn heute dieser und morgen ein anderer? Bin ich beides zugleich? Vor Menschen ein Heuchler und vor mir selbst ein verächtlich wehleidiger Schwächling? Oder gleicht, was in mir noch ist, dem geschlagenen Heer, das in Unordnung weicht vor schon gewonnenem Sieg?
> Wer bin ich? Einsames Fragen treibt mit mir Spott. Wer ich auch bin, Du kennst mich, Dein bin ich, o Gott!«[34]

---

33 http://www.magistrix.de/lyrics/Die%203.%20Generation/Mein-Spiegel-26110.html. Die Band »3. Generation« wurde mit dem Soundtrack »Leb!« zur ersten Staffel von Big Brother bekannt. 2004 löste sich die Band auf.

34 Bonhoeffer, Widerstand, S. 179.

- Heutige Image-Berater würden Bonhoeffer vermutlich raten, seine Außenwirkung mit einem vorteilhafteren Dresscode noch zu intensivieren und seine Selbstzweifel schleunigst aufzugeben. »Image« bezeichnet den Gesamteindruck, den man bei anderen hervorruft. Wer etwas auf sich hält, lässt von einem »Image-Berater« eine »Schwachstellenanalyse« erstellen, um sich besser darstellen zu können. Kaum etwas fürchten Firmen[35] so sehr wie einen Imageschaden. Ob das angestrebte Image dabei mit den Fakten übereinstimmt scheint eher zweitrangig zu sein. In 1Sam 16 wird die Berufung und Salbung Davids durch Samuel erzählt. Samuel orientiert sich am Äußerlichen und erwartet, dass er einen der älteren Söhne Isais zum König salben soll. In V. 7 bekommt er aber gesagt: »Ein Mensch sieht, was vor Augen ist; der HERR aber sieht das Herz an.« Angesichts vieler Imagepflegemaßnahmen ist das ein Satz, den man im Gedächtnis behalten sollte.
- Der Spiegel zeigt immer nur die, die hineinschauen. Paulus kann das Bild vom Spiegel in einem anderen Sinn verwenden, weil Glaube, Hoffnung und Liebe auch das dunkle Bild umfassen.

1Kor 13,12 f: Wir sehen jetzt durch einen Spiegel ein dunkles Bild; dann aber von Angesicht zu Angesicht. Jetzt erkenne ich stückweise; dann aber werde ich erkennen, wie ich erkannt bin. [13]Nun aber bleiben Glaube, Hoffnung, Liebe, diese drei; aber die Liebe ist die größte unter ihnen.

35 Aber nicht nur Firmen. Der Imageschaden etwa des Radsports durch die vielen Dopingfälle ist immens und führt (mit Recht) zu erheblichen Rückgängen im Sponsoring. Dabei konnte keinem einigermaßen aufgeklärten Zeitgenossen schon seit Jahren verborgen bleiben, dass die körperlichen Leistungen der Profis etwa bei der Tour de France nicht nur auf intensives Training zurückzuführen waren. Das wohl gepflegte Image vom »sauberen Athleten« konnte aber lange Zeit die immer wieder geäußerten Zweifel erfolgreich überdecken.

8. Glauben, Handeln, Hoffen

Das Verhältnis des Menschen zu Gott ist nach biblischem Verständnis grundlegend durch Glauben, Handeln und Hoffen bestimmt. Deshalb lassen sich diese Begriffe eng mit den anderen Themenkreisen verknüpfen. Auf der anderen Seite sind diese antwortenden Äußerungen auf das Handeln Gottes so vielgestaltig, dass sich ein eigener Themenkreis nahe legt.

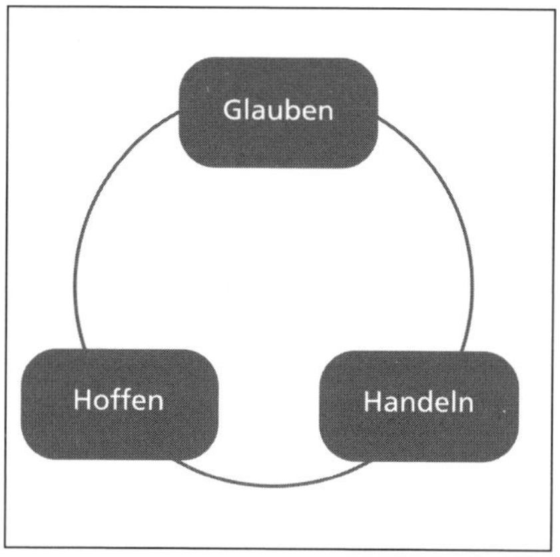

Glauben

Glaube ist ein merkwürdiges Wort. Bedenkenlos wird es für allerlei Banalitäten gebraucht: Dass das Wetter besser wird, dass Bayern München das nächste Spiel gewinnt, dass die Börsenkurse steigen oder fallen usw. Überall und jederzeit wird geglaubt.

Das Wort gibt es auch in härterer Währung: Ich glaube dir; ich glaube jemandem, was er sagt. Hier ist das Wort Ausdruck einer Beziehung. Ich weiß es nicht definitiv, ob es stimmt, was einer sagt. Aber weil ich ihn kenne oder einen bestimmten Eindruck von ihm habe, glaube ich es. Bei anderen mag es umgekehrt sein; sie beteuern etwas, aber in mir nagt der Zweifel.

Das Wort hat auch einen hohen, religiösen Anspruch: »Ich glaube an Gott, den Schöpfer des Himmels und der Erde, und an Jesus Christus, seinen eingeborenen Sohn.« Diese Aussagen bringen ebenfalls eine Beziehung zum Ausdruck. Das macht ihre Besonderheit aus und grenzt sie ab gegen das häufige Missverständnis, dass der Glaube sich vor allem auf unbeweisbare Inhalte beziehe. Glaube ist ein Beziehungswort und am ehesten mit Vertrauen zu umschreiben: Darauf vertrauen, dass Gott die Welt gut geschaffen hat und Gutes mit ihr vorhat; darauf vertrauen, dass seine Gebote dem Leben dienen; darauf vertrauen, dass er seine Zusagen hält, auch in schwierigen Zeiten; mit Jesus auf Gott zu hoffen und sich Gott von ihm erschließen zu lassen. Der Glaube rechnet in der Welt und im eigenen Leben mit Gott. Es geht um ein die Existenz bestimmendes Verständnis der Wirklichkeit.

Oft ist der Glaube unsicher: »Manchmal glaube ich an Gott, manchmal nicht«, sagt eine Jugendliche. Oder: »Ich glaube schon an Gott, aber ich kann ihn mir nicht richtig vorstellen.« Zweifelhaft kann der Glaube nicht nur im Blick auf das Geglaubte sein, sondern schon bei den Glaubenden selbst. Am 17.4.2008 schreibt Andrea Rödig in der TAZ Folgendes: »Seit einiger Zeit zünden eine Freundin und ich in katholischen Kirchen Kerzen an. Wir glauben nicht an Gott, wir besuchen keine Messen. An die Wirkung von Kerzen zu glauben wäre uns peinlich. Ich suche nach dem Grund dieser kleinen, flüchtigen kultischen Handlung, dem Grund eines Gefühls, für das der Begriff ›Faszination‹ zu stark und ›bloße Sentimentalität‹ zu schwach wäre.«[1] Wie lässt sich dieses Phänomen zwischen Sentimentalität und Faszination beschreiben?

Sich fest machen

Im Alten Testament bedeutet der hebräische Wortstamm *aman* »fest, sicher, zuverlässig sein«. Er kann sich auf Menschen beziehen, die zuverlässig sind (z. B. auf Mose Num 12,7; auf Boten Spr 25,13; auf Zeugen Jes 8,2), oder auf Gott selbst, dessen Treue Bestand hat: »So sollst du nun wissen, dass der HERR, dein Gott, allein Gott ist, der treue Gott, der den Bund und die Barmherzigkeit bis ins tausendste Glied hält denen, die ihn lieben und seine Gebote halten« (Dtn 7,9). Diese Treue hat Gott vielfach bewiesen. Er hat das Volk aus Ägypten befreit, hat es durch die Wüste geleitet, es gemehrt und ihm ein Land gegeben. Der Glaube Israels ist in dieser erfahrenen und überlieferten Zuverlässigkeit Gottes und der daraus entstehenden verlässlichen Beziehung zu Gott begründet. Deshalb geht es nicht in erster Linie um bestimmte Glaubensinhalte, sondern um eine Beziehung, von der sich erzählen lässt.[2]

Zuverlässigkeit und die Übereinstimmung von Wort und Handeln sind bei Gott und den Menschen gleichermaßen wichtig (vgl. 1Kön 8,26; 1Chr 17,23f im Blick auf Gott, Gen 42,20 im Blick auf Menschen). Nach Ex 4,1–9 befürchtet Mose, dass ihm das Volk seine Beauftragung durch Gott nicht abnimmt. Deshalb lässt Gott Mose drei Wunder vollbringen, die seine Zuverlässigkeit bestätigen sollen.

Ex 4,1–5: Mose antwortete und sprach: Siehe, sie werden mir nicht glauben und nicht auf mich hören, sondern werden sagen: Der HERR ist dir nicht erschienen. [2]Der HERR sprach zu ihm: Was hast du da in deiner Hand? Er sprach: Einen Stab. [3]Der HERR sprach: Wirf ihn auf die Erde. Und er warf ihn auf die Erde; da ward er zur Schlange und Mose floh vor ihr. [4]Aber der HERR sprach zu ihm: Strecke deine Hand aus und erhasche sie beim Schwanz. Da streckte er seine Hand aus und ergriff sie, und sie ward zum Stab in seiner Hand. [5]Und der HERR sprach: Darum werden sie glauben, dass dir erschienen ist der HERR, der Gott ihrer Väter, der Gott Abrahams, der Gott Isaaks, der Gott Jakobs.

Vertrauen und Zuverlässigkeit hängen aber nicht vom bestätigenden Wunder ab. Abraham bekommt von Gott die Zusage einer großen Nachkommenschaft (Gen 15,5f) – und vertraut ohne Beweis auf ihre Verlässlichkeit:

1 In http://www.taz.de/pt/2006/05/27/a0257.1/text.ges.
2 In der Dogmatik unterscheidet man den Glaubensinhalt (fides quae creditur) vom Glaubensakt (fides qua creditur). Eine ähnliche Unterscheidung ist die zwischen Glaube (fides) und Frömmigkeit (pietas). Beide Aspekte gehören aber immer zusammen.

Gen 15,5f: Und er hieß ihn hinausgehen und sprach: Sieh gen Himmel und zähle die Sterne; kannst du sie zählen? Und sprach zu ihm: So zahlreich sollen deine Nachkommen sein! [6]Abram glaubte dem HERRN und das rechnete er ihm zur Gerechtigkeit.

Obwohl nichts dafür spricht, dass diese Verheißung eintritt, vertraut Abraham darauf, eben weil es eine Zusage Gottes ist. In gleicher Weise hatte er sich schon nach Gen 12,4 auf die Zusage Gottes hin auf den Weg in ein unbekanntes Land gemacht. Nach 15,6 bestätigt Gott, dass diese Grundhaltung des Vertrauens das ist, was er von Abraham will.

In den Psalmen werden die Treue Gottes und die Zuverlässigkeit seiner Werke und Ordnungen hervorgehoben. Sie sind Grund für das Lob: »Die Werke seiner Hände sind Wahrheit und Recht; alle seine Ordnungen sind beständig. Sie stehen fest für immer und ewig; sie sind recht und verlässlich« (Ps 111,7f). Die Zuverlässigkeit und die Treue Gottes sind das Vorbild für die Treue Israels und des einzelnen Glaubenden. Ps 119,66 zieht die entsprechende Konsequenz: »Lehre mich heilsame Einsicht und Erkenntnis, denn ich glaube deinen Geboten.« Das Vertrauen in die Zusagen Gottes und die Orientierung an seinen Geboten stehen allerdings manchmal in Zweifel, denn den Gottlosen geht es gut, obwohl sie sich nicht um Gott scheren und tun, was sie wollen (Ps 73,1–12). Für den Glauben ist das dennoch keine Option. Er hält an den Ordnungen Gottes fest, weil es eben Gottes dauerhaft verlässliche Ordnungen sind:

Ps 73,23–26: Dennoch bleibe ich stets an dir; denn du hältst mich bei meiner rechten Hand, [24]du leitest mich nach deinem Rat und nimmst mich am Ende mit Ehren an. [25]Wenn ich nur dich habe, so frage ich nichts nach Himmel und Erde. [26]Wenn mir gleich Leib und Seele verschmachtet, so bist du doch, Gott, allezeit meines Herzens Trost und mein Teil.

Diese »Dennoch-Struktur« findet sich auch in anderen Psalmen (z. B. 27,3; 46,5; 73,1; 119,51.87; 129,2). Sie verbindet das Festhalten an den Ordnungen Gottes mit dem Vertrauen darauf, dass diese Ordnungen Bestand haben und sich deshalb, manchmal gegen allen Augenschein, durchsetzen werden. Angefochtener Glaube findet sich im Alten Testament in herausragender Weise im Hiobbuch – obwohl die entsprechenden Worte nur selten vorkommen. Hiob wird in Hiob 1,1 als recht und redlich, als gottesfürchtig und als einer beschrieben, der das Böse meidet. Dieselbe Beschreibung findet sich noch einmal in Hiob 2,8, dort sogar im Munde Gottes. Hiob ist ein frommer Mann, der auf Gott vertraut. Selbst im tiefsten Elend hält er sein Vertrauen fest, aber nicht als stummer Dulder, sondern selbstbewusst, klagend und anklagend. Selbst wenn Gott ihm nicht antwortet (9,16), lässt Hiob nicht davon ab, mit ihm zu rechten. Gott mag unverständlich sein, aber er bleibt der Ansprechpartner.

Glaube in diesem Sinn betrifft nicht nur die Vorstellungen oder Überzeugungen, sondern den ganzen Menschen im Inneren wie im Verhalten nach außen. Dies gilt für den Einzelnen, aber auch für das Volk und seine Politik. Jesaja 7,1ff spielt auf eine brisante Situation kurz vor dem Ende des Nordreichs Israel an. König Ahas von Juda (741–725) weigert sich, einem Bündnis von Aram und Israel beizutreten und erhält von den Verbündeten eine Kriegsdrohung. Er überlegt verschiedene politische Optionen, bekommt vom Propheten Jesaja aber die knappe Antwort: »Glaubt ihr nicht, so bleibt ihr nicht« (7,9). Anstatt auf seine politischen Strategien soll Ahas auf Gott vertrauen, der die Geschicke der Welt lenkt, auch wenn er davon in der Gegenwart nichts zu sehen meint. Jes 28,16 verweist in einer etwas späteren Phase wiederum auf den Glauben: »Wer glaubt, der flieht nicht!« Denn mit seinen Ordnungen und dem Vertrauen darauf hat Gott in Zion einen Grundstein gelegt, der festen Halt und Dauer verspricht, während sich die Politiker (die »großtuerischen Spötter und Sprüchemacher des Volkes« 28,14) ihrer Aufrüstung und Bündnispolitik rühmen.

Eine Art Kurzfassung des alttestamentlichen Glaubensverständnisses findet sich in Hab 2,4. Die Lutherübersetzung lautet: »Der Gerechte aber wird durch seinen Glauben leben.« Wörtlich muss man übersetzen: Der Gerechte, durch seine Zuverlässigkeit und Treue, er wird leben. Dieser Satz hat in der Nachfolge des Paulus (Röm 1,17; Gal 3,10) und Luthers vor allem als alttestamentlicher Beleg für die Gerechtigkeit aus Glauben gedient. In seinem eigenen Kontext im jetzigen Habakuk-Buch handelt es sich um einen Richterspruch im Gottesgericht: Der Gerechte wird auf Grund der erwiesenen Festigkeit und Treue freigesprochen und am Leben bleiben. Diese Zusammenordnung von Gerechtigkeit, die sich in der Treue erweist und zum Leben führt, ist charakteristisch für das alttestamentliche Glaubensverständnis. Der Glaube bewährt sich im gelebten Leben, verdichtet sich in Gehorsam und Gebet und lässt so den Einzelnen wie Israel im Ganzen seinen Gott erfahren. Glaube lebt aus dieser Beziehung. Er ist keine Haltung, die im Menschen selbst gründet und Bestand hat, sondern ein Ausgerichtetsein auf Gott. Im Neuen Testament wird dieser enge Bezug zu Gott von Jesus ausgesagt. Die Bildworte vom Weinstock und den Reben (Joh 15,5) oder vom Hirten und den Schafen (Joh 10,14) bringen dies in typisch johanneischer Sprache zum Ausdruck.

Alle Dinge sind möglich dem, der da glaubt

Jesus greift in seiner Verkündigung das Glaubensverständnis aus dem Alten Testament auf.

Mk 11,22–23: Und Jesus antwortete und sprach zu ihnen: Habt Glauben an Gott! 23 Wahrlich, ich sage euch: Wer zu diesem Berge spräche: Heb dich und wirf dich ins Meer!, und zweifelte nicht in seinem Herzen, sondern glaubte, dass geschehen werde, was er sagt, so wird's ihm geschehen.

Jesus versteht Glauben als ein Rechnen mit Gott und seinen Möglichkeiten, das sich nicht zufrieden gibt mit dem, was ist, sondern sich öffnet auf das, was von Gott her möglich werden kann. Dem steht der »Zweifel im Herzen« gegenüber (V. 23), der sich auf Wissen und Erfahrung beruft und der Gott damit ebenfalls auf Erfahrung und Wissen begrenzt. In Mt 17,19–21 und Lk 17,5–6 gibt es Parallelüberlieferungen zu diesem Jesuswort. Die Aussagen unterscheiden sich im Blick auf das jeweilige Objekt (Fels, Berg, Baum), die Einordnung in die Kontexte und im Blick auf den Glauben. In Mt 17,19–21 wird der »Kleinglaube« der Jünger am Glauben Jesu gemessen. Ihr Glaube ist ein eingeschränktes Vertrauen auf Gottes Möglichkeiten (vgl. Mt 6,30; 8,26; 14,31; 16,8). Das Jesuswort, das noch durch die Unterschiede der drei Fassungen hindurch scheint, weist eine paradoxe Struktur auf. Es geht nicht um

Kritik an einem schwachen Glauben, sondern um den Glauben wie ein Senfkorn im Verhältnis zu dem, was er bewirken kann (Bäume entwurzeln, Felsen und Berge versetzen). Um einen solchen Glauben bitten die Jünger in Lk 17,5.[3] Jesus sagt: Wer auf diese Weise Gott vertraut, wird sein Wunder mit der Wirklichkeit erleben.

Im Rahmen von Wundererzählungen ist in den Evangelien wiederholt vom Glauben die Rede. Dies ist bereits in Mk 11,20–24 und Mt 17,19f der Fall. Auch Mk 9,14–29 ist eng verwandt.

Mk 9,14–29: Und sie kamen zu den Jüngern und sahen eine große Menge um sie herum und Schriftgelehrte, die mit ihnen stritten. 15Und sobald die Menge ihn sah, entsetzten sich alle, liefen herbei und grüßten ihn. 16Und er fragte sie: Was streitet ihr mit ihnen? 17Einer aber aus der Menge antwortete: Meister, ich habe meinen Sohn hergebracht zu dir, der hat einen sprachlosen Geist. 18Und wo er ihn erwischt, reißt er ihn; und er hat Schaum vor dem Mund und knirscht mit den Zähnen und wird starr. Und ich habe mit deinen Jüngern geredet, dass sie ihn austreiben sollen, und sie konnten's nicht. 19Er aber antwortete ihnen und sprach: O du ungläubiges Geschlecht, wie lange soll ich bei euch sein? Wie lange soll ich euch ertragen? Bringt ihn her zu mir! 20Und sie brachten ihn zu ihm. Und sogleich, als ihn der Geist sah, riss er ihn. Und er fiel auf die Erde, wälzte sich und hatte Schaum vor dem Mund. 21Und Jesus fragte seinen Vater: Wie lange ist's, dass ihm das widerfährt? Er sprach: Von Kind auf. 22Und oft hat er ihn ins Feuer und ins Wasser geworfen, dass er ihn umbrächte. Wenn du aber etwas kannst, so erbarme dich unser und hilf uns! 23Jesus aber sprach zu ihm: Du sagst: Wenn du kannst – alle Dinge sind möglich dem, der da glaubt. 24Sogleich schrie der Vater des Kindes: Ich glaube; hilf meinem Unglauben! 25Als nun Jesus sah, dass das Volk herbeilief, bedrohte er den unreinen Geist und sprach zu ihm: Du sprachloser und tauber Geist, ich gebiete dir: Fahre von ihm aus und fahre nicht mehr in ihn hinein! 26Da schrie er und riss ihn sehr und fuhr aus. Und der Knabe lag da wie tot, sodass die Menge sagte: Er ist tot. 27Jesus aber ergriff ihn bei der Hand und richtete ihn auf, und er stand auf. 28Und als er heimkam, fragten ihn seine Jünger für sich allein: Warum konnten wir ihn nicht austreiben? 29Und er sprach: Diese Art kann durch nichts ausfahren als durch Beten.

In diesem Abschnitt ist, wie auch sonst oft bei Wundererzählungen, vom Glauben vor der wunderbaren Tat die Rede. Nicht weil Jesus Wunder getan hat, glauben die Menschen an ihn, sondern sie erfahren Wunder, weil sie an ihn glauben. Mk 6,1–6 beschreibt denselben Sachverhalt von der Gegenseite her: Weil die Menschen in Jesu Heimatstadt Nazareth nicht an ihn glauben, kann er dort nur wenige Wunder tun. Aber auch in 9,14ff ist die Sache ambivalent. Die Jünger können den besessenen Jungen nicht heilen; und nun kommt der Vater zu Jesus und will wissen, ob er es kann (V. 22). Die Antwort Jesu »Alle Dinge sind möglich dem, der da glaubt« zielt auf ein grundlegendes Vertrauen auf Gott. Und eben dies tut nun der Vater: Ich glaube – und wenn es doch noch nicht voller und ganzer Glaube ist, dann überwinde noch diesen Unglauben. Stellvertretend für seinen Sohn schreit er das. Ganz ähnlich setzen sich die vier Männer in Mk 2,1–12 für den Gelähmten ein, mit dem sie trotz widriger Umstände bis zu Jesus vordringen, damit er ihn heilt. Glaube ist hier als vertrauensvolles, aktives Sich-Einsetzen und Überwinden von Hindernissen verstanden. Die Mutter, die für ihre Tochter Heilung erbittet, geht so sicher davon aus, dass Jesus dazu in der Lage ist, dass sie sich selbst von seiner anfänglichen Abweisung nicht entmutigen lässt (Mk 7,24–31). Dasselbe grundlegende Vertrauen auf

3 Die Stelle ist eher mit »verleihe uns Glauben« als mit »stärke uns den Glauben« zu übersetzen (vgl. Hahn, Theologie II, S. 455).

Gott spricht aus der zentralen Bitte der Bergpredigt »Bittet, so wird euch gegeben« (Mt 7,7; Lk 11,9) und aus dem Gleichnis, das Lukas mit ihr verbindet:

Lk 11,5–10: Und er sprach zu ihnen: Wenn jemand unter euch einen Freund hat und ginge zu ihm um Mitternacht und spräche zu ihm: Lieber Freund, leih mir drei Brote; [6]denn mein Freund ist zu mir gekommen auf der Reise, und ich habe nichts, was ich ihm vorsetzen kann, [7]und der drinnen würde antworten und sprechen: Mach mir keine Unruhe! Die Tür ist schon zugeschlossen und meine Kinder und ich liegen schon zu Bett; ich kann nicht aufstehen und dir etwas geben. [8]Ich sage euch: Und wenn er schon nicht aufsteht und ihm etwas gibt, weil er sein Freund ist, dann wird er doch wegen seines unverschämten Drängens aufstehen und ihm geben, so viel er bedarf. [9]Und ich sage euch auch: Bittet, so wird euch gegeben; suchet, so werdet ihr finden; klopfet an, so wird euch aufgetan. [10]Denn wer da bittet, der empfängt; und wer da sucht, der findet; und wer da anklopft, dem wird aufgetan.

Aus Glauben leben

In den Briefen des Neuen Testaments sind die Aussagen über das »glauben an« (z. B. Gal 2,16; Joh 1,12; 3,18) und die »glauben, dass …«-Sätze (z. B. 1Thess 4,14; Röm 10,9) charakteristisch. Sie haben in aller Regel christologischen Inhalt – glauben an Jesus Christus, bzw. glauben, dass Christus gestorben ist und auferweckt wurde. Gott ist dabei immer mit gemeint: Wo vom Glauben an Christus die Rede ist, steht Gott im Hintergrund, der an Christus gehandelt hat, und wo vom Glauben an Gott die Rede ist, geht es immer auch um Jesus Christus, der Gottes Nähe und Gnade repräsentiert.

Paulus greift in seinen Briefen mehrfach Traditionsstücke auf. Nach Röm 1,3f ist Jesus Christus »geboren aus dem Geschlecht Davids nach dem Fleisch, und nach dem Geist, der heiligt, eingesetzt als Sohn Gottes in Kraft durch die Auferstehung von den Toten.« In 1Kor 15,3–5 gibt Paulus das Bekenntnis weiter, dass »Christus gestorben ist für unsre Sünden nach der Schrift; und dass er begraben worden ist; und dass er auferstanden ist am dritten Tage nach der Schrift; und dass er gesehen worden ist von Kephas, danach von den Zwölfen.« Und Gott ist der, »der unsern Herrn Jesus auferweckt hat von den Toten, welcher ist um unsrer Sünden willen dahingegeben und um unsrer Rechtfertigung willen auferweckt« (Röm 4,24f). Mit diesen und ähnlichen Aussagen konzentriert Paulus den Glauben stark auf Tod und Auferweckung Jesu. Das schließt andere Aspekte der Christusbotschaft nicht aus; sie treten aber in den Hintergrund angesichts der zentralen Bedeutung dieses Geschehens. Glaube ist für Paulus das rückhaltlose Vertrauen darauf, dass der Mensch durch Tod und Auferstehung Jesu einen neuen Anfang geschenkt bekommt. Sein Verhältnis zu Gott ist durch die Sünde überlagert. Die Sünde ist für Paulus eine Macht, die den Menschen im Griff hat und der es sogar gelingt, Heilswege zu verschließen. Selbst das Gesetz, das »heilig, gerecht und gut« ist (Röm 7,12), führt nicht mehr zum Heil. Entweder führt es in Verzweiflung, wenn man erkennt, dass man ihm nicht in allem folgt und folgen kann; oder es führt auf einen Weg des Rühmens, weil man doch vieles gut macht. Beides sind menschliche Irrwege, weil sie dem eigenen Handeln Heilswirksamkeit zutrauen oder in Aussichtslosigkeit führen. Röm 7,7–25 und 2Kor 11,16ff beschreiben diese Irrwege.

Röm 7,14–25: Denn wir wissen, dass das Gesetz geistlich ist; ich aber bin fleischlich, unter die Sünde verkauft. [15]Denn ich weiß nicht, was ich tue. Denn ich tue nicht, was ich will; sondern was ich hasse, das tue ich. [16]Wenn ich aber das tue, was ich nicht will, so gebe ich zu, dass das Gesetz gut ist. [17]So tue nun nicht ich es, sondern die Sünde, die in mir wohnt. [18]Denn ich weiß, dass in mir, das heißt in meinem Fleisch, nichts Gutes wohnt. Wollen habe ich wohl, aber das Gute vollbringen kann ich nicht. [19]Denn das Gute, das ich will, das tue ich nicht; sondern das Böse, das ich nicht will, das tue ich. [20]Wenn ich aber tue, was ich nicht will, so tue nicht ich es, sondern die Sünde, die in mir wohnt. [21]So finde ich nun das Gesetz, dass mir, der ich das Gute tun will, das Böse anhängt. [22]Denn ich habe Lust an Gottes Gesetz nach dem inwendigen Menschen. [23]Ich sehe aber ein anderes Gesetz in meinen Gliedern, das widerstreitet dem Gesetz in meinem Gemüt und hält mich gefangen im Gesetz der Sünde, das in meinen Gliedern ist. [24]Ich elender Mensch! Wer wird mich erlösen von diesem todverfallenen Leibe? [25]Dank sei Gott durch Jesus Christus, unsern Herrn!
2Kor 11,16–30: Ich sage abermals: Niemand halte mich für töricht; wenn aber doch, so nehmt mich an als einen Törichten, damit auch ich mich ein wenig rühme. [17]Was ich jetzt rede, das rede ich nicht dem Herrn gemäß, sondern wie in Torheit, weil wir so ins Rühmen gekommen sind. [18]Da viele sich rühmen nach dem Fleisch, will ich mich auch rühmen. [19]Denn ihr ertragt gerne die Narren, ihr, die ihr klug seid! … Wo einer kühn ist – ich rede in Torheit –, da bin ich auch kühn. … Ich habe mehr gearbeitet, ich bin öfter gefangen gewesen, ich habe mehr Schläge erlitten, ich bin oft in Todesnöten gewesen. … [30]Wenn ich mich denn rühmen soll, will ich mich meiner Schwachheit rühmen.

Beiden Irrwegen stellt Paulus den Glauben als Vertrauen auf Gott entgegen, der in Christus gehandelt hat. Da, wo nichts zu hoffen war (nämlich auf Nachkommen), hat Abraham gehofft (Röm 4,18); da, wo der Tod alle irdischen Hoffnungen zunichte machte, hat Gott sich auf die Seite Jesu gestellt; und da, wo dem Menschen nichts übrig bleibt, als zu sagen »Ich elender Mensch!« (Röm 7,24), öffnet Gott ihm durch Jesus Christus Hoffnung. Deshalb ist nach Paulus das Rühmen ausgeschlossen; deshalb hat aber auch die Verzweiflung nicht das letzte Wort. Dieser Glaube ist für Paulus nicht eigene Glaubensleistung, sondern ist geradezu eine »Kraft Gottes« und zugleich Lebenskraft für diejenigen, die sich ihm öffnen.

Röm 1,16–17: Denn ich schäme mich des Evangeliums nicht; denn es ist eine Kraft Gottes, die selig macht alle, die daran glauben, die Juden zuerst und ebenso die Griechen. [17]Denn darin wird offenbart die Gerechtigkeit, die vor Gott gilt, welche kommt aus Glauben in Glauben; wie geschrieben steht (Habakuk 2,4): »Der Gerechte wird aus Glauben leben.«

Die Wendung »aus Glauben in Glauben« in V. 17 ist nicht lediglich eine rhetorische Formel, sondern deutet an, dass die gerecht machende Kraft des Evangeliums Grund für den Glauben ist und zugleich immer wieder und immer neu geglaubt wird. Glauben ist deshalb nicht lediglich eine Erkenntnis, die man einmal gewonnen und auf die man sich berufen kann, sondern ein bleibendes und lebendiges Kennzeichen christlicher Existenz.

Dass es in Glaubensfragen Auseinandersetzungen geben kann, ist Paulus wohl bewusst. In Röm 14,1–9 gibt er Beispiele dafür: Manche essen alles, andere essen kein Fleisch[4]; manche halten bestimmte Festtage ein, andere nicht:

4 Gemeint ist »Götzenopferfleisch«. Von den Tieren, die Göttern geopfert wurden, wurde tatsächlich nur ein kleiner Teil als Opfer dargebracht (z. B. Innereien); das Fleisch selbst wurde verkauft.

Röm 14,1–9: Den Schwachen im Glauben nehmt an und streitet nicht über Meinungen. [2]Der eine glaubt, er dürfe alles essen; wer aber schwach ist, der isst kein Fleisch. [3]Wer isst, der verachte den nicht, der nicht isst; und wer nicht isst, der richte den nicht, der isst; denn Gott hat ihn angenommen. [4]Wer bist du, dass du einen fremden Knecht richtest? Er steht oder fällt seinem Herrn. Er wird aber stehen bleiben; denn der Herr kann ihn aufrecht halten. [5]Der eine hält einen Tag für höher als den andern; der andere aber hält alle Tage für gleich. Ein jeder sei in seiner Meinung gewiss. [6]Wer auf den Tag achtet, der tut's im Blick auf den Herrn; wer isst, der isst im Blick auf den Herrn, denn er dankt Gott; und wer nicht isst, der isst im Blick auf den Herrn nicht und dankt Gott auch. [7]Denn unser keiner lebt sich selber, und keiner stirbt sich selber. [8]Leben wir, so leben wir dem Herrn; sterben wir, so sterben wir dem Herrn. Darum: wir leben oder sterben, so sind wir des Herrn. [9]Denn dazu ist Christus gestorben und wieder lebendig geworden, dass er über Tote und Lebende Herr sei.

Als Grundlage seiner Argumentation steht für Paulus fest, dass Christus gestorben und wieder lebendig geworden ist (V. 9). Zu vielen Fragen kann man verschiedene Meinungen haben (V. 1), so lange sie dem Glauben an Christus untergeordnet bleiben und so lange sie nicht dazu dienen, über andere zu urteilen. Der Bekenntnissatz, den wir vor allem als Segenswort auf dem Friedhof kennen (»Leben wir, so leben wir dem Herrn …«) ist in diesem Zusammenhang eine Anweisung, wie man mit Glaubenskonflikten umgehen kann.

Der Bezug des Glaubens zu Jesus spielt auch bei Johannes eine entscheidende Rolle. Glaube ist hier das Glauben an Jesus als Offenbarer Gottes. Weil er der Weg zum Vater ist (Joh 14,6), können der Glaube an Gott und an Jesus unmittelbar nebeneinander stehen (»Glaubt an Gott und glaubt an mich«, 14,1). Und wer an Jesus glaubt, glaubt zugleich an den, der ihn gesandt hat (12,44). Dieser Glaube kann auch als »Erkennen« bezeichnet werden, das eine wechselseitige Zugehörigkeit bezeichnet: So wie Jesus den Vater »kennt« und er ihn, so kennt Jesus auch die Seinen und sie kennen ihn (10,14).

Schlüssel und Konkretionen

»Glauben heißt nicht wissen« – das ist oft zu hören. Wenn man Glauben in dieser Weise vom Wissen abgrenzt, baut man einen Gegensatz auf, der von der Bibel her nicht zutrifft. Denn Glauben und Wissen stehen sich keineswegs unvereinbar gegenüber. Beim Glauben im biblischen Sinn geht es nicht um das Für-wahr-Halten von Sachverhalten, die nicht bewiesen werden können. Das zeigt sich an vielen Stellen in der Bibel. Nirgends geht es dabei um den Glauben, dass es Gott gibt. Das ist für das biblische Denken völlig unstrittig; sogar die Dämonen »glauben das und zittern« (Jak 2,19).

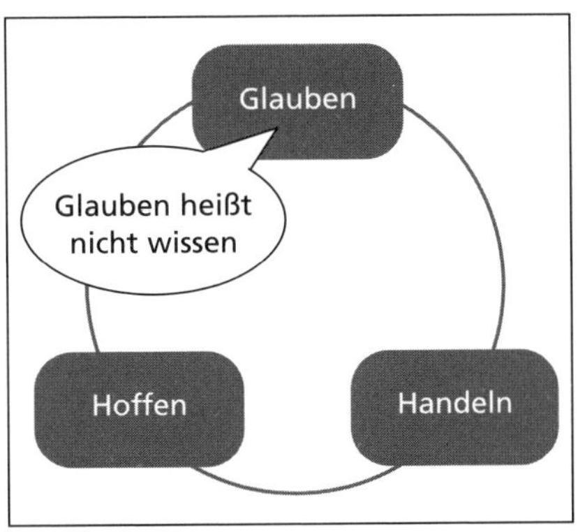

»Woher weiß ich, dass ich glaube?«[5] Eine Antwort darauf ist gar nicht so einfach.

5 Chrismon (Hrsg.), Woher weiß ich, dass ich glaube? Dort auch S. 19–21.

Woher weiß ich, dass ein Essen gut schmeckt? Ohne Probieren werde ich es nicht herausfinden. Woher weiß ich, dass ich mich auf jemanden verlassen kann? Ohne Erfahrung und ohne einen Vertrauensvorschuss wird die Frage offen bleiben. Glaube stützt sich auf Erfahrungen, Erfahrungen anderer und eigene Erfahrungen. Das entspricht dem Glauben Israels und der frühen Christen, der sich an den gemachten Erfahrungen mit den Verheißungen Gottes orientiert. Innerhalb der Bibel öffnen sich verschiedene Wege, um dem Glaubensmotiv nachzugehen:

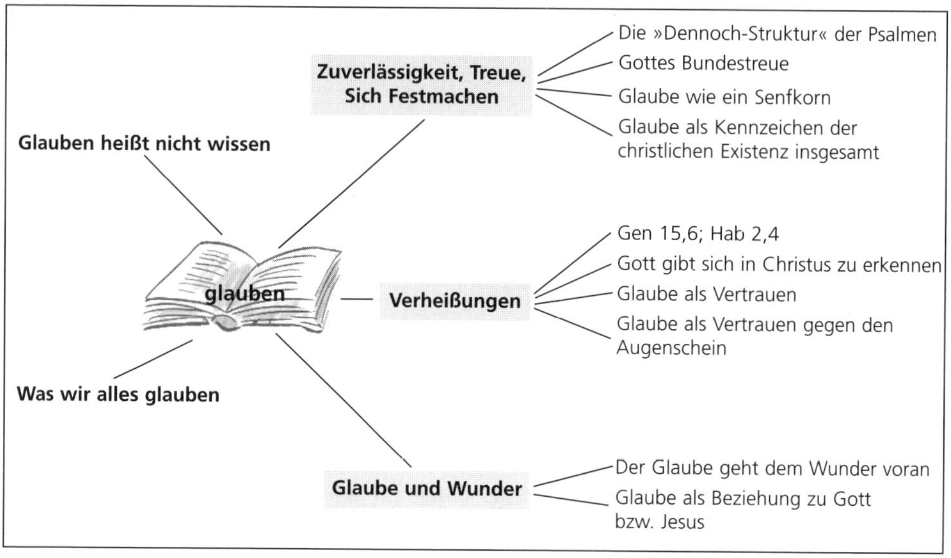

Konkretionen:

- Den Ausspruch »glauben heißt nicht wissen« kann man oft hören. Der Ausdruck ist doppeldeutig: Glauben heißt – nicht wissen oder glauben heißt nicht – wissen. Während die erste Version einlinig (und unzutreffend) den Glauben vom Wissen abgrenzt, provoziert die zweite weiterführende Fragen: Was heißt glauben dann? Welche Worte können umschreiben, was glauben bedeutet?
- Die Alltagssprache bietet einen weiteren Schlüssel, indem wir Assoziationen sammeln: Was wir alles glauben …
- Find your world[6]: Die junge Frau ist gerade abgesprungen. Das Bungee-Seil ist an einer Brücke festgemacht. Nach dem Sprung wird die Frau wohl von der weißen Yacht aufgenommen, die in der Bucht ankert. Die Bildelemente lassen sich deuten. Felsküste und endloses Meer stehen für Weite und Freiheit. In der Bucht ist das Meer dunkel, aber es wird immer heller und verschwimmt in der Ferne mit dem Himmel. Die Frau ist jung und sportlich gekleidet. Das ruft Vorstellungen wach: sportlich, unabhängig, freiheitsbewusst. Die Frau wird zur Projektionsfläche für eigene Vorstellungen vom Leben. In dieses Szenario sind Textbotschaften eingefügt: »glaube«, Format füllend in weißen Lettern, die am rechten Bildrand mit Meer und Himmel verschwimmen, ist offenbar die Hauptbotschaft. Ebenfalls in weiß gehalten ist die Aufforderung »find your world«, die

6 Die Anzeige ist zu finden unter www.glauben-und-kaufen.de.

offenbar mit »glaube« korrespondiert. Und auch die Zigarettenschachtel ist weiß. Nicht alle können an einem solchen Ort am Bungee-Seil hängen. Aber die eigenen Möglichkeiten zu entdecken ist nicht an diesen Ort gebunden. Das Plakat behauptet, dass eine bestimmte Zigarettenmarke dies fördere. Das kann man bezweifeln. Unabhängig davon zeigt die Werbung aber, dass auch in einem säkularisierten Zusammenhang das Stichwort Glaube nicht aufgegeben, sondern mit anderen Inhalten gefüllt wird. Die Frage, die sich stellt, lautet: Wenn Glaube Vertrauen heißt, worauf vertrauen wir?

– Die nordelbische Kirche greift mit ihrer Aktion »Perlen des Glaubens« eine alte christliche Tradition auf (Rosenkranz).[7] In evangelischer Perspektive galt das Rosenkranzgebet als Zeichen der Werkfrömmigkeit. Dass eine evangelische Kirche diese Tradition aufnimmt, weist darauf hin, dass die Bedeutung äußerer Zeichen als Erinnerungshilfe für den Glauben heute stärker gesehen wird. Ob es genau die Perlen sein müssen, die auf der Homepage vorgeschlagen sind, mag offen bleiben. Aber mit Schülerinnen und Schülern ein »Glaubensband« herzustellen, kann ein sinnvoller Weg zum Nachdenken über den Glauben sein: Welche Perlen werden ausgewählt? Welche bleiben weg? In welcher Reihenfolge werden sie aufgezogen? Wie groß

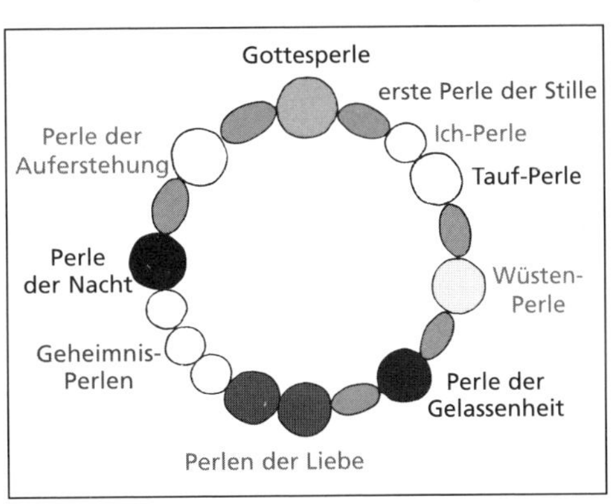

7 www.perlen-des-glaubens.de.

bleiben die »Zwischenräume«? Unabhängig von der jeweilig gewählten Option lässt sich mit Hilfe des Armbands gut zeigen, dass zwischen den einzelnen Perlen eine Verbindung besteht.

- Das Glaubensbekenntnis ist aus dem Religions- oder dem kirchlichen Unterricht im Wesentlichen bekannt. Mit seiner traditionellen Sprache ist es vielen Schülerinnen und Schülern zugleich fremd. Wie lässt sich Glaube, auch vorläufiger, unsicherer, fraglicher oder mangelnder Glaube in eigene Worte fassen? Als Beispiel kann Dietrich Bonhoeffers Glaubensbekenntnis dienen:

  »Ich glaube, dass Gott aus allem, auch aus dem Bösesten, Gutes entstehen lassen kann und will. Dafür braucht er Menschen, die sich alle Dinge zum Besten dienen lassen. Ich glaube, dass Gott uns in jeder Notlage soviel Widerstandskraft geben will, wie wir brauchen. Aber er gibt sie nicht im Voraus, damit wir uns nicht auf uns selbst, sondern allein auf ihn verlassen. In solchem Glauben müsste alle Angst vor der Zukunft überwunden sein. Ich glaube, dass auch unsere Fehler und Irrtümer nicht vergeblich sind, und dass es Gott nicht schwerer ist, mit ihnen fertig zu werden, als mit unseren vermeintlichen Guttaten. Ich glaube, dass Gott kein zeitloses Fatum ist, sondern dass er auf aufrichtige Gebete und verantwortliche Taten wartet und antwortet.«[8]

- Lässt sich, wenn schon kein Glaubensbekenntnis, vielleicht ein »Zweifelstext« formulieren, also ein Text, der eigene Zweifel und offene Fragen in Worte fasst?

Handeln

Nächstenliebe steht hoch im Kurs. Sie ist religiös grundiert, wird aber in unserer Gesellschaft vielfach eher im Sinne des Altruismus als selbstloses, auf das Wohl anderer oder der Gemeinschaft bezogenes Handeln verstanden. Trotz vielfach beklagter sozialer Vereinzelung gibt es Hilfsbereitschaft im Großen und im Kleinen. Nachbarschaftshilfe ist ebenso zu nennen wie die Bereitschaft, Menschen in anderen Teilen der Welt zu helfen, die in Not geraten sind. Das relativ hohe Spendenaufkommen ist nicht einfach als Versuch der Kompensation eines die Länder der sogenannten »Dritten Welt« benachteiligenden Wirtschaftssystems zu verstehen, sondern lässt durchaus Anteilnahme am Geschick anderer erkennen. Zugleich wächst die Erkenntnis, dass unser Handeln so ausgerichtet sein muss, dass auch nachfolgende Generationen eine intakte Welt vorfinden.[9]

Für die biblische Tradition gehören Glauben und Handeln wie die beiden Seiten einer Münze zusammen. Dieser Grundgedanke wird auf verschiedene Weise ausgeführt.

Die Tora als Zeichen des Bundes

Wer die Zuwendung Gottes erfahren hat (in der Schöpfung, durch sein befreiendes Handeln, in den Geboten, durch die Verkündigung der Propheten oder in der

8 Bonhoeffer, Widerstand, S. 18f.

9 Vor diesem Hintergrund hat Hans Jonas, Prinzip, S. 36, den kategorischen Imperativ Kants in einen »ökologischen Imperativ« erweitert: »Handle so, dass die Wirkungen deiner Handlungen verträglich sind mit der Permanenz echten menschlichen Lebens auf Erden.«

Begegnung mit Jesus), wird sein Leben daran ausrichten. Die ethischen Weisungen haben ihren Grund in dieser Zuwendung Gottes. Dies gilt bereits für das Alte Testament. Die Einleitung des Dekalogs führt die Gebote auf Gott zurück, der das Volk aus Ägypten befreit hat (Ex 20,2). Sie stehen deshalb im Zusammenhang mit dem befreienden Handeln Gottes. Aus diesem Grund ist die Übersetzung von »Tora« mit »Gesetz« in gewisser Weise irreführend. Grundlegend wichtig ist der Zusammenhang der Gebote mit den Gedanken der Erwählung und des Bundes. Die Gebote sind Zeichen der engen Bindung Gottes an sein Volk und können nur aus dieser Bindung heraus verstanden werden. In christlicher Perspektive wird dies manchmal verzeichnet: Die Gebote würden alle Einzelfälle des Lebens kasuistisch regeln und einen formalen Gehorsam fordern; zwar werde künftiger Lohn versprochen, in der Gegenwart aber werde die Tora als Last empfunden. Diese Einschätzung verzerrt die tatsächliche Einstellung zur Tora, wie sie im Alten Testament grundgelegt und im Judentum zur Zeit Jesu zu finden ist.[10] Die Tora wird als Auszeichnung verstanden und das Verhältnis zu ihr ist durch Freude geprägt. Die Tora ist das Dokument des Bundes, den Gott mit Israel geschlossen hat. Man bezeichnet dieses Verhältnis von Erwählung und Tora als »Bundesnomismus«: Das Gesetz (griech. *nomos*) ist Ausdruck des Bundes zwischen Gott und seinem Volk. Es betrifft nicht allein den Kult, sondern soll ebenso den Alltag bestimmen und das Zusammenleben fördern. Grundlegend prägt die »Freude am Gesetz« die alttestamentlich-jüdische Frömmigkeit (vgl. Ps. 119), aus der heraus Handeln entsteht.

Auch weisheitliche Motive können die Ethik begründen. Nach den Weisheitsschriften war die Weisheit von Anfang an bei der Schöpfung dabei. In ihr ist alles Wissen und ebenso die Erkenntnis begründet, dass die Gottesfurcht – d. h. die Beziehung zu Gott und die Orientierung an ihm – der Anfang aller Weisheit ist (Spr 1,7). Spr 8,22ff zeigen den Zusammenhang zwischen der Weisheit und der Orientierung an ihr im alltäglichen Leben.

Spr 8,22–35: Der HERR hat mich schon gehabt im Anfang seiner Wege, ehe er etwas schuf, von Anbeginn her. 23Ich bin eingesetzt von Ewigkeit her, im Anfang, ehe die Erde war. … 29als er dem Meer seine Grenze setzte und den Wassern, dass sie nicht überschreiten seinen Befehl; als er die Grundfesten der Erde legte, 30da war ich als sein Liebling bei ihm; ich war seine Lust täglich und spielte vor ihm allezeit; 31ich spielte auf seinem Erdkreis und hatte meine Lust an den Menschenkindern. 32So hört nun auf mich, meine Söhne! Wohl denen, die meine Wege einhalten! 33Hört die Mahnung und werdet weise und schlagt sie nicht in den Wind! 34Wohl dem Menschen, der mir gehorcht, dass er wache an meiner Tür täglich, dass er hüte die Pfosten meiner Tore! 35Wer mich findet, der findet das Leben und erlangt Wohlgefallen vom HERRN.

Die Sprüche zeigen mit ihren eingängigen Vergleichen und Bildworten, dass dies nicht nur Theorie bleibt, sondern in alltägliche Münze umgewandelt werden kann. Einige von ihnen sind in unseren Sprichwortschatz eingegangen, z. B. dass man leicht selbst in die Grube fällt, die man anderen gegraben hat (Spr 26,27; Pred 10,8) oder dass man den bösen Buben nicht folgen soll (Spr 1,10). Hier kann man leicht erkennen, wie der große Rahmen der Weisheit sich auf das konkrete Verhalten und Handeln auswirkt.

10 Vgl. Theißen/Merz, Jesus, S. 321.

Im Neuen Testament ist keine ausgeführte Ethik zu finden. Aber sowohl in den Evangelien als auch in den anderen Schriften gibt es Erzählungen und Ausführungen, die ethisch von Bedeutung sind. Bereits bei Jesus lassen sich verschiedene Einstellungen gegenüber dem Gesetz erkennen. Nach Mt 5,18 hält Jesus am Gesetz mit allen seinen Einzelgeboten fest:

Mt 5,18: Denn wahrlich, ich sage euch: Bis Himmel und Erde vergehen, wird nicht vergehen der kleinste Buchstabe noch ein Tüpfelchen vom Gesetz, bis es alles geschieht.

Andere Stellen machen aber deutlich, dass es dabei nicht um eine minutiöse Befolgung von Einzelgeboten geht. Denn dabei steht man leicht in der Gefahr, Menschensatzungen an die Stelle von Gottes Geboten zu setzen. In prophetischer Tradition übt Jesus daran Kritik:

Mk 7,5–15: Da fragten ihn die Pharisäer und Schriftgelehrten: Warum leben deine Jünger nicht nach den Satzungen der Ältesten, sondern essen das Brot mit unreinen Händen? [6]Er aber sprach zu ihnen: Wie fein hat von euch Heuchlern Jesaja geweissagt, wie geschrieben steht (Jesaja 29,13): »Dies Volk ehrt mich mit den Lippen; aber ihr Herz ist fern von mir. [7]Vergeblich dienen sie mir, weil sie lehren solche Lehren, die nichts sind als Menschengebote.« [8]Ihr verlasst Gottes Gebot und haltet der Menschen Satzungen. [9]Und er sprach zu ihnen: Wie fein hebt ihr Gottes Gebot auf, damit ihr eure Satzungen aufrichtet! [10]Denn Mose hat gesagt (2.Mose 20,12; 21,17): »Du sollst deinen Vater und deine Mutter ehren«, und: »Wer Vater oder Mutter flucht, der soll des Todes sterben.« [11]Ihr aber lehrt: Wenn einer zu Vater oder Mutter sagt: Korban – das heißt: Opfergabe soll sein, was dir von mir zusteht –, [12]so lasst ihr ihn nichts mehr tun für seinen Vater oder seine Mutter [13]und hebt so Gottes Wort auf durch eure Satzungen, die ihr überliefert habt; und dergleichen tut ihr viel. [14]Und er rief das Volk wieder zu sich und sprach zu ihnen: Hört mir alle zu und begreift's! [15]Es gibt nichts, was von außen in den Menschen hineingeht, das ihn unrein machen könnte; sondern was aus dem Menschen herauskommt, das ist's, was den Menschen unrein macht.

In den Antithesen der Bergpredigt spitzt Jesus diese Kritik an einer vordergründigen Orientierung am Gesetz noch zu. Grundlegend für die Antithesen ist die Überzeugung, dass sich die Orientierung an Gott nicht reglementieren und einengen lässt, sondern ungeteilt gilt. Wenn Jesus in 5,48 Vollkommenheit erwartet, »wie euer Vater im Himmel vollkommen ist«, dann ist diese ungeteilte Orientierung an Gott gemeint.

Mt 5,43–48: Ihr habt gehört, dass gesagt ist: »Du sollst deinen Nächsten lieben« (3.Mose 19,18) und deinen Feind hassen. [44]Ich aber sage euch: Liebt eure Feinde und bittet für die, die euch verfolgen, [45]damit ihr Kinder seid eures Vaters im Himmel. Denn er lässt seine Sonne aufgehen über Böse und Gute und lässt regnen über Gerechte und Ungerechte. [46]Denn wenn ihr liebt, die euch lieben, was werdet ihr für Lohn haben? Tun nicht dasselbe auch die Zöllner? [47]Und wenn ihr nur zu euren Brüdern freundlich seid, was tut ihr Besonderes? Tun nicht dasselbe auch die Heiden? [48]Darum sollt ihr vollkommen sein, wie euer Vater im Himmel vollkommen ist.

Im Zentrum der Verkündigung Jesu steht die Gottesherrschaft. Sie steht bevor und wird deshalb zur Handlungsorientierung. Die kommende Gottesherrschaft und die Aufforderung zum Handeln bedingen sich gegenseitig. Im Zentrum der Handlungsorientierung steht das Doppelgebot der Liebe. Jesus greift damit auf alttestamentliche Grundlagen zurück (Dtn 6,4f: »Höre Israel, der HERR ist unser Gott, der HERR allein; und du sollst den HERRN, deinen Gott, liebhaben von ganzem Herzen, von ganzer Seele und mit all deiner Kraft«; Lev 19,18: »Du sollst deinen Nächsten lieben wie dich selbst; ich bin der HERR«) und verbindet die Liebe zu Gott eng mit der Liebe zum Nächsten (Mk 12,32–34; Lk 10,25–28; Mt 22,35–40).

Mk 12,32–34: Und der Schriftgelehrte sprach zu ihm: Meister, du hast wahrhaftig recht geredet! Er ist nur einer, und ist kein anderer außer ihm; [33]und ihn lieben von ganzem Herzen, von ganzem Gemüt und von allen Kräften, und seinen Nächsten lieben wie sich selbst, das ist mehr als alle Brandopfer und Schlachtopfer. [34]Als Jesus aber sah, dass er verständig antwortete, sprach er zu ihm: Du bist nicht fern vom Reich Gottes. Und niemand wagte mehr, ihn zu fragen.

Die Frage, wie das Doppelgebot der Liebe konkret gefüllt werden kann, beantwortet Jesus mit einer Reihe radikaler Forderungen (vgl. die Antithesen der Bergpredigt Mt 5,21 ff: Feindesliebe, die zweite Meile mitgehen, die andere Wange hinhalten etc.). Dabei fällt auf, dass er mit einer großen Freiheit mit den Geboten der Tora umgeht. An einigen Stellen werden sie deutlich verschärft (vgl. Mt 5,22.28; 5,43–48), an anderen Stellen dagegen ermäßigt (vgl. Mk 2,1 ff; 7,15). So lange man Einzelbestimmungen hochhält, dabei aber die Intention des Gesetzes übersieht, nämlich Recht, Barmherzigkeit und Glaube, führt das Halten der Einzelbestimmungen zu nichts.

Mt 5,38–42: Ihr habt gehört, dass gesagt ist (2.Mose 21,24): »Auge um Auge, Zahn um Zahn.« [39]Ich aber sage euch, dass ihr nicht widerstreben sollt dem Übel, sondern: wenn dich jemand auf deine rechte Backe schlägt, dem biete die andere auch dar. [40]Und wenn jemand mit dir rechten will und dir deinen Rock nehmen, dem lass auch den Mantel. [41]Und wenn dich jemand nötigt, eine Meile mitzugehen, so geh mit ihm zwei. [42]Gib dem, der dich bittet, und wende dich nicht ab von dem, der etwas von dir borgen will.

Die Radikalität der Forderungen Jesu hängt mit der Grundintention der Tora zusammen, so wie Jesus sie versteht: Sie will das Leben fördern. Dies gelingt nicht, wenn man die Tora im Sinne gesetzlicher Vorschriften anwendet. Sie dient dann zwar dazu, Unrecht zu sanktionieren. Ihre eigentliche Intention ist aber die Förderung des Lebens, die sich nicht durch Reglementieren erreichen lässt, sondern durch »überflüssige« Güte. Im Streitfall die andere Wange nicht hinzuhalten ist normal, zeitigt aber auch die bekannten Folgen weitergehender Aggression. Die andere Wange hinzuhalten kann diesen Teufelskreis durchbrechen. Die radikalen Forderungen Jesu werden vom Doppelgebot der Liebe her verständlich.[11] Es heißt, bei der Liebe zum Nächsten von der Liebe zu Gott her zu denken und bei der Liebe zu Gott den Nächsten nicht aus den Augen zu verlieren. In der Erzählung vom »barmherzigen Samariter« kommt dieser Sachverhalt in einem Perspektivenwechsel zum Ausdruck. Nachdem Jesus auf die Frage des Schriftgelehrten »Wer ist denn mein Nächster?« zunächst die Geschichte von dem selbstlosen Samariter erzählt (Lk 10,30–35), dreht er am Ende die Frage des Schriftgelehrten um. Aus »Wer ist mein Nächster?« (mit der unausgesprochenen Grenzziehung: Wer ist es nicht mehr?) wird in 10,36 die Frage: »Wer ist der Nächste für den gewesen, der unter die Räuber gefallen ist?«

11 Sie werden aber auch von der vorgängigen Liebe Gottes zu den Menschen her begründet, wie sie z. B. in Lk 12,6 f oder in dem schönen Text von den Lilien auf dem Feld in Mt 6,25 hervortritt.

Die Synoptiker nehmen die ethischen Vorstellungen Jesu auf, setzen aber jeweils verschiedene Akzente. Markus grenzt das Doppelgebot gegen Opfervorschriften ab, Lukas verbindet es mit den Fragen nach dem ewigen Leben und dem Nächsten, Matthäus schafft mit dem Hinweis auf »Gesetz und Propheten« eine Verbindung zur Goldenen Regel (7,12). Übereinstimmend halten die Synoptiker aber die herausragende Bedeutung des Doppelgebotes und die Gleichrangigkeit der Gottes- und der Nächstenliebe fest.[12] Wo die Liebe zu Gott und zu den Menschen im Zentrum steht, können selbst Vorschriften wie das Sabbatgebot in den Hintergrund treten (z. B. Mk 3,1–6); andererseits nützen selbst Almosengeben, Beten oder Fasten nichts, wenn nicht Liebe ihr Motiv ist, sondern Selbstdarstellung. Dies bedeutet, dass Glaube und Handeln die beiden Seite derselben Münze sind.

Man kann auch erkennen, dass die Evangelien die Ethik Jesu an ihre veränderte Situation anpassen. Sätze, die von der Wanderexistenz Jesu und seiner Jünger sprechen (»Die Füchse haben Gruben und die Vögel unter dem Himmel haben Nester; aber der Menschensohn hat nichts, wo er sein Haupt hinlege« Mt 8,20; Lk 9,58), werden mit Aussagen verbunden, die sesshafte Verhältnisse und daraus folgende Lebensfragen voraussetzen.[13]

Christologische Begründung der Ethik

Im Neuen Testament bekommt die christologische Begründung der Ethik eine zentrale Bedeutung. Sie zeigt sich bereits in den Evangelien. In der Erzählung von der Kindersegnung (Mk 10,13–16) spricht Jesus nicht nur den Kindern und denen, die sich wie Kinder verhalten[14], das Reich Gottes zu, sondern er handelt auch dementsprechend. Indem er die Jünger für ihr Verhalten tadelt, die Kinder heranruft, ihnen das Reich Gottes zuspricht (V. 14), dies noch verallgemeinert (wer das Reich Gottes nicht empfängt wie ein Kind …), unterstreicht (Wahrlich, ich sage euch, V. 15) und sich schließlich selbst entsprechend verhält (V. 16), gibt er seinen Nachfolgern eine Handlungsanweisung, an der sie sich orientieren sollen.[15]

Wird in dieser Erzählung das Verhalten Jesu in einer bestimmten Situation zum Ansatzpunkt für das Verhalten der Nachfolger, so kann in den Briefen das Geschick Jesu insgesamt zur Begründung der Ethik herangezogen werden. Ein herausragendes Beispiel dafür ist das Christuslied in Phil 2,5–11, das als Begründung für die Ermahnungen (die Paränese) gilt:

Phil 2,5–11: Seid so unter euch gesinnt, wie es auch der Gemeinschaft in Christus Jesus entspricht: 6Er, der in göttlicher Gestalt war, hielt es nicht für einen Raub, Gott gleich zu sein, 7sondern entäußerte sich selbst und nahm Knechtsgestalt an, ward den Menschen gleich und der Erscheinung nach als Mensch erkannt. 8Er erniedrigte sich selbst und ward gehorsam bis zum Tode, ja zum Tode am Kreuz. 9Darum hat ihn auch Gott erhöht und hat ihm den Namen gegeben, der über alle Namen ist, 10dass in dem Namen Jesu sich beugen sollen aller derer Knie, die im Himmel und auf Erden und unter der Erde sind, 11und alle Zungen bekennen sollen, dass Jesus Christus der Herr ist, zur Ehre Gottes, des Vaters.

---

12 Hahn, Theologie II, S. 664.

13 So sind in Mk 10 Themen miteinander verknüpft, die sich bei einer Wanderexistenz nicht ergeben: Ehe, Kinder, Geld. Insgesamt treten bei der Gemeindeethik Taufe und Glaube an die Stelle der Nachfolge.

14 Vgl. hierzu Müller, Mitte, S. 33 ff.

15 Vgl. unten, S. 197.

Phil 2,5 verbindet die hymnische Aussage über Christus direkt mit dem paränetischen Zusammenhang. Die Glaubenden sollen sich an Christus orientieren. Wie er demütig war (V. 8), sollen die Christen im Umgang miteinander demütig sein (V. 3).[16] Diese Orientierung an Christus ist eine durchgängige Leitlinie der Gemeindeethik im Neuen Testament. Wie sich dies im konkreten Verhalten auswirkt, zeigt die sogenannte Haustafel im Kolosserbrief (Kol 3,18–4,1). Sie ist wegen der Aufforderung an die Frauen, sich den Männern unterzuordnen, in jüngerer Zeit nicht gerade »politically correct«. Wenn man sie aber vor dem Hintergrund ihrer eigenen Zeit und ihrer gesellschaftlichen Voraussetzungen liest, wandelt sich das Bild.

3,18	Ihr Frauen,	ordnet euch euren Männern unter	wie sich's gebührt	in dem Herrn.
3,19	Ihr Männer,	liebt eure Frauen und seid nicht bitter gegen sie.		
3,20	Ihr Kinder,	seid gehorsam den Eltern in allen Dingen;	denn das ist wohlgefällig	in dem Herrn.
3,21	Ihr Väter,	erbittert eure Kinder nicht,	damit sie nicht scheu werden.	
3,22	Ihr Sklaven,	seid gehorsam in allen Dingen euren irdischen Herren,	nicht mit Dienst vor Augen, um den Menschen zu gefallen, sondern in Einfalt des Herzens	und in der Furcht des Herrn.
3,23		Alles, was ihr tut,		das tut von Herzen als dem Herrn und nicht den Menschen,
3,24				denn ihr wisst, dass ihr von dem Herrn als Lohn das Erbe empfangen werdet. Ihr dient dem Herrn Christus!
3,25			Denn wer unrecht tut, der wird empfangen, was er unrecht getan hat; und es gilt kein Ansehen der Person.	
4,1	Ihr Herren,	was recht und billig ist, das gewährt den Sklaven		und bedenkt, dass auch ihr einen Herrn im Himmel habt.

Wenn man den Text auf diese Weise in Sinneinheiten zusammenstellt, erkennt man deutlich die Mahnungen an die verschiedenen Gruppen im Haus: Die Männer (in ihrer Eigenschaft als Ehemänner, Väter und Herren über die Sklaven), die Frauen, die Kinder, die Sklaven. Die Mahnungen werden mit zwei Argumentationsreihen begründet. Die erste Reihe (wie es sich gebührt, wie es wohlgefällig ist, kein Ansehen der Person) findet sich auch außerhalb des Neuen Testaments.[17] Die zweite Begründungsreihe ist christologisch. Der üblichen Autoritätsstruktur im antiken

16 Die Forderung der Demut ist im Rahmen antiker Ethik auffällig. Außerhalb des Neuen Testaments bezeichnet das Wort eine unterwürfige Gesinnung (z. B. Epictet, Diss III 24,56), die freien und sozial gut gestellten Menschen nicht gemäß ist. Die Begründung dafür, dass unter Christen die Demut als Verhaltensnorm gelten soll, liefert das Christuslied. 2,5 bindet das ganze Sinnen, Trachten und Handeln der Philipper mit Christus zusammen. An Christus, der sich zum »Abstieg« nicht zu schade war, wird ein Verhalten deutlich, das nicht durch »Aufsteigermentalität« bestimmt ist, sondern sich in Demut an dem orientiert, was der andere braucht.

17 Im Rahmen antiker Ethik ist aber die Mahnung, die Kinder nicht zu verschüchtern, sehr weitgehend.

Haus (Mann – Frau – Kinder – Sklaven) wird Christus als neues Element hinzugefügt. Dies verändert die ganze Struktur. Zum einen stehen die Männer nicht mehr an der Spitze der Pyramide, sondern haben nun selbst einen Herrn im Himmel (4,1); zum anderen können Frauen, Kinder und Sklaven als eigenständige Handelnde angesprochen werden, die ihrerseits in einer Beziehung zum Herrn stehen. Texte wie dieser machen deutlich, dass sich die frühen Christen in ihrer Umwelt einrichten mussten und dabei herkömmliche ethische Regeln mit dem Glauben an Christus verbanden. Dieser Glaube, »der in der Liebe tätig ist« (Gal 5,6), prägt nun die Ethik auf grundlegende Weise.

Die Paränese kann in den Briefen aber auch mit Hilfe des Geistes Gottes begründet werden. Paulus geht davon aus, dass der Geist in den Glaubenden wirksam ist. Sie lassen sich nicht mehr »vom Fleisch« bestimmen, d. h. von den üblichen Maßstäben in der Welt, sondern von einem Geist, der sich in Liebe, Freude, Friede und Geduld wirksam erweist. Ein Spitzensatz ist Gal 5,25: Wenn Gottes Geist die Glaubenden im Inneren bewegt und leitet, dann sollen sie sich auch in ihren Äußerungen und in ihrem Handeln an diesem Geist orientieren.

Gal 5,22–26: Die Frucht aber des Geistes ist Liebe, Freude, Friede, Geduld, Freundlichkeit, Güte, Treue, 23Sanftmut, Keuschheit; gegen all dies ist das Gesetz nicht. 24Die aber Christus Jesus angehören, die haben ihr Fleisch gekreuzigt samt den Leidenschaften und Begierden. 25Wenn wir im Geist leben, so lasst uns auch im Geist wandeln. 26Lasst uns nicht nach eitler Ehre trachten, einander nicht herausfordern und beneiden.

Eine ganz ähnliche Begründung wird auch mit Hilfe des Begriffs der Freiheit gegeben. Nach paulinischer Auffassung hat Christus die Glaubenden von der Herrschaft der Sünde befreit. Weil sie aber noch in der Welt und unter ihren Bedingungen leben, kommt es darauf an, nun dieser Freiheit entsprechend zu leben und sich nicht wieder in Abhängigkeiten zu begeben:

Gal 5,1: Zur Freiheit hat uns Christus befreit! So steht nun fest und lasst euch nicht wieder das Joch der Knechtschaft auflegen!

Dass Glaube und Handeln die beiden Seite derselben Münze sind, hat Paulus wiederholt festgehalten, unter anderem in Gal 5,6.

Gal 5,6: Denn in Christus Jesus gilt weder Beschneidung noch Unbeschnittensein etwas, sondern der Glaube, der durch die Liebe tätig ist.

»Glaube, der durch die Liebe tätig ist« – das ist eine »Kurzformel« der paulinischen Ethik. Die Liebe bringt zu Geltung und Gestalt, was Glaube und Hoffnung umfassen und ahnen lassen.

Schlüssel und Konkretionen

»Liebe deinen Nächsten wie dich selbst« ist ein hoher Anspruch. Und manche Aussagen Jesu wirken geradezu provozierend, vor allem in den Antithesen der Bergpredigt (Mt 5,21–48): »Liebt eure Feinde und bittet für die, die euch verfolgen« (5,44).

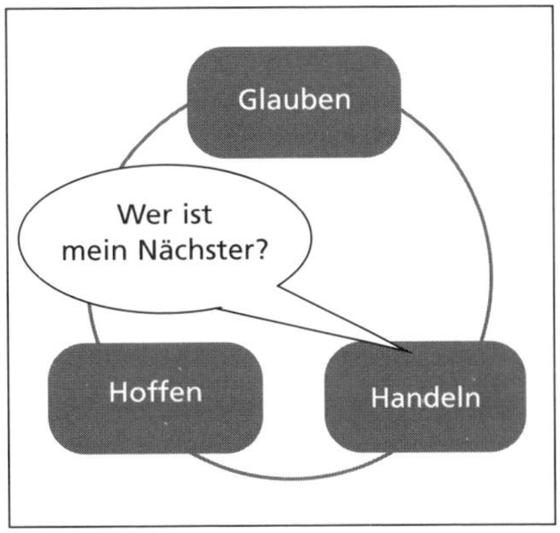

»Wenn dich jemand auf deine rechte Backe schlägt, dem biete die andere auch dar. Und wenn jemand mit dir rechten will und dir deinen Rock nehmen, dem lass auch den Mantel. Und wenn dich jemand nötigt, eine Meile mitzugehen, so geh mit ihm zwei« (5,39–41). Diese Sätze provozieren bis heute – sie sind im allgemeinen Bewusstsein verankert und rufen Zustimmung, Erklärungsversuche oder harsche Ablehnung hervor. Bekanntlich sah Friedrich Nietzsche hierin den Ausdruck einer »Niedergangs-Moral«, und Sigmund Freud kritisierte, dass eine solche Inflation der Liebe eine Überforderung darstelle und zudem den Wert der Liebe herabsetze. Von dem Satiriker und Sänger Wiglaf Droste stammt die drastische Variante hierzu: »Die andere Wange jesusmäßig hinhalten ist Quatsch mit Sauce / in seine Feinde soll man Löcher machen, und zwar große.«[18] Die landläufige Einschätzung geht keines-

18 In: Droste, Zen-Buddhismus.

wegs so weit, sondern ist mit e.o.plauens Vater-Sohn-Episdode ziemlich gut getroffen.[19] Die Bildergeschichte veranschaulicht eine verantwortungsethische Position: Der Vater wehrt sich nicht, so lange der fremde Mann ihn selbst anpöbelt, schreitet aber ein, als der den Luftballon des Sohns platzen lässt. Dass die Jesusworte bis heute wahrgenommen werden, liegt aber letztlich gerade daran, dass sie weitergehen, provozieren und die üblichen Rechtfertigungsversuche von Gewalt in Frage stellen. Wegen ihrer Bekanntheit und ihrer provokativen Kraft sind sie als Schlüssel für die Bibel gut geeignet. Von ihnen aus werden verschiedene Wege in der Bibel gangbar.

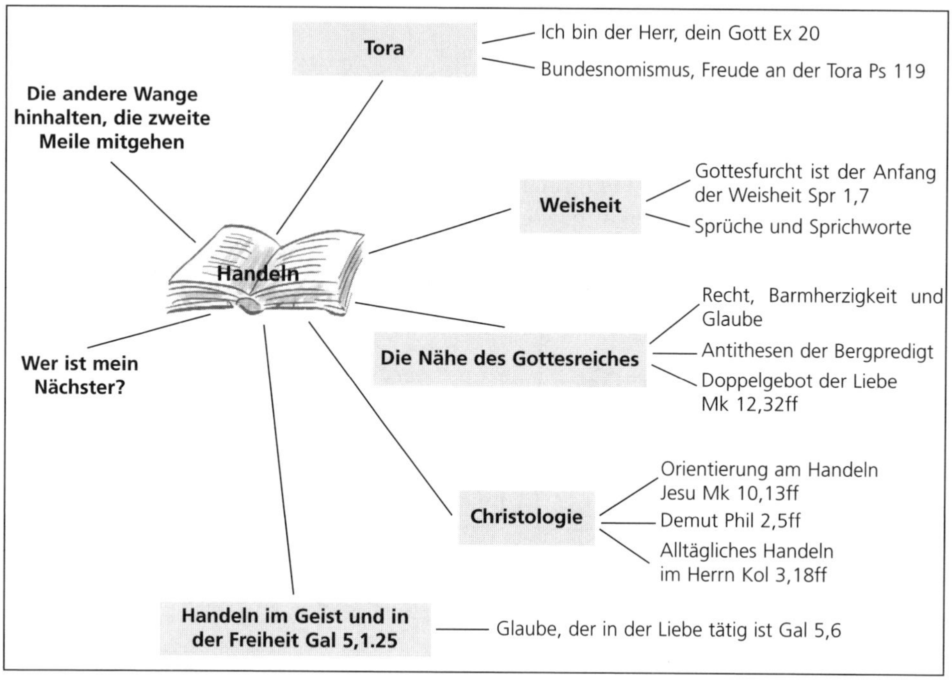

Konkretionen:

- Die Frage »Wer ist mein Nächster?« stellt sich auch heute, wenngleich in etwas anderer Weise als zur Zeit des Neuen Testaments. Denn die Medien liefern heute tagesaktuell Bilder von teilweise massenhaftem Elend ins Haus. Die Spendenbereitschaft in Katastrophenfällen[20] ist hoch, nicht zuletzt für die »fernen Nächsten«. Im Alltag erleben wir eher eine »Ellbogengesellschaft«[21], und die Frage, wer mein Nächster ist, wird eher in engen Grenzen beantwortet. In seiner »Dienstanweisung für einen Unterteufel« gibt C.S. Lewis die Ratschläge wieder, die der höllische Unterstaatssekretär Screwtape seinem unerfahrenen Neffen, dem Unter-

19 e.o. plauen, Vater und Sohn, in: Gesamtausgabe Erich Oser.

20 Nach der Tsunami-Katastrophe in Südostasien im Dezember 2004 spendeten die Deutschen innerhalb von zwei Monaten mehr als 1,1 Milliarden Euro. Bei dem Oder-Hochwasser 1997 wurden dreistellige Millionenbeträge gespendet.

21 1982 war Ellbogengesellschaft das »Wort des Jahres«.

teufel Wormwood, erteilt, damit dieser einen Erdenbürger, Mr. Spike, erfolgreich auf die schiefe Bahn führt. Einer seiner Ratschläge lautet folgendermaßen[22]:

»Tu, was Du willst, immer wirst Du Güte und Bosheit nebeneinander in der Seele Deines Patienten (sc. Mr. Spike) finden. Die Hauptsache ist, die Bosheit auf den allernächsten Nachbarn zu lenken, dem er tagtäglich begegnet, die Güte aber hinauszuverlegen an den fernsten Horizont, zu Menschen, die er gar nicht kennt. Auf diese Weise gewinnt die Bosheit an Wirklichkeit, während die Güte größtenteils nur in der Einbildung weiterlebt. Es hat keinen Wert, seinen Hass gegen die Deutschen anzustacheln[23], wenn zwischen ihm und seiner Mutter, seinem Chef und dem Mann, der ihm in der Bahn begegnet, zu gleicher Zeit die verderbliche Gewohnheit der Nächstenliebe zu wachsen beginnt. Stell dir Deinen Mann als eine Anzahl konzentrischer Kreise vor. Im innersten Kreis befindet sich sein Wille, im nächsten sein Verstand und zuletzt seine Phantasie. … Du darfst nicht nachlassen, alle Tugenden mehr und mehr nach außen zu schieben, bis sie sich schließlich im Bereich der bloßen Phantasie befinden.«

– In der Parabel vom barmherzigen Samariter Lk 10, 25–37 wird die Frage »Wer ist mein Nächster?« von dem Schriftgelehrten explizit gestellt. Die variierte Szene der Begegnung dreier Menschen mit dem Verletzten ist nicht nur wegen der Bekanntheit des Ausdrucks »Samariter« eine Schlüsselszene für die Ethik des Neuen Testaments, sondern mehr noch wegen ihrer Grundsätzlichkeit[24]: Der Wechsel der Perspektive von »Wer ist mein Nächster?« zu »Wem kann ich der Nächste sein?« ist grundlegend für eine Haltung, die nicht nach Zuständigkeiten und Begrenzungen fragt, sondern vom anderen her denkt.

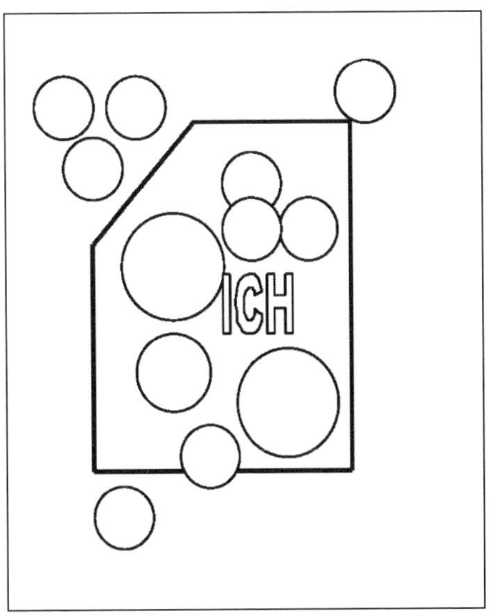

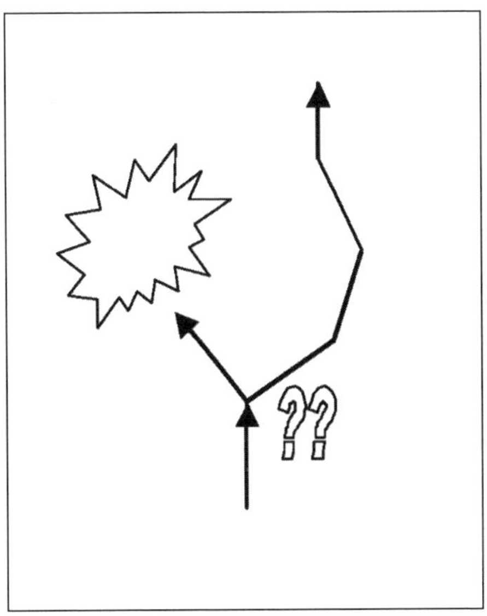

22 Lewis, Dienstanweisung, S. 31 f.
23 Die Originalausgabe des Buches ist während des Zweiten Weltkrieges entstanden.
24 Die Grafik ist entnommen aus Müller u.a., Gleichnisse, S. 186.

– Die Karikatur »Abendgebet« von Bosc[25] macht auf einfache Weise den Zusammenhang von, aber auch die Diskrepanz zwischen Glauben und Handeln deutlich. Die Kirchenglocke unterbricht den Streit des Paares und beide lassen sich auf das Gebet ein. Vielleicht beten sie »wie auch wir vergeben unseren Schuldigern.« Aber danach geht der Streit nicht nur weiter, er intensiviert sich. Nächstenliebe und Frömmigkeit wird ritualisiert, hat aber keine den Alltag und Konflikte verändernde Kraft. Die Sätze des Paulus »Wenn wir nun im Geist leben, so lasst uns auch im Geist wandeln« (Gal 5,25) oder »In Christus Jesus gilt ... der Glaube, der durch die Liebe tätig ist« (Gal 5,6) können kontrastierend daneben gestellt werden, ebenso das Jesuswort in Mt 5,23–24: »Wenn du deine Gabe auf dem Altar opferst und dort kommt dir in den Sinn, dass dein Bruder etwas gegen dich hat, so lass dort vor dem Altar deine Gabe und geh zuerst hin und versöhne dich mit deinem Bruder, und dann komm und opfere deine Gabe.«

Hoffen

Wer sich im Denken und Handeln an Gott orientiert, findet darin auch Grund zur Hoffnung – für das eigene Leben und darüber hinaus. Hoffnung hat biblisch betrachtet einen weiten Horizont. Sie schließt Wohlergehen im irdischen Leben ein. Aber von den Verheißungen Gottes an Abraham bis hin zur Reich-Gottes-Verkündigung Jesu spannt sich ein großer Bogen der Hoffnung, die über das eigene Wohlergehen hinaus auf das Wohl der ganzen Schöpfung zielt.

Meist werden aber nicht solche Visionen mit der Hoffnung in Verbindung gebracht, sondern biblische Begriffe, die sich in unserer Alltagssprache festgesetzt haben: Himmel und Paradies.

Die Rede vom Paradies ist alltagstauglich und insbesondere aus der Werbe- und Schlagersprache nicht wegzudenken. Das Einkaufsparadies liegt gleich um die Ecke und im Reisebüro ist das Urlaubsparadies zu buchen. Medial ähnlich präsent ist der Himmel. Fußballer spielen (wenigstens ab und zu) himmlisch und die »Wildecker Herzbuben« singen »Ist das nicht himmlisch (wenn du in den Ferien bist ...)?« Zur Weihnachtszeit bedient sich die Werbung der himmlischen Heerscharen exzessiv. Herbert Grönemeyer besingt bescheidener »ein Stück vom Himmel«. Ein anderes »Stück vom Himmel« hat es bis in die »Lindenstraße« geschafft (2007, Episode 1115). Besser kann man die Alltagstauglichkeit des Wortes kaum belegen. Dass etwas himmlisch ist oder schmeckt, ist bereits Kindern als metaphorischer Ausdruck des

25 In: Berg, Karikaturen, S. 14f. Dort auch weitere Vorschläge zum Arbeiten mit der Karikatur.

besonders Guten geläufig. Himmel ist ein Inbegriff für Glück und Seligkeit. Und durch die Werbeslogans hindurch schimmert die Sehnsucht. So gesehen sind die Begriffe Paradies und Himmel Schlüssel zur Bibel. Denn wenn nicht in der Bibel, wo soll dann zu erfahren sein, was mit Paradies und Himmel gemeint ist?

Paradies und Himmel

Angesichts der vielen Paradiese verwundert es, dass in der Bibel vom Paradies nur selten die Rede ist. In der hebräischen Bibel bezeichnet das Wort *pardes* an drei Stellen den umschlossenen Garten, den Park (so in Neh 2,8; Koh 2,5; Hld 4,13). Das Wort stammt aus dem Persischen und ist nicht spezifisch biblisch. Erst die griechische Septuaginta übersetzt das Wort für Garten in Gen 2,8 mit *paradeisos* (vgl. Gen 13,10; Num 24,6; Ps 14,2; Jes 1,30; Joel 2,3; Sir 24,30; 40,17.27). Im hebräischen Text ist dagegen vom »Garten in Eden« die Rede.

Gen 2,8–15: Und Gott der HERR pflanzte einen Garten in Eden gegen Osten hin und setzte den Menschen hinein, den er gemacht hatte. [9]Und Gott der HERR ließ aufwachsen aus der Erde allerlei Bäume, verlockend anzusehen und gut zu essen, und den Baum des Lebens mitten im Garten und den Baum der Erkenntnis des Guten und Bösen … [15]Und Gott der HERR nahm den Menschen und setzte ihn in den Garten Eden, dass er ihn bebaute und bewahrte.

Der Garten hat mit dem, was gewöhnlich unter Paradies verstanden wird, zunächst nichts zu tun.[26] Er wird von Gott als Lebensraum für den Menschen gepflanzt. Es handelt sich im Gegensatz zur Wüste (vgl. Jes 51,3) um eine fruchtbare und gut bewässerte Landschaft, die in weiter Ferne im Osten liegt. Dass in Gen 2,8 vom Garten *in* Eden, in 2,15 vom Garten Eden die Rede ist, zeigt, dass hier verschiedene Traditionen miteinander verbunden sind. Anders als bei dem Garten in Eden steht hinter dem Garten Eden eine alte, auch außerhalb des Alten Testaments bekannte Vorstellung von einem Garten, der als Wohnort Gottes gedacht wird und in dem Gott selbst sich aufhält (vgl. Hes 28,13; 31,9).

Nachdem die ersten Menschen gegen das Verbot Gottes, vom Baum der Erkenntnis des Guten und Bösen zu essen, verstoßen hatten (Gen 2,15–17; 3,1–7), wurden sie aus dem Garten vertrieben (Gen 3,24) und der Zutritt ist ihnen seitdem verwehrt. Hier hat die Vorstellung vom »verlorenen Paradies« ihren Anhaltspunkt. Ausgehend von der Prophezeiung in Jes 51,3 und Hes 36,35 (»Gott wird die Wüste wie Eden machen«) entwickelte sich im Judentum aber die Erwartung, dass Gott am Ende der Zeit den Menschen das Paradies wieder öffnen werde. Das Paradies ist also nicht nur Ort der Vergangenheit, sondern auch zukünftiger bzw. jenseitiger Ort. Diese Vorstellung ist auch an den (lediglich) drei Stellen vorausgesetzt, an denen im Neuen Testament vom Paradies die Rede ist: Paulus spricht von einer Entrückung ins Paradies (2Kor 12,2–4), nach Lk 23,43 spricht Jesus einem der Mitgekreuzigten zu, noch heute mit ihm Paradies zu sein, und Offb 2,7 verheißt das Essen vom Baum des Lebens im Paradies Gottes.

26 Vgl. Westermann, Genesis, S. 284ff.

Angesichts des schmalen biblischen Befundes überrascht die weite Verbreitung, die der Gedanke vom Paradies gefunden hat. Sie hat damit zu tun, dass andere Vorstellungen damit verknüpft wurden. Die antike Vorstellung vom goldenen Zeitalter[27] prägten sie wesentlich mit. »Zum Paradies hat mancher manches gesagt«, bemerkte Augustin (Gen lit VIII 1,1) und versuchte eine Systematisierung: Manche sehen es als real vorhandenen Ort, für andere ist es eine geistige Realität, wieder andere denken, dass es sowohl räumlich als auch geistig existiert. Die metaphorische Deutung des Paradieses ließ alle möglichen Vorstellungen zu. Nach Augustin entsprechen die vier Flüsse den vier Evangelien, die Frucht tragenden Bäume sind die Heiligen und ihre Werke, der Baum des Lebens ist Christus und der Baum der Erkenntnis der eigene freie Wille (civ XIII 21). Für Origenes ist das Paradies die »Seelenschule«.[28] Da die Menschen mit einem flammenden Schwert aus dem Paradies verwiesen wurden (Gen 3,24), müssen sie, um es wieder zu gewinnen, wieder durch Feuer geläutert werden. Daraus entwickelte sich ab dem 11. Jahrhundert die Lehre vom Fegefeuer. Da sich das Paradies nicht bruchlos zwischen Himmel, Fegefeuer und Hölle einfügen ließ, trat seine Bedeutung in der theologischen Diskussion zurück – nicht aber in Volksfrömmigkeit. Literarischen Niederschlag fand die Paradiesvorstellung[29] z. B. in Dantes Göttlicher Komödie (ca. 1307–1320), in John Miltons »Paradise Lost« (1667) oder in volkstümlichen Erzählungen vom Schlaraffenland.

Der Himmel ist in der Bibel einerseits Orts- bzw. Raumbezeichnung, andererseits der Bereich des Göttlichen. Als Ortsbezeichnung steht Himmel für den von Erde und Meer geschiedenen Raum. Im altorientalischen Weltbild (vgl. Ex 20,4; Ps 135,6) hat der Himmel stabile Grenzen. Er ist ausgespannt (Jes 40,22), ruht auf Säulen (Hiob 26,11) oder Grundfesten (2Sam 22,8), hat Fenster (Gen 7,11) und Vorratsräume für Wasser (Ps 33,7), Wind (Jer 10,13), Schnee und Hagel (Hiob 38,22). Himmel und Erde sind von Gott geschaffen (Gen 1,1; Ex 20,11) und haben ihre Zeit (Mk 13,31). Deshalb kann selbst der Himmel Gott nicht fassen (1Kön 8,27).

Daneben ist vom Himmel in einem spezifischen Sinn als von dem Ort Gottes die Rede. Auch wenn das Alte Testament noch andere Wohnorte Gottes kennt (Sinai Dtn 33,2; Zion Ps 48,3; Jes 8,18; Tempel 1Kön 8,13), ist der Himmel doch Gottes Wohnung schlechthin (Ps 29,10; 104,3). Von hier schaut er auf die Erde und prüft die Menschen (Ps 11,4; Jes 40,22). In diesem Sinn ist Himmel ein jenseitiger Ort und Gott ein transzendenter Gott, der menschlichem Verstehen entzogen ist. Wesentlich für den biblischen Glauben ist aber, dass dieser Gott des Himmels zugleich Herr der Erde ist und mit und in ihr handelt: Gott ist im Himmel, aber er denkt an sein Volk und die Menschen (Ps 115,2f); er fährt vom Himmel hernieder (Gen 11,5; Ex 19,18) und begleitet sein Volk (z. B. Ex 13,21). Und der Psalmbeter bekennt, dass es keinen Ort gibt, an dem Gott ihm fern wäre (Ps 139).

Auch im Neuen Testament wohnt Gott im Himmel (Offb 11,13; 16,11) und dort ist sein Thron (Apg 7,49; Hebr 8,1; Offb 4f; Mt 5,43). Himmel kann sogar zum Synonym für Gott werden (Mk 11,30; Lk 15,18.21; Joh 3,27) und Matthäus spricht

27 Vgl. Hesiod, Werke und Tage 109ff.
28 Auditorium vel schola animarum, princ II 11,6; IV 3; vgl. Hom Ex 6,4.
29 Sie findet sich in vielfältiger Variation: Atlantis (schon bei Platon, Timaios 17–25; Kritias 108ff), Utopia (Thomas Morus), Sonnenstaat (Tomasso Campanella); hierher gehören auch das sagenhafte Thule, das Eldorado der Spanier oder die mythischen Orte Avalon und Camelot in Britannien.

anstelle vom Reich Gottes vom Himmelreich. Auch im Neuen Testament bleibt Gott nicht fern in seinem Himmel, sondern offenbart sich den Menschen auf der Erde: »Das Wort ward Fleisch« (Joh 1,14). Bei der Taufe Jesu und seiner Verklärung (Mk 1,11; 9,1ff) ertönt Gottes Stimme aus dem Himmel. Der Heilige Geist kommt aber nicht nur auf Jesus herab, sondern auch auf die Jünger (Apg 2) und ermutigt sie, Zeugen der Botschaft Jesu zu sein bis an die Enden der Erde (Apg 1,8). Als Nachfolger Jesu haben sie ein »Bürgerrecht im Himmel« (Phil 3,20) und vor allem: Sie können Gott als »Vater im Himmel« ansprechen, der weiß, was sie brauchen (Mt 6,8f). Der Himmel ist für die Glaubenden kein zeitlich oder räumlich unerreichbares Jenseits, sondern für Beziehung und Nähe offen. Deshalb brauchen sie nicht in den Himmel zu starren (Apg 1,10f), sondern können in der Zeit, bis der Menschensohn vom Himmel her kommen wird (Mk 13,26ff), ihr Leben in Dankbarkeit und Verantwortung vor Gott gestalten.

Dass es sich bei der Erzählung von der Himmelfahrt Jesu (Lk 24,50–53; Apg 1,9–11) nicht um einen exakten Bericht handelt, zeigen schon die beiden verschiedenen Fassungen. In Apg 1,9–11 ist Himmel das zentrale Stichwort, aber nicht der Himmel als solcher, sondern in welchem Verhältnis sich die Jünger zu dem Himmel setzen. Das »siehe« in der Mitte des Abschnitts ist der entscheidende Aufmerksamkeitsimpuls.

Apg 1,9–11: Und als er das gesagt hatte, wurde er zusehends aufgehoben, und eine Wolke nahm ihn auf vor ihren Augen weg.
10 Und als sie ihm nachsahen, wie er gen Himmel fuhr,
siehe,
da standen bei ihnen zwei Männer in weißen Gewändern.
11 Die sagten: Ihr Männer von Galiläa, was steht ihr da und seht zum Himmel?
Dieser Jesus, der von euch weg gen Himmel aufgenommen wurde, wird so wiederkommen, wie ihr ihn habt gen Himmel fahren sehen.

Während die Jünger in den Himmel starren, wird ihre Aufmerksamkeit neu zentriert. Es geht darum, Jesus neu zu erwarten, aber nicht, indem sie lediglich am Alten festhalten. Vielmehr sollen sie in der Erwartung des Kommens Jesu den Auftrag erfüllen, den der Auferstandene ihnen gegeben hat (Lk 24,47: »und dass gepredigt wird in seinem Namen Buße zur Vergebung der Sünden unter allen Völkern. Fangt an in Jerusalem und seid dafür Zeugen«). Anders als die anderen Evangelien ergänzt Lukas seine Jesusgeschichte mit einer Geschichte der christlichen Gemeinden auf ihrem Weg in die weite Welt. Am Anfang steht dabei die Himmelfahrt Jesu, die den Himmel öffnet und die Jünger zugleich in ihre Aufgabe auf der Erde einweist. Auf diese Weise sind Himmel und Erde auf das Engste miteinander verknüpft. Das Pfingstereignis in Apg 2 unterstreicht das und versteht die Entwicklung der Gemeinden als vom Geist Gottes geleitet.

Hoffnung als Hauptwort

In theologischer und anthropologischer Perspektive steht jedoch der Begriff der Hoffnung im Vordergrund. »Paradies« oder »Himmel«, wie immer man sie sich vorstellt, sind nur Konkretionen von großer Hoffnung. Hoffnung ist das Hauptwort, dem die anderen unterzuordnen sind. Auch in der biblischen Tradition gibt es Hoffnung auf ein erfülltes Leben, auf Gesundheit und ausreichend Nahrung, auf glückliche Jugend und ein hohes Alter, auf ein gelingendes Leben, das nicht vor der Zeit endet (Jes 65,23). Zugleich greift die biblische Tradition darüber hinaus. Sie greift über das Individuum hinaus auf das Volk, auf alle Menschen und die ganze Schöpfung (Röm 8,22f); sie greift über die uns gegebene Zeit hinaus auf Gottes Ewigkeit. Sich in eine Zukunft zu hoffen, die das Leid und sogar den Tod überschreitet, kommt an die Grenzen des Sagbaren. Wo die Sprache nicht ausreicht, bedient sich die Bibel der Bilder und Symbole. In biblischen Bildern vom Kommen Gottes und vom Reich Gottes wird die Hoffnung konkret formuliert und bleibt zugleich offen.

Jes 11,6–9: Da werden die Wölfe bei den Lämmern wohnen und die Panther bei den Böcken lagern. Ein kleiner Knabe wird Kälber und junge Löwen und Mastvieh miteinander treiben. [7]Kühe und Bären werden zusammen weiden, dass ihre Jungen beieinander liegen, und Löwen werden Stroh fressen wie die Rinder. [8]Und ein Säugling wird spielen am Loch der Otter, und ein entwöhntes Kind wird seine Hand stecken in die Höhle der Natter. [9]Man wird nirgends Sünde tun noch freveln auf meinem ganzen heiligen Berge.

Im Neuen Testament ist davon die Rede, dass Gott alle Tränen abwischen wird »und der Tod wird nicht mehr sein noch Leid noch Geschrei noch Schmerz wird mehr sein« (Offb 21,4); ein Mensch lädt ein zu einem großen Festmahl (Lk 14,16–24); alle werden eingeladen, um sich am wieder gefundenen Schaf und Groschen zu freuen (Lk 15,1ff). Die biblischen Bilder und Geschichten erzählen von großer Hoffnung und bleiben zugleich offen, weil sie sich der Vorläufigkeit der Bilder bewusst sind. Bilder, Visionen und Gleichnisse lassen etwas ahnen, halten aber die Erkenntnis des Paulus fest, dass wir jetzt nur »wie durch einen Spiegel ein dunkles Bild« sehen (1Kor 13,12). Die Bilder wirken aber zurück auf die Gegenwart. Dass Offb 21,3 von der »Hütte Gottes« bei den Menschen spricht, rückt Gott nicht, vom Hofstaat umgeben, in einen himmlischen Palast, sondern an die Menschen heran. Wenn Gottes Güte sich durchsetzt, hat das schon Auswirkungen auf das Leben der Menschen miteinander. Und wenn nach Röm 8,20ff die ganze Schöpfung frei werden wird, bis zu diesem Zeitpunkt aber seufzt und sich ängstigt, dann ist damit die Aufforderung verknüpft, den Frieden mit der ganzen Schöpfung zu suchen. Hoffnung ist aktive, tätige Hoffnung.

Die biblische Hoffnung hat Gründe. Sie bezieht sich auf die Erfahrungen zurück, die die Glaubenden im Alten Testament mit Gott gemacht haben, vom Auszug aus Ägypten über den Bundesschluss bis hin zu den Verheißungen von Volk und Land, die er wahr gemacht hat. Diese Verlässlichkeit Gottes lässt die Glaubenden auch vertrauensvoll in die Zukunft blicken, die Zukunft der Einzelnen (Ps 71,5: »Du bist meine Zuversicht, HERR, mein Gott, meine Hoffnung von meiner Jugend an«) und die des Volkes (Jer 17,13: »denn du, HERR, bist die Hoffnung Israels«). Dies alles gilt auch im Neuen Testament weiter. Aber es kommt noch ein neuer Grund für die Hoffnung dazu. In Jesu Wirken hat Gott nach neutestamentlicher Auffassung die Treue zu Israel erfüllt und für alle Menschen geöffnet; und in Jesu Sterben und Auferweckung hat er der Hoffnung selbst über den Tod hinaus einen Grund gegeben. Mit dem Tod enden menschliche Möglichkeiten. Aber auf Grund der Auferweckung Jesu von den Toten können die Glaubenden darauf vertrauen, dass die Möglichkeiten Gottes auch dann nicht aufhören. Was im Alten Testament am Rand aufscheint, dass nämlich Gott die Macht des Todes brechen wird (Jes 25,8; Hes 37; Hos 13,14), gewinnt im Neuen Testament von der Auferstehung Jesu her grundlegende Wirkkraft.

Die biblische Hoffnung kann mit Hilfe unterschiedlicher inhaltlicher und zeitlicher Vorstellungen ausgestaltet werden. Sie kann sich auf die Rettung aus konkreter Not beziehen (Ps 33,18f), auf Vergebung und neuen Anfang (Ps 130,4f), auf Friede und Heil (Gen 49,18). In prophetischer Perspektive kann sie sich auf das Heil des ganzen Volkes und darüber hinaus aller Völker und aller Kreatur beziehen (Jes 65,17ff; Jes 2,2–4; 9,1–6). Sie kann auch im Gedanken einer neuen Schöpfung Ausdruck finden und in der Erwartung des Reiches Gottes. Das ist in den biblischen Schriften nicht einheitlich. Durchgehend aber zeichnet sich biblische Hoffnung dadurch aus, dass sie sich auf Gott ausrichtet und alles von einer lebendigen Beziehung zu Gott erhofft. Von daher wird verständlich, dass die Eschatologie als ein theologisches »Hauptwort« zu gelten hat. Jürgen Moltmann hat gezeigt, dass die Eschatologie nicht ein theologischer Aspekt unter vielen ist, sondern alle anderen mit beeinflusst und sie in neues Licht rückt.[30] Es handelt sich nicht um eine »Lehre von den letzten Dingen«, sondern um Hoffnungssätze der Verheißung, die dem Glauben Zukunft geben.

Eine Hoffnung, die sich auf Gott hin ausstreckt, umgreift die vielen kleinen Hoffnungen des Lebens und greift zugleich über das Leben hinaus auf ein Ziel und einen Sinn. Der Sinn, auf den wir hinleben, unterscheidet sich vom Ende, auf das wir hinleben. Das Ende ist der Tod. Aber selbst wer glaubt, mit dem Tod sei alles aus, wird den Tod kaum als Ziel des eigenen Handelns und Lebens verstehen. So bleiben die Gedanken über die Zukunft, falls sie den Tod überhaupt bedenken, doch nicht bei ihm stehen. Sie fragen darüber hinaus.[31]

Sehnsucht ist gleichsam die aktive Seite der Hoffnung. »Die Sehnsucht konkretisiert sich zwar in den verschiedenen Sehnsüchten. Es sind die Sehnsüchte nach Liebe, nach Glück, nach Sinn, nach einem Gelingen des Lebens, in denen unser unendliches Verlangen sich ausspricht. In all diesen Sehnsüchten verdichtet sich aber jeweils nur das eine Verlangen nach dem erfüllten, ganzen Leben, nach dem Heil. Die Sehnsucht ist in den verschiedenen Sehnsüchten spürbar da.«[32] Eine »Endstation« im eigentlichen Sinn kennt sie nicht.[33] Sehnsucht und Hoffnung sind immer auf Zukunft hin offen. Nur wer »hoffnungslos« ist, schließt mit dem Leben ab.

Hoffnung ist abzugrenzen von Illusion: Weil Hoffen und Harren manchen zum Narren macht, zieht sich durch die Geistesgeschichte ein Strom der Geringschätzung der Hoffnung, von Platon über Albert Camus' Postulat, »klar zu denken und nicht mehr zu hoffen«, bis zu Bertolt Brecht (»Ich gestehe es: ich habe keine Hoffnung. Die Blinden reden von einem Ausweg. Ich sehe. Wenn die Irrtümer verbraucht sind, sitzt als letzter Gesellschafter uns das Nichts gegenüber«[34]). Diese Skepsis ist ernst zu neh-

30 Moltmann, Theologie; vgl. auch Sauter, Einführung, S. 214, der von der »unglückliche(n) Stellung dieses Lehrstückes als Schlusskapitel der Dogmatik« spricht.
31 Vgl. Pannenberg, Was ist der Mensch?, S. 33
32 Gräb, Sehnsucht, S. 144.
33 Das Drama »Endstation Sehnsucht« (im Original »A Streetcar Named Desire«) von Tennessee Williams spielt auf eine Straßenbahnlinie »desire line« in New Orleans an, deren Endstation tatsächlich »desire« hieß.
34 Brecht, Werke (GBA), Band 13, S. 189.

men, weil Hoffnung blind machen kann, wenn sie ihren Grund verliert. Für Judentum und Christentum ist von Anfang an jedoch wichtig, dass die Hoffnung einen Grund hat und davon auch Rechenschaft ablegen kann (vgl. 1Petr 3,15). Der Grund der Hoffnung liegt im Vertrauen auf Gott, der nicht nur die Verheißungen gegeben, sondern sich durch sein Handeln in der Geschichte und an Jesus Christus zu diesen Verheißungen bekannt und sie bestätigt hat.

Schlüssel und Konkretionen

Als Schlüssel zur biblischen Rede von der Hoffnung wähle ich die Begriffe Paradies und Himmel. Sie greifen gegenwärtig verbreitete Metaphern auf und öffnen zugleich Wege in die biblische Überlieferung. Von Paradies- und Himmelsvorstellungen ausgehend bieten sich verschiedene Wege durch die biblische Überlieferung an. Man kann an den Stellen entlang gehen, die ausdrücklich vom Himmel (oder den wenigen, die vom Paradies) sprechen. Man kann die Hoffnungsbilder des Jesaja oder aus Offb 21 betrachten und sie mit alltäglichen Hoffnungen kontrastieren. Man kann die Gleichnisse Jesu als Hoffnungsgeschichten lesen. An der Himmelfahrtserzählung lässt sich zeigen, dass der Blick in den Himmel und das Verhalten auf der Erde zusammen gehören.

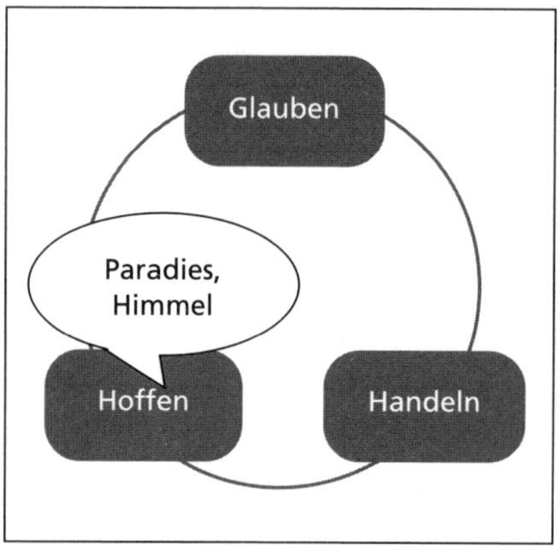

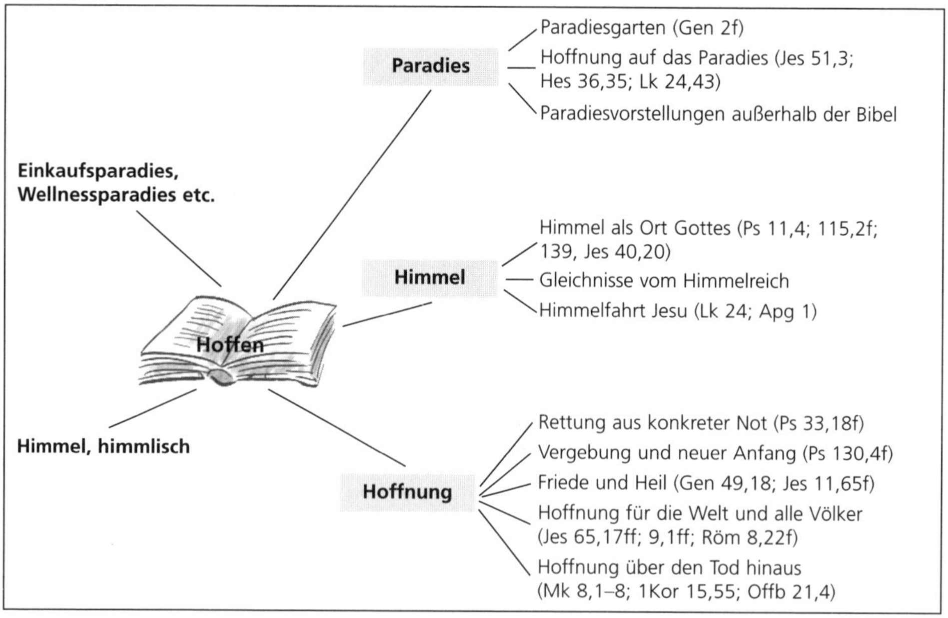

Konkretionen:

- Himmel und Paradies sind wichtige Begriffe in der Werbung: Am 7.4.2008 verzeichnet Google zum Stichwort Paradies rund 9 Millionen Einträge, zum Stichwort Himmel knapp 22 Millionen. Ein nicht unerheblicher Teil der Einträge hat mit Werbung zu tun, vom himmlischen Schlaf über himmlisch zarten Streichkäse bis zur Single-Börse im Internet mit himmlischen Aussichten. Das Paradies muss für ähnliche Erwartungen herhalten. Die Frage schließt sich an: Welche Vorstellungen verbinden Schülerinnen und Schüler mit diesen Worten? Eine Internetrecherche zeigt die Inflation der Begriffe.
- In einer Zeit, in der materielle Wünsche viel weniger erfüllbar waren als heute, hat sich die Vorstellung vom Schlaraffenland entwickelt.[35] Die größte Erwartung

der Bewohner dieses märchenhaften Landes ist der leibliche Genuss. In den meisten europäischen Ländern ist dieser Wunsch für viele Menschen Wirklichkeit. Aber in vielen anderen Ländern der Welt wären die Menschen froh, wenn sie sich einmal so satt essen könnten, wie Pieter Breughel das gemalt hat.
- Eine weitere Möglichkeit ist der Rückgriff auf Sprichworte, die sich auf die Hoffnung beziehen. Oft wird dabei auf die Problematik einer grundlosen Hoffnung verwiesen: »Hoffen und Harren macht manchen zum Narren.« Jedes Sprichwortlexikon gibt eine Fülle ähnlicher Wendungen an. Was kann man dem entgegen stellen?
- Paradies und Himmel sind im Schlager häufig zu finden. Christine Dumont singt »Führ mich in den Himmel«; Carin Porsch ist realistischer: »Ich hab dir nie den Himmel versprochen« (ein Remake von Tanja Bergs Titel von 1972). Die Liste lässt sich beliebig erweitern. Dasselbe gilt für das Paradies: Helene Fischer ist »mitten

35 Vgl. hierzu das gleichnamige Gemälde von Pieter Breughel d.Ä. und die Schrift von Sebastian Brant aus dem Jahr 1494, in der das Schlaraffenland als Parodie auf die Paradiesvorstellung dargestellt ist.

im Paradies«, Michael Morgan bereits »jenseits davon«, Andrea Berg fragt noch, wo es liegt. Es lohnt sich, Himmelsvorstellungen im Schlager oder in der Werbung mit Vorstellungen aus der Bibel zu vergleichen.
- In eine andere Welt taucht man ein mit Liedern von Phil Collins oder den Toten Hosen.

Die Toten Hosen: Paradies[36]
Wer kann schon sagen,
was mit uns geschieht,
vielleicht stimmt es ja doch,
dass das Leben eine Prüfung ist,
in der wir uns bewähren sollen.

Nur wer sie mit Eins besteht,
darf in den Himmel kommen.
Für den ganzen dreckigen Rest
bleibt die Hölle der Wiedergeburt.

Als Tourist auf Ibiza,
als Verkehrspolizist,
als ein Clown in einer Zirkusshow,
den keiner sehen will.

Um diesem Schicksal zu entfliehen,
sollen wir uns redlich bemühen,
jeden Tag mit 'nem Gebet beginnen
an Stelle von Aspirin.
Nur wer immer gleich zum Beichtstuhl rennt,
als wär es ein Wettlauf,
und dort alle seine Sünden nennt,
der handelt einen Freispruch aus.

Ich will nicht ins Paradies,
wenn der Weg dorthin so schwierig ist,
und bevor ich auf den Knien fleh,
bleib ich meinetwegen hier. …

Phil Collins: Another Day in Paradise[37]
She calls out to the man on the street:
»Sir, can you help me?
It's cold and I'm nowhere to sleep.
Is there somewhere you can tell me?«

He walks on – doesn't look back,
He pretends he can't hear her,
Starts to whistle as he crosses the street,
Seems embarrassed to be there.
Oh, Think twice, 'cause it's another day for you and me in Paradise.
Oh, Think twice, 'cause it's another day for you, you and me in Paradise. …

Das Paradies bei den Toten Hosen verdient man sich durch das Einhalten bestimmter Moralvorstellungen und Benimm-Regeln; da kann das Paradies selbst auch nicht besser sein. Phil Collins verlagert, der lukanischen Himmelfahrtserzählung ähnlich, den Blick vom paradiesischen Jenseits auf die Bedürftigen im Diesseits. »Oh, think twice!« ist eine gute, mit der biblischen Hoffnung leicht zu vereinbarende Aufforderung, wenn es um den Glauben und die Hoffnung geht; denn Hoffnung will nicht vertrösten, sondern den Blick gerade frei machen über das hinaus, was uns als Realität in Beschlag nimmt.

36 www.dietotenhosen.de/veroeffentlichungen_songtexte.php?text=alben/adh/paradies.php am 7. April 2008.
37 www.lyricsfreak.com/p/phil+collins/another+day+in+paradise_20108035.html am 7. April 2008.

– In dem Kinderlied »Weißt du, wo der Himmel ist?« kommt das Überraschende des Himmels zum Ausdruck. Manchmal findet man sich, noch bevor man überlegt hat, ob er hoch oben, tief verborgen, außen oder innen ist, mitten drin. Da wo man ja zu sich und anderen sagen kann und sich aufgehoben weiß.[38]

38 Text: Wilhelm Willms, Musik: Ludger Edelkötter, in: Menschenskinderliederbuch, Nr. 99.

9. Jesus Christus

Jesus begegnet in vielerlei Gestalt: Auf Titelseiten, in Gedichten und Romanen[1], im Musical (»Jesus Christ Superstar«), als (tragischer) Held im Film (z.B. »Die letzte Versuchung«), am Wegrand als »Marterl«, als allgegenwärtiges Krippenkind in der Weihnachtszeit, in der Kunst, im Ausruf des Erstaunens (»Jesses!«). Und natürlich gibt es Jesus-Kugelschreiber, Jesus-T-Shirts und vieles andere, worauf Jesus sich schreiben lässt. Kein Wunder, dass Künstler das Thema aufgreifen und verfremden.[2] Jesus ist »in« und kann einem an vielen Orten »begegnen«, in und außerhalb der Kirche, in religiösen und profanen Zusammenhängen. Alle diese Möglichkeiten können Schlüssel sein für die Jesusüberlieferung im Neuen Testament.

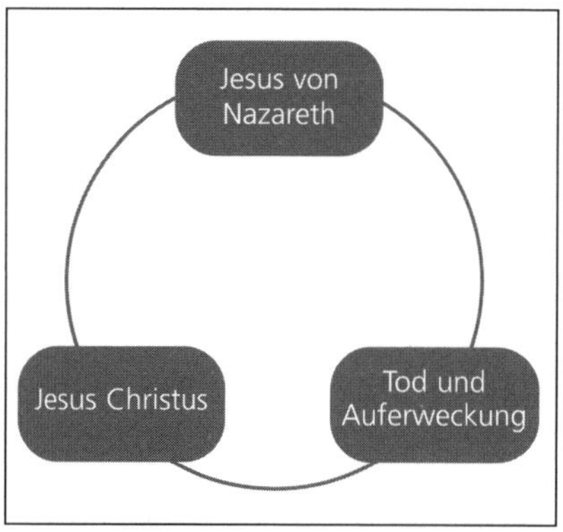

Umfragen unter Jugendlichen zeigen, dass Jesus als herausragendem Menschen hohe Wertschätzung entgegengebracht wird. Seine Ethik und sein eigenes Leben gelten als vorbildlich. Ihn als Sohn Gottes zu verstehen erscheint vielen Jugendlichen dagegen als schwierig. Die Frage »Wer ist Jesus?« ist aber nicht erst heute offen, sondern wird schon im Neuen Testament unterschiedlich beantwortet. Das Markusevangelium kann man geradezu mit Hilfe dieser Frage aufschließen. Die verschiedenen Bezeichnungen für Jesus in den Evangelien zeigen, wie das frühe Christentum versucht hat, die Bedeutung Jesu in Begriffe zu fassen. Dabei konnte man stärker seine Verkündigung, sein Handeln oder sein Geschick in den Vordergrund stellen. Die verschiedenen Jesusbilder machen auf jeden Fall aufmerksam auf die Fülle der Vorstellungen von Jesus, die in der neutestamentlichen Überlieferung vorhanden sind und die auf verschiedenen Wegen erschlossen werden können.

1 Vgl. z.B. Langenhorst, Gedichte, S. 167ff; Partick Roth, Riverside; Michail Bulgakow, Der Meister und Margarita; Themenheft Christus in der Kunst. Im Film bleibt er manchmal ungenannt, aber selbst wenig bibelfesten Cineasten bleibt kaum verborgen, wer sich z.B. hinter Aslan in »König von Narnia« verbirgt.

2 Hier z.B. das Werk »This is my blood« des russischen Künstlers Alexander Kosolapov in der Ausstellung »Medium Religion« im Zentrum für Kunst und Medientechnologie Karlsruhe, 2008/2009.

Eine grundlegende Unterscheidung

Jesus ist die zentrale Gestalt des Neuen Testaments. In den Evangelien wird von seiner Verkündigung, seinem Handeln und seinem Geschick erzählt, in den Briefen stehen Tod und Auferstehung im Vordergrund. Briefe und Evangelien sprechen von Jesus im Rückblick und aus der Perspektive des Glaubens an ihn. In dieser Perspektive bekommt auch das Alte Testament einen neuen Stellenwert: Es wird als Verheißung verstanden und kann auf Jesus hin gelesen werden. Auf diese Weise wird aus christlicher Sicht eine Kontinuität zwischen den Schriften des Alten Testament und den neu entstehenden christlichen Schriften geschaffen.

Wer sich mit Jesus beschäftigt, muss zwei Fragen unterscheiden. Man kann danach fragen, wer Jesus von Nazareth war oder wer Jesus für mich ist und was er für mich bedeutet. Beide Fragen haben Stärken und Schwächen. Die Stärke der ersten, historischen Fragestellung ist, dass man mit entsprechenden Methoden einen weit gehenden Konsens über das Leben und Wirken des irdischen Jesus erzielen kann. Ihre Grenze liegt darin, dass sie sich nur auf historisch belegbare oder plausible Sachverhalte bezieht. Deshalb ist z.B. das Bekenntnis »Jesus ist Gottes Sohn« historisch nicht belegbar. Außerdem sind historische Aussagen in der Tendenz distanzierend. Jesus von Nazareth ist eine historische Größe und eine wie auch immer geartete Beziehung zu ihr ist zunächst nicht intendiert. Genau hier liegt die Stärke der zweiten Frage. Sie setzt den Fragenden in Beziehung zu Jesus und rückt ihn dadurch aus der Vergangenheit in die Gegenwart und die persönliche Relevanz. Ihre Grenze liegt aber vor allem in der Subjektivität derer, die hier eine Aussage machen. Ihre Antworten müssen zunächst einmal nur sie selbst überzeugen und eine Vermittelbarkeit ist nicht notwendig im Blick.

Häufig entstehen Probleme durch die Vermischung der Fragen. Die Frage »Wer war Jesus von Nazareth?« kann man nicht beantworten mit »Er war Gottes Sohn«. Dass Jesus ein jüdischer Prediger im 1. Jahrhundert christlicher Zeitrechnung gewesen ist, sagt umgekehrt noch nichts darüber aus, ob Jesus für mich eine Bedeutung hat. Glaubensaussagen (Jesus ist der Gesalbte, der Sohn Gottes etc.) können mit historischen Argumenten weder gestützt noch gar entschieden werden. Worauf es ankommt ist, die Stärken beider Fragestellungen zu bedenken. Die historische Rückfrage ist notwendig, weil sich der christliche Glaube auf eine geschichtliche Person bezieht und ihr Wirken als unaufgebbaren Bezugspunkt versteht. Der Anspruch der biblischen Texte beschränkt sich aber nicht darauf, dass Jesus von Nazareth zu seiner Zeit Wichtiges sagte und tat, sondern zielt auf die eigene Stellungnahme derer, die sie lesen. Beide Fragen lassen sich anhand von Mk 8,27–30 gut unterscheiden.

Mk 8,27–30: Und Jesus ging fort mit seinen Jüngern in die Dörfer bei Cäsarea Philippi. Und auf dem Wege fragte er seine Jünger und sprach zu ihnen: Wer, sagen die Leute, dass ich sei? [28]Sie antworteten ihm: Einige sagen, du seist Johannes der Täufer; einige sagen, du seist Elia; andere, du seist einer der Propheten. [29]Und er fragte sie: Ihr aber, wer sagt ihr, dass ich sei? Da antwortete Petrus und sprach zu ihm: Du bist der Christus! [30]Und er gebot ihnen, dass sie niemandem von ihm sagen sollten.

Man kann den Text in historisch-informativer Hinsicht befragen: Welche Vorstellungen von Jesus sind zur Zeit Jesu im Volk lebendig? Was verbindet man mit Johannes, Elia oder den Propheten? Was lässt diese Stelle über die Resonanz Jesu im Volk erkennen? Was verbindet Petrus mit der Bezeichnung Christus? Man kann aber auch nach der Aussageabsicht des Evangelisten fragen. Sie liegt zum einen darin zu zeigen, dass die Jünger zu einem tieferen Verständnis von Jesus kommen (»Du bist der Christus); zum anderen werden die Leserinnen und Leser unausgesprochen dazu aufgefordert, ihrerseits danach zu fragen, wer Jesus für sie ist. Der Text verfolgt also nicht in erster Linie eine Informationsabsicht, sondern ist Verkündigung und Einladung. Das macht die historische Rückfrage nicht überflüssig; sie ist aber eingeordnet in die Frage nach der Wirkungsabsicht der Texte.

Jesus von Nazareth

Über den irdischen Jesus lassen sich eine Reihe von Aussagen machen, die heute in der Forschung überwiegend akzeptiert werden.[3] Methodisch muss man bei den überlieferten Jesusworten ansetzen, nicht bei den Erzählungen. Denn alle Erzählungen sind Erzählungen über Jesus, während bei den Worten die Möglichkeit besteht, dass wir es tatsächlich mit Worten von Jesus zu tun haben.

Gleichnisse

Im Zentrum der Verkündigung Jesu steht die Königsherrschaft Gottes.

> Die Vorstellung von der Königsherrschaft Gottes hängt mit der Entstehung des Königtums in Israel unter Saul und David zusammen (1Sam 8ff). Der Wunsch nach einem König war umstritten, da man einerseits die Notwendigkeit einer zentralen Regierung erkannte, andererseits aber Gott als eigentlichen Führer des Volkes sah. Mit dem Aufkommen des Königtums wurde dann auch Gott selbst als König bezeichnet, wobei die Rede von Gott als König gegenüber den irdischen Königen sowohl eine bestätigende (vgl. 2Sam 7; 2Chr 9,8; Ps 47; 93; 96–99; 103,19; 145,10–13) als auch eine kritische Funktion (1Sam 8,5ff; 2Sam 11f) haben konnte. In den politischen Katastrophen des Volkes wurde die Vorstellung der Gottesherrschaft auf die Zukunft übertragen, und zwar auf die nähere Zukunft (z.B. Jes 52,7) oder auf die Zukunft schlechthin (z.B. Jes 24,23). Grundlage war die Nathanweissagung in 2Sam 7,14. Die Erwartung der kommenden Gottesherrschaft konnte mit der Vorstellung des Messias verbunden werden (vgl. Jes 9,6; 11,1f).

Jesus erzählt von der Gottesherrschaft in Geschichten. Mit der alltäglichen Erfahrung vom Wachsen eines winzigen Senfkorns zum großen Strauch (Mk 4,30–32) oder von der kleinen Menge Sauerteig, die das ganze Mehl durchsäuert (Mt 13,33), spannt er den Horizont der Hoffnung auf das Reich Gottes aus. Am Beispiel der Freude über ein verlorenes und wieder gefundenes Schaf macht er das Verhältnis von Gott und Mensch deutlich (Lk 15,3–7). Mit einem unglaublichen Beispiel aus der Arbeitswelt behauptet er Gottes Güte, die die Gerechtigkeit umgreift und den Menschen gibt, was sie brauchen (Mt 20,1–16). Markus sammelt verschiedene Gleichnisse in 4,1–34 unter dem Stichwort »Lehre«.

3 Vgl. zu diesen Grundlinien Theißen/Merz, Der historische Jesus.

Mk 4,1–2: Und er fing abermals an, am See zu lehren. Und es versammelte sich eine sehr große Menge bei ihm, sodass er in ein Boot steigen musste, das im Wasser lag; er setzte sich, und alles Volk stand auf dem Lande am See. 2Und er lehrte sie vieles in Gleichnissen; und in seiner Predigt sprach er zu ihnen.

Unter »Lehre« versteht Markus nicht ein bloßes Weitergeben von Wissen. Das zeigt sich an der Aufforderung zum Verstehen, die sich wie ein roter Faden durch die Rede hindurch zieht (V. 3.9.23; vgl. 11f. 13–20.33f): »Wer Ohren hat zu hören, der höre« zielt nicht auf das akustische, sondern das verstehende Hören. Jesus nimmt alltägliche Erfahrungen auf. Es geht in Mk 4 um Saat und Ernte, um Wachsen und Gedeihen. Zum Alltagswissen der Hörerinnen und Hörer gehört auch, dass Saat und Ernte im bildhaften Sinn verstanden und auf Gottes Handeln übertragen werden konnten. Jesus spricht also Alltagswissen an und verweist zugleich auf dessen metaphorischen Bedeutungsüberschuss. Die alltäglichen Geschichten werden transparent für die Wirklichkeit Gottes, sie sagen etwas über Gott aus.

Am Ende der Gleichnisrede heißt es, dass Jesus seinen Jüngern »alles aufgelöst«, ihnen also alle Gleichnisse gedeutet habe (4,34). Das ist jedoch nicht der Fall; zwar wird das Gleichnis vom »vierfachen Acker« erklärt, die beiden anderen von der »selbstwachsenden Saat« und vom »Senfkorn« aber nicht und auch nicht die Bildworte, die die Gleichnisse verbinden. Nimmt man die Hinweise auf das Verstehen, die Bemerkung, dass Jesus den Jüngern alles aufgelöst habe und das gleichzeitige Fehlen der Deutung zusammen, werden die Gleichnisse zur Aufforderung an die Hörer, selbst in die Aufgabe der Deutung einzutreten. Der Schluss der Rede ist deshalb kein Abschluss, sondern Ausblick und Aufforderung, in den alltäglichen Geschichten selbst Zeichen der Gottesherrschaft zu erkennen.

Zukunft und Gegenwart

Die Verkündigung Jesu ist von der Erwartung bestimmt, dass Gottes Wille und seine Herrschaft sich bald in der Welt durchsetzen werden. Aus diesem Grund stehen in der Verkündigung Jesu Aussagen über Gegenwart und Zukunft oft in enger Verbindung. Aufschlussreich ist in diesem Zusammenhang das Vaterunser (Mt 6,9–13).

Unser Vater im Himmel!
Dein Name werde geheiligt.
10Dein Reich komme. ←
Dein Wille geschehe wie im Himmel so auf Erden.
11Unser tägliches Brot gib uns heute.
12Und vergib uns unsere Schuld,
wie auch wir vergeben unsern Schuldigern.
13Und führe uns nicht in Versuchung,
sondern erlöse uns von dem Bösen.
Denn dein ist das Reich und die Kraft und die Herrlichkeit in Ewigkeit. Amen. ←

In diesem Gebet Jesu werden Bitten, die sich auf die Zukunft beziehen (vor allem die »Du-Bitten« am Anfang), mit Bitten verbunden, deren Horizont die Gegenwart ist. Darin zeigt sich eine Grundstruktur der Verkündigung Jesu: Weil die Gottesherrschaft im Kommen ist, wirkt sie schon in das gegenwärtige Leben hinein. Die Gegenwart wird unter Gottes Willen gerückt, der sich in der Zukunft endgültig Bahn brechen wird. Die »Kurzfassung« der Verkündigung Jesu in Mk 1,15 (»Die Zeit ist erfüllt und das Reich Gottes ist herbeigekommen. Tut Buße und glaubt an das Evangelium«) bringt dies prägnant zum Ausdruck. Lukas verdichtet den Zusammenhang von prophetischer Weissagung, Wirksamkeit Jesu und dem erwarteten Gotteshandeln gewissermaßen in einem einzigen Wort:

Lk 4,16–21: Und Jesus kam nach Nazareth, wo er aufgewachsen war, und ging nach seiner Gewohnheit am Sabbat in die Synagoge und stand auf und wollte lesen. [17]Da wurde ihm das Buch des Propheten Jesaja gereicht. Und als er das Buch auftat, fand er die Stelle, wo geschrieben steht: [18]»Der Geist des Herrn ist auf mir, weil er mich gesalbt hat, zu verkündigen das Evangelium den Armen; er hat mich gesandt, zu predigen den Gefangenen, dass sie frei sein sollen, und den Blinden, dass sie sehen sollen, und den Zerschlagenen, dass sie frei und ledig sein sollen, [19]zu verkündigen das Gnadenjahr des Herrn.« [20]Und als er das Buch zutat, gab er´s dem Diener und setzte sich. Und aller Augen in der Synagoge sahen auf ihn. [21]Und er fing an, zu ihnen zu reden: Heute ist dieses Wort der Schrift erfüllt vor euren Ohren.

In diesem Text nehmen wir lesend teil an einem Synagogengottesdienst in Nazareth. Die Prophetenlesung ist hervorgehoben und wird Schritt für Schritt entwickelt: Jesus bekommt die Jesaja-Rolle gereicht, rollt sie auf und findet Jes 61,1f. Dass er vorliest, wird nicht erwähnt, aber wir erfahren den Wortlaut der Stelle. Nach der Lesung rollt Jesus die Buchrolle zusammen, gibt sie zurück und setzt sich. Die ausführliche Darstellung des Lesevorgangs steigert die Spannung: »Aller Augen in der Synagoge sahen auf ihn«. Zugleich werden wir als Leserinnen und Leser in die Szene hineingenommen – und warten nun mit den Leuten in der Synagoge auf die Auslegung. Was Jesus sagt, ist denkbar knapp: »Heute ist dieses Wort der Schrift erfüllt vor euren Ohren«. Die Leute werden zornig und wollen Jesus einen Abhang hinunterstürzen. Was ist daran so anstößig? Es ist vor allem das Wort »heute«. Lukas verwendet es mehrfach. In 2,11 verkündigen die Engel allem Volk große Freude, weil »heute« der Retter geboren ist. Nach der Heilung des Gelähmten in 5,17ff sagen die Umstehenden: »Heute haben wir Unglaubliches erlebt«. In der Geschichte von Zachäus (19,1–10) findet sich das Stichwort zweimal; »ich muss heute in deinem Haus einkehren«, und »heute ist diesem Haus Heil widerfahren«. Die Zusage Jesu an den mit ihm Gekreuzigten lautet: »Heute wirst du mit mir im Paradies sein« (23,43). In diesem »heute« kommt der Anspruch Jesu zum Ausdruck, mit seiner Verkündigung das »Evangelium für die Armen« und das gnädige Kommen Gottes gültig anzusagen – und damit die Weissagung des Jesaja zu erfüllen. Genau dieser Anspruch ist es, der die Leute in der Synagoge gegen ihn aufbringt. Und diesem Anspruch stehen alle gegenüber, die die Erzählung lesen.

Wunder

Im weiten Horizont der kommenden Gottesherrschaft sind auch die Wunder Jesu zu verstehen. Betrachtete man früher die Wundererzählungen häufig als zeitbedingte Ausschmückungen vor dem Hintergrund des antiken Weltbildes, urteilt man heute positiver. Zwar lässt sich die Historizität eines bestimmten Wunders mit historischen Mitteln weder beweisen noch widerlegen. Aber dass Jesus als Heiler hervorgetreten ist, ist historisch plausibel.[4] Denn die Heilungen sind nicht nur in der Erzähltradition verankert, sondern ebenso in der Wortüberlieferung (z.B. Lk 7,22f; Lk 10,13–15.23f, Lk 11,20). Mk 3,22 zeigt, dass selbst die Gegner Jesu seine Heilungen und Exorzismen nicht anzweifeln, wohl aber behaupten, dass er die Vollmacht dazu vom Teufel habe. Die Gegnerschaft erwächst also nicht aus dem Vorwurf, die berichteten Wunder seien nicht geschehen. Und dass Erzählungen wie Mk 6,1–6 (in Nazareth begegnen die Menschen Jesus mit großer Skepsis) überliefert wurden, zeigt, dass sich die Wundererzählungen schon in der frühen Überlieferung trotz skeptischer Einsprüche haben halten können. Zugleich belegt Mk 6,1 ff, dass es bei den Heilungen und Exorzismen offenbar nicht lediglich um medizinische Vorgänge geht. Sie sind charismatischer Natur und verweisen über die Gesundheit im medizinischen Sinn hinaus auf Heilung und Heil.

Damit deutet sich an, dass auch die Wunder Jesu im Zusammenhang mit seiner Verkündigung und seinem Verhalten stehen. Wenn die Zeugen der Heilung des Taubstummen in Mk 7,37 Gott loben mit den Worten »Er hat alles wohl gemacht, die Tauben macht er hörend und die Sprachlosen redend«, nehmen sie Worte des Propheten Jesaja auf (Jes 35,5f), und zwar Worte, die Jesaja auf das Kommen Gottes bezieht. Die Heilungen Jesu sind Hinweise im eigentlichen Sinn: Sie weisen auf das Kommen Gottes hin und zeigen es exemplarisch an.

Aus der Beziehung zu Gott das Leben gestalten

Die Erwartung der Gottesherrschaft und deren Nähe haben eine wichtige Bedeutung für die Ethik. Der sich Bahn brechende Wille Gottes ist nach Jesu Verständnis der Wille zum Heil, und zwar für Israel und darüber hinaus (vgl. Mt 8,10f). Das Verhalten der Menschen soll sich deshalb schon in der Gegenwart an diesem Gotteswillen orientieren. Dies bringt mit sich, dass herkömmliche Heilsvorstellungen (z.B. das Heil ausschließlich für Israel oder die Frommen) in Frage gestellt werden. Die Trennung in Gute und Böse kann bei Gott anders aussehen als Menschen sich das vorstellen. Vor diesem Hintergrund gehört zur Verkündigung Jesu auch die Vorstellung vom Gericht (vgl. Mt 18,23ff). Wer den Willen Gottes nicht tut (Mt 7,21), verschließt sich selbst den Zugang zur Gottesherrschaft. Und umgekehrt setzt die Erwartung der Gottesherrschaft eine ethische Energie frei, die sich im konkreten Verhalten schon auf die Gottesherrschaft hin ausstreckt. Dass im Wirken Jesu selbst Reden und Handeln zusammen gehören, lässt sich exemplarisch an der »Kindersegnung« in Mk 10,13–16 zeigen.

Mk 10,13–16: Und sie **brachten** Kinder zu ihm, damit er sie **anrühre**. Die Jünger aber **fuhren sie an.** 14 Als es aber Jesus **sah, wurde er unwillig** und **sprach** zu ihnen: **Lasst** die Kinder zu mir **kommen** und **wehret** ihnen **nicht**; denn solchen **gehört** das Reich Gottes. 15 Wahrlich, ich **sage** euch: Wer das Reich Gottes **nicht empfängt** wie ein Kind, der wird **nicht hineinkommen.** 16 Und er **herzte** sie und **legte die Hände auf** sie und **segnete** sie.

4 Bei den Wundern an der außermenschlichen Kreatur (z.B. bei dem Seewandel oder der Sturmstillung) ist größere Zurückhaltung geboten, da bei ihnen sehr stark ein christologisches Interesse durchscheint.

Der Abschnitt weist eine deutliche Handlungsorientierung auf. Ausgangspunkt der Szene ist, dass man Kinder zu Jesus bringen will, damit er sie segne, dass aber die Jünger die Leute mit den Kindern abwehren. Was nun folgt, ist ein handlungsorientierter Sprechakt: Jesus sieht das Verhalten der Jünger, ist darüber aufgebracht und tadelt sie. Sie sollen die Kinder herkommen lassen, denn »solchen gehört das Reich Gottes«. Diese Mahnung wird noch einmal unterstrichen (»Wahrlich, ich sage euch«) und verallgemeinert (»Wer das Reich Gottes nicht empfängt *wie ein Kind*«). Der abschließende Satz überführt die Mahnung ins Handeln: Jesus umarmt die Kinder, legt ihnen die Hände auf und segnet sie. Auf diese Weise bekommt der Schlussvers den Charakter einer Beispielhandlung. Nach dem Verständnis des Markus hat Jesus nicht nur Erhellendes über die Gottesherrschaft gesagt, sondern sich auch seinen Worten entsprechend verhalten und damit eine Handlungsorientierung gegeben.

Die Jünger sind in den Evangelien – wörtlich übersetzt – Lernende. Aber es geht nicht lediglich um das Lernen bestimmter Inhalte. Die Aufforderung Jesu in Mt 11,29 »lernt von mir« steht in Zusammenhang mit 11,28: »Kommt her zu mir, alle, die ihr mühselig und beladen seid; ich will euch erquicken. Nehmt auf euch mein Joch und lernt von mir; denn ich bin sanftmütig und von Herzen demütig; so werdet ihr Ruhe finden für eure Seelen.« Ein solches Lernen kann man als Orientierung an Jesus bezeichnen. In den Evangelien wird dafür das Wort »Nachfolge« verwendet. Mehrfach steht am Anfang der Beziehung zwischen Jesus und einem Jünger das »folge mir nach« (vgl. Mk 2,14; Mt 8,22; 9,9; auch Mk 1,16ff). Damit wird kein Lehr- und Lernverhältnis auf Zeit begründet, sondern ein Lebensverhältnis auf Dauer. So wie Jesus »den Weg Gottes in Wahrheit lehrt« (Mt 22,16), so werden auch die Jünger auf einen Weg berufen, »hinter Jesus her« (vgl. Mk 1,17f), in eine Lebensgemeinschaft, die auch Leiden einschließen kann (vgl. Mt 10,38). Nachfolge bedeutet deshalb, sich in eine Beziehung rufen zu lassen und das Leben aus dieser Beziehung heraus zu gestalten.

Gemeinde

Jesus sammelt Menschen um sich, die ihm nachfolgen. Das ist ein Grundzug seiner Wirksamkeit. Dabei steht er in der Tradition des Alten Testaments und des Judentums. Schon im Alten Testament hängt die Vorstellung von der Gottesherrschaft eng mit dem Gedanken des Volkes Gottes zusammen. Gott wird am Ende das Volk, das er erwählt hat, sammeln und zusammenführen. Diese Heilserwartung greift Jesus auf. Die Berufung von zwölf Jüngern entspricht den zwölf Stämmen Israels und deutet die Fülle des Gottesvolkes an. Darüber hinaus hat Jesus noch andere Nachfolger gehabt (vgl. Mk 10,46–52; Lk 8,1–3). Die Zwölf aber geben dem Kreis der Nachfolger Jesu insgesamt eine symbolische Bedeutung. Jesus sammelt nicht nur einen »Rest« der Frommen um sich, sondern das ganze Volk. Die Benachteiligten und Randgruppen sind ausdrücklich mit eingeschlossen. Die Gleichnisse vom Verlorenen in Lk 15 unterstreichen dies deutlich. Die Pointe des Gleichnisses vom verlorenen Schaf hängt an der metaphorischen Qualität der Worte »Hirte« und »Schaf«. Sie legten für damalige Hörer die Assoziation mit Gott als Hirten nahe: »Der Herr ist mein Hirte, mir wird nichts mangeln« (Ps 23; vgl. Ps 100,3; Hes 34,10f). Auch die religiösen Führer

Israels konnten als »Hirten« bezeichnet werden (Hes 34,23 ff; Jes 63,11; Mt 9,36). Jesus begründet mit diesem Gleichnis sein eigenes Verhalten gegenüber Zöllnern und Sündern (15,1–3). Sie galten im damaligen Judentum als randständig; und nicht nur sie, sondern darüber hinaus bestimmte Berufszweige und ganze Menschengruppen, Kinder beispielsweise oder Frauen. Das lag daran, dass das offizielle Judentum den Schwerpunkt auf das Halten der Gebote, der Tora, legte. Kinder konnten die Gebote noch nicht, Frauen konnten sie nicht immer einhalten. Sie gehörten zum Gottesvolk, aber nicht in dessen Zentrum. Und noch weiter am Rand standen die »Zöllner und Sünder«.

Jesus setzt andere Akzente. Er spricht mit Frauen in der Öffentlichkeit, spricht Kindern das Himmelreich zu und setzt sich mit Sündern und Zöllnern an einen Tisch. An diesen Menschen wird nach Jesu Auffassung deutlich, was für alle Glieder des Gottesvolkes gilt. Alle brauchen die Zuwendung Gottes, nicht nur die Sünder, sondern auch die Frommen. Und weil alle auf Gottes Güte angewiesen sind, dürfen herkömmliche Grenzen zwischen den Menschen das Zusammenleben nicht bestimmen. Jesu Vorstellung von der Gottesherrschaft umfasst also auch diejenigen an den Rändern – und darüber hinaus. Jesus hat überwiegend im jüdischen Raum gewirkt. Da und dort hat er aber Grenzen der Volkszugehörigkeit überwunden.

Mk 7,24–30: Und er stand auf und ging von dort in das Gebiet von Tyrus. Und er ging in ein Haus und wollte es niemanden wissen lassen und konnte doch nicht verborgen bleiben, 25sondern alsbald hörte eine Frau von ihm, deren Töchterlein einen unreinen Geist hatte. Und sie kam und fiel nieder zu seinen Füßen 26 – die Frau war aber eine Griechin aus Syrophönizien – und bat ihn, dass er den bösen Geist von ihrer Tochter austreibe. 27Jesus aber sprach zu ihr: Lass zuvor die Kinder satt werden; es ist nicht recht, dass man den Kindern das Brot wegnehme und werfe es vor die Hunde. 28Sie antwortete aber und sprach zu ihm: Ja, Herr; aber doch fressen die Hunde unter dem Tisch von den Brosamen der Kinder. 29Und er sprach zu ihr: Um dieses Wortes willen geh hin, der böse Geist ist von deiner Tochter ausgefahren. 30Und sie ging hin in ihr Haus und fand das Kind auf dem Bett liegen, und der böse Geist war ausgefahren.

Die Zuwendung zu Heiden war für Jesus keine Selbstverständlichkeit: »Lass zuerst die Kinder satt werden.« Gleichwohl lässt er sich von der heidnischen Frau umstimmen. In dieser Geschichte spiegelt sich die Konzentration der Verkündigung Jesu auf Israel – und zugleich die Überschreitung dieser Grenze. Die frühen Christen haben sich daran orientiert und Grenzen von Volk, Alter oder Geschlecht überwunden. Es ist jedoch nicht verwunderlich, dass dies vor dem Hintergrund festgefügter gesellschaftlicher Verhältnisse auch Streit hervorgerufen hat. Er ist im Neuen Testament an verschiedenen Stellen greifbar, z.B. in den späteren Briefen.

Jak 2,1–4: Liebe Brüder, haltet den Glauben an Jesus Christus, unsern Herrn der Herrlichkeit, frei von allem Ansehen der Person. 2Denn wenn in eure Versammlung ein Mann käme mit einem goldenen Ring und in herrlicher Kleidung, es käme aber auch ein Armer in unsauberer Kleidung, 3und ihr sähet auf den, der herrlich gekleidet ist, und sprächet zu ihm: Setze du dich hierher auf den guten Platz!, und sprächet zu dem Armen: Stell du dich dorthin! oder: Setze dich unten zu meinen Füßen!, 4ist´s recht, dass ihr solche Unterschiede bei euch macht und urteilt mit bösen Gedanken?

Das Verhältnis der Menschen untereinander, der Armen und Reichen, der Herren und Sklaven, der Männer und Frauen, der Eltern und Kinder (vgl. auch 1Kor 11,18–23; Kol

3,17–4,1) stellt keinen Lebensbereich dar, der mit dem Glauben nichts zu tun hätte. Alle Beziehungen müssen vielmehr von der Beziehung zu Christus her gestaltet werden. Das verändert die ganze Sache: Die Herren haben selbst einen Herrn im Himmel; nicht mehr die Männer sind in einer Ehe »das Haupt«; die Väter herrschen nicht mehr über die Kinder und die Reichen und die Armen sind gleichermaßen auf den Reichtum Christi angewiesen. In all diesen Versuchen, den christlichen Glauben in einer anders denkenden Umwelt konkret werden lassen, spiegelt sich die Verkündigung Jesu wider.

Schlüssel und Konkretionen

Die einzigen Quellen, die uns Näheres über die Wirksamkeit Jesu von Nazareth zu erkennen geben, sind die Evangelien. Sie lassen, auch wenn sie jeweils eine eigene Sichtweise von Jesus haben, historisch plausible Rückschlüsse über Wirken und Geschick Jesu erkennen. Die lange Auslegungsgeschichte dieser Texte hat allerdings viele Perspektiven auf Jesus hervorgebracht, die mit den Texten zum Teil nur wenig zu tun haben oder bestimmte Aspekte auf besondere Weise hervorheben. Jesusbilder sind allgemein bekannt. Und doch machen sich viele ihr eigenes Jesusbild zurecht.[5] Bei manchen Bildern liegt auf der Hand, dass sie mit den Texten nicht viel gemeinsam haben. Die üblichen Accessoirs von Bildern zur Geburt Jesu (z.B. Ochs und Esel) finden sich weder bei Matthäus noch bei Lukas, sondern wurden aus anderen Bibelstellen erschlossen und zu den Geburtserzählungen hinzugefügt. Viele Maler aktualisieren die jeweiligen Jesusgeschichten und stellen Jesus in den äußeren Rahmen ihrer jeweils eigenen Zeit hinein. Der Vergleich von Bildern und Texten lässt die Bilder als aktualisierende Interpretation der Texte erkennen und schafft einen Zugang zu den Texten.

Der Slogan »Jesus ja – Kirche nein«[6] bringt zum Ausdruck, dass das Verhalten Jesu, seine Zuwendung zu den Menschen, die gelebte Liebe und seine Bereitschaft, für seinen Glauben einzustehen und dafür selbst Leiden in Kauf zu nehmen, bei vielen, gerade

5 Abbildung: Gesicht Christi – Gesichter der Menschen. (Bethlehem Mission Immensee).
6 797 000 Meldungen bei Google am 3.1.2009.

auch jungen Menschen hoch im Kurs steht. In einer Zeit, in der Ehrenworte schnell öffentlich gegeben und gebrochen werden, ist die Übereinstimmung von Reden und Verhalten Jesu überzeugend. Dies ist allerdings in der Regel nicht mit einer näheren Kenntnis des Wirkens Jesu verbunden. Gleichwohl kann die Aussage »Jesus war ein außergewöhnlicher Mensch« ein Schlüssel sein zu einer näheren Beschäftigung mit den Evangelien.

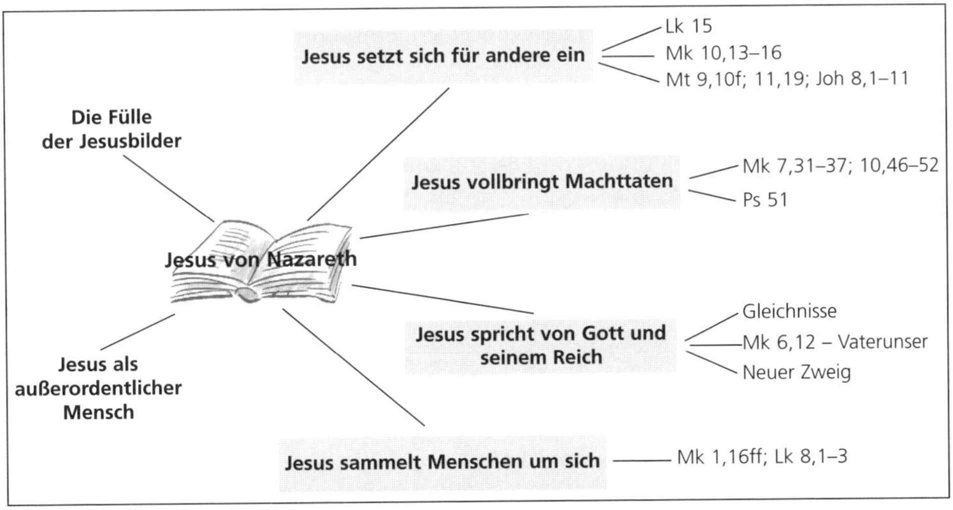

Konkretionen:

- Weihnachten ist zweifellos von allen christlichen Festen das bekannteste und populärste. Auf unzähligen Bildern ist die Weihnachtsgeschichte aufgenommen und gedeutet. Dass es sich beispielsweise bei dem Bild von Albrecht Dürer um eine Deutung handelt, wird schon an den Accessoirs deutlich. Ochs und Esel gehören nicht zum Erzählinventar bei Matthäus und Lukas, sondern sind aus anderen Bibelstellen erschlossen. Engel spielen in den Evangelien bei der Geburt selbst keine Rolle. Und sowohl die Kleidung von Maria und Josef als auch die dargestellte Architektur gehören nicht in die Zeit Jesu, sondern in die des Malers, der damit die alte Geschichte in seine eigene Zeit hineinholt.[7] Der Vergleich eines solchen Bildes mit Mt 1,18–25 oder Lk 2,1–20 kann sowohl die Interpretationsleistung des Malers deutlich als auch dafür aufmerksam machen, worauf die Erzählungen selbst den Blick lenken.

7 Das abgebildete Mittelbild des Paumgartner Altars ist um 1503 entstanden. (Alte Pinakothek München). Abbildung unter Wikimedia.org.

- Wenn Jesus als außergewöhnlicher Mensch geachtet wird, liegt es nahe, besonders auf seine Verkündigung und sein Verhalten zu achten. Im Zentrum der Verkündigung Jesu steht die Gottesherrschaft. Dass die Herrschaft von Menschen sehr dunkle Seiten haben kann, ist Schülerinnen und Schülern geläufig. Jesus entwirft mit seinen Erzählungen zur Gottesherrschaft ein Gegenbild zu Menschenherrschaft aller Art. Die Erzählungen definieren die Gottesherrschaft nicht, sondern stellen sie in Bildern und Gleichnissen vor Augen.[8] Sie engen die Vorstellung von Gott und seiner Herrschaft nicht ein, sondern schaffen Spielraum für eigene Überlegungen.
- Viele der Erzählungen von Jesus lassen sich als Zuwendungsgeschichten inszenieren. Die bekannte Erzählung von Jesus und dem Zöllner Zachäus (Lk 19,1–10) lässt sich gut als Erzählung von Distanz und Nähe in Szene setzen, ebenso die Erzählung von der Kindersegnung in Mk 10,13–16. Wenn man sie unter dem Aspekt von Distanz und Nähe liest, fangen sie an, über die übliche Kenntnis hinaus (Jesus nimmt die Kinder an) zu sprechen. Zugleich öffnen sie einen weiten Horizont, indem sie die Nähe nicht auf zwischenmenschliche Nähe begrenzen.
- Was macht Jesus eigentlich zu einem außergewöhnlichen Menschen? Der Vergleich mit anderen besonderen Menschen legt sich nahe, mit gegenwärtigen und solchen aus der Vergangenheit, mit Stars und Sternchen, mit den sogenannten Prominenten, mit bedeutenden Politikern, Künstlern oder Wissenschaftlern. Wofür sind diese Menschen jeweils bekannt und wofür Jesus? Lässt er sich vergleichen mit Präsident Obama, mit Bushido oder mit dem Dalai Lama? Was sind jeweils die Besonderheiten dieser Menschen?

Tod und Auferstehung Jesu

Der römische Historiker Tacitus (ca. 56–120 n.Chr.) schreibt: Die Christen nennen sich nach »Christus, der unter Tiberius von dem Prokurator Pontius Pilatus hingerichtet wurde« (Annalen XI,44). Pilatus (26–36 n.Chr. römischer Statthalter) hatte in Judäa die höchste staatliche Autorität und konnte Todesurteile fällen. In Ausübung dieser Macht verurteilte er Jesus zum Tod am Kreuz. Diese Tötungsart war grausam und entehrend. Sie wurde vor allem bei Sklaven und politischen Verbrechern angewandt. Schon bald nach der Kreuzigung verkündigten seine Anhänger, dass Jesus auferweckt worden sei.

Der Zwang zur Deutung

Der Glaube an die Auferweckung und die Heilsbedeutung des Todes Jesu waren von Anfang an umstritten. Ein schmachvoller Verbrechertod konnte nach gängigem Urteil kein Ereignis sein, von dem man Heil erwartete. Aus diesem Grund ist die Behauptung einer positiven Bedeutung des Todes Jesu in jüdischer Perspektive ärgerlich und in heidnischer Perspektive dumm. Mit beiden Positionen setzt Paulus

8 Vgl. dazu Müller u.a., Gleichnisse, S. 110–117.

sich auseinander (1Kor 1,23). Matthäus wehrt sich gegen den Vorwurf, die Jünger hätten den Leichnam Jesu gestohlen und die Auferweckung erfunden (Mt 27,62–66; 28,11–15). Innerhalb der christlichen Gemeinden gibt es verschiedene Deutungen der Auferweckung (1Kor 15,11ff); und wie der Tod Jesu zu verstehen sei, hat ebenfalls unterschiedliche Interpretationen hervorgerufen. Die Kritik von außen und die Vielfalt der Deutungen in den Gemeinden zeigen, dass Tod und Auferweckung Jesu zentrale Elemente im Glauben der frühen Christen sind. Die Vielzahl der Deutungen liegt am Charakter der Ereignisse selbst. Denn nicht nur die Auferstehung ist unanschaulich, sondern bereits der Tod. Er ist nie Gegenstand eigener Erfahrung und kann deshalb auch nicht in festen Definitionen aufgehen.[9] Er ist auf Deutung angewiesen. Die Erzählung von den Emmausjüngern (Lk 24,13–35) ist der eindrücklichste Beleg für diesen Zwang zur Deutung.

Lukas 24,13–35: Und siehe, zwei von ihnen gingen an demselben Tage in ein Dorf, das war
von Jerusalem etwa zwei Wegstunden entfernt; dessen Name ist Emmaus. 14Und sie redeten
miteinander von allen diesen Geschichten. 15Und es geschah, als sie so redeten und sich mit-
einander besprachen, da nahte sich Jesus selbst und ging mit ihnen. 16Aber ihre Augen wur-
den gehalten, dass sie ihn nicht erkannten. 17Er sprach aber zu ihnen: Was sind das für Dinge,
die ihr miteinander verhandelt unterwegs? Da blieben sie traurig stehen. 18Und der eine, mit
Namen Kleopas, antwortete und sprach zu ihm: Bist du der Einzige unter den Fremden in
Jerusalem, der nicht weiß, was in diesen Tagen dort geschehen ist? 19Und er sprach zu ihnen:
Was denn? Sie aber sprachen zu ihm: Das mit Jesus von Nazareth, der ein Prophet war,
mächtig in Taten und Worten vor Gott und allem Volk; 20wie ihn unsre Hohenpriester und
Oberen zur Todesstrafe überantwortet und gekreuzigt haben. 21Wir aber hofften, er sei es,
der Israel erlösen werde. Und über das alles ist heute der dritte Tag, dass dies geschehen ist.
22Auch haben uns erschreckt einige Frauen aus unserer Mitte, die sind früh bei dem Grab
gewesen, 23haben seinen Leib nicht gefunden, kommen und sagen, sie haben eine Erschei-
nung von Engeln gesehen, die sagen, er lebe. 24Und einige von uns gingen hin zum Grab und
fanden´s so, wie die Frauen sagten; aber ihn sahen sie nicht. 25Und er sprach zu ihnen: O ihr
Toren, zu trägen Herzens, all dem zu glauben, was die Propheten geredet haben! 26Musste
nicht Christus dies erleiden und in seine Herrlichkeit eingehen? 27Und er fing an bei Mose
und allen Propheten und legte ihnen aus, was in der ganzen Schrift von ihm gesagt war.
28Und sie kamen nahe an das Dorf, wo sie hingingen. Und er stellte sich, als wollte er wei-
tergehen. 29Und sie nötigten ihn und sprachen: Bleibe bei uns; denn es will Abend werden
und der Tag hat sich geneigt. Und er ging hinein, bei ihnen zu bleiben. 30Und es geschah, als
er mit ihnen zu Tisch saß, nahm er das Brot, dankte, brach´s und gab´s ihnen. 31Da wurden
ihre Augen geöffnet und sie erkannten ihn. Und er verschwand vor ihnen. …

Der Tod Jesu konnte nicht unbeantwortet bleiben. Wie sein Wirken die Ordnung religiöser Lebensformen durchbrochen hatte, so sein Sterben die Erwartungen seiner Jünger. Die Spannung offener Deutungen und unerfüllter Erwartungen ließ eine indifferente Haltung nicht zu. Deshalb reden die Emmausjünger »von all diesen Geschichten« (V. 14). Denn mit Jesu Tod sind auch ihre Hoffnungen auf Rettung und Heil gestorben (Lk 24,21). Im Gespräch mit dem Fremden stellt sich heraus, dass ihre ersten Deutungen (V. 19–21) über das Ende Jesu noch nicht hinaus reichen. Es überschattet selbst die Auferweckungsbotschaft der Frauen (V. 22–24). Von dieser Botschaft her gerät der Tod Jesu in ein neues, aber zunächst diffuses Licht (V. 22f). Auf jeden Fall aber brauchen der Tod und die Auferweckung eine Deutung.

9 Stoellger, Deutung, S. 591f.

Auferweckung und Auferstehung

Alle neutestamentlichen Schriften stimmen darin überein, dass es für die Auferweckung keine Augenzeugen gibt. Zwar ist nach 1Kor 15,5ff der auferstandene Jesus den Zwölfen, Paulus und auch anderen Nachfolgern erschienen; die Auferweckung selbst wird aber nirgends beschrieben. Von Anfang an sind deshalb die Aussagen über die Auferweckung Glaubensaussagen. Sie entziehen sich jedem Versuch eines Beweises.

Wichtig ist die Unterscheidung von Auferweckung und Auferstehung. Die Begriffe verweisen auf ein jeweils anderes Subjekt. Bei der Auferweckung ist Gott Subjekt; er handelt an dem Gekreuzigten so, dass der Tote neu ins Leben kommt. Spricht man dagegen von der Auferstehung, so ist Jesus selbst Subjekt und demnach aus eigener Kraft wieder ins Leben gekommen. Nun gehört zum Gedanken des Todes aber das Ende jeglicher eigener Kraft. Wer tot ist, kann nicht von sich aus wieder lebendig werden, oder er wäre eben nicht tot gewesen. Von Auferstehung kann man deshalb nur sprechen, wenn man bereits an den auferweckten und lebendigen Jesus glaubt und im Rückblick sagt: Jesus ist auferstanden. Aber auch dann ist Gott unausgesprochen der Handelnde. Auferstehungsaussagen sind jedenfalls gegenüber den Auferweckungsaussagen eine Weiterentwicklung. Außerdem muss man unterscheiden zwischen der Auferweckung Jesu und der allgemeinen Auferweckung der Toten. Diese jüdisch-apokalyptische Vorstellung[10] wird von den frühen Christen geteilt. Die ersten Christen konnten die Auferweckung Jesu vor diesem Hintergrund verstehen und anderen verkündigen.

Bekenntnisse und Erzählungen

Am Anfang der Auferweckungsbotschaft steht eine Begegnung. Paulus spricht davon (1Kor 1,9; 15,8–10; Gal 1,15f), führt sie aber nicht aus. In 1Kor 15,5–10 nennt er weitere Zeugen, Kephas (Petrus), die Zwölf, fünfhundert Brüder, schließlich Jakobus und alle Apostel. Offenbar hat für Paulus die Verkündigung Jesu in dieser Begegnung ihren Ausgangspunkt.

Die Begegnung ist die Grundlage des Bekenntnisses »Jesus ist auferweckt worden« (Röm 10,9; 1Kor 6,14; 15,15 u.ö.). Dieses Bekenntnis ist bald erweitert worden. Dabei wird die Auferweckung in verschiedene Vorgänge unterteilt (Tod, Auferweckung, Erhöhung zur Rechten Gottes) und stärker auf Christus selbst bezogen.[11] Eine viergliedrige Aussage findet sich in Röm 8,34: »Christus Jesus ist hier, der gestorben ist, ja vielmehr, der auch auferweckt ist, der zur Rechten Gottes ist und uns vertritt.« Ähnlich formuliert lKor 15,3–5: »Dass Christus gestorben ist für unsere Sünden nach der Schrift; und dass er begraben worden ist; und dass er auferweckt worden ist am dritten Tage nach der Schrift; und dass er gesehen worden ist von Kephas, danach von den Zwölfen.« Hier sind Sterben und Auferweckt-Werden erweitert durch die Bestattung und die Erscheinungen.

10 Sie war im Judentum zur Zeit Jesu zwar nicht allgemein (die Sadduzäer glaubten nicht an die Auferweckung der Toten, vgl. Mk 12,18–27), aber doch überwiegend verbreitet (besonders bei den Pharisäern).

11 Vgl. 1Petr 1,21; 1Thess 1,10 oder Eph 1,20.

Die Evangelien *erzählen* von der Auferweckung Jesu. Auch hier bleibt die Zurückhaltung bestehen: Das Geschehen selbst entzieht sich dem menschlichen Begreifen und wird nur angedeutet. Durch die Übertragung des Bekenntnisses in Erzählung entstehen aber neue Aussagen, die sich aus dem Bekenntnis heraus entwickeln, wie Mk 16,1–8 erkennen lässt.[12]

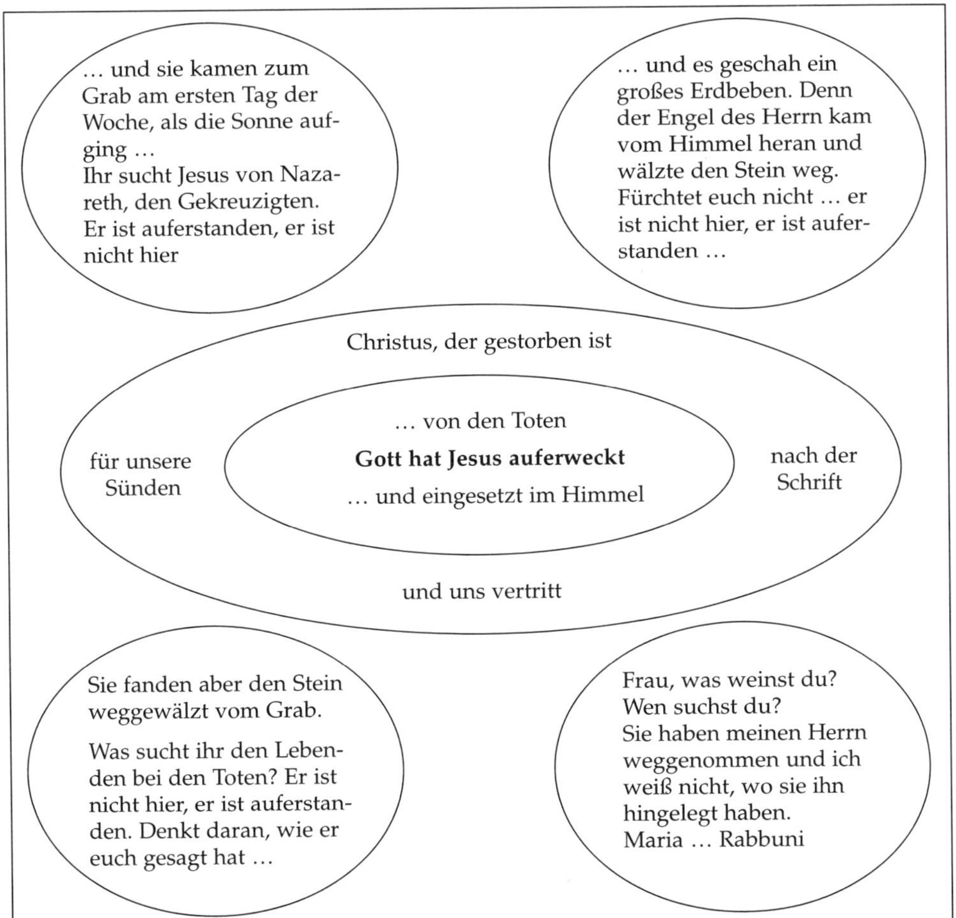

Mk 16,1–8: Und als der Sabbat vergangen war, kauften Maria von Magdala und Maria, die Mutter des Jakobus, und Salome wohlriechende Öle, um hinzugehen und ihn zu salben. [2]Und sie kamen zum Grab am ersten Tag der Woche, sehr früh, als die Sonne aufging. [3]Und sie sprachen untereinander: Wer wälzt uns den Stein von des Grabes Tür? [4]Und sie sahen hin und wurden gewahr, dass der Stein weggewälzt war; denn er war sehr groß. [5]Und sie gingen hinein in das Grab und sahen einen Jüngling zur rechten Hand sitzen, der hatte ein langes weißes Gewand an, und sie entsetzten sich. [6]Er aber sprach zu ihnen: Entsetzt euch nicht! Ihr sucht Jesus von Nazareth, den Gekreuzigten. Er ist auferstanden, er ist nicht hier. Siehe da die Stätte, wo sie ihn hinlegten. [7]Geht aber hin und sagt seinen Jüngern und Petrus, dass er vor euch hingehen wird nach Galiläa; dort werdet ihr ihn sehen, wie er euch gesagt hat. [8]Und sie gingen hinaus und flohen von dem Grab; denn Zittern und Entsetzen hatte sie ergriffen. Und sie sagten niemandem etwas; denn sie fürchteten sich.

12 Die beiden anderen Markusschlüsse sind textkritisch und überlieferungsgeschichtlich sekundär.

Im Zentrum der Erzählung steht die Begegnung der Frauen mit dem Engel im Grab. Seine Aussage »er ist auferweckt worden« (so die wörtliche Übersetzung V. 6) wird in einen Erzählzusammenhang gestellt: »Ihr sucht Jesus, den Nazarener, den Gekreuzigten. Er ist nicht hier, siehe der Platz, wo sie ihn hinlegten.« V. 7 schließt den Auftrag an die Jünger an, nach Galiläa zu gehen, wo sie Jesus sehen sollen (vgl. 14,28). Die Erzählung hat also die Auferweckungsaussage als Zentrum, die nun aber in einen Erzählzusammenhang gebracht und anschaulich gemacht wird. Zwar wird die Auferweckung auch hier nicht erzählt, sie hat aber Konsequenzen: Das Grab kann nicht der Ort sein, an dem der Auferweckte zu finden ist. Das Motiv vom leeren Grab ist also aus der Auferweckungsformel heraus entstanden. Das leere Grab dient deshalb nicht als Beweis der Auferstehung, sondern als Zeichen, das aber mehrdeutig bleibt, so lange es nicht zu einer Begegnung mit dem Auferweckten kommt. Deshalb wird das leere Grab mit dem Auftrag verbunden, sich auf den Weg zu machen.

Matthäus, Lukas und Johannes stellen gegenüber Markus spätere Stadien der Überlieferung dar. Gemeinsam ist ihnen, dass sie das leere Grab gegen Zweifel verteidigen und Erscheinungserzählungen damit verbinden. Auch in Mt 28,1–7 steht die Auferweckungsaussage im Zentrum (V. 6), aber die Rahmenmotive sind deutlicher hervorgehoben: Das Erdbeben V. 2, das Kommen des Engels aus dem Himmel und sein Aussehen V. 2f, die Furcht der Frauen V. 4. In V. 8–10 begegnet Jesus selbst den Frauen und sie fallen vor ihm nieder, wie man vor Gott niederfällt. Mit dem Motiv der Grabwache und des Betruges der Priester nimmt Matthäus den Vorwurf auf (28,13.15), die Jünger hätten den Leichnam Jesu gestohlen. Alle diese Motive rahmen in 27,62–66; 28,2–4.11–15 die Auferweckungserzählung ein und verlagern dadurch den Akzent. Für Lukas wird die Frage »Was sucht ihr den Lebenden bei den Toten?« (24,5) zur Leitfrage. Die Suche nach dem Leichnam ist betont (V. 3) und wird in V. 12 wieder aufgenommen. Petrus ist Zeuge des leeren Grabes, weiß aber ebenso wenig wie die Frauen, was er damit anfangen soll. Die Emmauserzählung verbindet das Wiedererkennen beim Mahl mit einem Lehrgespräch, bei dem Jesus die Schrift auslegt. Als die beiden Jünger nach Jerusalem zurückgekehrt sind, erfahren sie, dass Jesus dort dem Petrus erschienen ist. Dies wird ergänzt durch eine weitere Erscheinung, bei der die Jünger Jesus anfassen können und sehen, dass er »Fleisch und Knochen« hat (V. 39); letzte Zweifel räumt er dadurch aus, dass er vor ihren Augen isst (V. 43). Johannes nimmt das Motiv des Zweifelns auf, konzentriert es auf Thomas und weist zugleich darüber hinaus: »Selig sind, die nicht sehen und doch glauben« (Joh 20,29). Damit schafft er eine Brücke zu den Leserinnen und Lesern seiner eigenen Zeit, die Jesus selbst gar nicht mehr gekannt haben können.

Vergleicht man die verschiedenen Versionen der Erzählung, kann man erkennen, wie von Markus ausgehend eine Anreicherung mit weiteren Motiven erfolgt. Hier liegt eine ähnliche Entwicklung wie bei dem Bekenntnis vor. In beiden Fällen kommt es zu einer Anreicherung durch zusätzliche Elemente. Ausgangspunkt ist aber auch hier die Auferweckungsformel.

Deutungen im Rückblick

Von der Auferweckung her erscheint auch der Tod Jesu in neuem Licht. Wenn Gott sich in der Auferweckung zu Jesus bekennt, kann ein Verständnis des Todes als schmähliches Scheitern nicht mehr ausreichen. Vielmehr kommt es zu einer Vielzahl von positiven Deutungen seines Todes. Sie zeigen, wie grundlegend wichtig diese Frage für den Glauben der frühen Christen war. Die Deutungen sind nicht mit historischen Aussagen zu verwechseln. Alle neutestamentlichen Schriften stimmen darin überein, dass Jesus von der römischen Besatzungsmacht am Kreuz hingerichtet wurde. Sein Tod war also kein Opfer im Realsinn, sondern wurde mit Hilfe der Opfervorstellung gedeutet. Deshalb ist die Rede vom Opfertod Jesu metaphorische Rede.[13] Sie ermöglicht es, Jesu Tod in einen Sinnhorizont einzufügen und verstehbar zu machen.

Als Katalysator für diesen Deutungsprozess diente die Bibel Israels, in der sich verschiedene Vorstellungen und Sprachtraditionen fanden, die sich auf Christus und sein Leiden beziehen ließen.[14] Eine wichtige Rolle spielte die Tradition vom leidenden Gerechten aus Jes 53 (prophetische Sprache). Verschiedene neutestamentliche Deutungen gehen auf dieses prophetische Bild zurück: Von einer Vertauschung der Rollen spricht Jes 53,4f (»Die Strafe liegt auf ihm, auf dass wir Frieden hätten …«); das »Lamm, das zur Schlachtbank geführt wird« (Jes 53,7, kultische Sprache), kann mit Christus verbunden werden (1Kor 5,7); die Rede vom Schuldopfer in Jes 53,10 ermöglicht den Gedanken vom Lösegeld (Mk 10,45; 1Kor 6,20; 7,23). Dieser Gedanke lässt sich aber auch auf die hellenistische Vorstellung vom Loskauf aus Sklaverei oder Gefangenschaft beziehen (ökonomisch-rechtliche Sprache). Ebenfalls aus der heidnischen Umwelt wirkt die Vorstellung vom ehrenvollen Sterben für die Familie, die Freunde oder die Stadt nach.[15] Breiten Raum nehmen bei der Deutung des

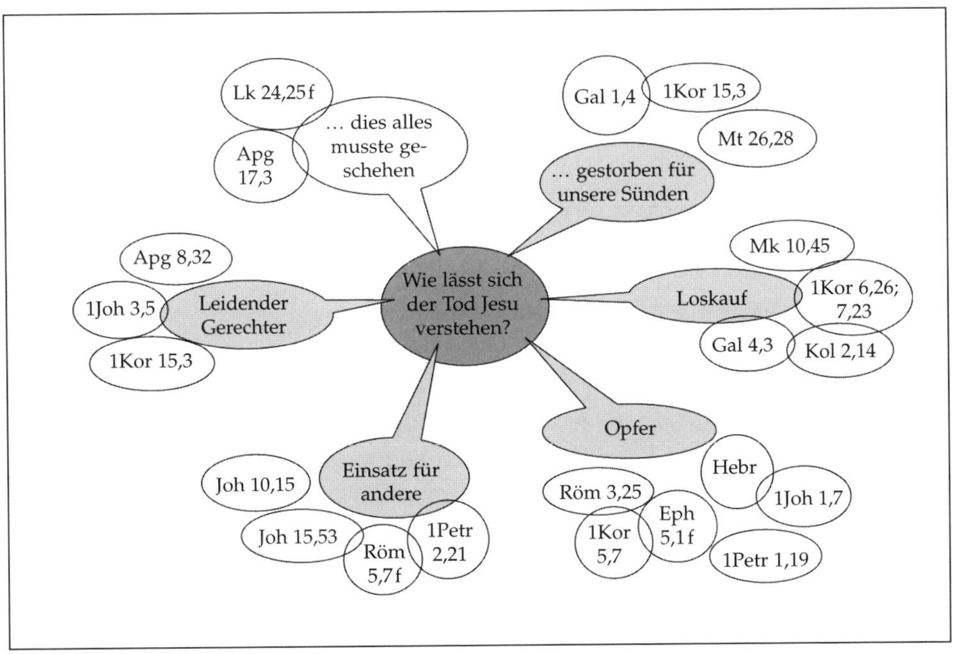

13 Zimmermann, Deuten, S. 361.
14 Vgl. Frey, Probleme, S. 43.
15 Vgl. unten, S. 212.

Kreuzestodes die Bestimmungen des Opferkultes (Lev 4–5) und des Opfers am Versöhnungstag ein (Lev 16, kultische Sprache). Und wenn Markus die Kreuzigung in Anlehnung an Ps 22 erzählt, bedient er sich der Gebetssprache. Aus diesen verschiedenen Traditionen schöpften die frühen Christen. Dementsprechend vielfältig sind die Deutungen, die der Tod Jesu erfährt.

Klar machen muss man sich in diesem Zusammenhang auch, dass die geläufigen Deutungen des Todes Jesu (als Stellvertretung, Sühne oder Opfer) nicht identisch sind mit den im Neuen Testament zu findenden Aussagen. Zum Teil handelt es sich um »erst neuzeitlich geprägte Reflexionsbegriffe«, zum Teil sind die biblischen Aussagen durch eine lange Interpretationsgeschichte geprägt und nicht selten belastet.[16] Auch die Vorstellung des Opfers bzw. des stellvertretenden Sühnetodes wird im Neuen Testament unterschiedlich ausformuliert: Als Sterben Jesu »für uns«, als Sühne (Röm 3,25), im Sinn der Deuteworte Jesu in der Herrenmahltradition oder der Vorstellung vom Lösegeld (Mk 10,45). Grundlegend gilt: Die neutestamentlichen Texte deuten den Tod Jesu nicht »objektiv«, sondern versuchen zu zeigen, was diesen Tod für sie wahr und bedeutsam sein lässt. Das »für uns gestorben« ist deshalb in erster Linie eine Beziehungsaussage, die den Tod Jesu mit dem eigenen Leben verbindet. Jesu Passion ist im Neuen Testament kein Geschehen, das man links liegen lassen könnte. Die frühen Christen waren immer neu darum bemüht zu verstehen, was der Tod Jesu für sie bedeutete.

Von hier aus wird auch verständlich, dass vom Tod Jesu in verschiedenen Zusammenhängen die Rede sein kann. Häufig dient er als Begründung für ethische Ermahnungen. Die Christen sollen den Fußspuren Jesu folgen (1Petr 2,21), sollen einander in gleicher Liebe und Hingabe begegnen (Joh 15,12f; 1Joh 3,14ff; Eph 5,2.25), sollen sein Beispiel der Demut nachahmen (Phil 2,6–11), sollen für alle Menschen beten, weil er sich für alle dahingegeben hat (1Tim 2,1ff), sollen reichlich spenden, weil Christus sich arm gemacht hat, obwohl er reich war (2Kor 8,9). Der Tod Jesu kann aber auch zur Begründung ekklesiologischer oder eschatologischer Aussagen verwendet werden. Dabei zeigt sich aber, dass »das Verständnis des Todes Jesu als Heilstod immer nur Bestandteil eines spezifisch christlichen Wirklichkeitsverständnisses sein kann bzw. einer nur für Christen erschwinglichen Daseinsgewissheit. Denn nur der, der glaubt, dass Jesus Gottes Sohn ist, kann seinem Tod auch eine Heilswirkung zuschreiben.«[17]

Keine der im Deutungsprozess von Jesu Tod gefundenen Interpretationen kann Alleingültigkeit für sich beanspruchen. Sie ergänzen, interpretieren und korrigieren sich gegenseitig und können durchaus nebeneinander stehen. In aller Verschiedenheit zeigen sie, dass zur Bewertung des Kreuzestodes Jesu übliche Maßstäbe nicht ausreichten und dass sie der herrschenden Interpretation widersprachen. Die Deutung des Todes durch die römische Staatsmacht, die jüdischen Repräsentanten und die Jünger Jesu war zweifellos verschieden. Die Kreuzesinschrift INRI (Iesus Nazarenus Rex Ioudaeorum) wurde von den Römern als Hinweis auf ein strafwürdiges Verbrechen verstanden. Die Anhänger Jesus haben diese Auffassung nicht geteilt, nach der Auferweckung schon gar nicht. Besonders deutlich wird dies in Joh 19,19–22.

16 Frey, Probleme, S. 5. Das trifft beispielsweise zu auf die Satisfaktionstheorie Anselms von Canterbury, aber auch auf die Kreuzestheologie Luthers oder auf verschiedene Deutungen im 20. Jahrhundert.

17 Wolter, Heilstod, S. 311.

Joh 19,19–22: Pilatus aber schrieb eine Aufschrift und setzte sie auf das Kreuz; und es war geschrieben: Jesus von Nazareth, der König der Juden. 20Diese Aufschrift lasen viele Juden, denn die Stätte, wo Jesus gekreuzigt wurde, war nahe bei der Stadt. Und es war geschrieben in hebräischer, lateinischer und griechischer Sprache. 21Da sprachen die Hohenpriester der Juden zu Pilatus: Schreib nicht: Der König der Juden, sondern dass er gesagt hat: Ich bin der König der Juden. 22Pilatus antwortete: Was ich geschrieben habe, das habe ich geschrieben.

Die Hohenpriester wenden gegen die Kreuzesinschrift ein, Jesus habe lediglich behauptet, er sei der König der Juden. Pilatus aber gibt den Bittstellern eine abschlägige Antwort. Die Inschrift wird so gewissermaßen mit einem amtlichen Stempel versehen – und die frühen Christen konnten darin geradezu eine Bestätigung des Anspruchs Jesu erkennen. Wenn man die Inschrift nun liest, dreisprachig sogar, bekommt sie einen Hintersinn und bestätigt vor aller Welt den Anspruch Jesu. Es liegt auf der Hand, dass diese widerstreitenden Deutungen einen Streit um die Wirklichkeit darstellten.

Schlüssel und Konkretionen

Im zweiten Hauptstück »Vom Glauben«, schreibt Martin Luther in seinem Kleinen Katechismus zu Erlösung Folgendes:

> »Ich glaube, dass Jesus Christus wahrhaftiger Gott vom Vater in Ewigkeit geboren und auch wahrhaftiger Mensch von der Jungfrau Maria geboren, sei mein Herr, der mich verlorenen und verdammten Menschen erlöset hat, erworben, gewonnen von allen Sünden, vom Tode und von der Gewalt des Teufels; nicht mit Gold oder Silber, sondern mit seinem heiligen, teuren Blut und mit seinem unschuldigen Leiden und Sterben; auf dass ich sein eigen sei und in seinem Reich unter ihm lebe und ihm diene in ewiger Gerechtigkeit, Unschuld und Seligkeit; gleichwie er ist auferstanden vom Tode, lebet und regieret in Ewigkeit. Das ist gewisslich wahr.«

Ganz anders liest sich dieser kleine Dialog[18]:

> »›Warum hängt der Mann an dem Balken?‹
> ›Das ist Jesus‹, sagt Tilla.
> ›Wer ist das?‹ fragt Achmed.
> ›Der hat gesagt, dass er alle Kinder liebt hat‹, sagt Tilla.
> ›Und warum hängt er da?‹ fragt Achmed.
> ›Weiß ich auch nicht‹, sagt Tilla.
> ›Komisch‹, sagt Achmed.«

Die Sicherheit von Katechismusantworten hat sich nicht nur für Kinder verflüchtigt. Dass und warum Jesus »für uns« habe sterben müssen, ist vielfach unverständlich geworden. Neben die Unverständlichkeit rückt der Vorwurf der Unzumutbarkeit: Von Opfer, Stellvertretung und Loskauf zu reden sei unsachgemäß und die biblischen Begriffe müssten in zeitgemäßer Weise übersetzt werden.[19] In ihrem Über-

18 Hans May, Der Mann an dem Balken, in: Steinwede/Ruprecht, Vorlesebuch Religion 3, S. 371.
19 Vgl. hierzu die Angaben bei Janowski, »Hingabe«.

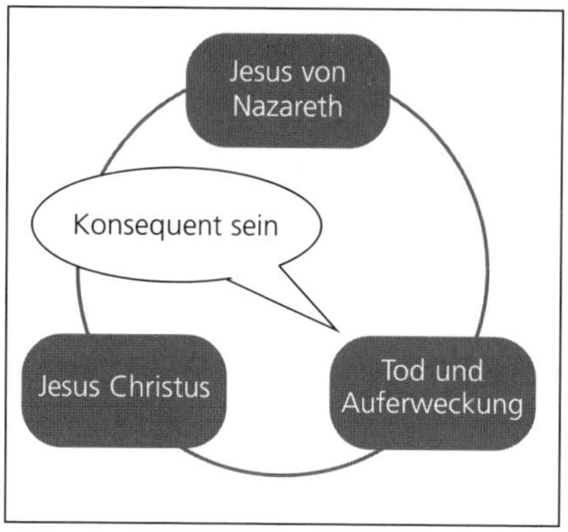

blick über die Deutung des Todes Jesu in der Religionspädagogik hält Mirjam Zimmermann dagegen: Erstaunlicherweise findet man die Gedanken von Erlösung und Opfer »in diversen neueren Pop- und Rocksongs, in Internet-Spielszenarien und in Filmen wieder, die bei Schülerinnen und Schülern bekannt und vielfach auch beliebt sind.«[20] Sie zieht daraus den Schluss, »dass Denkfiguren, die innerhalb theologischer Traditionen herangezogen wurden, um den Tod Jesu zu reflektieren und zu deuten, auch heute noch vorkommen und offenbar auch von Kindern und Jugendlichen verstanden werden.«[21]

Gleichwohl gibt es einen Unterschied zwischen dem Opfer- und Erlösungsgedanken in der Popkultur und der Bibel. Er liegt in der »Für-uns-Bedeutsamkeit«. Das Sterben und Wieder-Auferstehen Aslans in »Der König von Narnia« oder von Ash im Pokémon-Film ist anrührend und möglicherweise kann man daraus etwas über Tapferkeit und Opferbereitschaft lernen, erhebt aber keinen Anspruch auf das eigene Leben der Zuschauer. Dies aber behaupten die biblischen Schriften, die von Tod und Auferweckung Jesu sprechen. Deshalb ist der Einsatz bei aktuellen Deutungen des Opferthemas als Schlüssel zur biblischen Überlieferung zwar sinnvoll, er ist aber noch nicht ausreichend und entbindet nicht von der Suche nach plausiblen Kurzantworten.[22] Drei Holzwege sind dabei zu vermeiden[23]:

- Die Trennung von Kreuz und Auferweckung, weil das Neue Testament in allen Teilen an der Einheit von Gekreuzigtem und Auferwecktem festhält; nicht irgendjemand ist auferweckt worden, sondern Jesus, der auf Grund seiner Verkündigung und seines Wirkens am Kreuz hingerichtet wurde. Das Kreuz Jesu wird im Christentum nicht als Betriebsunfall versteckt, sondern als Teil der heilvollen Zuwendung Gottes zu den Menschen verstanden.
- Die Trennung von Altem und Neuem Testament, weil die frühen Christen gerade auf das Alte Testament zurückgegriffen haben, um begreiflich zu machen, was ihnen in Tod und Auferweckung widerfahren ist.
- Die Trennung der Erfahrung der frühen Christen von eigenen Erfahrungen mit Sterben und Leid, Einsatz und Hingabe.[24]

---

20 Zimmermann, (Be-) Deutung, S. 635ff. Die von ihr genannten Filme (Terminator 2, Pokémon, Findet Nemo, Titanic, End of Days, Star Wars) und Romane (Joanne Rowlings Harry Potter, Krabat von Otfried Preußler oder Brüder Löwenherz von Astrid Lindgren) ließen sich leicht vermehren.

21 Zimmermann, (Be-) Deutung, S. 638.

22 Lachmann, Kreuz, S. 212, zieht daraus die Folgerung: »Was wir brauchen: plausible Kurzantworten, ›Kurzformeln‹ für unseren Passionsglauben, theologisch korrekt und für Lehrkräfte wie Kinder verständlich und hilfreich!« – und eben nicht »viel zu theologisch«, »viel zu kompliziert«, »viel zu unverständlich.«

23 Petzold, Kreuz, S. 376.

24 Petzold, Kreuz, S. 377, weist darauf hin, dass die Reaktion von Jugendlichen auf das Kreuz Jesu zwischen erschreckter Abwehr und existenziell fragendem Interesse schwankt.

Interesse weckt und Bedeutung hat für heutige Schülerinnen und Schüler m.E. nicht das Leiden Jesu als solches. Selbst größte Katastrophen werden heute mediengerecht vermarktet und mit großer Penetranz auf allen Kanälen wiederholt. Jesu Leiden und Tod geht leicht darin unter. Die Gegenwarts- und Zukunftsbedeutung, die die Passion heute gewinnen kann, liegt eher in der Konsequenz, mit der Jesus seinen Weg geht und dabei Leiden in Kauf nimmt. Schülerinnen und Schüler können nachvollziehen, dass Jesus nicht nur vom Dienen spricht, sondern sich den Kleinen zuwendet, die Nähe Gottes zu den Menschen nicht nur verkündet, sondern auch praktiziert, selbst da, wo er Widerspruch erfährt. Sicher ist damit das Leiden und Sterben Jesu noch nicht in seiner ganzen theologischen Tiefe erfasst. Das Neue Testament kennt darüber hinaus andere, wichtige Versuche, die Passion zu verstehen. Aber ein Ansatzpunkt ist gewonnen, der spezifische Linien der Passionsgeschichte erschließen kann und Zugang verschafft zu einer kritischen Betrachtung der Welt und des eigenen Verhaltens.

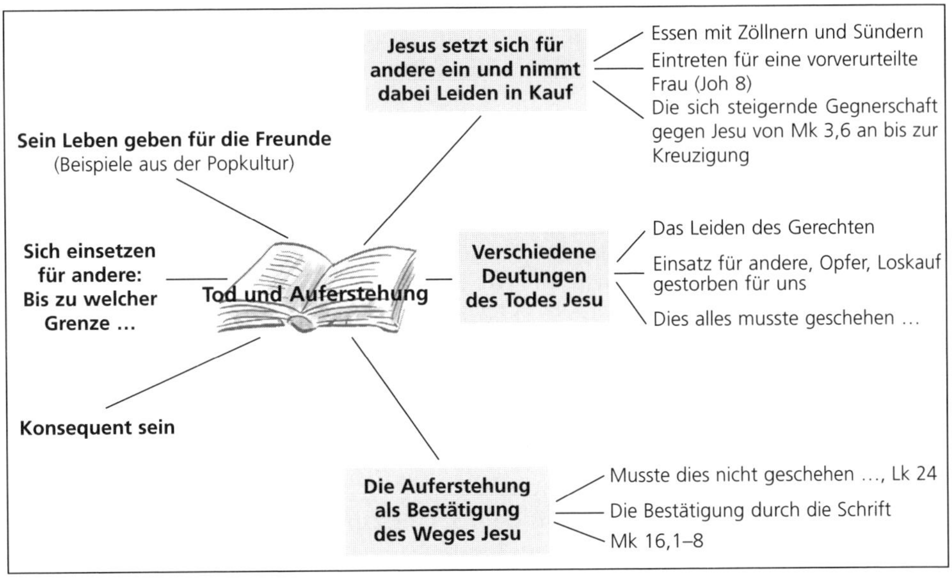

Konkretionen:
Bei den Konkretionen ist grundsätzlich zu bedenken, dass Kreativität und Vielfalt der Deutungen des Todes Jesu im Neuen Testament auch eine Vielfalt an methodischen Zugängen möglich machen.

- Sein Leben lassen für die Freunde: In der Unterhaltungsindustrie ist das Motiv, sich für andere zu opfern, häufig zu finden. Captain Spock opfert sein Leben für die Freunde. Er stirbt bei der Reparatur des Wharp-Antriebs der USS Enterprise (Star Trek II »Der Zorn des Khan«). Im Film Harmaggedon droht ein übergroßer Komet die Erde zu vernichten. Der zu Beginn des Films selbstherrlich gezeichnete Harry S. Stamper (Bruce Willis) wandelt sich im Verlauf der Geschichte und opfert sich schließlich nicht nur für seine Crew, sondern für die ganze Menschheit. Für die Freunde sein Leben aufs Spiel zu setzen oder gar zu lassen wird in vielen Variationen von der Antike bis in die Gegenwart gepriesen.

Aristoteles, Nikomachische Ethik IX 8 p 1169a, 18–20: »Von einem edlen Mann gilt auch das wahre Wort, dass er um seiner Freunde willen alles tut … und, wenn es sein muss, sein Leben für sie gibt.« Nach Philostrat, Vit Ap VII 14 ist es ein Gebot der Physis, für Verwandte oder Freunde das eigene Leben zu lassen. Sehr bekannt ist die Erzählung von Damon und Pinthias aus dem 4. Jahrhundert v. Chr., die bereit waren, füreinander ihr Leben zu opfern. Sie wurde von Cicero, Laktanz und Ambrosius ebenso aufgegriffen wie von Schiller in seiner Ballade »Die Bürgschaft« aus dem Jahr 1798.

Die menschliche Größe in diesen Beispielen ist anrührend. Sie gilt den Freunden, Verwandten oder der eigenen Nation. Ähnlich liest sich das Gebot Jesu in Joh 15,13: »Niemand hat größere Liebe als die, dass er sein Leben lässt für seine Freunde.«[25] Die Forderungen Jesu in Lk 6 sprechen nicht vom Hergeben des Lebens, sondern von alltäglichen Situationen, schließen aber ausdrücklich die mit ein, die jenseits des Kreises der Freunde stehen.

Lk 6,27–36: Aber ich sage euch, die ihr zuhört: Liebt eure Feinde; tut wohl denen, die euch hassen; [28]segnet, die euch verfluchen; bittet für die, die euch beleidigen. [29]Und wer dich auf die eine Backe schlägt, dem biete die andere auch dar; und wer dir den Mantel nimmt, dem verweigere auch den Rock nicht. [30]Wer dich bittet, dem gib; und wer dir das Deine nimmt, von dem fordere es nicht zurück. [31]Und wie ihr wollt, dass euch die Leute tun sollen, so tut ihnen auch! [32]Und wenn ihr die liebt, die euch lieben, welchen Dank habt ihr davon? Denn auch die Sünder lieben ihre Freunde. [33]Und wenn ihr euren Wohltätern wohltut, welchen Dank habt ihr davon? Denn die Sünder tun dasselbe auch. [34]Und wenn ihr denen leiht, von denen ihr etwas zu bekommen hofft, welchen Dank habt ihr davon? Auch die Sünder leihen den Sündern, damit sie das Gleiche bekommen. [35]Vielmehr liebt eure Feinde; tut Gutes und leiht, wo ihr nichts dafür zu bekommen hofft. So wird euer Lohn groß sein und ihr werdet Kinder des Allerhöchsten sein; denn er ist gütig gegen die Undankbaren und Bösen. [36]Seid barmherzig, wie auch euer Vater barmherzig ist.

Das ist ein hoher Anspruch, der nicht einfach zu erfüllen ist. Aber es ist gerade die im Verhalten Gottes gründende provozierende Kraft dieses Anspruchs, die diese Sätze aus der Freundschaftsethik heraushebt.

- Das Spottkruzifix vom Palatin aus dem 3. Jahrhundert zeigt die Problematik der Verehrung eines Gekreuzigten. Die Schrift lautet: Alexamenos betet seinen Gott an.[26] Am Kreuz aber hängt ein Esel und es soll klar werden, dass Alexamenos, der ihn anbetet, selbst ein Esel ist. Was hier als Spott an die Wand gekritzelt ist, wird im Internet als Vorwurf laut (»Anbetung einer gefolterten Leiche«). Beides aber trifft den christlichen Glauben nur eingeschränkt. »Ist aber Christus nicht auferstanden, so ist unsre Predigt vergeblich, so ist auch euer Glaube vergeblich«, weiß bereits Paulus (1Kor 15,14). Christen glauben nicht an den Gekreuzigten als solchen und allein, sondern an den Gekreuzigten und Auferweckten. Jesus bleibt nicht im Tod. Gott stellt sich auf seine Seite, ruft ihn ins Leben – und bestätigt damit, was der irdische Jesus sagte und tat. Es ist kein Zufall, dass derselbe Isenheimer Altar, der zunächst ein drastisches Kreuzigungsbild zeigt, auf

25 Die Liebe zu den Freunden wird hier nicht gegen die Feindesliebe abgegrenzt. Gesagt ist nur, dass man nichts Größeres für die Freunde tun kann, als für sie zu sterben.

26 Vgl. die Abbildung auf der folgenden Seite.

der anderen Schauseite ein beeindruckendes Auferstehungsbild sehen lässt. Der zwischen 1506 und 1515 von Matthias Grünewald geschaffene Altar stand in einem vom Antoniterorden unterhaltenen Krankenhaus, in dem Menschen gepflegt wurden, die sich mit Mutterkorn vergiftet hatten. Die Kranken wurden vor den Altar gebracht und das Betrachten der Bilder galt als eine Art Medizin. Durch die Identifikation mit den dargestellten Figuren konnte man geistige Kräftigung und Gesundung erlangen und dadurch die körperlichen Schmerzen besser ertragen.

- Kinder und Jugendliche kennen das Kreuz in unterschiedlichen Formen. Als Schmuck ist es auch bei denen beliebt, die keinen Zugang zur Botschaft von Kreuz und Auferstehung finden. Die Anstößigkeit des Kreuzes geht dabei leicht verloren. Wo begegnen Kreuze in der Lebenswelt? Man kann Kreuzesdarstellungen sammeln und miteinander vergleichen. Eigene Kreuze lassen sich gestalten, in unterschiedlicher Gestalt und mit verschiedenen Materialien. Sie helfen dabei, über die Bedeutung des Kreuzes nachzudenken.
- Einen Zugang kann auch die Alltagssprache öffnen. Oft suchen wir nach einem »Sündenbock«. Wenn man ihn gefunden hat, wird er »in die Wüste geschickt«. Anschließend »wäscht man seine Hände Unschuld«. Wir sind schnell dabei, »Hosianna« zu rufen und »Kreuzige ihn«. Mit dem- oder derjenigen ist es wirklich »ein Kreuz«! Aber seien wir nicht unbarmherzig, schließlich hat jeder »sein Kreuz zu tragen«. Wo kommen diese Redewendungen her? Auf welche Geschichten beziehen sie sich? Von hier aus sind Erschließungswege in der Bibel möglich.
- Psalm 22 spielt für das Verständnis des Todes Jesu im Neuen Testament eine herausragende Rolle. V. 1 lässt sich im Sinne Baldermanns als elementarer Ausdruck der Verlassenheit und als Bitte um Hilfe verstehen. Hierzu können Assoziationen gesammelt werden. Ein Vergleich mit der Passionsgeschichte bei Markus zeigt, dass Markus Ps 22 als Grundlage für seine Darstellung genommen hat:

Psalm 22	Markus
2 Mein Gott, mein Gott, warum hast du mich verlassen? Ich schreie, aber meine Hilfe ist ferne.	15,34 Und zu der neunten Stunde rief Jesus laut: Eli, Eli, lama asabtani? das heißt übersetzt: Mein Gott, mein Gott, warum hast du mich verlassen?
8 Alle, die mich sehen, verspotten mich, sperren das Maul auf und schütteln den Kopf: 9 »Er klage es dem HERRN, der helfe ihm heraus und rette ihn, hat er Gefallen an ihm.«	15,29 und die vorübergingen, lästerten ihn und schüttelten ihre Köpfe und sprachen: Ha, der du den Tempel abbrichst und baust ihn auf in drei Tagen;
19 Sie teilen meine Kleider unter sich und werfen das Los um mein Gewand.	15,24 Und sie kreuzigten ihn. Und sie teilten seine Kleider und warfen das Los, wer was bekommen solle.

- Wenn Schülerinnen und Schüler am Leiden Jesu »etwas lernen sollen«, soll es für sie in irgendeiner Weise zum Thema werden[27], das ihr Interesse weckt und für sie Bedeutung hat oder gewinnen kann. Angesichts mediengerecht vermarkteter Katastrophenberichterstattung ist dies vermutlich nicht das Leiden als solches. Und so richtig es theologisch sein mag, die Passion als Bild für den Menschen schlechthin oder als Hinweis auf den mitleidenden Gott zu verstehen, so schwierig ist es doch, diesen Gedanken im Unterricht zu vermitteln. Die Gegenwarts- und Zukunftsbedeutung, die die Passion heute für Kinder und Jugendliche gewinnen kann, liegt eher in der Konsequenz, mit der Jesus seinen Weg geht und dabei das Leiden in Kauf nimmt. Dass Jesus für seine Botschaft leidet, verleiht seinem Reden und Handeln Glaubwürdigkeit. Und die Lehre, die er seinen Jüngern in den Leidensankündigungen vermittelt, unterstreicht genau dies, dass nämlich die Nachfolge auch ein ganz bestimmtes Verhalten erfordert. Das kann in einer Zeit gegenseitiger Schuldzuweisungen und vieler Versuche, Verantwortung jeweils auf andere abzuschieben, ein Schlüssel zum Verstehen der Leidensgeschichte sein.
- Lieder und Gedichte eignen sich, die unanschauliche Auferstehung zur Sprache zu bringen.

Manchmal feiern wir mitten am Tag[28]

Manchmal feiern wir mitten am Tag
ein Fest der Auferstehung.
Stunden werden eingeschmolzen und
ein Glück ist da.
Manchmal feiern wir mitten im Wort
ein Fest der Auferstehung.
Sätze werden aufgebrochen und ein Lied ist da.
Manchmal feiern wir mitten im Streit
ein Fest der Auferstehung.
Waffen werden umgeschmiedet und
ein Friede ist da.
Manchmal feiern wir mitten im Tun
ein Fest der Auferstehung.
Sperren werden übersprungen und ein Geist ist
da.

Ingeborg Drewitz, Ostern[29]

Vier freie Tage. Was reden sie
von Karfreitag und Kreuzigung
und dass einer auferstanden ist.
Auf den Autobahnen staut der Verkehr.
Übliche Unfälle, was reden sie
von Karfreitag und Kreuzigung?
Für die Verkehrstoten steht die Versicherung ein.
Was soll's, normale Opfer.
Und da sagt einer, wir verstehen ihn nicht,
er ist für die Menschen gestorben,
wie ein Verbrecher ans Kreuz geschlagen.
Richtig, sagen alle, wir verstehen das nicht.
Es geht uns nichts an, sagen sie, sagst du,
wahrscheinlich ein Spinner, aber wir
haben vier freie Tage vor uns.
Die Radio- und Fernsehprogramme spielen noch
Ostern.

27 Vgl. Krotz, ... für uns gestorben? S. 41.
28 Text von Alois Albrecht, Musik von Peter Janssens, in: Janssens, Lieder.
29 Drewitz, Ingeborg, Die Samtvorhänge. Erzählungen, Szenen, Berichte, S. 124.

Jesus Christus

In der Konsequenz der Auferweckung liegt eine Neubewertung der Person Jesu insgesamt. Sie wurde in den neutestamentlichen Schriften nicht einheitlich vollzogen.

Christologische Entwicklungen

Ihre Entwicklung und ihre verschiedenen Akzente lassen sich bei Paulus und in den Eingangsabschnitten der Evangelien gut zeigen. Die Tradition, die Paulus in Röm 1,3–5 aufgreift, unterscheidet zwischen Jesus »dem Fleisch nach« und Jesus Christus, unserem Herrn, »dem Geist nach«.

Röm 1,3–5: ... zu predigen das Evangelium Gottes, ... [3]von seinem Sohn Jesus Christus, unserm Herrn, der geboren ist aus dem Geschlecht Davids nach dem Fleisch, [4]und nach dem Geist, der heiligt, eingesetzt ist als Sohn Gottes in Kraft durch die Auferstehung von den Toten. [5]Durch ihn haben wir empfangen Gnade und Apostelamt, in seinem Namen den Gehorsam des Glaubens aufzurichten unter allen Heiden, [6]zu denen auch ihr gehört, die ihr berufen seid von Jesus Christus.

»Dem Fleisch nach«, d.h. als Mensch, ist Jesus dem Geschlecht Davids zuzuordnen. »Dem Geist nach« ist er zum Sohn Gottes eingesetzt, und zwar durch die Auferstehung von den Toten. Beides zusammen, die menschliche Herkunft und die Einsetzung zum Gottessohn, ist in der Bezeichnung »Jesus Christus« verdichtet. Bei Paulus ereignet sich der Wandel von Jesus »nach dem Fleisch und nach dem Geist« in der Auferstehung. Dies ist aber nicht in allen biblischen Schriften der Fall. Vielmehr lässt sich gerade bei der Frage, ab wann Jesus als »Sohn Gottes« bezeichnet wird, eine Entwicklungslinie erkennen.

Im Markusevangelium wird keine Geburtsgeschichte erzählt. Jesus tritt hier erstmals als Erwachsener in Erscheinung. Bei seiner Taufe wird er von Gott als Sohn angenommen (Mk 1,9–11). Deshalb spricht man von einer »adoptianischen Christologie«. Matthäus und Lukas gehen einen Schritt zurück. Sie erzählen auf unterschiedliche Weise von einer wunderbaren Geburt, die bereits am Beginn des Lebens Jesu seine Herkunft von Gott deutlich macht und ein besonderes Verhältnis zwischen Jesus und Gott begründet. Johannes kennt keine Jungfrauengeburt[30], geht aber gleichwohl über Matthäus und Lukas noch hinaus. Für ihn ist Jesus von allem Anfang an bei Gott und mit Gott eins (1,1f). Die ganze Schöpfung verdankt sich ihm (1,3f). Er wird Mensch (Joh 1,14) und kehrt nach der Erfüllung seines Auftrags zu seinem Vater zurück. Wir haben es im Neuen Testament also mit verschiedenen christologischen Vorstellungen zu tun. Dies ist zwar noch nicht mit den späteren dogmatischen Festlegungen »wahrer Mensch und wahrer Gott« gleichzusetzen; schon im Neuen Testament zeigen sich aber unterschiedliche Akzente beim Verstehen dessen, was Jesus für die Glaubenden bedeutet.

30 Für die heutige Diskussion ist von Bedeutung, dass die Jungfrauengeburt nur in bestimmten Teilen des Neuen Testaments bekannt ist und in anderen (Markus, Johannes, Paulus) ganz fehlt.

Mk 1,9–11	**Mt 1,18–25**	**Lk 1,26–38**
[9]Und es begab sich zu der Zeit, dass Jesus aus Nazareth in Galiläa kam und ließ sich taufen von Johannes im Jordan. [10]Und alsbald, als er aus dem Wasser stieg, sah er, dass sich der Himmel auftat und der Geist wie eine Taube herabkam auf ihn. [11]Und da geschah eine Stimme vom Himmel: Du bist mein lieber Sohn, an dir habe ich Wohlgefallen. **Joh 1,1–4** Im Anfang war das Wort, und das Wort war bei Gott, und Gott war das Wort. [2]Dasselbe war im Anfang bei Gott. [3]Alle Dinge sind durch dasselbe gemacht, und ohne dasselbe ist nichts gemacht, was gemacht ist. [4]In ihm war das Leben, und das Leben war das Licht der Menschen. [5]Und das Licht scheint in der Finsternis, und die Finsternis hat´s nicht ergriffen. … [9]Das war das wahre Licht, das alle Menschen erleuchtet, die in diese Welt kommen. [10]Er war in der Welt, und die Welt ist durch ihn gemacht; aber die Welt erkannte ihn nicht. [11]Er kam in sein Eigentum; und die Seinen nahmen ihn nicht auf. … [14]Und das Wort ward Fleisch und wohnte unter uns, und wir sahen seine Herrlichkeit, eine Herrlichkeit als des eingeborenen Sohnes vom Vater, voller Gnade und Wahrheit.	[18]Die Geburt Jesu Christi geschah aber so: Als Maria, seine Mutter, dem Josef vertraut war, fand es sich, ehe er sie heimholte, dass sie schwanger war von dem Heiligen Geist. [19]Josef aber, ihr Mann, war fromm und wollte sie nicht in Schande bringen, gedachte aber, sie heimlich zu verlassen. [20]Als er das noch bedachte, siehe, da erschien ihm der Engel des Herrn im Traum und sprach: Josef, du Sohn Davids, fürchte dich nicht, Maria, deine Frau, zu dir zu nehmen; denn was sie empfangen hat, das ist von dem heiligen Geist. [21]Und sie wird einen Sohn gebären, dem sollst du den Namen Jesus geben, denn er wird sein Volk retten von ihren Sünden. [22]Das ist aber alles geschehen, damit erfüllt würde, was der Herr durch den Propheten gesagt hat, der da spricht: [23]»Siehe, eine Jungfrau wird schwanger sein und einen Sohn gebären, und sie werden ihm den Namen Immanuel geben«, das heißt übersetzt: Gott mit uns. [24]Als nun Josef vom Schlaf erwachte, tat er, wie ihm der Engel des Herrn befohlen hatte, und nahm seine Frau zu sich. [25]Und er berührte sie nicht, bis sie einen Sohn gebar; und er gab ihm den Namen Jesus.	[26]Und im sechsten Monat wurde der Engel Gabriel von Gott gesandt in eine Stadt in Galiläa, die heißt Nazareth, [27]zu einer Jungfrau, die vertraut war einem Mann mit Namen Josef vom Hause David; und die Jungfrau hieß Maria. [28]Und der Engel kam zu ihr hinein und sprach: Sei gegrüßt, du Begnadete! Der Herr ist mit dir! [29]Sie aber erschrak über die Rede und dachte: Welch ein Gruß ist das? [30]Und der Engel sprach zu ihr: Fürchte dich nicht, Maria, du hast Gnade bei Gott gefunden. [31]Siehe, du wirst schwanger werden und einen Sohn gebären, und du sollst ihm den Namen Jesus geben. [32]Der wird groß sein und Sohn des Höchsten genannt werden; und Gott der Herr wird ihm den Thron seines Vaters David geben, [33]und er wird König sein über das Haus Jakob in Ewigkeit, und sein Reich wird kein Ende haben. [34]Da sprach Maria zu dem Engel: Wie soll das zugehen, da ich doch von keinem Mann weiß? [35]Der Engel antwortete und sprach zu ihr: Der heilige Geist wird über dich kommen, und die Kraft des Höchsten wird dich überschatten; darum wird auch das Heilige, das geboren wird, Gottes Sohn genannt werden. [36]Und siehe, Elisabeth, deine Verwandte, ist auch schwanger mit einem Sohn, in ihrem Alter, und ist jetzt im sechsten Monat, von der man sagt, dass sie unfruchtbar sei. [37]Denn bei Gott ist kein Ding unmöglich. [38]Maria aber sprach: Siehe, ich bin des Herrn Magd; mir geschehe, wie du gesagt hast. Und der Engel schied von ihr.

Offenbarung

Im Alten Testament gibt Gott sich Einzelnen und seinem Volk zu erkennen. Im geschichtlichen Handeln offenbart er sich einem Volk – und bleibt doch unfassbar (Ex 3; 20). Bei den Propheten gilt Ähnliches: Inhalt ihrer Verkündigung ist nicht ein theologischer Inhalt oder ein Wissen, sondern ein Handeln Gottes, eine geschichtliche Begegnung mit dem Gott Israels. Aber nicht die Geschichte selbst ist die Offenbarung Gottes; sie ist vielmehr der Ort göttlichen Handelns. »Geschichte bedarf immer wieder des in sie hineingesprochenen Wortes, das mehr ist als Geschichtsdeutung, das zur Anrede Gottes an die Menschen wird.«[31] Deshalb gibt es im Alten Testament keine Lehre von der Offenbarung, sondern Geschichten, die davon erzählen. Dies gilt auch für das Neue Testament. Hier ist die Offenbarung zentral an Jesus gebunden. Gemeinsame Überzeugung aller neutestamentlichen Schriften ist, dass Jesus authentisch von Gott gesprochen und ihn den Menschen in seinem Handeln vor Augen gestellt hat. Gott hat sich auch nach neutestamentlicher Auffassung nicht nur in Jesus gezeigt. Er lässt sich in seiner Schöpfung sehen (Röm 1,19f) und in seiner Geschichte mit den Menschen hat er »vielfach und auf vielerlei Weise« zu den Menschen gesprochen (Hebr 1,1). Alle neutestamentlichen Schriften stimmen aber darin überein, dass Gott sich in Jesus Christus den Menschen auf unüberbietbare Weise gezeigt hat. Deshalb sprechen (nach christlicher Überzeugung) seine Geschichten von der Gottesherrschaft auf glaubwürdige Weise, bezeugt sein Handeln die Nähe Gottes und eröffnen seine Weissagungen das Kommen Gottes verlässlich. Johannes drückt das in seiner spezifischen Sprache so aus: »Niemand hat Gott je gesehen; der Eingeborene, der Gott ist und in des Vaters Schoß ist, der hat ihn uns verkündet« (Joh 1,18). Von Offenbarung ist im Zusammenhang mit Jesus Christus schon im Neuen Testament die Rede.

Mt 11,27: Alles ist mir übergeben von meinem Vater; und niemand kennt den Sohn als nur der Vater; und niemand kennt den Vater als nur der Sohn und wem es der Sohn offenbaren will.
Joh 17,6: Ich habe deinen Namen den Menschen offenbart, die du mir aus der Welt gegeben hast. Sie waren dein und du hast sie mir gegeben, und sie haben dein Wort bewahrt.
Röm 1,17: Denn darin wird offenbart die Gerechtigkeit, die vor Gott gilt, welche kommt aus Glauben in Glauben; wie geschrieben steht: ›Der Gerechte wird aus Glauben leben.‹

Wenn die frühen Christen Jesus Christus als Gottes Offenbarer sehen, geben sie zu verstehen, dass diese Offenbarung nicht in erster Linie in Lehrsätzen und Aussagen besteht, die kodifiziert werden können, sondern in einer Person, zu der man in eine Beziehung treten kann.[32] Paulus konzentriert sich auf Jesu Tod und Auferweckung und sieht in diesen Ereignissen die Bedeutung Jesu zusammengefasst (2Kor 5,16). Die Evangelien fragen hinter den Tod Jesu zurück nach der Verkündigung und dem Wirken Jesu und erkennen auch darin Gottes offenbarendes Handeln (Mt 11,27; Joh 17,6). Beide stimmen darin überein, dass die Offenbarung Gottes nicht lediglich in der Auferweckung eines Toten zu finden ist, sondern in der Auferweckung dieses Menschen Jesus von Nazareth.

Die Lebensgeschichte Jesu ist durch einen »Zug nach unten« bestimmt.[33] Die armselige Geburt (Lk 2,1ff), die Mittellosigkeit des Wanderpredigers (Lk 9,58), das Leiden und Sterben sind Anzeichen dafür. Im Kreuz ist diese Schwäche und Schande konzentriert. Es liegt in der Konsequenz dieses »Zugs nach unten«, dass die Weisen und Verständigen dieser Offenbarung skeptisch gegenüber stehen:

31 Adam, Offenbarung, S. 256.
32 Vgl. hierzu Härle, Dogmatik, S. 90ff.
33 Härle, Dogmatik, S. 94.

1Kor 1,26: Nicht viele Weise nach dem Fleisch, nicht viele Mächtige, nicht viele Angesehene sind berufen.
Mt 11,25: Zu der Zeit fing Jesus an und sprach: Ich preise dich, Vater, Herr des Himmels und der Erde, weil du dies den Weisen und Klugen verborgen hast und hast es den Unmündigen offenbart.

Den Verständigen bleibt manches verborgen, weil ihre Weisheit in der Gefahr steht, sich selbst zum Maßstab zu nehmen und sich dabei der Offenbarung Gottes zu verschließen (Mt 11,25–27).[34] Der »Zug nach unten« kann auch als Begründung für das Verhalten der Christen dienen, das sich an der Demut orientiert, die Christus vorgelebt hat.

Phil 2,5–11: Seid so unter euch gesinnt, wie es auch der Gemeinschaft in Christus Jesus entspricht: [6]Er, der in göttlicher Gestalt war, hielt es nicht für einen Raub, Gott gleich zu sein, [7]sondern entäußerte sich selbst und nahm Knechtsgestalt an, ward den Menschen gleich und der Erscheinung nach als Mensch erkannt. [8]Er erniedrigte sich selbst und ward gehorsam bis zum Tode, ja zum Tode am Kreuz. [9]Darum hat ihn auch Gott erhöht und hat ihm den Namen gegeben, der über alle Namen ist, [10]dass in dem Namen Jesu sich beugen sollen aller derer Knie, die im Himmel und auf Erden und unter der Erde sind, [11]und alle Zungen bekennen sollen, dass Jesus Christus der Herr ist, zur Ehre Gottes, des Vaters.

Die Offenbarung Gottes in Jesus Christus löst nach neutestamentlicher Auffassung nicht alle offenen Fragen auf. Selbst für den Sohn bleibt das Geheimnis bestehen, wann Gott sein Gericht über die Welt und die Menschen beginnen wird (Mt 24,36). Die Menschen können sich der Offenbarung öffnen, ihr sogar »nachjagen« (Phil 3,12), aber sie haben sie nicht in der Hand und zur Verfügung. Die Wirklichkeit Gottes sehen wir »durch einen Spiegel als ein dunkles Bild« (1Kor 13,12). Nicht wir erkennen nach Paulus, sondern wir werden erkannt, nicht wir erfassen die Offenbarung, sondern werden von ihr erfasst.

Schlüssel und Konkretionen

Die Frage nach Jesus wird in regelmäßigen Abständen in den Medien aufgegriffen. Meist werden dabei Erkenntnisse zur historischen Gestalt mehr oder weniger marktgerecht ausgebreitet. Wirklich Neues ist nur selten dabei. Gleichwohl geht es um den Anspruch darzulegen, wer Jesus »wirklich« war. Dass dies mit Hilfe historischer Erkenntnisse aber gelingen kann, ist zu bezweifeln. Natürlich kann man über den Menschen Jesus von Nazareth viele historisch plausible Erkenntnisse gewinnen. Ob damit aber die »Wirklichkeit« Jesu eindeutig zu beschreiben ist, muss offen bleiben. Wirklichkeit ist nicht unstrittig und objektiv vorhanden, sodass unsere Aufgabe nur wäre, sie möglichst exakt zu beschreiben. Wirklichkeit ist immer ein Ineinander von Vorhandenem und zugeschriebenen Bedeutungen. Den »wirklichen« Jesus auf die historisch verifizierbare Gestalt zu reduzieren, wird der komplexen Wirklichkeit Jesu nicht gerecht. Die historische Rückfrage ist damit keineswegs in Frage gestellt. Sie ist

34 Vgl. hierzu Müller, Mitte, S. 243 ff.

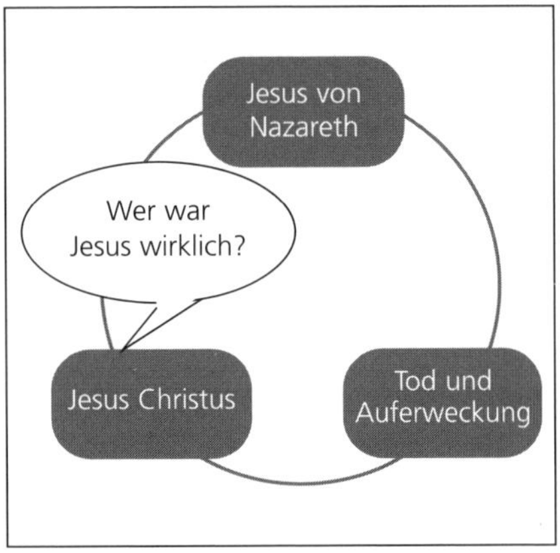

nötig, um die vielen Jesusbilder an die historische Gestalt zurück zu binden und von ihr aus zu befragen. Es wäre aber ein Fehler zu meinen, die historische Frage könnte ein »wirkliches« Bild Jesu liefern. Für die Menschen, die Jesus nachgefolgt sind, war Jesus »wirklich« der Messias, der Herr, der Gottessohn. Diese »Wirklichkeit« war für sie so bestimmend, dass – wie etwa bei Paulus – die historische Gestalt in den Hintergrund treten konnte. Die Frage, wer Jesus »wirklich« war, ist deshalb so lange falsch gestellt, so lange man mit ihr überprüfbare Objektivität verbindet. Gleichwohl wird die Frage oft gestellt, teils mit dem Interesse, mehr über Jesus und sein Wirken zu erfahren, teils in Unkenntnis, teils mit aufklärerischem Pathos. Gerade weil die Frage oft gestellt wird, kann sie als Schlüssel für die neutestamentliche Überlieferung von Jesus dienen.

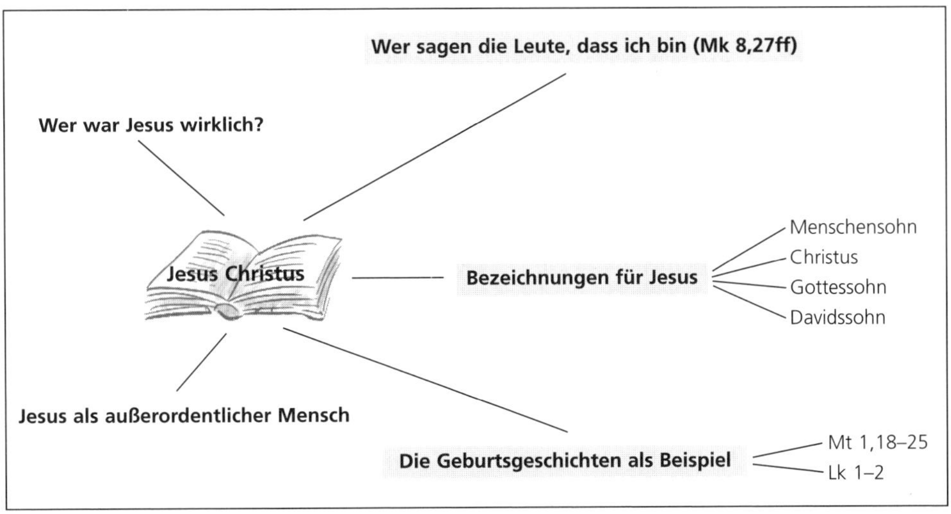

Konkretionen:

- Eine Sammlung von Titelseiten von Zeitschriften oder Büchern[35] stellt eine Fülle verschiedener Jesusbilder zur Verfügung. Sie können als solche interpretiert werden und sie dienen zugleich als Anregung, nach Jesusvorstellungen im Neuen Testament selbst zu fragen. Auf welche Episoden aus dem Leben und Wirken Jesu nehmen die Titelseiten jeweils Bezug? Welche Vorstellungen werden damit verbunden?

35 Der Spiegel, Heft 21/1999; stern, Heft 52/2002; PM Biografie Heft 4/2008.

- Wann kann man sagen, wer ein Mensch »wirklich« ist? Welche Merkmale eines Menschen charakterisieren seine Existenz? Kann man, so lange ein Mensch lebt, sagen, wer er »wirklich« ist?
- Mk 8,27–30 stellt die Frage nach Jesus ausdrücklich:

Mk 8,27–30: Und Jesus ging fort mit seinen Jüngern in die Dörfer bei Cäsarea Philippi. Und auf dem Wege fragte er seine Jünger und sprach zu ihnen: Wer, sagen die Leute, dass ich sei? [28]Sie antworteten ihm: Einige sagen, du seist Johannes der Täufer; einige sagen, du seist Elia; andere, du seist einer der Propheten. [29]Und er fragte sie: Ihr aber, wer sagt ihr, dass ich sei? Da antwortete Petrus und sprach zu ihm: Du bist der Christus! [30]Und er gebot ihnen, dass sie niemandem von ihm sagen sollten.

Für die Leute ist Jesus durchaus ein besonderer Mensch. Sie sagen, er sei der (auferstandene) Täufer, ein Prophet oder gar Elia, ein herausragender Prophet. Jesus lenkt die Frage auf die Jünger selbst zurück: »Wer sagt ihr, dass ich sei?« Die Antwort, die Petrus stellvertretend für die Jünger gibt, geht über die Antworten der Leute hinaus. Die Jünger sind der Meinung: Jesus ist der Messias. Aber auch das ist keine objektive Aussage, sondern die Überzeugung der Jünger. Sie glauben, dass Jesus der Messias ist (und gleich darauf, in 8,31 ff, wird deutlich, dass ihr Bild vom Messias nach Markus korrekturbedürftig ist). Der kleine Abschnitt macht deutlich, dass Aussagen über Jesus darauf zielen, persönlich verantwortet zu werden. Indem Markus nach der Meinung der Jünger fragt, fragt er zugleich nach der Meinung derer, die das Markusevangelium lesen.

- Im Vergleich der oben genannten Informationen zum irdischen Jesus und verschiedener Jesusbilder kann der Unterschied zwischen der historischen Frage und der Frage nach der Bedeutung geklärt werden.
- Auf ähnliche Weise kann man Texte miteinander vergleichen:

Apostolisches Glaubensbekenntnis: Ich glaube … an Jesus Christus, seinen (Gottes) eingeborenen Sohn, unseren Herrn, empfangen durch den Heiligen Geist, geboren von der Jungfrau Maria, gelitten unter Pontius Pilatus, gekreuzigt, gestorben und begraben, hinabgestiegen in das Reich des Todes, am dritten Tage auferstanden von den Toten, aufgefahren in den Himmel; er sitzt zur Rechten Gottes, des allmächtigen Vaters; von dort wird er kommen, zu richten die Lebenden und die Toten …

Heinz Zahrnt: »… gleich sein erstes Auftreten in seiner Heimatstadt endete mit einem Fiasko: Man treibt ihn aus der Stadt hinaus und will ihn umbringen. Darauf zieht er als Wanderprediger durch das Land, ohne Pass und ohne festen Wohnsitz. Er predigt denen, die es mit Gott schwer und von Theologie keine Ahnung haben. Er ist frei von allen Vorurteilen. Er hält sich zu denen, die die Gesellschaft ausgeschlossen hat, zu den moralisch Verdächtigen und den politisch Unzuverlässigen und setzt sich mit ihnen zusammen an einen Tisch …«[36]

– In Anlehnung an die Christusübermalungen von Arnulf Rainer[37] können herkömmliche Christusbilder übermalt oder überklebt werden, sei es, um bestimmte Bildaussagen hervorzuheben, sei es, um neue Aussagen zu erreichen. Hier steht der kreative Umgang mit den Bildern im Vordergrund.

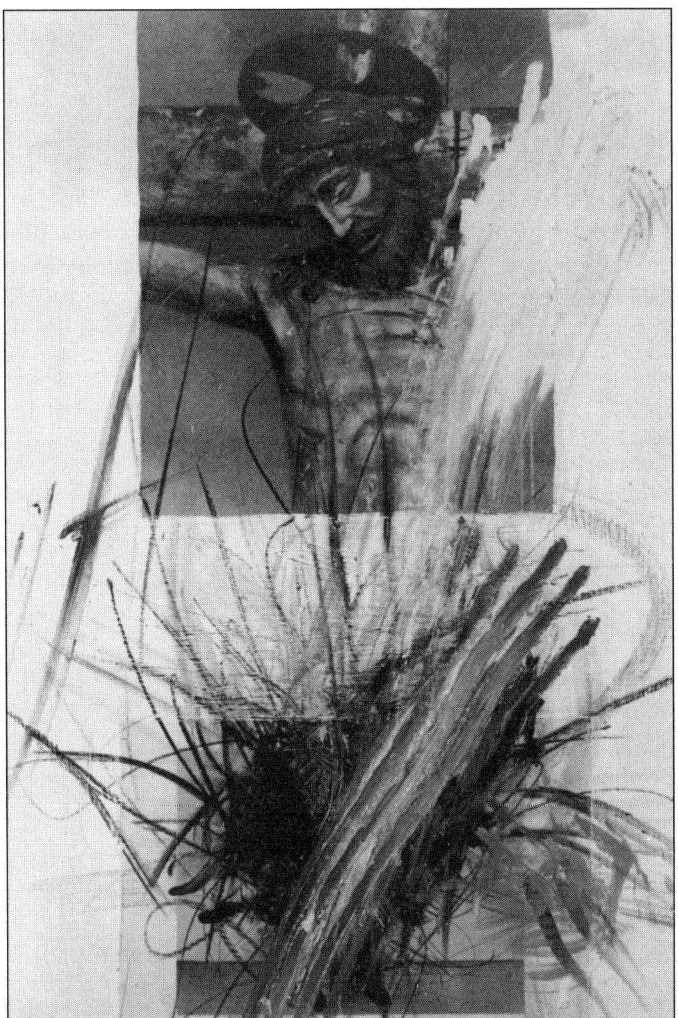

36 Apostolisches Glaubensbekenntnis; Zahrnt, Gott, S. 194. Bekannt ist auch die »Lebensbeschreibung« von Peter Handke.
37 Rodiek/Schulz, Arnulf Rainer, S. 139. Vgl. hierzu Bischoff, Übermalung/Überklebung.

10. Die Bibel als Buch, biblische Sprachformen und Zitate

Die Bibel als Buch

Die Bibel ist ein Buch. Das ist nicht lediglich eine Binsenweisheit. Denn das Buch ist mehr als nur eine praktische Weise Geschriebenes aufzubewahren. Bücher regen an zum Blättern und zum Zurückblättern, zum Verweilen, zum Lesen und Wiederlesen, zum Nachschlagen, zum Anstreichen, zum Entdecken von großen Linien.

Dieses abschließende Kapitel bezieht sich nicht auf bestimmte thematische Zusammenhänge und Verknüpfungen, sondern auf die Bibel insgesamt, auf die Buchform, die biblische Sprache und auf das spannungsvolle Verhältnis zwischen der Bibel als Sammlung verschiedener literarischer Werke und dem oft zusammenhanglosen Gebrauch von Bibelsprüchen und Zitaten. Da die folgenden Überlegungen »quer« zu den Themenkreisen liegen, werden sie nicht in einem »Schlüssel« konzentriert. Allerdings wird es auch hier jeweils Konkretionen geben.

Ein Buch aus vielen Büchern

Bekanntlich ist die Bibel ein Buch, das aus etlichen einzelnen Büchern besteht. »In des alten Bundes Schriften merke dir an erster Stell« – so mussten Schülerinnen und Schüler früherer Zeiten die Reihenfolge der biblischen Bücher lernen.

In des Alten Bundes Schriften
merke in der ersten Stell:
Mose, Josua und Richter,
Ruth und zwei von Samuel.
Zwei der Könige, Chronik, Esra,
Nehemia, Esther mit.
Hiob, Psalter, dann die Sprüche,
Prediger und Hoheslied.
Jesaja, Jeremia,
Hesekiel, Daniel.
Dann Hosea, Joel, Amos,
Obadja, Jonas Fehl,
Micha, welchem Nahum folget,
Habakuk, Zephania,
nebst Haggai, Sacharja
und zuletzt Malachia.

In dem Neuen stehn Matthäus,
Markus, Lukas und Johann,
samt den Taten der Apostel
unter allen vornean.
Dann die Römer, zwei Korinther,
Galater und Epheser,
die Philipper und Kolosser,
beide Thessalonicher.
An Timotheus und Titus,
an Philemon, Petrus zwei,
drei Johannes, die Hebräer,
Jakobs, Judas Brief dabei.
Endlich schließt die Offenbarung
das gesamte Bibelbuch.
Mensch, gebrauche, was du liesest,
dir zum Segen, nicht zum Fluch.[1]

1 Georg Ernst Götz, um 1800.

Wie existiert die Bibel in den Köpfen heutiger Schülerinnen und Schüler? Als Sammlung von Arbeitsblättern (falls sie denn gesammelt werden)? Als ungeordnete Wissensschnipsel? Mag sein sogar als Buch, aber dann wahrscheinlich als dickes und schweres. Schülerinnen und Schüler brauchen strukturelle Hilfen, um mit diesem Buch umgehen zu können. In den vorangehenden Kapiteln habe ich versucht, mit Hilfe von Themenkreisen die Fülle der biblischen Themen zu erschließen. Anhand der Themenkreise Gott und Welt, Gott und Mensch, Glauben – Handeln – Hoffen und Jesus Christus lassen sich die vielfältigen Aspekte der biblischen Überlieferung bündeln und in Beziehung zueinander setzen. Diese Themenkreise sind nicht an einzelnen biblischen Büchern orientiert, sondern an der Bibel als Gesamtwerk. Sie greifen grundlegende Fragestellungen auf, die sich durch die biblischen Schriften hindurchziehen und dort jeweils auf verschiedene Weise aktualisiert werden. Deshalb sind sie geeignet, das biblische Denken zu erschließen.

Die Themenkreise werden allerdings in den verschiedenen Schriften auf je eigene Weise aufgegriffen. Hier kommt nun ein literarisches Argument ins Spiel. Die verschiedenen Bücher der Bibel sind eigenständige Werke. Zwar sind sie im Kanon des Alten und Neuen Testaments zusammengefasst und innerhalb dieses Rahmens aufeinander bezogen. Gleichwohl haben die einzelnen Bücher jeweils ein eigenes literarisches Profil. Dem Bogen, den beispielsweise Matthäus von der Geburtsgeschichte 1,18–25 bis zum Missionsbefehl in 28,16–20 spannt, kommt man mit wenigen Einzelversen oder mit Themenkreisen noch nicht auf die Spur. Einen solchen Spannungsbogen zu verfolgen hilft aber dazu, einzelne Verse und Abschnitte einzuordnen und ihre Funktion für den ganzen Text zu entdecken. Wer beispielsweise die Geburtsgeschichte Jesu am Anfang des Matthäusevangeliums liest, findet hier schon eine Reihe von Hinweisen, die später immer wieder aufgegriffen werden und die damit zum Verstehen des ganzen Evangeliums helfen.

Mt 1,18–25: Die Geburt Jesu Christi geschah aber so: Als Maria, seine Mutter, dem Josef vertraut war, fand es sich, ehe er sie heimholte, dass sie schwanger war von dem heiligen Geist. [19]Josef aber, ihr Mann, war fromm und wollte sie nicht in Schande bringen, gedachte aber, sie heimlich zu verlassen. [20]Als er das noch bedachte, siehe, da erschien ihm der Engel des Herrn im Traum und sprach: Josef, du Sohn Davids, fürchte dich nicht, Maria, deine Frau, zu dir zu nehmen; denn was sie empfangen hat, das ist von dem heiligen Geist. [21]Und sie wird einen Sohn gebären, dem sollst du den Namen Jesus geben, denn er wird sein Volk retten von ihren Sünden. [22]Das ist aber alles geschehen, damit erfüllt würde, was der Herr durch den Propheten gesagt hat, der da spricht: [23]»Siehe, eine Jungfrau wird schwanger sein und einen Sohn gebären, und sie werden ihm den Namen Immanuel geben«, das heißt übersetzt: Gott mit uns. [24]Als nun Josef vom Schlaf erwachte, tat er, wie ihm der Engel des Herrn befohlen hatte, und nahm seine Frau zu sich. [25]Und er berührte sie nicht, bis sie einen Sohn gebar; und er gab ihm den Namen Jesus.

Wörtlich übersetzt war Josef »gerecht«. Das ist für Matthäus ein wichtiges Wort. Vgl. außerdem Mt 5,17–19.43–48; 25,34–40.

Träume spielen auch im weiteren Verlauf des Evangeliums eine Rolle, vgl. 2,12–23; 27,19.

Der Name Jesus bedeutet: Gott (Jahwe) ist Hilfe. In diesem Namen liegt ein »Programm«: Gott kommt und hilft. Vgl. Mt 9,6–8; 26,28.

Der Name Immanuel (Gott mit uns) hat ebenfalls programmatische Bedeutung, vgl. 18,20 und 28,20. 1,23 und 28,20 rahmen die Jesusgeschichte des Matthäus ein.

Im griechischen Text steht anstelle von Geburt das Wort *genesis* = »der Ursprung«. Dasselbe Wort steht bereits in 1,1 »Buch des Ursprungs von Jesus Christus.« Sowohl der Stammbaum in 1,1–17 als auch die Geburtsgeschichte wollen zeigen, dass Jesus von Gott herkommt.
Außerdem erinnert Matthäus mit *genesis* an das erste Mosebuch, das ebenfalls Genesis heißt, und stellt damit einen Bezug zur Schöpfung her.

Engel treten in der Kindheitsgeschichte bei Matthäus mehrfach auf, vgl. 2,13.19 (außerdem 4,11; 28,2.5).

Die Geburtsgeschichte Jesu bei Lukas ist viel bekannter. Auch sie setzt eine ganze Reihe von »Verstehenssignalen«, die im weiteren Verlauf des Lukasevangeliums bedeutsam werden. Aber es sind andere als bei Matthäus.

Hirten standen am Rand der Gesellschaft. Lukas hebt damit hervor, dass Jesus nicht nur für die Mächtigen, sondern ebenso für die Armen und Machtlosen gekommen ist und Frieden bringt.

Lukas ist der »Historiker« unter den Evangelisten. An verschiedenen Stellen verbindet er seine frohe Botschaft mit der Geschichte des Römischen Reiches.

Aus Bethlehem stammte David, der große König Israels. Daran knüpfte sich die Erwartung, dass auch der erhoffte Retter aus der Davidsstadt komme.

Lukas 2,1–20: Es begab sich aber zu der Zeit, dass ein Gebot von dem Kaiser Augustus aus-
ging, dass alle Welt geschätzt würde. [2]Und diese Schätzung war die allererste und geschah
zur Zeit, da Quirinius Statthalter in Syrien war. [3]Und jedermann ging, dass er sich schätzen
ließe, ein jeder in seine Stadt. [4]Da machte sich auf auch Josef aus Galiläa, aus der Stadt
Nazareth, in das jüdische Land zur Stadt Davids, die da heißt Bethlehem, weil er aus dem
Hause und Geschlechte Davids war, [5]damit er sich schätzen ließe mit Maria, seinem ver-
trauten Weibe; die war schwanger. [6]Und als sie dort waren, kam die Zeit, dass sie gebären
sollte. [7]Und sie gebar ihren ersten Sohn und wickelte ihn in Windeln und legte ihn in eine
Krippe; denn sie hatten sonst keinen Raum in der Herberge.
[8]Und es waren Hirten in derselben Gegend auf dem Felde bei den Hürden, die hüteten des
Nachts ihre Herde. [9]Und der Engel des Herrn trat zu ihnen, und die Klarheit des Herrn
leuchtete um sie; und sie fürchteten sich sehr. [10]Und der Engel sprach zu ihnen: Fürchtet
euch nicht! Siehe, ich verkündige euch große Freude, die allem Volk widerfahren wird;
[11]denn euch ist heute der Heiland geboren, welcher ist Christus, der Herr, in der Stadt
Davids. [12]Und das habt zum Zeichen: ihr werdet finden das Kind in Windeln gewickelt und
in einer Krippe liegen. [13]Und alsbald war da bei dem Engel die Menge der himmlischen
Heerscharen, die lobten Gott und sprachen: [14]Ehre sei Gott in der Höhe und Friede auf
Erden bei den Menschen seines Wohlgefallens.
[15]Und als die Engel von ihnen gen Himmel fuhren, sprachen die Hirten untereinander:
Lasst uns nun gehen nach Bethlehem und die Geschichte sehen, die da geschehen ist, die
uns der Herr kundgetan hat. [16]Und sie kamen eilend und fanden beide, Maria und Josef,
dazu das Kind in der Krippe liegen. [17]Als sie es aber gesehen hatten, breiteten sie das Wort
aus, das zu ihnen von diesem Kinde gesagt war. [18]Und alle, vor die es kam, wunderten sich
über das, was ihnen die Hirten gesagt hatten. [19]Maria aber behielt alle diese Worte und
bewegte sie in ihrem Herzen. [20]Und die Hirten kehrten wieder um, priesen und lobten Gott
für alles, was sie gehört und gesehen hatten, wie denn zu ihnen gesagt war.

»Heute« ist ein wichtiges Wort bei Lukas. Er verbindet damit die vergangene Geschichte mit der gegenwärtigen Erfahrung der Leser. In ähnlicher Weise findet sich das Wort in 4,21; 5,26; 19,5.9; 23,43.

Damit setzt Lukas ein Signal für alle, die sein Evangelium lesen. Sie sollen wie Maria die Worte der Engel und die Botschaft der Hirten beim Weiterlesen im Ohr behalten. »Ehre sei Gott in der Höhe und Friede auf Erden bei den Menschen seines Wohlgefallens« wird damit zu einer Art Überschrift über das ganze Evangelium. In Lk 2,51 findet sich der Satz aus 2,19 noch einmal.

Der Vergleich zeigt, dass beide Evangelisten (anders als Markus und Johannes) eine Geburtsgeschichte an den Anfang ihres Werkes stellen, die für das Verständnis des jeweiligen Evangeliums wichtige Hinweise gibt. Bei Matthäus werden diese Hinweise in 2,1–12 mit der Erzählung von den Sterndeutern aus dem Osten[2] im Sinne des Evangelisten noch fortgeführt. Üblicherweise werden die lukanische Geburts-

2 Wir nennen sie üblicherweise die »Heiligen Drei Könige«. Bei Matthäus sind es allerdings weder drei noch sind sie Könige oder heilig. Diese Bezeichnung verdankt sich der späteren Auslegungsgeschichte.

geschichte und die matthäische Erzählung von den Sterndeutern miteinander kombiniert. Dies ist im Rahmen des biblischen Kanons und der kirchlichen Verkündigung zwar möglich, nivelliert aber die Unterschiede zwischen den Evangelien und wird ihrer jeweiligen Aussageabsicht nicht wirklich gerecht.

Ein anderes Beispiel für die Einebnung der Unterschiede zwischen den Evangelien sind die sogenannten sieben Worte Jesu am Kreuz. Diese sieben Worte sind eine Zusammenstellung der verschiedenen Worte aus den vier Evangelien, die Jesus am Kreuz sagt:

Mt 27,46	Mein Gott, mein Gott, warum hast du mich verlassen? (vgl. Mk 15,34)
Lk 23,34	Vater, vergib ihnen, denn sie wissen nicht, was sie tun.
Lk 23,43	Wahrlich, ich sage dir: Heute wirst du mit mir im Paradies sein.
Lk 23,46	Vater, ich befehle meinen Geist in deine Hände.
Joh 19,27	Siehe, das ist deine Mutter.
Joh 19,28	Mich dürstet.
Joh 19,30	Es ist vollbracht.

Es liegt auf der Hand, dass »Warum hast du mich verlassen?«, »in deine Hände befehle ich meinen Geist« und »es ist vollbracht« sehr verschiedene Akzente setzen, die sich nicht einfach miteinander kombinieren lassen. Indem man »sieben Worte Jesu am Kreuz« zusammenstellt, ebnet man die charakteristischen Unterschiede der Passionserzählungen ein und kommt zu einem Evangelienmischmasch, bei dem die Gestaltungsabsicht der einzelnen Evangelisten unerkannt bleibt.

Aus diesem Grund habe ich dafür plädiert, biblische Ganzschriften im Unterricht zu behandeln.[3] Dies heißt nicht notwendigerweise, ein gesamtes Evangelium kursorisch zu lesen (auch wenn ich das in höheren Klassen der Sekundarstufe I für möglich halte). Die kritischen Rückfragen sind mir durchaus bewusst. Ist es denkbar, mit Schülerinnen und Schülern, die bisweilen schon bei kurzen Texten Konzentrationsschwierigkeiten haben, relativ lange Texte zu behandeln? Oder gar in der Grundschule, also bei Kindern, die das verstehende Lesen erst nach und nach lernen und üben? Können, wenn man ein solches Gewicht auf eines der Evangelien legt, die anderen Evangelien mit ihren wichtigen Texten, etwa die Bergpredigt bei Matthäus oder die verschiedenen Texte über die Geringen und Verachteten bei Lukas, noch zu ihrem Recht kommen? Diese Fragen sind ernst zu nehmen. Aber bei der Auswahl von Textabschnitten lassen sich auch ohne kursorische Lektüre solche Abschnitte wählen, die für ein bestimmtes biblisches Buch charakteristisch sind und seine großen Linien erkennen lassen. Solche Linien entdecken zu können setzt voraus, dass eine Ganzschrift wie etwa das Markusevangelium in einer Bibelausgabe gelesen wird, nicht nur in kleinen Portionen im Religionsbuch oder auf kopierten Arbeitsblättern. Es setzt ebenso ein genaues und langsames Lesen voraus, das auch auf unscheinbare Textsignale achtet. Dass ein solches Lesen geübt werden muss, versteht sich angesichts heutiger Rezeptionsbedingungen von selbst; weil es aber Entdeckungen verspricht, sollte es auch geübt werden.

3 Müller, Mit Markus erzählen, S. 111 ff; Müller, Matthäus.

Lesen

In der Schule ist Lesen in der Regel ein »Lesen für …«, ein Lesen mit einem bestimmten Zweck und damit ein Instrument zur Vermittlung von Wissen und Einsicht. So gelesen werden »alle Bücher in der Schule … zu Lernbüchern; alles Lesen erfährt eine instrumentelle Besetzung«[4] – und dementsprechend auch die Bibel. Dass die Bibel »nicht Lesewort …, Sondern eitel Lebewort« enthält[5], ist unter dieser Perspektive nur schwer zu vermitteln. Die Bibel wird zum Lernbuch, ohne aber – um mit Baldermann zu sprechen – ein Buch des Lernens zu werden. Ihre Lektüre wird instrumentalisiert: Nicht für das Leben, sondern für die Schule lesen wir. Während die Bibel als »Buch des Lernens« auf einen offenen Weg einlädt, wird sie als Lernbuch dazu verwendet, Lernstationen abzuarbeiten.

Sollte es aber nicht möglich sein, fragt Gottfried Bachl, »plötzlich, ohne Befehl, ohne Pflichtgefühl nach diesem Buch zu greifen, in bloßer Neugier, einfach weil es da ist?«[6] Bachl geht an den »Anfang des Lesens« zurück, an (eigene) elementare Leseerfahrungen, in denen die Lesenden sich in die Geschichten hinein begeben, mit deren Protagonisten zittern und leiden, siegen und sich freuen und in denen der Text »genossen« wird: »die Spannung im Verlauf der Ereignisse, die lockende Rätselhaftigkeit, die Gewalt der Aktionen, das Gefälle vom Leisen zum Lauten, von der Nacht zum Tag, der Wirbel der Gefühle, die Hitze der Gefahren zwischen Tod und Leben, der Glanz der Form, die Kadenz der Sätze, die gelungene Wortprägung und nicht zuletzt das Vergnügen an der Distanz, dass alles nur im Buch steht, nicht in mein Leben reicht, dass Herz und Hirn und irgendwie auch die leiblichen Organe im ungefährlichen Abstand dabei sein, im Schein des Erzählten sich bewegen, aufregen, schrecken und freuen konnten.«[7] Natürlich ist ein Lesen »ohne Befehl, ohne Pflichtgefühl …, in bloßer Neugierde«, einfach, weil die Bibel da ist, in der Schule nicht so einfach umzusetzen. Aber Lust am Lesen der Bibel zu fördern hängt nicht unwesentlich damit zusammen, die Lust am Lesen überhaupt zu fördern und damit die Lust am Entdecken der biblischen Welt.

Konkretionen

Dies nötigt zu einem kreativen Umgang mit der Bibel. Dabei kann neu ins Bewusstsein treten, dass das Lesen der Schriften in biblischer Zeit vielfach ein Vorlesen und das Bibelwort mündliches Wort war. Die biblischen Texte sind in einer Kultur des Vorlesens entstanden und eignen sich deshalb hierfür gut. Auch ein Blick in den Literaturunterricht ist hilfreich und kann eine Fülle von Lese-Anregungen geben. Zu lesefördernden Methoden oder Aktionen gehören:

– Lesen in verschiedenen Lautstärken. Passt jede Lautstärke zu jedem Text?
– Lesen mit verschiedenen Betonungen. Was ändert sich, wenn man einen Text verschieden betont?

4 Haas, Lesen, S. 217. Vgl. Schön, Ende, S. 71.
5 Luther, WA 31,1; 67,24–27.
6 Bachl, Lesen, S. 16f.
7 Bachl, ebd.

- Lesen eines Bibeltextes in einer hierfür ungewohnten »Lesart«, z.B. als Montageanleitung oder als Fußballreportage. Welche Rolle spielt die jeweilige Lesart für das Verstehen?
- Lesen mit verteilten Rollen
- Lesen mit Buntstiften – zum Anstreichen und Vertiefen
- Lesen in einer Gruppe (Lesekonferenz), gemeinsam Fragen formulieren
- Sich gegenseitig Texte vorlesen oder erzählen.

Eine regelmäßige Lesezeit ist auch bei einem in der Regel zweistündigen Religionsunterricht unterzubringen, wenn zwischen zwei Unterrichtseinheiten jeweils eine »Lesestunde« oder eine »Vorlesestunde« eingefügt wird, die mit Leseanregungen zu verschiedenen biblischen Büchern vorbereitet wird.[8] Diese Lektüre kann mit einem »Lesetagebuch« begleitet oder in Form einer »Lesekonferenz« organisiert werden.

Zum Lesen gehört komplementär das Schreiben hinzu – und auch dies entspricht dem Schrift gewordenen Bibelwort. In jüngerer Zeit ist vor allem das kreative Schreiben in zweierlei Hinsicht als Methode verfeinert worden. Stärker an der Form orientiert sind alle Vorgehensweisen, die im weitesten Sinn als kalligraphisch bezeichnet werden können. Stärker am Inhalt orientiert sind Vorgehensweisen, die mit Sprache und Texten spielen, Textvorlagen verfremden oder weiterentwickeln etc. Gemeinsam ist beiden Richtungen die Abgrenzung zu einem Sprachunterricht, der vor allem die reproduktive Fertigkeit des Schreibens einübt. Der Drang zum Schreiben soll gefördert und nicht durch normative Regeln und Methoden gehemmt werden. Grundlegend wichtig ist deshalb beim kreativen Schreiben, Schreibanlässe zu schaffen, die so offen sind, dass Schülerinnen und Schüler beim Schreiben eigene Kreativität entfalten können. Hierzu können dienen:

- das assoziative Schreiben
- Textverwandlungen mit Prosatexten[9] und Gedichten[10]
- »Konkrete« Poesie, die den Text nicht beschreibt, sondern zeigt.[11]

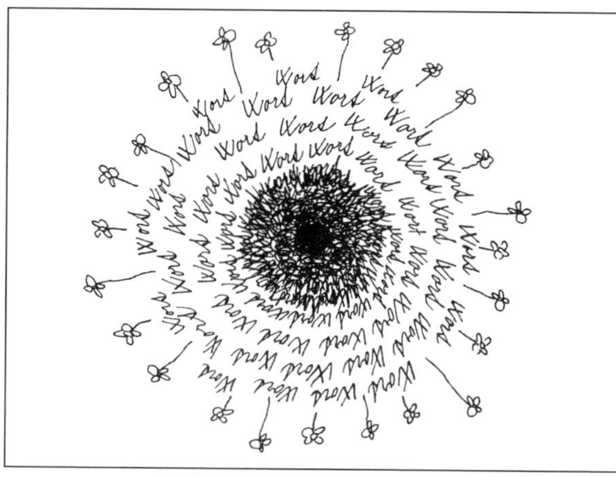

8 Weitere Anregungen finden sich bei Kliemann, Impulse, S. 66ff, der sich auf die Deutschdidaktik bezieht.

9 Vgl. hierzu Schreiter, Schreibversuche, S. 48ff.

10 Ebd., S. 44ff.

11 Ebd., S. 99ff. Meisterhaft Steiger, Bibel, S. 234 zu Joh 1,1; S. 152 zu Klagelieder 5,19–22.

Und nicht zuletzt: Man muss die äußeren Bedingungen beachten. Die Bibel als Buch wird da nicht in den Blick kommen, wo sie lediglich in Form kopierter Blätter vorkommt. Braucht man die Bibel im Unterricht, muss häufig der Klassensatz erst aus dem Lehrerzimmer herbeigeschafft werden. Sehr einladend sehen die Exemplare dann nicht aus, eher zerfranst und verschmutzt. Zwar hat der Koran im Islam eine andere Bedeutung als die Bibel im Christentum und erfährt eine Verehrung, die der Bibel in dieser Weise nicht angemessen ist. Aber ein achtsamer Umgang mit einem Buch, das in einer dreitausendjährigen Geschichte unzähligen Menschen Lebensorientierung gegeben hat, ist angebracht – vor allem im Blick auf die Bibel selbst, dann aber auch im Blick auf den interreligiösen Dialog. In ein Klassenzimmer gehören nicht nur der Duden, ein Lexikon, ein Atlas etc., sondern eben auch eine Bibel (und eine Konkordanz dazu), möglichst eine schön gestaltete, auf die aufzupassen sich auch lohnt.

Ein Buch mit vielen Stimmen

Die Sprache kennzeichnet den Menschen in besonderer Weise. Mit ihrer Hilfe übermittelt er Gedanken und Überzeugungen, Gefühle und Wünsche. Deshalb ist von Sprache nicht nur im Sinne von Laut- oder Schriftsprache die Rede, sondern weit darüber hinaus in allen Bereichen menschlicher Kommunikation als Sprache der Musik, der Kunst, der Architektur, aber auch als Sprache der Gefühle, der Gebärden, des Herzens, der Liebe oder der Gewalt.

Einen Teil menschlicher Kommunikation kann man mit der begrifflich-diskursiven Sprache erfassen. Andere Bereiche sind dieser Sprachform verschlossen und brauchen eine kundgebende und hinweisende Sprache. Beide haben ihr eigenes Recht. Begriffsbildung und Diskurs sind für das Sprechen, Lernen und Denken unentbehrlich. Die Wirklichkeit ist jedoch vieldimensional und braucht über die Begriffe hinaus eine Sprache, die »wissend-nichtwissend, sicher-unsicher, hartnäckig-annähernd, hilferufend und unwiderstehlich« ist.[12] In Gleichnissen, Bildern und Metaphern bringt sie zum Ausdruck, was sich in eng umgrenzten Begriffen nicht fassen lässt: Hoffnungen, Ahnungen, Wünsche, Trauer, Freude, Ärger, Liebe. Die Sprache ist dazu in der Lage, weil sie ein System von Zeichen ist, also selbst Hinweischarakter hat über das hinaus, was sie unmittelbar sagt. Dies gilt nicht zuletzt für den religiösen Gebrauch der Sprache.

Die Bibel als »Viel-Stimmen-Buch«

In jüdisch-christlicher Perspektive geht die Befähigung zur Kommunikation aus der Geschöpflichkeit des Menschen hervor. Sie äußert sich (unter anderem) in der Anrede des Menschen durch Gott und in der Möglichkeit des Menschen, darauf zu antworten (Gen 1,26f). Zum Menschsein gehören – theologisch wie anthropologisch betrachtet – das Sprechen, das Verstehen, Sich-Verständigen und Aufeinander-Hören

12 So Helmut Ruppel im Nachwort zu Baldermann, Weinen, S. 125.

konstitutiv hinzu. Dies schlägt sich in der Bibel selbst nieder. Sie ist, wie Kurt Marti sagt, ein Buch mit vielen Stimmen[13]:

1 Ein Buch?
Mehr noch: eine Bücherei!
66 verschiedene Bücher
von nicht nur 66 verschiedenen Autoren,
denn manch eines enthält
(nach Art der hölzernen Babuschkas)
in sich wiederum
drei, vier kleinere Bücher verschiedener
Autoren.

2 Nicht zu vergessen
die namenlosen Scharen
späterer Bearbeiter, Ergänzer, Verknüpfer,
der fromme Fleiß
ihrer minutiösen Text-Finissage
während rund eines Jahrtausends
jüdisch-urchristlicher Geschichte.

3 Allmählich entstand so:
ein Bücherbuch vieler Stimmen,
die nacheinander,
nebeneinander,
durcheinander,
gegeneinander,
miteinander
reden, singen, murmeln, beten.

4 Dissonanzen? Jede Menge.
Widersprüche? Noch und noch.
Kein ausgeklügelt Buch.
Hundert-Stimmen-Strom
(selbst Schriftgelehrte ermessen ihn nicht) –
wohin will er tragen?
Über Schwellen, Klippen, Katarakte
heimzu, heilzu (hoff ich).

5 Merklich oder unmerklich nämlich
strömen die verschiedenartigen,
die verschiedenzeitlichen Stimmen
denn doch
und stets wieder
zu EINER Stimme zusammen:
»Das Wunder des Zusammenfließens
ist größer als das Wunder
eines einzigen Autors.«
(Emmanuel Lévinas)

6 Viel-Stimmen-Buch also,
geselliges Buch
(geselligstes der Weltliteratur!):
in ihm wird die EINE,
die verlässliche Stimme
der geselligen Gottheit laut.

Als Bücherbuch aus vielen Stimmen vereint die Bibel vieles in sich: Erzählungen, Berichte, Sagen und Novellen, Lob, Klage und Dank, Lieder, Hymnen und Gebete, Weisheitsworte und Argumente, Mythen und Visionen, Symbole und Bilder. Religiöse Erfahrung wird vielgestaltig in Sprache gefasst und weitergegeben als Angebot zum Nachsprechen und Weitersprechen. Deshalb ist sie mit ihren verschiedenen Textsorten ein Kompendium religiöser Sprache und zugleich eine Sprachschule des Glaubens.

Erzählen

Zur religiösen Sprachschule gehört das Erzählen. Walter Benjamin wies 1936 in einem Essay darauf hin, dass es mit der Kunst des Erzählens zu Ende gehe; immer seltener treffe man auf Leute, die »rechtschaffen etwas erzählen können«. Einen

13 Marti, Die gesellige Gottheit, S. 10–12.

wesentlichen Grund dafür erkannte Benjamin im Aufkommen der Information als Ware, die uns stets neu begegnet und mit dem Anspruch auf Wichtigkeit, Aktualität und prompte Überprüfbarkeit auftritt. Information aber sei bei aller Fülle mitteilbarer Details arm an Geschichten. Einer Erzählung dagegen gehe es nicht um das pure ›An-Sich‹ einer Sache. Vielmehr werde die Sache in das Leben des Berichtenden eingesenkt, um sie wieder aus ihm herauszuholen: »So haftet an der Erzählung die Spur des Erzählenden wie die Spur der Töpferhand an der Tonschale.«[14]

Gegenüber der Zeit Benjamins hat sich die Informationsflut noch erheblich erhöht. Vorab-Berichte, die heute schon wissen lassen, was Politiker morgen sagen werden, markieren die Spitze des Strebens nach Aktualität. Auf der anderen Seite hat seit geraumer Zeit eine Gegenbewegung eingesetzt, die ein neues Zutrauen zur Kraft der Erzählung belegt. Spätestens seit Michael Ende´s »Unendlicher Geschichte« ist der Buchmarkt voll von Erzählungen. Im Kino entführen spannende, aktionsreiche oder anrührende Geschichten in fremde Welten.

Die Vertreter der so genannten »narrativen Theologie« haben in den 70er Jahren die Bedeutung des Erzählens hervorgehoben. Harald Weinrich und Johann Baptist Metz vertraten den Gedanken vom frühen Christentum als Erzählgemeinschaft und forderten eine gründliche Beschäftigung mit der Theorie der Narrativität.[15] Die anschließende Diskussion zeigte, dass die Erzählung theologisches Denken und Reden zwar nicht umfassend beschreiben kann, dass ein Großteil der biblischen Überlieferung aber eine narrative Grundstruktur hat und dazu anregt, von dem, was den Glauben und die Glaubenden bewegt, nicht in erster Linie im Diskurs zu sprechen, sondern auch zu erzählen.

Wenn Israel von seinem Gott spricht, erzählt es von ihm und dem Volk in Geschichten. Wiederholt werden die Heilstaten Gottes in so genannten Summarien zusammengefasst. Das wichtigste ist das »kleine geschichtliche Credo« in Dtn 26,5–9. Dieser Text soll beim Darbringen der Erstlingsfrüchte vor Gott rezitiert werden, also bei einer kultischen Handlung (Dtn 26,1–4). Dabei werden die Hauptdaten der Geschichte Israels bis zur Landnahme rekapituliert. Dieses Grundbekenntnis zu Gott, der sein Volk geleitet hat, spielt nicht nur im Kult eine Rolle, sondern ist ein tragendes Element in der Überlieferung Israels und bei der Weitergabe der Überlieferung an die nachkommenden Generationen. In Dtn 6,20–25 heißt es:

> **Dtn 6,20–25**: Wenn dich nun dein Sohn morgen fragen wird: Was sind das für Vermahnungen, Gebote und Rechte, die euch der HERR, unser Gott, geboten hat?, [21]so sollst du deinem Sohn sagen: Wir waren Knechte des Pharao in Ägypten, und der HERR führte uns aus Ägypten mit mächtiger Hand; [22]und der HERR tat große und furchtbare Zeichen und Wunder an Ägypten und am Pharao und an seinem ganzen Hause vor unsern Augen [23]und führte uns von dort weg, um uns hineinzubringen und uns das Land zu geben, wie er unsern Vätern geschworen hatte. [24]Und der HERR hat uns geboten, nach all diesen Rechten zu tun, dass wir den HERRN, unsern Gott, fürchten, auf dass es uns wohl gehe unser Leben lang, so wie es heute ist. [25]Und das wird unsere Gerechtigkeit sein, dass wir alle diese Gebote tun und halten vor dem HERRN, unserm Gott, wie er uns geboten hat.

Im Rückblick erkennt Israel allerdings immer wieder den Abfall von Gott im Lauf seiner Geschichte, aber auch, dass Gott sich dennoch nicht von seinem Volk abwen-

14 Benjamin, Erzähler, S. 409.415.418.
15 Weinrich, Theologie; Metz, Apologie.

det. Der Hinweis auf die Heilstaten Gottes kann deshalb auch klagenden Charakter annehmen, wie Ps 78 zeigt. In diesem Psalm wird das Erzählen damit begründet, dass bereits die Väter nur wenig aus den Taten Gottes gelernt haben. Er bringt die Hoffnung zum Ausdruck, das Weitererzählen in der neuen Generation möge dazu helfen, dass jetzt Menschen ihre Hoffnung auf Gott setzen. Die erinnerten Geschichten dienen damit zur Ermutigung und Warnung.

Jahwe ist jedenfalls für Israel ein Gott, von dem man erzählen kann. Von ihm zu sprechen heißt von der Beziehung zu ihm, von ihrer Erfüllung und ihren Gefährdungen zu erzählen. Im ersten der Zehn Gebote, das eine Art Überschrift darstellt, kommt dies zum Ausdruck: Gott kann Anspruch auf Israel erheben, weil er sich auf dieses Volk eingelassen und es befreit hat. Die Gebote werden erst vor dem Hintergrund dieser gemeinsamen Geschichte verständlich, die in vielen Einzelgeschichten weitergegeben wird. Die alttestamentliche Überlieferung hat so insgesamt einen erzählenden Grundzug. Die Geschichtserzählungen leben davon, dass sie in verschiedener Weise immer wieder auf das Verhältnis Israels zu Jahwe hinweisen und für dieses Verhältnis transparent werden.

Die Erzählungen in der Bibel sind unterschiedlicher Art. Die Geschichten von der Erschaffung der Welt, vom Paradies oder vom Durchzug des Volkes Israels durch das Rote Meer sind anderer Art als die Erzählungen von Davids Aufstieg, die Streitgespräche Jesu mit seinen Gegnern lassen sich nicht einfach mit der Auferweckung des Lazarus oder der wunderbaren Befreiung des Petrus aus dem Gefängnis vergleichen. Erzählungen zur Geschichte wollen Vergangenes nicht lediglich dokumentieren, sondern deuten und verständlich machen. Die Geschichte des wiederholten Abfalls des Volkes von Gott dient dazu, der gegenwärtigen Generation die Treue zur Tora vor Augen zu führen. Auswahl und Ausgestaltung der berichteten Ereignisse unterliegen nicht dem Ziel einer »objektiven Darstellung«, sondern dem Bemühen, die geschehenen Ereignisse als Teil der Geschichte Israels mit seinem Gott und Gottes mit seinem Volk verstehbar zu machen. Eingeordnet in diese Geschichtsschreibung sind verschiedene Sagen, Legenden und Novellen. Auch sie dienen dem Zweck, den Zusammenhang von Menschen- und Gottesgeschichte zu verdeutlichen. Sagen betreffen das Volk als ganzes und beschreiben oft größere Zeiträume, während Legenden Bewahrenswertes an exemplarischen Einzelgestalten aufzeigen. Sie sind nicht einfach fiktiv, sondern wollen gesammelte Erfahrungen weitergeben. Und selbst die Novelle (im Alten Testament beispielsweise Jona oder Tobit) hat darin Anhalt an der geschichtlichen Wirklichkeit, dass sie eine erdachte Geschichte in einen bestimmten historischen und geistesgeschichtlichen Zusammenhang stellt und damit zum Verstehen der eigenen Gegenwart anleitet.

Jesus steht in der Tradition der Bibel Israels. Wenn er nach Mk 12,1 ff das Gleichnis vom Weinberg erzählt, erinnern sich die Zuhörer an die Geschichte Gottes mit seinem Volk, die häufig im Bild eines Weinbergs beschrieben oder besungen wurde (vgl. Jes 5). Beim Ährenausraufen seiner Jünger in Mk 2,23 ff erinnert er die Kritiker an eine Geschichte Davids. Seine eigene Botschaft vom Reich Gottes kleidet er in Geschichten, deren Stoffe er aus dem alltäglichen Erleben seiner Zuhörer nimmt: Das Himmelreich ist gleich einem Senfkorn …; mit dem Himmelreich verhält es sich wie mit einem Mann, der Samen aussät … Sein eigenes Verhalten gegenüber Sündern und Zöllnern erläutert er mit Hilfe von Geschichten (Lk 15,1 ff). Dem Gesetzeslehrer, der ihn nach dem größten Gebot fragt, antwortet Jesus mit der Geschichte von einem

Mann, der unter die Räuber fiel (Lk 10,25ff). Die frühen Christen greifen diese Geschichten auf, erzählen sie weiter und halten auf diese Weise die Erinnerung an Jesus als großen Erzähler wach.

Andere Sprachformen

Dass es in der Bibel nicht nur erzählende Sprache gibt, liegt auf der Hand. Neben der Narration finden sich auch Argumentation und Appellation. Sie zugunsten der Erzählung in den Hintergrund zu rücken, geht nicht an. Dies ließe sich weder von der Theologie als verantwortetem Nachdenken über den Glauben noch von den biblischen Schriften selbst verantworten. Die verschiedenen Sprachformen bilden zusammen »die biblische Sprache«, wobei die erzählenden Texte durchaus eine grundierende Funktion haben.

In den Mosebüchern sind Rechtssammlungen in den Ablauf der Erzählungen eingefügt. »Diese Weisungen wachsen aus den geschilderten Ereignissen heraus und bestimmen zugleich den Fortgang der Handlung.«[16] Sie sind in verschiedenen Sammlungen zusammengefasst, deren bekannteste die Zehn Gebote sind. Neben apodiktischem Recht (z.B. Ex 20,13: »Du sollst nicht töten«) stehen kasuistische Rechtssätze (z.B. Ex 21,37: »Wenn jemand ein Rind oder ein Schaf stiehlt und es schlachtet und verkauft, so soll er fünf Rinder für ein Rind wiedergeben und vier Schafe für ein Schaf«). Religiöses Recht (z.B. die Übereignung der Erstgeburt an Jahwe Ex 22,28–30), altes Sippenrecht und spätere Rechtsvorschriften werden miteinander verbunden und gemeinsam der Autorität Jahwes unterstellt.[17] Insgesamt regeln diese Texte das Zusammenleben und fördern auf diese Weise die Gemeinschaft des Volkes.

Dem dienen auch die Prophetenbücher, indem sie das Volk an den Bund mit Gott erinnern. Das schöne, Gustav Mahler zugeschriebene Bonmot »Tradition ist Bewahrung des Feuers, nicht Anbetung der Asche« passt gut auf die Prophetenbücher. Sie sammeln nicht nur die Worte herausragender prophetischer Gestalten, sondern legen sie produktiv in ihre eigene Gegenwart hinein aus.[18] Ihre gemeinsame Grundlage ist die Überzeugung, dass die Prophetenworte sich nicht nur auf eine einmalige Situation beziehen, sondern Bedeutung auch für die nachfolgenden Generationen haben. Deshalb hat man sie weitergegeben und auf neue Situationen hin konzentriert. Dazu war ein Auslegungs- und Aktualisierungsprozess notwendig, der sich in den Prophetenbüchern niedergeschlagen hat.

In den sogenannten »Schriften« des Alten Testaments, den Ketubim, findet sich »eine solche Vielfalt von Formen, dass der Eindruck einer exemplarischen Sammlung der israelitischen und jüdischen Literatur entsteht. So lassen sich die Bücher Chronik, Esra und Nehemia als eine Form von Geschichtsschreibung ansprechen, das Buch Rut als eine Novelle, das Buch Ester als ein Roman, das Buch Hiob mit gewissen Einschränkungen als eine Art Tragödie, das Buch Kohelet als ein philosophischer Trak-

16 Gertz, Grundinformation, S. 189. Auf S. 215 findet sich ein Überblick über die verschiedenen Rechtstexte.
17 Gertz, Grundinformation, S. 221 f.
18 Vgl. hierzu Gertz, Grundinformation, S. 312.

tat, das Hohelied als eine Anthologie von Liebesgedichten, die Klagelieder als eine Sammlung von Elegien und die Psalmen als eine Zusammenstellung unterschiedlicher religiöser Dichtungen und Gebete.«[19] Diese Vielfalt zeigt nicht nur das breite literarische Schaffen Israels, sondern weist auch auf die vielfältigen Situationen hin, in die hinein diese Schriften konzipiert wurden.

Vergleichbares zeigt sich auch im Neuen Testament. Die Evangelien fügen einzelne Episoden aus dem Leben Jesu zu großen Erzählungen zusammen und haben dementsprechend einen erzählenden Grundzug. Aber sie geben beispielsweise auch Streitgespräche wieder, in denen sich Auseinandersetzungen Jesu mit verschiedenen Gegnern spiegeln. Hier steht die Argumentation im Vordergrund. Verschiedene Worte Jesu werden zu großen Reden zusammengestellt (etwa die Bergpredigt Mt 5–7), die stärker den Verkündigungs- und den Lehrcharakter der Texte unterstreichen. In der Erzähltradition Israels unterscheiden die Evangelisten nicht zwischen Geschichten und Theologie, sondern geben die Jesusbotschaft in Form von Geschichten weiter, die aber transparent sind für Einsichten des Glaubens und die theologische Reflexion. Die Briefe des Neuen Testaments sind Teile einer umfassenderen Kommunikation zwischen einzelnen Repräsentanten des frühen Christentums und verschiedenen Gemeinden. Aus ihnen lassen sich Rückschlüsse ziehen auf die Situationen, in die hinein sie gerichtet sind. Anders als die Evangelien erzählen sie aber nicht, sondern wollen verkündigen, überzeugen, mahnen, Probleme lösen und Anweisungen geben. Dabei kommen sie immer wieder zu Einsichten und Formulierungen, die das Christentum geprägt haben und weiterhin prägen.

Grundlegende Worte, Sprachbilder und Symbole

Ingo Baldermann geht in seiner Bibeldidaktik hinter das Erzählen zurück und fragt nach elementaren Sprachformen. »In der Bibel hat die Primärerfahrung mit der Wirklichkeit Gottes den Charakter einer Begegnung; und dem muss unser Reden von Gott entsprechen. Wir vergewissern uns dieser Wirklichkeit, indem wir nach einem Namen suchen, indem wir fragen, herausfordern und uns selber anreden, fragen und herausfordern lassen. Alle anderen theologischen Sprachformen sind sekundär gegenüber diesem ursprünglichen Dialog.« Baldermann sucht deshalb nach elementaren Formen der Sprache, die unmittelbar aus Erfahrung heraus sprechen: »Angst und Trost, Freude und Dank haben, noch ehe sie erzählend ausgebreitet werden, ihre eigenen ursprünglichen Sprachformen; wir stoßen etwa in den Psalmen auf Schritt und Tritt darauf. Eben darin liegt die besondere Stärke der Psalmen, dass sie uns diese Sprache wieder lehren.«[20] Ich möchte diese Abgrenzung von der Erzählung nicht mit vollziehen. Dass manche Erzählungen, wie beispielsweise die Gleichnisse Jesu, kunstvoll gestaltet und in Argumentationszusammenhänge eingebettet sind, hebt nicht auf, dass sie elementare Erfahrungen aufgreifen, eine Welt schaffen und die Hörer und Leser zum Eintreten auffordern.

Unabhängig davon ist es sinnvoll, mit Baldermann nach weiteren Formen elementarer Rede zu fragen. Weil sich die religiöse Sprache weniger im »Reden über«

19 Witte, Schriften, S. 404.
20 Baldermann, Einführung, S. 13f.24.40.

zeigt, sondern im »Reden von«, also von dem, was als bewegend erfahren wird, ist sie eine »einfache« Sprache. Baldermann nennt die Sprache der Ermutigung (Verheißung), die Sprache der Menschlichkeit (Tora), die Sprache der Angst (Klage und Bitte), die Sprache der Freude (Lob und Dank) und die Sprache der Einsicht (Sprichwort und Formel).[21] Diese Sprachformen kartographieren die Wirklichkeit nicht, sondern setzen sich ihr aus, nehmen Erfahrungen auf und bringen sie zur Sprache.

Anders als Baldermann stelle ich Worte der Zusage (z.B. Mt 28,20 »Siehe, ich bin bei euch alle Tage bis ans Ende der Welt«) und des Vertrauens (Ps 23,1 »Der Herr ist mein Hirte, mir wird nichts mangeln«; Röm 8,38f. »Ich bin gewiss, dass weder Tod noch Leben, weder Engel noch Mächte noch Gewalten, weder Gegenwärtiges noch Zukünftiges, weder Hohes noch Tiefes noch eine andere Kreatur uns scheiden kann von der Liebe Gottes, die in Christus Jesus ist, unserm Herrn«) an den Anfang. »Vertrauen ist der Anfang von allem« lautete der Werbeslogan der Deutschen Bank in den 90er Jahren. Auch wenn man diesen Satz im Blick auf eine Großbank in Zeiten einer Finanzkrise weniger denn je glaubwürdig findet, hat er als solcher doch eine anthropologische Grundierung. Er stimmt sowohl in entwicklungspsychologischer Hinsicht als auch im Blick auf den Glauben. Aus dieser Erfahrung können dann Geborgenheit, Lob und Dank erwachsen – und dann auch Einsicht, Bitte, Klage und Hoffnung, und ebenso Sätze der Mahnung oder des Rechts. Als Vielstimmenbuch ist die Bibel in der Lage, in ganz unterschiedliche Situationen hinein zu sprechen.

Charakteristisch für die Sprache der Bibel ist auch, dass sie in Bildern und Metaphern spricht. Insbesondere für Gott bietet sie eine Fülle von Bildern an. In Ps 17,2f sind verschiedene Bilder zusammengefügt: »Herzlich lieb habe ich dich, HERR, meine Stärke! [3]HERR, mein Fels, meine Burg, mein Erretter; mein Gott, mein Hort, auf den ich traue, mein Schild und Berg meines Heiles und mein Schutz!« Gott wird als Licht und Heil beschrieben (Ps 27,1), als Hirte und König (Ps 23.47), als Vater und Mutter (Ps 68,6; Jes 66,13). Von Gott ist in solchen Bildern die Rede, obwohl im Alten Testament ein Bilderverbot formuliert ist. Diese Diskrepanz zeigt, dass es bei dem Bilderverbot nicht um die Bilder als solche geht, sondern um die Herstellung und vor allem um das Verbot Götterfiguren anzubeten.

Ex 20,4–6: Du sollst dir kein Bildnis noch irgendein Gleichnis machen, weder von dem, was oben im Himmel, noch von dem, was unten auf Erden, noch von dem, was im Wasser unter der Erde ist: [5]Bete sie nicht an und diene ihnen nicht! Denn ich, der HERR, dein Gott, bin ein eifernder Gott, der die Missetat der Väter heimsucht bis ins dritte und vierte Glied an den Kindern derer, die mich hassen, [6]aber Barmherzigkeit erweist an vielen tausenden, die mich lieben und meine Gebote halten.

In der Erzählung vom Goldenen Kalb (Ex 32) wird der Konflikt deutlich.[22] Ein Götterbild in der Form eines Kalbs soll der Gott sein, der Israel aus Ägypten geführt hat? Gegen die Verehrung solcher selbstgemachter Bilder wendet sich das Bilderverbot. Sprachbilder sind dabei gar nicht im Blick. Aber auch Sprachbilder können Vorstellungen von Gott verfestigen. Obwohl im Alten Testament auch von Gott die Rede ist, der tröstet wie eine Mutter (Jes 66,13), hat sich das Bild von Gott als Vater den Vorstellungen der Glaubenden fast ausschließlich eingeprägt. Dabei gibt es eine

21 Vgl. Buch des Lernens, S. 21ff; Einführung, S. 30ff; Wer hört mein Weinen, S. 26ff.
22 Vgl. oben, S. 110f.

Neigung, die Ähnlichkeit zwischen dem Bild und dem Abgebildeten hervorzuheben und dabei die Differenz zu übersehen. Denn Gott ist kein Vater und keine Mutter, er ist kein Fels, keine Burg, kein Adler. In diesen Bildern kann von Gott etwas geahnt werden, aber er lässt sich nicht mit ihnen verrechnen. Die Begegnung des Elia mit Gott in 1Kön 19 hält die Unerkennbarkeit Gottes fest und setzt sie in eine Geschichte um.

1Kön 19,9–14: Und Elia kam dort in eine Höhle und blieb dort über Nacht. Und siehe, das Wort des HERRN kam zu ihm: Was machst du hier, Elia? 10Er sprach: Ich habe geeifert für den HERRN, den Gott Zebaoth; denn Israel hat deinen Bund verlassen und deine Altäre zerbrochen und deine Propheten mit dem Schwert getötet, und ich bin allein übrig geblieben, und sie trachten danach, dass sie mir mein Leben nehmen. 11Der Herr sprach: Geh heraus und tritt hin auf den Berg vor den HERRN! Und siehe, der HERR wird vorübergehen. Und ein großer, starker Wind, der die Berge zerriss und die Felsen zerbrach, kam vor dem HERRN her; der HERR aber war nicht im Winde. Nach dem Wind aber kam ein Erdbeben; aber der HERR war nicht im Erdbeben. 12Und nach dem Erdbeben kam ein Feuer; aber der HERR war nicht im Feuer. Und nach dem Feuer kam ein stilles, sanftes Sausen. 13Als das Elia hörte, verhüllte er sein Antlitz mit seinem Mantel und ging hinaus und trat in den Eingang der Höhle. …

»Der Windhauch ist gleichsam ein letzter ›Rest‹ von Anschaulichkeit diesseits der Unanschaulichkeit des sendenden Wortes, der überhörbaren Stimme, die den Propheten zu seinem Auftrag ruft und ihn für seinen Weg stärkt.«[23] In gleicher Weise widersetzen sich die sprachlichen Gottesbilder der Eindeutigkeit und öffnen das Feld der Assoziationen. Gleiches gilt für die Bilder, die im Neuen Testament für Jesus verwendet werden. Jesus ist keine Tür (Joh 10,1 ff); aber das Bild von der Tür kann etwas von der Bedeutung Jesu deutlich machen, ohne ihn darauf festzulegen.

Eckhard Nordhofen hat im Rahmen seiner Überlegungen zum Verhältnis von Religion und Kunst auf den Unterschied zwischen schwacher und starker Ästhetik aufmerksam gemacht.[24] Die schwache Ästhetik zielt auf Bilder, um das Gemeinte zu verähnlichen: Genauso ist Gott. Wenn der biblische Glaube mit seiner Bilderwelt unter das Regime einer ›schwachen‹ Ästhetik gerät, »so werden seine Bilder zu Werbe-Ikonen. Sie sollen möglichst wirkungsvoll präsentieren, was ›religiös‹ noch ankommt, weil immer noch eine Marktlücke dafür besteht. Bilder der Versöhnlichkeit und Nachsicht in einer Welt strengster Fehlerkontrolle; Bilder, in denen bedingungslose Güte angeschaut werden darf – angesichts einer Welt, die auf der Basis einer genauen Entsprechung von Leistung und Gegenleistung funktioniert; Bilder eines neuen Lebens, wo das ›alte‹ mit seinen Folgelasten unentrinnbar schein; Bilder von einem neuen Anfang, der die eherne Konsequenz des Fortdauernden vergessen ließe.«[25] Und auch Bilder von Gott, der nett ist, alle Menschen vorbehaltlos liebt und keiner Fliege etwas zuleide tut.

Eine »starke Ästhetik dagegen bedient sich der Bilder, um sie sogleich zu durchbrechen. Sie müssen, auch wenn sie ihr Repertoire nirgendwo anders her beziehen können

23 Werbick, Trugbilder, S. 20.
24 Nordhofen, Engel, S. 20.
25 Werbick, Trugbilder, S. 5.

als aus der Welt, wie sie ist – wir haben nur diese eine – anders sein als die Bilder, denen ein Ding in der Welt entspricht.«[26] Die Sprache der Bilder, der Metaphern und Symbole ist deshalb eine eigentümlich biblische Sprache, die sich im Reden zugleich selbst transzendiert, die von Gott spricht, ohne ihn festzulegen. Schon die Offenbarung des Namens Gottes in Ex 3 macht diese Ambivalenz deutlich, die zugleich kundgibt und verbirgt[27]: »Ich werde sein, der ich sein werde.«

Konkretionen

Die Symboldidaktik hat sich auf vielfache Weise mit der Bildersprache der Bibel befasst. Peter Biehl hat die Symbole Hand, Haus, Weg, Brot, Wasser und Kreuz jeweils in biblischer, theologischer und anthropologischer Weise erschlossen.[28] Der Weg kann für Jugendliche zum sprechenden und wichtigen Symbol werden, vom Lebensweg angefangen, den Eltern sich für ihre Kinder vorstellen, über den Weg ins Freie, den sie sich erhoffen, den Irrgarten, in dem man sich ständig verläuft, bis hin zur Ausweglosigkeit. Das Symbol Weg ist vieldimensional und ermöglicht viele Zugänge. Der Weg ist zugleich ein wichtiges biblisches Symbol, das sich sowohl auf die Lebensführung (oft in der Weisheitsliteratur, vgl. beispielsweise Ps 86,11; Spr 6,23) als auch auf die Lebensbegleitung durch Gott bezieht (Ps 25,8f; 119,105). Im Markusevangelium wird »der Weg« von Mk 8,27–10,52 zur Metapher für die Aufgaben, die die Nachfolger Jesu in seinem Sinn anpacken sollen. Und der johanneische Jesus sagt von sich: »Ich bin der Weg und die Wahrheit und das Leben« (Joh 14,6).

- Die Volksbanken und Raiffeisen-Banken werben mit dem Spruch »Wir machen den Weg frei.« Banken sollen Darlehen geben und damit Wege öffnen. Wie schnell der freie Weg versperrt sein kann und sogar (nicht gerade von den Volks- und Raiffeisenbanken, aber) von manchen Banken riskant versperrt wurde, hat das Jahr 2008 überdeutlich gezeigt. Zu fragen ist darüber hinaus, ob Kredite die beste Möglichkeit sind, Wege frei zu machen. Wie kann man Wege zu bestimmten Zielen (eine Prüfung, eine Anschaffung, eine Beziehung) so gestalten, dass sie gut begehbar sind?
- Manche Wegweiser locken mit fernen Zielen. Dabei kann man leicht vergessen, auf die nächsten Schritte zu achten. Die Tora des Alten Testaments versteht sich als »Wegweiser« für die alltäglichen Wege des Lebens: Die Wege des HERRN sind lauter Güte und Treue für alle, die seinen Bund und seine Gebote halten (Ps 25,10).
- Das evangelische Andachtsbild vom breiten und schmalen Weg aus dem 19. Jahrhundert stellte dem breiten Weg mit seinen vielen Attraktionen, die allerdings ins

26 Nordhofen, Engel, S. 29f.
27 Siehe oben, S. 109f.
28 Biehl, Symbole geben zu lernen I und II.

Verderben führen, den entbehrungsreichen, aber zum Heil führenden schmalen Pfad gegenüber. Was damals als lustvolle Versuchung dargestellt wurde (z.B. Tanz und Theater), schätzen wir heute anders ein. Das Bild selbst ist biblisch:

Mt 7,13–14: Geht hinein durch die enge Pforte. Denn die Pforte ist weit, und der Weg ist breit, der zur Verdammnis führt, und viele sind´s, die auf ihm hineingehen. [14]Wie eng ist die Pforte und wie schmal der Weg, der zum Leben führt, und wenige sind´s, die ihn finden!

Anders als das Bild aus dem 19. Jahrhundert stellt Matthäus seine Mahnung aber in den Kontext der Begriffe Gerechtigkeit und Liebe, die die ganze Bergpredigt Jesu prägen. Wenn man diese Worte als »Wegweiser« nimmt, muss man die beiden Wege anders malen. Wie wirken sich diese »Wegweiser« aus?

Bibelsprüche und Zitate

Ein Ergebnis der empirischen Rezeptionsforschung zur Bibel ist, dass sich die Begegnung mit der Bibel »durch ein biblisches Wort bei Familienfeiern (Taufe, Konfirmation, Trauung, Beerdigung)« von allen anderen Begegnungsweisen im Blick auf die Häufigkeit deutlich abhebt.[29] Auch wer die Bibel selbst nicht liest, kann doch im Rahmen von Familienfeiern und damit verbundenen Gottesdiensten mit ihr in Berührungen kommen. Hierin liegt eine Begründung dafür, dass die Bibel in verschiedenen Umfragen vielfach mit den Konnotationen »ermutigend, tröstend, einladend, warm« etc. belegt wird und selbst Nicht-Leser erstaunlich positive Aussagen zur Bibel treffen.[30] Selbst Aussagen wie »Die Bibel hilft dazu, das Leben besser zu verstehen« oder »Die Bibel leitet dazu an, das Gute zu tun« werden vielfach akzeptiert, auch wenn daraus keine eigene Lektüre der Bibel folgt.[31] Sie zeigen zum einen, dass die Bibel als Symbolisierung des christlichen Erbes gilt und durchaus in Ansehen steht[32], zum anderen, dass die Kenntnis verschiedener Bibelzitate zum Weltwissen gehört. Konfirmationssprüche bleiben zu einem erstaunlich hohen Prozentsatz im Gedächtnis.[33] Bibelverse, die in emotional bedeutsame Situationen hinein gesprochen werden, werden auch als bedeutsam empfunden. Vor diesem Hintergrund ist zu fragen, ob der Rolle des Zitats, des Bibelspruchs im Sinne des prägnanten und leicht zu behaltenden Kurztextes nicht mehr Aufmerksamkeit gewidmet werden sollte. Wenn es stimmt, dass »der Verlust der Bibelkenntnis … den Protestantismus an entscheidender Stelle schwächt«[34], und wenn es weiterhin stimmt, das selbst mehr oder weniger intensive Bibelleser und -leserinnen sich »dem Dickicht dieses Buches gegenüber hilflos« fühlen[35], dann ist es wichtig, dem Bibelspruch, dem kleinen Abschnitt, der sachbezogenen Sammlung mehr Aufmerksamkeit zu widmen[36] – und zwar auch im Bibelunterricht. Denn die Bibel bietet einen großen Schatz an guten Worten. Spr 25,11 weiß: »Ein gutes Wort zur rechten Zeit ist wie goldene Äpfel auf silberner Schale.« Um sie zur rechten Zeit parat zu haben, muss man sie kennen und einüben.[37]

Zitate und Anspielungen in und außerhalb der Bibel

Die Bibel ist voller Zitate. Ihre einzelnen Bücher spielen vielfach aufeinander an. Die Auszugsgeschichte Israels aus Ägypten wird ausführlich in Ex 1–15 erzählt. Häufig aber wird in verschiedenen Zusammenhängen auf dieses Grunddatum der Geschichte Israels mit Zusammenfassungen angespielt, etwas ausführlicher und als Bekenntnis (z.B. Dtn 6,21–23) oder nur mit kurzen Andeutungen (z.B. Dtn 1,30; Apg 7,34). Auch andere Begebenheiten aus der Geschichte Israels werden auf diese Weise

29 Daiber/Lukatis, Bibelfrömmigkeit, S. 196ff.
30 Vgl. hierzu Daiber/Lukatis, Bibelfrömmigkeit, S. 123.
31 Daiber/Lukatis, Bibelfrömmigkeit, S. 193ff.
32 Daiber/Lukatis, Bibelfrömmigkeit, S. 191.
33 Daiber/Lukatis, Bibelfrömmigkeit, S. 94ff.
34 Honecker, Kirche, S. 481f.
35 Ebeling, Wiederentdeckung, S. 7.
36 Müller, Verstehst du auch …, S. 154.
37 Vgl. hierzu Landgraf, Bibel, S. 118ff.

in Erinnerung gehalten und aktualisiert (vgl. die Mannaerzählung in Ex 16 und Jos 5,12; Neh 9,20; Ps 78,24 und im NT Joh 6,31.49). Dass Gott derjenige ist, der Himmel und Erde gemacht hat, wird in der biblischen Tradition nicht nur grundlegend vorausgesetzt, sondern findet sich von Gen 1,31–2,4 an vielfach als Zitat (vgl. Ex 20,11; 2Chr 2,11; Ps 115,15; Ps 121,2; 124,8; 134,3; 146,6; Apg 14,15; Offb 14,7). Das Grundbekenntnis Israels in Dtn 6,4f. »Höre, Israel, der HERR ist unser Gott, der HERR allein. Und du sollst den HERRN, deinen Gott, liebhaben von ganzem Herzen, von ganzer Seele und mit all deiner Kraft« wird im Alten Testament wiederholt aufgegriffen (vgl. Dtn 32,6.12; 2Kön 18,35; Ps 72,18; 83,19; Jer 14,22 u.ö.), und im Neuen Testament antwortet Jesus auf die Frage eines Schriftgelehrten nach dem höchsten Gebot in Mk 12,29f, indem er dieses Bekenntnis zitiert.

Ohnehin ist das Neue Testament voller Zitate, vor allem aus den alttestamentlichen Schriften. Am häufigsten werden Jesaja und die Psalmen aufgegriffen. Die Passionsgeschichte bei Markus beispielsweise ist in enger Anlehnung an Ps 22 zu lesen und das Magnifikat in Lk 1,46ff ist faktisch eine Zusammenstellung alttestamentlicher Zitate, viele davon aus den Psalmen.

Lk 1,46–55: Und Maria sprach: Meine Seele erhebt den Herrn, 47und mein Geist freut sich Gottes, meines Heilandes; 48denn er hat die Niedrigkeit seiner Magd angesehen. Siehe, von nun an werden mich selig preisen alle Kindeskinder. 49Denn er hat große Dinge an mir getan, der da mächtig ist und dessen Name heilig ist. 50Und seine Barmherzigkeit währt von Geschlecht zu Geschlecht bei denen, die ihn fürchten. 51Er übt Gewalt mit seinem Arm und zerstreut, die hoffärtig sind in ihres Herzens Sinn. 52Er stößt die Gewaltigen vom Thron und erhebt die Niedrigen. 53Die Hungrigen füllt er mit Gütern und lässt die Reichen leer ausgehen. 54Er gedenkt der Barmherzigkeit und hilft seinem Diener Israel auf, 55wie er geredet hat zu unsern Vätern, Abraham und seinen Kindern in Ewigkeit.	Vgl. unter anderem Ps 35,9; Jes 61,10; 1Sam 1,11; Gen 30,13 Ps 103,11; Ps 107,9; Ps 98,3

Vermutlich hat es in den frühen christlichen Gemeinden Sammlungen mit biblischen Belegstellen gegeben, mit denen die Gemeinden gelebt und an denen sie sich orientiert haben. Vom Anfang christlicher Traditionsbildung an spielen demnach Zitate eine wesentliche Rolle.[38] Klaus Berger hat darauf hingewiesen, dass es beim Zitieren der Schrift »um ein Problem religiöser Sprache und religiöser Identifikation von Wirklichkeit« geht. Mit Hilfe von Schriftzitaten deuten die frühen Christen ihre eigenen Erfahrungen und ihre Welt. Insofern stellen die Zitate eine »religiöse Sprachschule der frühen Christen« dar.[39]

Im deutschen Sprachraum hat die Übersetzung der Bibel durch Martin Luther in hohem Maß sprachbildend gewirkt. Eine große Zahl biblischer Wendungen ist in der anschaulichen Fassung Luthers in die Alltagssprache und in den Sprichwortschatz eingegangen. Dass es sich dabei um biblische Aussagen handelt, ist Vielen heute allerdings nicht mehr bewusst. »Wer andern eine Grube gräbt, fällt selbst

38 Müller, Verstehst du auch, was du liest?, S. 76.

39 Berger, Theologiegeschichte, S. 18. So wird beispielsweise die Vorstellung, dass der Messias leiden und sterben muss, in Lk 24 unter Rückgriff auf Mose, die Propheten und die ganze Schrift begründet (Lk 24,27).

hinein« wird als Sprichwort verwendet, ohne dass es mit der Bibel (Spr 26,27) verbunden wird, von Wendungen wie »die Haare stehen mir zu Berge« (Hiob 4,15) oder »mir geht ein Licht auf« (Jes 9,1) ganz abgesehen. Andere Wendungen wie »Geben ist seliger als nehmen« (Apg 20,35) oder die Zusammenstellung von »Glaube, Liebe, Hoffnung« werden als biblisch geahnt, ohne dass man genau sagen könnte, wo sie stehen. Die Werbung bedient sich solcher Worte immer wieder, z.B.:

»Auf unser tägliches Brot« (Butter von Weihenstephan)
»Am Anfang war das Wort« (Opel Sintra)
»Glaube, Liebe, Hoffnung« (Premiere World)
»Die ersten werden die ersten sein« (Ford)
»Du sollst schöner wohnen« (Zeitschrift Schöner Wohnen)
»Und es ward Licht« (www.sonnet.de)

Einige der Zitate haben einen deutlichen »Spielcharakter«. Sie setzen voraus, dass die Bitte »Unser tägliches Brot gib uns heute«, die Aussage »Die Ersten werden die Letzten sein« und das Gebot »Du sollst …« als Sätze aus der Bibel bekannt sind. Gerade weil sie bekannt sind, können sie verändert werden und erfüllen damit einen doppelten Zweck: Sie rufen das eigentliche Zitat in Erinnerung und knüpfen damit an Bekanntes an; zugleich schaffen sie, indem sie es abändern, einen Aufmerksamkeitsimpuls.

Konkretionen

Wie kann man im Unterricht mit Bibelzitaten umgehen?

- Wichtige Worte werden aufgeschrieben, ausgeschnitten und an einen »Bibelbaum« (vgl. Ps 1) gehängt.
- Ein kleines Buch mit wichtigen Versen aus der Bibel wird zusammengestellt (als Einzelarbeit oder als Sammlung der Klasse).[40]
- Bibelstellen werden bestimmten Situationen zugeordnet (z.B. Trauer, Freude, Verliebtsein, Leiden, Leistung, Niederlage, Wert, Würde, Hilfe etc.).
- Bibelstellen werden mit Sprichworten verglichen, die davon abgeleitet sind oder die in Widerspruch dazu stehen, z.B. die Werbung zu »Geben ist seliger als nehmen.«
- Im Zusammenhang mit behandelten Bibelabschnitten wird danach gefragt, welche Aussage, welcher Vers »behalten« werden soll.

40 Vgl. hierzu Landgraf, Bibel, S. 118ff.

Mit Zitaten umgehen und sie in Zusammenhänge einordnen zu können ist ebenso wichtig wie sie zu kennen. Auch die Gefahr, dass man mit dem Zitat einen Gedanken aus seinem Zusammenhang reißt, muss man sehen. Neben der mit einer Sammlung verbundenen Kenntnis biblischer Aussagen geht es auch um die Fähigkeit, einzelne Aussagen in Zusammenhänge einordnen zu können. Schon mit einer kleinen Sammlung können Zuordnungsaufgaben gelöst werden. Jesusworte oder -erzählungen aus einem bestimmten Evangelium können gesammelt werden (beispielsweise Sonderguterzählungen aus dem Lukasevangelium). Daraus kann sich die Behandlung eines Evangeliums als Gesamtzusammenhang ergeben, z.B.: Welche Worte aus einem bestimmten Evangelium oder einer anderen Schrift kennen wir schon? Wo ist in der Bibel überall davon die Rede, dass Gott die Welt geschaffen hat?

Bibelzitate spielen in der Alltagssprache oder in der Werbung eine Rolle. Oft werden sie gar nicht als solche erkannt. Das liegt u.a. daran, dass sie konventionell geworden sind. Zu fragen ist danach, wie man Bibelzitate als solche erkennen und verifizieren kann. Gefragt werden kann weiterhin nach der Ursprungsbedeutung eines Zitates und dem aktuellen Zusammenhang.

- Zitate geben sich zu erkennen (neben der ausdrücklichen Zitierung z.B. formelhafte Sprache, sprichwortartige Aussagen, Metaphern)
- Hilfsmittel zum Verifizieren von Zitaten kennen lernen (Sprichwortlexikon, Konkordanz)
- Nach dem ursprünglichen Ort der Zitate fragen. In welchem Zusammenhang stehen sie dort? Entspricht der ursprüngliche Sinn dem aktuellen? Wird das Zitat vollständig aufgegriffen oder nicht? Und wenn nur ein Teil, welcher und warum?
- Welche biblischen Wege öffnen die Zitate selbst? Man kann z.B. bei »Der Mensch lebt nicht vom Brot allein …« nach weiteren Stellen fragen, an denen vom Brot (Spr 22,9; Jes 58,7; Mt 6,11) oder vom Wort Gottes (Ps 119,105.114; Spr 25,11; Joh 1,1) die Rede ist. Solche Parallelstellen helfen dazu, sowohl das Zitat besser verstehen und einordnen zu können als auch Querverbindungen innerhalb der biblischen Tradition zu erkennen.

Zitate und Anspielungen werden verwendet, um eigene Gedanken zu umschreiben, zu ergänzen, zu präzisieren. Insofern erweitern Bibelzitate tatsächlich die religiöse Sprachkompetenz. Sprachschule in diesem Sinn braucht die Ausweitung, die Querverbindungen, das Einordnen-Können von Neuem in bekannte Strukturen und von Bekanntem in neue Zusammenhänge. Dann ist in der Tat, wie Spr 25,11 sagt, ein gutes Wort zur rechten Zeit wie goldene Äpfel auf silbernen Schalen.

Zitate, Themenkreise und Ganzschriften

Die Bibel anhand von Themenkreisen erschließen, das Lob der Zitate und das Plädoyer für Ganzschriften – passt das zusammen? Ja – solange man nicht von dem Einen erwartet, was das Andere besser kann. Bibelsprüche und Zitate haben punktuellen Charakter. Sie können bestimmte Situationen beleuchten, Erfahrungen prägnant zusammenfassen, Wünsche und Hoffnungen in einer Weise zum Ausdruck bringen, die mit eigenen Worten oft nicht möglich ist. Sie sind zudem leicht fasslich, begegnen einem immer wieder einmal und haben deshalb hohen Wiedererkennungswert. Es ist gut einen kleinen Schatz an Bibelzitaten zu haben, ein kleines Buch mit wichtigen Versen aus der Bibel vielleicht. Und es kann sehr sinnvoll sein, bei der Behandlung biblischer Texte danach zu fragen, welcher Vers davon behalten werden soll.

Was man von einzelnen Zitaten nicht erwarten sollte, ist jedoch, dass sie Zusammenhänge sichtbar machen, Querverbindungen erkennen lassen, einen großen Bogen verdeutlichen oder die Bibel als Buch erschließen. Dazu sind Verknüpfungen nötig. Sie können mit Hilfe der dargelegten Themenkreise erschlossen werden. Ein beliebter Konfirmationsspruch lautet: »Lass dich nicht vom Bösen überwinden, sondern überwinde das Böse mit Gutem« (Röm 12,21). Von einem solchen Bibelspruch aus lässt sich weiterfragen: Was ist das Böse? Kann das Böse mich überwinden? Lässt sich das Böse mit Gutem überwinden? Wie geht es *mir* mit dem Bösen und dem Guten, wie geht es anderen Menschen damit? Sagt dieser Vers etwas über das Menschsein? Wie kommt Paulus zu so einem Satz? Ein solcher Vers kann, gerade weil er häufig als Konfirmationsspruch dient, ein Schlüssel sein, mit dessen Hilfe sich der Themenkreis Mensch – Sünde – Rechtfertigung erschließt.

Gegenüber dem Zitat und dem Themenkreis bietet die Lektüre einer Ganzschrift eigene Lernchancen. Man kann dem Spannungsbogen eines Evangeliums folgen oder die Situation erschließen, in der der Philemonbrief entstanden ist, man kann sich im Buch Rut oder Jona auf Entdeckungsreise begeben. Man bekommt dadurch einen Gesamteindruck einer bestimmten Schrift und wird ihrem eigenen Anspruch zweifellos am ehesten gerecht. Aber man braucht den einen Zugang nicht gegen den anderen auszuspielen. Sie haben ihr je eigenes Recht, ihre eigenen Chancen und Grenzen. Und sie schaffen auf je eigene Weise Zugänge zur Bibel, diesem »Bücherbuch vieler Stimmen«.

Anhang

Literaturverzeichnis

Adam, Gottfried (Hrsg.), Bibeldidaktik. Ein Lesebuch. Unter Mitarbeit von Rudolf Englert, Rainer Lachmann, Norbert Mette u.a., Münster 2006

Adam, Gottfried, Artikel Rechtfertigung, in: Lachmann/Adam/Ritter, Schlüsselbegriffe, S. 277–292

Adam, Gottfried, Offenbarung, in: Lachmann/Adam/Ritter, Schlüsselbegriffe, S. 255–261

Albert, Matthias / Linssen, Ruth / Hurrelmann, Klaus, Jugend und Politik. Politisches Interesse und Engagement Jugendlicher im Lichte der 14. Shell Jugendstudie, in: Politik und Zeitgeschichte B 15/2003, S. 3–5

Albrecht, Michaela, Heute noch an Wunder glauben? Wundergeschichten als intellektuelle Herausforderung für Jugendliche, in: Loccumer Pelikan 3/2008, S. 126–131

Alkier, Stefan, Wunder und Wirklichkeit in den Briefen des Apostels Paulus. Ein exegetischer Beitrag zu einem Wunderverständnis jenseits von Entmythologisierung und Rehistorisierung (WUNT 134), Tübingen 2001

Alkier, Stefan / Deuser, Hermann / Gesche, Linde (Hrsg.), Religiöser Fundamentalismus. Analyse und Kritiken, Tübingen 2005

Alkier, Stefan / Dressler, Bernhard, Wundergeschichten als fremde Welten lesen lernen. Didaktische Überlegungen zu Mk 4, 35–41, in: Dressler, Bernhard / Meyer-Blank, Michael (Hrsg.), Religion zeigen. Religionspädagogik und Semiotik (Grundlegungen 4), Münster 1998, S. 163–187

Arnold, Ursula / Hanisch, Helmut / Orth, Gottfried, Was Kinder glauben. 24 Gespräche über Gott und die Welt, Stuttgart 1997

Ausubel, David P., The use of advanced organizers in the learning and retention of meaningful verbal material, in: Journal of Educational Psychology, 51/1960, S. 267–272

Baden-Württemberg, Landesregierung (Hrsg.), Solidarität und Selbstverantwortung. Von der Risikogesellschaft zur Chancengesellschaft. Bericht und Empfehlungen der Zukunftskommission Gesellschaft 2000 der Landesregierung Baden-Württemberg, Stuttgart 1999

Bachl, Gottfried, Lesen – ein Weg in die Freiheit, Innsbruck 1989

Baldermann, Ingo, Biblische Didaktik. Die sprachliche Form als Leitfaden unterrichtlicher Texterschließung am Beispiel synoptischer Erzählungen, Hamburg ³1966

Baldermann, Ingo, Die Bibel – Buch des Lernens. Grundzüge biblischer Didaktik, Göttingen 1980

Baldermann, Ingo, Wer hört mein Weinen? Kinder entdecken sich selbst in den Psalmen (WdL 4), Neukirchen-Vluyn 1986

Baldermann, Ingo, Ich werde nicht sterben, sondern leben. Psalmen als Gebrauchstexte (WdL 7), Neukirchen-Vluyn 1990

Baldermann, Ingo, Einführung in die biblische Didaktik, Darmstadt 1996

Baldermann, Ingo, Auferstehung sehen lernen. Entdeckendes Lernen an biblischen Hoffnungstexten (WdL 10), Neukirchen-Vluyn 1999

Barz, Heiner, Was Jugendlichen heilig ist? Prävention im Bereich Sinnfragen, Patchwork-Religion, Heilsversprechen, Okkultismus, Freiburg 1999

Bayer, Oswald, Staunen, Seufzen, Schauen. Affekte der Wahrnehmung des Schöpfers, in: JBTh 6/1990, S. 191–204

Beck, Ulrich, Risikogesellschaft. Auf dem Wege in eine andere Moderne, Frankfurt a.M. 1986

Benjamin, Walter, Der Erzähler, in ders., Illuminationen, Frankfurt 1969, S. 409–436

Berg, Horst Klaus, Altes Testament unterrichten. Neunundzwanzig Unterrichtsvorschläge (Handbuch des biblischen Unterrichts 3), München/Stuttgart 1999

Berg, Horst Klaus, Grundriß der Bibeldidaktik. Konzepte – Modelle – Methoden (Handbuch des biblischen Unterrichts 2), München/Stuttgart 1993

Berg, Horst Klaus, Karikaturen für das 4.–7. Schuljahr (Lieder, Bilder, Szenen im Religionsunterricht 5), Stuttgart/München 1981

Berg, Horst Klaus, Ein Wort wie Feuer. Wege lebendiger Bibelauslegung (Handbuch des biblischen Unterrichts 1), München/Stuttgart 2000

Berger, Klaus, Darf man an Wunder glauben? Stuttgart 1996

Berger, Klaus, Theologiegeschichte des Urchristentums (UTB Große Reihe), Tübingen/Basel 1994

Berger, Peter Ludwig, Sehnsucht nach Sinn. Glauben in einer Zeit der Leichtgläubigkeit, Frankfurt a.M. 1996
Bertelsmann-Stiftung (Hrsg.), Religionsmonitor 2008, Gütersloh 2007
Biehl, Peter, Artikel Symboldidaktik, in: Lexikon der Religionspädagogik (CD-Rom), Neukirchen-Vluyn 2001
Biehl, Peter, Erfahrung, Glaube und Bildung. Studien zu einer erfahrungsbezogenen Religionspädagogik (Eine Veröffentlichung des Comenius-Instituts Münster), Gütersloh 1991
Biehl, Peter, Artikel Säkularisierung, in: Lexikon der Religionspädagogik (CD-Rom), Neukirchen-Vluyn 2001
Biehl, Peter, Symbole geben zu lernen. Einführung in die Symboldidaktik anhand der Symbole Hand, Haus und Weg (WdL 6), Neukirchen-Vluyn ^{2}1991
Biehl, Peter, Symbole geben zu lernen II. Zum Beispiel: Brot, Wasser und Kreuz. Beiträge zur Symbol- und Sakramentendidaktik (WdL 9), Neukirchen-Vluyn 1993
Biehl, Peter / Baudler, Georg, Erfahrung – Symbol – Glaube (RPäH 2), Frankfurt a.M. 1980
Biehl, Peter / Johannsen, Friedrich, Einführung in die Glaubenslehre. Ein religionspädagogisches Arbeitsbuch, Neukirchen-Vluyn 2002
Bischoff, Andrea, Übermalung / Überklebung. Eine Methode für viele Gelegenheiten, in: entwurf 2/2008, S. 50–53
Bittner, Regina, Die Stadt als Event. Zur Konstruktion urbaner Erlebnisräume (Edition Bauhaus 10), Frankfurt a.M. u.a. 2001
Bohne, Gerhard, Religionsunterricht und religiöse Entscheidung, in: Zeitschrift für den Evangelischen Religionsunterricht 41/1930, S. 4–11
Bonhoeffer, Dietrich, Widerstand und Ergebung. Briefe und Aufzeichnungen aus der Haft, herausgegeben von Eberhardt Bethge (GTB Siebenstern), Gütersloh ^{13}1985
Bauermedia (Hrsg.), Bravo Faktor Jugend, in: http://www.bauermedia. com/pdf/studien/zielgruppe/jugend (15.9.2005)
Brecht, Bertolt, Werke. Große kommentierte Frankfurter und Berliner Ausgabe, Frankfurt 1988–1998
Britten, Uwe, Visionen einer Generation, in: Aus Politik und Zeitgeschehen B 15/2003, S. 41–46
Brockmann, Gerhard, Sünde. Versuch der Erschließung eines zentralen christlichen Symbols, Frankfurt a.M. 1981
Bucher, Anton, Verstehen postmoderne Kinder die Bibel anders? In: Lämmermann/Morgenthaler/Schori/Wegenast, Bibeldidaktik S. 135–147
Bucher, Anton u.a. (Hrsg.), »Im Himmelreich ist keiner sauer«. Kinder als Exegeten (Jahrbuch für Kindertheologie 2), Stuttgart 2003
Bucher, Anton, Religionsunterricht: Besser als sein Ruf? Empirische Einblicke in ein umstrittenes Fach (Salzburger theologische Studien 3), Innsbruck 1996
Büttner, Gerhard / Reis, Oliver, Wie werden Kinder zu (biblischen) Theologen oder wie entsteht kohärentes Bibelwissen? In: Religionspädagogische Beiträge 47/2001, S. 43–54
Bulgakow, Michail, Der Meister und Margarita (Taschenbibliothek der Weltliteratur), Berlin/Weimar 1983
Bultmann, Rudolf, Das Problem der Entmythologisierung, in: GuV 4, Tübingen ^{2}1967, S. 128–137
Bundesministerium für Familie, Senioren, Frauen und Jugend (Hrsg.), Elfter Kinder- und Jugendbericht. Bericht über die Lebenssituation junger Menschen und die Leistungen der Kinder- und Jugendhilfe in Deutschland, Berlin 2002
Bundesministerium für Familie, Senioren, Frauen und Jugend (Hrsg.), Freiwilliges Engagement in Deutschland, Berlin 1999 (Freiwilligensurvey 1999)
Bundesministerium für Familie, Senioren, Frauen und Jugend (Hrsg.), Freiwilliges Engagement in Deutschland 1999–2004, Berlin 2004 (Freiwilligensurvey 2004)
Cebulj, Christian, Mit Johannes auf Identitätssuche, in: Katechetische Blätter 132 (5/2007), S. 346–353
Chrismon (Hrsg.), Woher weiß ich, dass ich glaube? Religion für Einsteiger (rororo Sachbuch 62201), Reinbek bei Hamburg 2006
Christus in der Kunst. Von der Renaissance bis in die Gegenwart: Welt und Umwelt der Bibel 4/2000
Daiber, Karl-Fritz / Lukatis, Ingrid, Bibelfrömmigkeit als Gestalt gelebter Religion (Texte und Arbeiten zur Bibel 6), Bielefeld 1991
Deuser, Hermann, Religion und Politik. Zur theologischen Kritik des religiösen Fundamentalismus, in: Alkier/Deuser/Gesche (Hrsg.), Fundamentalismus, S. 1–9
Dierk, Heidrun, Ein Schatz in irdenen Gefäßen – Wege der Schriftauslegung, in: Müller/Dierk/Müller-Friese, Verstehen lernen, S. 79–141

Doehlemann, Martin, Langeweile? Deutung eines weit verbreiteten Phänomens, Fankfurt 1991
Dohmen, Christoph / Hieke, Thomas, Roter Faden durch die Bibel? In: KatBl 131/2006, S. 242–248
Dressler, Bernhard / Klie, Thomas, Strittige Performanz. Zur Diskussion um den performativen Religionsunterricht, in: Klie/Leonhard, Performative Religionsdidaktik, S. 210–224
Drewitz, Ingeborg, Die Samtvorhänge. Erzählungen, Szenen, Berichte, Gütersloh 1978
Drews, Annette / Gabler, Hildegard / Kämper, Miriam / Landgraf, Michael, Kinder fragen nach dem Leben, Schülerbuch 1/2, Berlin 2007
Droste, Wiglaf, Zen-Buddhismus und Zellulitis. Polemiken, Glossen, Satiren und Reimgedichte (rororo-TB), Reinbek bei Hamburg [2]2007
Ebeling, Gerhard, Wiederentdeckung der Bibel in der Reformation – Verlust der Bibel heute? In: ZThK Beiheft 5 (1981), S. 1–19
Ebertz, Michael N., Kirche im Gegenwind. Zum Umbruch der religiösen Landschaft, Freiburg u.a. 1997
Ehlich, Konrad (Hrsg.), Erzählen im Alltag, Frankfurt 1980
Eisenbürger, Iris / Vogelsang, Waldemar, »Ich muss mein Leben selber meistern.« Jugend im Stadt-Land-Vergleich, www.zukunftsradar2030.de/images/pdf/jugend/Jugend-Stadt-Land.pdf (5.1.2008)
Ernst, Heiko, Wie uns der Teufel reitet. Von der Aktualität der 7 Todsünden, Berlin 2006
Evangelische Kirche in Deutschland (Hrsg.), Maße des Menschlichen. Evangelische Perspektiven zur Bildung in der Wissens- und Lerngesellschaft. Eine Denkschrift des Rates der Evangelischen Kirche in Deutschland, Gütersloh [2]2003
Evangelische Kirche in Deutschland (Hrsg.), Identität und Verständigung, Standort und Perspektiven des Religionsunterrichts in der Pluralität, Gütersloh 1994
Evangelische Kirche in Deutschland (Hrsg.), Kirche der Freiheit. Perspektiven für die evangelische Kirche im 21. Jahrhundert. Ein Impulspapier des Rates der EKD, Hannover 2006
Evers, Dirk, Wunder und Naturgesetze, in: Ritter/Albrecht (Hrsg.), Zeichen, S. 66–87
Faust-Siehl, Gabriele / Schweitzer, Friedrich, Religion in der Grundschule. Religiöse und moralische Erziehung (Beiträge zur Reform der Grundschule 92/93), Hemsbach 2000
Fermor, Gotthard, Ekstasis. Das religiöse Erbe in der Popularmusik als Herausforderung an die Kirche, Stuttgart 1999
Fischer, Dietlind, »...mehrheitlich von positiven Elementen geprägt« – Rückblicke auf Religionsunterricht in der Grundschule, in: Kliemann/Rupp, 1000 Stunden Religion, S. 9–20
Fohrer, Georg, Theologische Grundstrukturen des Alten Testaments (Theologische Bibliothek Töpelmann 24), Berlin/New York 1972
Freudenberger-Lötz, Petra, Theologische Gespräche mit Kindern. Untersuchungen zur Professionalisierung Studierender und Anstöße zu forschendem Lernen im Religionsunterricht, Stuttgart 2007
Frey, Jörg, Probleme der Deutung des Todes Jesu in der neutestamentlichen Wissenschaft. Streiflichter zur exegetischen Diskussion, in: Frey/Schröter, Deutungen, S. 3–50
Frey, Jörg / Schröter, Jens (Hrsg.), Deutungen des Todes Jesu im Neuen Testament (UTB 2953), Tübingen 2007
Fricke, Michael, »Schwierige« Bibeltexte« im Religionsunterricht. Theoretische und empirische Elemente einer alttestamentlichen Bibeldidaktik für die Primarstufe (Arbeiten zur Religionspädagogik 26), Göttingen 2005
Fuchs-Heinritz, Werner, Religion, in: Deutsche Shell (Hrsg.), Jugend 2000. 13. Shell Jugendstudie, Opladen 2000, S. 157–180
Gadamer, Hans-Georg, Wahrheit und Methode. Gesammelte Werke 1 (UTB 2115), Tübingen 1990
Gebhardt, Winfried, Feiern, Feste und Events. Zur Soziologie des Außergewöhnlichen, in: ders. / Hitzler, R. / Pfadenhauer, M., Events. Soziologie des Außergewöhnlichen, Opladen 2000, S. 17–32
Gertz, Jan Christian (Hrsg.), Grundinformation Altes Testament (UTB 2745), Göttingen 2006
Glasersfeld, Ernst von, Wissen, Sprache und Wirklichkeit. Arbeiten zum radikalen Konstruktivismus (Wissenschaftstheorie, Wissenschaft und Philosophie, 24), Braunschweig/Wiesbaden 1987
Gnandt, Georg, Kartei für den Religionsunterricht, Freiburg 2005
Gnandt, Georg, Kartei für den RU. Didaktisch-methodische Überlegungen, in: entwurf 2/2008, S. 54–55
Gogarten, Friedrich, Verhängnis und Hoffnung der Neuzeit, Stuttgart 1953

Gräb, Wilhelm, Sehnsucht und Sehnsüchte, in: Bitter, Gottfried / Englert, Rudolf / Miller, Gabriele / Nipkow, Karl Ernst (Hrsg.), Neues Handbuch religionspädagogischer Grundbegriffe, München 2002, S. 144–147
Gräb, Wilhelm, Sinn fürs Unendliche. Religion in der Mediengesellschaft, Gütersloh 2002
Graf, Friedrich Wilhelm, Säkularisation / Säkularisierung. Religionskulturell, in: RGG4, Band 7, Sp. 778–782
Grethlein, Christian, Fachdidaktik Religion. Evangelischer Religionsunterricht in Studium und Praxis (UTB 2668), Göttingen 2005
Grözinger, Albrecht, Erzählen und Handeln. Studien zu einer trinitarischen Grundlegung der Praktischen Theologie (Kaiser-TB 70), München 1989
Gudjons, Herbert / Winkel, Rainer / Klafki, Wolfgang (Hrsg.), Didaktische Theorien, Hamburg 1999
Günther, Matthias, Interesse am Mitmenschen. Lebensstilorientierte Bibelerschließung im biblischen Unterricht, Frankfurt a.M. u.a. 2001
Günther, Matthias, Einführung in die individualpsychologisch orientierte Bibeldidaktik. Grundlagen und Impulse für die Praxis, Frankfurt a.M. u.a. 2004
Gutmann, Hans-Martin, Traumreisen in die Welt hinter der Welt. Sehnsüchte und Symbolwelten in der populären Kultur, in: Gutmann, Hans-Martin / Gutwald, Cathrin (Hrsg.), Religiöse Wellness, München 2005, S. 149–176
Haas, Gerhard, Lesen für die Schule, gegen die Schule, in der Schule: Spannende Verhältnisse, in: Rosebrock, Cornelia (Hrsg.), Lesen im Medienzeitalter. Biographische und historische Aspekte literarischer Sozialisation, Weinheim/München 1995, S. 211–228
Hämel, Beate-Irene, Textur-Bildung. Religionspädagogische Überlegungen zur Identitätsentwicklung im Kulturwandel (zeitzeichen 19), Ostfildern 2007
Härle, Wilfried, Dogmatik, Berlin/New York 2000
Hahn, Ferdinand, Theologie des Neuen Testaments. Band I und II, Tübingen 2002
Hahn, Matthias, Handlungs- und produktionsorientierte Zugänge zu biblischen Texten im Religionsunterricht, in: Dross, Reinhard (Hrsg.), Erzählte Geschichte und pädagogische Perspektiven. Braunschweig 1997, S. 3–18; jetzt in: Adam, Bibeldidaktik, S. 183–191
Halbfas, Hubertus, Das dritte Auge, Düsseldorf 1982
Halbfas, Hubertus, Religionsunterricht in der Grundschule. Lehrerhandbuch 3, Düsseldorf/Zürich 1985
Halbfas, Der Sprung in den Brunnen. Eine Gebetsschule, Düsseldorf 1981
Handke, Peter, Lebensbeschreibung, in: ders., Begrüßung des Aufsichtsrats, Frankfurt a.M. 1981
Hanisch, Helmut, Der immer neue Blick in die Bibel. Ist Bibeldidaktik noch zeitgemäß? Eine Anfrage an drei verschiedene Konzepte, in: zeitzeichen 7/2007, S. 33–35
Hanisch, Helmut / Bucher, Anton, Da waren die Netze randvoll. Was Kinder von der Bibel wissen, Göttingen 2002
Heimann, Paul / Otto, Gunter / Schulz, Wolfgang, Unterricht: Analyse und Planung, Hannover 1979
Heimbrock, Hans-Günter, Wahrheit – Lebensform – Subjekt. Praktisch-theologische Anmerkungen zu christlichen Fundamentalismen, in: Alkier, Stefan / Deuser, Hermann / Gesche, Linde (Hrsg.), Religiöser Fundamentalismus. Analysen und Kritiken, Tübingen 2005, S. 27–44
Helsper, Werner, Jugend und Religion, in: Sander, Uwe / Vollbrecht, Ralf (Hrsg.), Jugend im 20. Jahrhundert, Berlin 2000, S. 279–315
Hemel, Ulrich, Religionspädagogik 1981–1991: Eine biographische Innenansicht, in: Angel, Hans Ferdinand / Hemel, Ulrich (Hrsg.), Basiskurse im Christsein. Festschrift zu Ehren von Wolfgang Nastainczyk, Frankfurt a.M./Bern 1992, S. 212–224
Hempelmann, Heinzpeter, Das personal gedachte Böse. Eine Rede von Sünde, die Leben verstellt und verneint, kann nicht im Sinne des Schöpfers sein. In: zeitzeichen 6/2007, S. 27–28
Hennecke, Elisabeth, Die Bibel – das Buch der unbekannten Geschichten? In: KatBl 131/2006, S. 238–241
Herrmann, Jörg, Sinnmaschine Kino. Sinndeutung und Religion im populären Film (Praktische Theologie und Kultur 4), Gütersloh 2001
Hildesheimer, Wolfgang, Tynset, Frankfurt a.M. 1967, S. 70f
Hilger, Georg / Leimgruber, Stephan / Ziebertz, Hans-Georg, Religionsdidaktik. Ein Leitfaden für Studium, Ausbildung und Beruf, München 2001
Hilger, Georg / Ritter, Werner H., Religionsdidaktik Grundschule. Handbuch für die Praxis des evangelischen und katholischen Religionsunterrichts, München/Stuttgart 2006

Holl, Adolf, Ein liebender Gott will keine Opfer! Sühne, Schuld und Scheitern sind nicht das Zentrum des Christentums, und Gott ist kein Sadist: Warum Jesus mit einem Opferlamm rein gar nichts zu tun hat, Publik-Forum 8/2000, S. 24–26

Honecker, Martin, Kirche ohne Protestanten? Evangelisch in der Zivilgesellschaft, in: Evangelische Kommentare 26/1993, S. 479–483

Huber, Wolfgang, Das Ende der Person? Zur Spannung zwischen Ethik und Gentechnologie (Reden und Aufsätze, Universität Ulm, Heft 8), Ulm 2001

Hull, John, Kreatives Denken und die Bibel, in: Adam, Gottfried (Hrsg.): Bibeldidaktik. Ein Lesebuch, Münster 2006, S. 253–262

Institut für Demoskopie Allensbach, Geschichten aus der Bibel (Allensbacher Berichte 20/2005), in: www.ifd-allensbach.de/pdf/prd_0520.pdf am 10.8.2008

Jank, Werner / Meyer, Hilbert, Didaktische Modelle, Frankfurt a.M. ³1994

Janowski, Bernd, »Hingabe« oder »Opfer«? In: Weth, R. (Hrsg.), Das Kreuz Jesu. Gewalt – Opfer – Sühne, Neukirchen-Vluyn 2001, S. 13–43

Janssens, Peter, Ihr seid meine Lieder, Telgte 1974

Jörns, Klaus-Peter, Notwendige Abschiede. Auf dem Weg zu einem glaubwürdigen Christentum, Gütersloh 2004

Jonas, Hans, Das Prinzip Verantwortung. Versuch einer Ethik für die technologische Zivilisation (suhrkamp-TB), Frankfurt a.M. 1984

Kalloch, Christina, Das Alte Testament im Religionsunterricht der Grundschule. Chancen und Grenzen alttestamentlicher Fachdidaktik im Primarbereich (Forum Theologie und Pädagogik 3), Münster 2001

Kalloch, Christina / Kruhöffer, Bettina, Das Alte Testament ›unmittelbar‹ erschließen? Kritische Anfragen an die bibeldidaktische Konzeption Ingo Baldermanns, http://www.rpi-loccum.de am 10.2.2007

Karle, Isolde, Die Bibel als Medium der Identitätsbildung. Überlegungen zum Umgang mit der Bibel im Religionsunterricht, in: Zeitschrift für Pädagogik und Theologie – Der Evangelische Erzieher 53/2001, 6–22; jetzt in: Adam, Bibeldidaktik, S. 117–126

Kaufmann, Hans-Bernhard, Muss die Bibel im Mittelpunkt des Religionsunterrichts stehen? In: ders., Der Streit um den problemorientierten Religionsunterricht, Frankfurt 1973, S. 23–27

Kirsner, Inge, Erlösung im Film. Praktisch-theologische Analysen und Interpretationen, Stuttgart 1996

Kittel, Helmuth, Vom Religionsunterricht zur Evangelischen Unterweisung, Wolfenbüttel 1947

Klafki, Wolfgang, Das pädagogische Problem des Elementaren und die Theorie der kategorialen Bildung, Weinheim ³1963

Klafki, Wolfgang, Grundzüge eines neuen Allgemeinbildungskonzepts. Im Zentrum: epochaltypische Schlüsselprobleme, in: ders., Neue Studien zur Bildungstheorie und Didaktik, Weinheim ³1993, S. 43–81

Klafki, Wolfgang, Das pädagogische Problem des Elementaren und die Theorie der kategorialen Bildung (Göttinger Studien zur Pädagogik NF 6), Weinheim ²1963

Klafki, Wolfgang, Schlüsselqualifikationen / Allgemeinbildung – Konsequenzen für Schulstrukturen, in: Braun, K.-H. u.a. (Hrsg.), Schule mit Zukunft. Bildungspolitische Empfehlungen und Expertisen der Enquete-Kommission des Landtages von Sachsen-Anhalt, Opladen 1998, S. 145–208

Klein, Stefanie, Gottesbilder von Mädchen als Zugang zu ihrer religiösen Vorstellungswelt. Methodische Überlegungen zum Erheben und Verstehen von Kinderbildern, in: Fischer, D. / Schöll, A. (Hrsg.), Religiöse Vorstellungen bilden. Erkundungen zur Religion von Kindern über Bilder, Münster 2000, S. 97–128

Klie, Thomas, Religion zu lernen geben: Das Wort in Form bringen, in: Loccumer Pelikan 3/2006, S. 103–109

Klie, Thomas, Performativer Religionsunterricht. Von der Notwendigkeit des Gestaltens und Handelns im Religionsunterricht (Religionspädagogisches Institut Loccum. Unterrichtsmaterialien zum Downloaden), www.rpi-locum.de (am 15.7.2008)

Klie, Thomas / Leonhard, Silke (Hrsg.), Performative Religionsdidaktik. Religionsästhetik – Lernorte – Unterrichtspraxis (Praktische Theologie heute 97), Stuttgart 2008

Klie, Thomas / Dressler, Bernhard, Performative Religionspädagogik. Rezeption und Diskussion 2002–2008, in: Klie/Leonhard, Performative Religionsdidaktik, S. 225–236

Kliemann, Peter, Impulse und Methoden. Anregungen für die Praxis des Religionsunterrichts, Stuttgart 1997

Kliemann, Peter / Rupp, Hartmut (Hrsg.), 1000 Stunden Religion. Wie junge Erwachsene den Religionsunterricht erleben, Stuttgart 2000
Köder, Sieger, Die Bilder der Bibel von Sieger-Köder, hrsg. von Gertrud Widmann, CD-Rom mit Bildern und erschließenden und meditativen Texten, Ostfildern 2008
Körtner, Ulrich H.J., Modethema Religion – Aspekte der religiösen Gegenwartskultur, www.kirchentag2007.de/presse/dokumente/dateien/WAN_1_1780.pdf (am 2.8.2008)
Körtner, Ulrich H.J., Wiederkehr der Religion? Das Christentum zwischen neuer Spiritualität und Gottvergessenheit, Gütersloh 2006
Körtner, Ulrich H.J., Zwischen den Zeiten. Studien zur Zukunft der Theologie, Bielefeld 1997
Kollmann, Bernd, Neutestamentliche Wundergeschichten. Biblisch-theologische Zugänge und Impulse für die Praxis, Stuttgart 2002
Kristeva, Julia, Probleme der Textstrukturation, Frankfurt a.M. 1972
Krötke, Wolf, Artikel Wirklichkeit, RGG[4], Band 8, Sp. 1594–1596
Kromer, Ingrid, Abschied von der Kindheit? Die Lebenswelten der 11–14jährigen Kids, in: http://www.psych.at/themen/abschied.htm am 15.9.2005
Kropač, Ulrich, Bibelarbeit als Dekonstruktion: Neue Perspektiven für das biblische Lernen, in: KatBl, Jg. 128/2003, S. 369–374
Kropač, Ulrich, Biblisches Lernen, in: Hilger/Leimgruber/Ziebertz, Religionsdidaktik, S. 385–401
Krotz, Fritz, ... für uns gestorben? Zugänge zur Geschichte von der Passion Jesu (WdL 5), Neukirchen-Vluyn 1987
Kunstmann, Joachim, Religionspädagogik. Eine Einführung (UTB 2500), Tübingen 2004
Kwiran, Manfred, Jugend und Religion in Deutschland – analysiert anhand der Jugendarbeit der evangelischen Kirche, in: Nembach, Ulrich (Hrsg.), Jugend – 2000 Jahre nach Jesus. Jugend und Religion in Europa II. Bericht vom 2. internationalen Göttinger religionssozilogischen Symposion. Frankfurt (Forschungen zur Praktischen Theologie 16), Bern/New York/Paris/Wien 1996, S. 23–36
Lachmann, Rainer, Artikel Gott, in: Lachmann/Adam/Ritter, Schlüsselbegriffe, S. 108–123
Lachmann, Rainer, Artikel Kreuz / Kreuzigung Jesu, in: Lachmann/Adam, Ritter, Schlüsselbegriffe, S. 202–217
Lachmann, Rainer / Adam, Gottfried / Reents Christine (Hrsg.), Elementare Bibeltexte. Exegetisch – systematisch – didaktisch (TLL 2), Göttingen 2001
Lachmann, Rainer / Adam, Gottfried / Ritter, Werner H., Theologische Schlüsselbegriffe. Biblisch – systematisch – didaktisch (TLL 1), Göttingen 1999
Lämmermann, Godwin, Fenster zur Wirklichkeit. Was eine Religionspädagogik der Zukunft leisten sollte, in: zeitzeichen 7/2007, S. 26–29
Lämmermann, Godwin, Die Rolle der ReligionslehrerInnen und das kollektive Unbewusste der Kultur, in: Pastoraltheologie 95/2006, S. 380–395
Lämmermann, Godwin / Morgenthaler, Christoph / Schori, Kurt / Wegenast, Philipp (Hrsg.), Bibeldidaktik in der Postmoderne. Klaus Wegenast zum 70. Geburtstag, Stuttgart/Berlin/Köln 1999
Lämmermann, Godwin / Naurath, Elisabeth / Pohl-Patalong, Uta, Arbeitsbuch Religionspädagogik. Ein Begleitbuch für Studium und Praxis, Gütersloh 2005
Lampe, Peter, Die Wirklichkeit als Bild. Das Neue Testament als ein Grunddokument abendländischer Kultur im Lichte konstruktivistischer Epistemologie und Wissensoziologie, Neukirchen-Vluyn 2006
Landgraf, Michael, Bibel. Einführung – Orientierungshilfen – Kreativideen, Speyer/Stuttgart 2006
Langenhorst, Georg, Gedichte zur Bibel. Texte – Interpretationen – Methoden. Ein Werkbuch für Schule und Gemeinde, München 2001
Lehmann, Hartmut, Artikel Säkularisation/Säkularisierung II. Geschichtlich, in RGG[4], Band 7, Sp. 775–778
Leithäuser , Thomas, Fundamentalismus und Lebensform, in: EvErz 47/1995, S. 326f
Leonhard, Silke / Klie, Thomas, Ästhetik – Bildung – Performanz. Grundlinien performativer Religionsdidaktik, in: Klie/Leonhard, Performative Religionsdidaktik, S. 9–25
Lewis, Clive S., Dienstanweisung für einen Unterteufel (Herderspektrum), Freiburg [7]1992
Link, Christian, Die Spur des Namens. Wege zu Erkenntnis Gottes und zur Erfahrung der Schöpfung (Theologische Studien), Neukirchen-Vluyn 1997
Lorenz, Konrad, Die acht Todsünden der zivilisierten Menschheit, München 1973
Louth, Andrew, Artikel Paradies IV. Theologiegeschichtlich, in: TRE 25, S. 714–719
Luckmann, Thomas. Die unsichtbare Religion (Suhrkamp TB Wissenschaft 947), Frankfurt a.M. 1991

Lübbe, Hermann, Religion nach der Aufklärung, in: Gutmann, Hans-Martin / Gutwald, Cathrin (Hrsg.), Religiöse Wellness, München 2005, S. 59–80
Lührmann, Dieter, Auslegung des Neuen Testaments (Zürcher Grundrisse zur Bibel), Zürich [2]1987
Luhmann, Niklas, Funktion der Religion (Suhrkamp TB Wissenschaft), Frankfurt a.M. [6]2004
Luhmann, Niklas, Die Gesellschaft der Gesellschaft. Band 1.2, Frankfurt a.M. 1998
Luhmann, Niklas, Die Realität der Massenmedien, Opladen [2]1996
Luther, Martin, D. Martin Luthers Werke, Weimar 1883ff. (WA)
Luther, Martin, Vorrede zum Großen Katechismus (Neuausgabe 1530), Calwer Lutherausgabe, München/Hamburg 1964, VII, S. 11f
Lyotard, Jean-François, Das postmoderne Wissen. Ein Bericht (Edition Passagen), Wien [5]2005
Mandler, Jean M., Stories, Scripts, and Scenes: Aspects of Schema Theory, Hillsdale/London 1984
Marquard, Odo, Entlastungen. Theodizeemotive in der neuzeitlichen Philosophie, in: ders., Apologie des Zufälligen, Stuttgart 1986, S. 11–32
Marti, Kurt, Die gesellige Gottheit. Ein Diskurs, Stuttgart 1989
May, Hans, Der Mann an dem Balken, in: Steinwede, Dietrich / Ruprecht, Sabine, Vorlesebuch Religion 3, Göttingen u. a. [8]1992, S. 371
Mendl, Hans, Konstruktivismus, pädagogischer Konstruktivismus, konstruktivistische Religionspädagogik. Eine Einführung, in: ders., Religionspädagogik, S. 9–28
Mendl, Hans, Konstruktivistische Religionspädagogik (Religionsdidaktik konkret 1), Münster 2005
Menschenskinderliederbuch, hrsg. von der Beratungsstelle für Gestaltung von Gottesdiensten und anderen Gemeindeveranstaltungen, Frankfurt [3]1987
Mertin, Andreas / Futterlieb, Hartmut, Werbung als Thema des Religionsunterrichts, Göttingen 2002
Metz, Johann Baptist, Kleine Apologie des Erzählens, in: Conc 9/1973, S. 334–341
Meurer, Thomas, Das Fremde unmittelbar oder das Unmittelbare fremd machen? Suchbewegungen in der Bibeldidaktik, in: Religionspädagogische Beiträge 49/2002, S. 3–16
Meurer, Thomas, Bibeldidaktik. Konzepte – Methoden – Ziele, in: Gillmayr-Bucher, Susanne / Meurer, Thomas / Rahner, Johanna / Söding, Thomas / Weihs, Alexander, Bibel verstehen. Schriftverständnis und Schriftauslegung, Freiburg/Basel/Wien 2008, S. 167–189
Meurer, Thomas, Bibeldidaktik als ästhetische Rekonstruktion. Zum Konzept einer ästhetischen Bibeldidaktik und ihres kritischen Potenzials für eine Religionspädagogik in der Postmoderne, in: rhs 47/2004, Heft 2, S. 79–89
Meyer-Blanck, Michael, Zwischen Exegese und Videoclip. Jesus Christus in der Bibeldidaktik, in: ZNT 1/1998, S. 65–77
Meyer-Blank, Michael, Vom Symbol zum Zeichen. Symboldidaktik und Semiotik (Vorlagen, Neue Folge 25), Hannover 1995
Mietzel, Gerd, Pädagogische Psychologie des Lernens und Lehrens, Göttingen/Bern/Toronto/Seattle 2000
Moltmann, Jürgen, Theologie der Hoffnung (BevTh 38), München [8]1969
Mühling, Markus, Gott und die Welt in Narnia, Eine theologische Orientierung zu C.S. Lewis' »Der König von Narnia«, Göttingen 2005
Müller, Peter, Das Buch und die Bücher in der Johannesoffenbarung, in: Horn, Friedrich Wilhelm (Hrsg.), Studien zur Johannesoffenbarung und ihrer Auslegung. Festschrift für Otto Böcher zum 70. Geburtstag, Neukirchen-Vluyn 2005, S. 293–309
Müller, Peter, »Da mussten die Leute erst nachdenken …« Kinder als Exegeten – Kinder als Interpreten biblischer Texte, in: Bucher, Anton u.a., »Im Himmelreich ist keiner sauer«. Kinder als Exegeten (Jabuki 2), Stuttgart 2003, S. 19–30
Müller, Peter, Mit Markus erzählen. Das Markusevangelium im Religionsunterricht, Stuttgart 1999
Müller, Peter, Matthäus – Lesen und Deuten, Göttingen 2008
Müller, Peter, In der Mitte der Gemeinde. Kinder im Neuen Testament, Neukirchen-Vluyn 1992
Müller, Peter, »Verstehst du auch, was du liest?« Lesen und Verstehen im Neuen Testament, Darmstadt 1994
Müller, Peter, »Die Wolke ist Gott!« Himmelfahrt (Lk 24,51–53; Apg 1,9–1), in: Büttner, Gerhard / Schreiner, Martin, »Man hat immer ein Stück Gott in sich«. Mit Kindern biblische Geschichten deuten. Teil 2: Neues Testament (Jabuki Sonderband), Stuttgart 2006
Müller, Peter / Büttner, Gerhard / Heiligenthal, Roman / Thierfelder, Jörg, Die Gleichnisse Jesu. Ein Studien- und Arbeitsbuch für den Unterricht, Stuttgart 2002
Müller, Peter / Dierk, Heidrun / Müller-Friese, Anita, Verstehen lernen. Ein Arbeitsbuch zur Hermeneutik, Stuttgart 2005

Müllner, Ilse / Söding, Thomas / Knauf, Axel / Gielen, Marlies / Staubli, Thomas, Eine Frage – fünf Antworten. Mein roter Faden durch die Bibel, in: KatBl 131/2006, S. 249–254
Neuhold, Leopold, Familie, Freunde, Feuerstuhl. Was Jugendlichen heilig ist. Auf der Suche nach Sinn. Woran Kinder und Jugendliche heute glauben (Schüler. Wissen für Lehrer), Seelze 2005
Niehl, Franz W., Bibel verstehen. Zugänge und Auslegungswege. Impulse für die Praxis der Bibelarbeit, München 2006
Nipkow, Karl Ernst, Bildung in evangelischer Perspektive – Eine analytisch-kategoriale Skizze, in: Rupp, Hartmut / Scheilke, Christoph / Schmidt, Heinz (Hrsg.), Zukunftsfähige Bildung und Protestantismus, Stuttgart 2001, S. 50–64
Nipkow, Karl Ernst, Grundfragen der Religionspädagogik. Band 3 (GTB 756), Gütersloh 1982
Nipkow, Karl Ernst, Pädagogik und Religionspädagogik zum neuen Jahrhundert. Band 1: Bildungsverständnis im Umbruch, Gütersloh 2005
Nordhofen, Eckhard, Der Engel der Bestreitung. Über das Verhältnis von Kunst und negativer Theologie, Würzburg 1993
Oberthür, Rainer, Kinder und die großen Fragen. Ein Praxisbuch für den Religionsunterricht, München 1995
Oelkers Jürgen, Die Frage nach Gott. Über die natürliche Religion von Kindern, in: Merz, Vreni (Hrsg.), Alter Gott für neue Kinder? Das traditionelle Gottesbild und die nachwachsende Generation, Freiburg (Schweiz) 1994, S. 13–22
Oeming, Manfred, Unitas Scripturae? Eine Problemskizze, in: JBTh 1, Neukirchen-Vluyn 1986, S. 48–70
Oeming, Manfred, Biblische Hermeneutik. Eine Einführung, Darmstadt 1998
Oertel, Holger, »Gesucht wird: Gott«. Jugend, Identität und Religion in der Spätmoderne (PThK 14), Gütersloh ^{2}1994
Otto, Gert, Schule – Religionsunterricht – Kirche, Stellung und Aufgabe des Religionsunterrichts in Volksschule, Gymnasium und Berufsschule, Göttingen ^{3}1968
Pannenberg, Wolfhart, Was ist der Mensch? Göttingen ^{3}1968
Peters, Hansjürgen, Menschenbilder der Gegenwart. Zur Alltagsanthropologie, in: Hille, Rolf / Klement, Herbert H. (Hrsg.), Ein Mensch – was ist das? Zur theologischen Anthropologie. Bericht von der 13. Studienkonferenz des Arbeitskreises für evangelikale Theologie (AfeT) 14.–17. Sept. 2003 in Bad Blankenburg (Systematisch-Theologische Monographien 10), Wuppertal/Gießen 2004, S. 311–326
Petzold, Klaus, Kreuz und Auferstehung, in: Lachmann/Adam/Reents, Bibeltexte, S. 360–385
Pfister, Manfred, Konzepte der Intertextualität, in: Broich, Ulrich / Pfister, Manfred (Hrsg.), Intertextualität. Formen, Funktionen, anglistische Fallstudien, Tübingen 1985
Pöggeler, Franz, Was ist der Jugend Gott noch wert? In: Merz, Vreni (Hrsg.), Alter Gott für neue Kinder? Das traditionelle Gottesbild und die nachwachsende Generation, Freiburg (Schweiz) 1994, S. 23–37
Popp-Baier, Ulrike, »Mir ist alles Wunder …« Psychologische Studien zu Wundern und zum Wundern, in: Ritter/Albrecht, Zeichen und Wunder, S. 108–129
Quino, Na und? Mafalda Band 4, Ludwigshafen 1997, S. 11
Reents, Christine, »Bibel weg – hat kein Zweck!«? Zwölf Argumente und zwölf Gegenargumente, in: Lämmermann/Morgenthaler/Schori/Wegenast, Bibeldidaktik, S. 337–344
Rendtorff, Rolf, Theologie des Alten Testaments. Ein kanonischer Entwurf. Band 2: Thematische Entfaltung, Neukirchen-Vluyn 2001
Riess, Richard, Was es heißt, ein Mensch zu sein. Gespräch mit dem Praktischen Theologen und Psychologen Richard Riess über Sünde, Schuld und Vergebung. In: zeitzeichen 8/2007, Heft 6, S. 29–32
Ritschl, Dietrich / Jones, Hugh O., ›Story‹ als Rohmaterial der Theologie (TEH 192), München 1976
Ritter, Werner H., Wenn Schwarzenegger betet und Harry Potter gegen das Böse kämpft, in: Nachricht der ELKiB 60/2005, S. 59–62
Ritter, Werner H. / Albrecht, Michaela (Hrsg.), Zeichen und Wunder. Interdisziplinäre Zugänge (Biblisch-theologische Schwerpunkte 31), Göttingen 2007
Ritter, Werner H. / Albrecht, Michaela, Wunder – Geschichten vom gelingenden Leben als Aufgabe der Religionspädagogik, in: dies., Zeichen und Wunder, S. 259–289
Robinsohn, Saul B. , Erziehung als Wissenschaft, Stuttgart 1973
Rodiek, Thorsten / Schulz, Heribert, Arnulf Rainer. Ausstellungskatalog Osnabrück und Darmstadt, Museums- und Kunstverein Osnabrück, Osnabrück 1993

Roose, Hanna, Performativer Religionsunterricht zwischen Performance und Performativität, in: Loccumer Pelikan 3/2006, S. 110–115
Rose, Martin, 5. Mose. Teilband 1: 5. Mose 12–25. Einführung und Gesetze (ZBK AT 5), Zürich 1994
Roth, Patrick, Riverside. Christusnovelle, Frankfurt a.M. 42003
Ruch, Floyd L. / Zimbardo Philip G., Lehrbuch der Psychologie, Berlin/Heidelberg/New York 1974
Rupp, Hartmut / Marggraf, Eckhart (Hrsg.), Zukunftsfähige Bildung und Protestantismus, Stuttgart 2002
Rupp, Hartmut, Sünde – ein verschwiegenes Thema. Ein Blick in Bildungspläne und Unterrichtsmaterialien, in: GuL 20/2005, Heft 2, S. 178–184
Rupp, Hartmut, Kontinuität und Vielfalt, in: Büttner, Gerhard / Elsenbast, Volker / Roose, Hanna (Hrsg.), Zwischen Kanon und Lehrplan (Schriften aus dem Comenius-Institut 20), Münster 2009, S. 143–151
Ruster, Thomas, Der verwechselbare Gott. Theologie nach der Entflechtung von Christentum und Religion, Freiburg u.a. 2000
Ruster, Thomas, Die Welt verstehen ›gemäß den Schriften‹. Religionsunterricht als Einführung in das biblische Wirklichkeitsverständnis, in: rhs 43 (3/2000), S. 189–203
Saal, Holger, Das Symbol als Leitmodell für religiöses Verstehen (ARPäd 11), Göttingen 1995
Sauter, Gerhard, Einführung in die Eschatologie, Darmstadt 1995
Schapp, Wilhelm, In Geschichten verstrickt. Zum Sein von Mensch und Ding, Wiesbaden 31985
Schmid, Hans, Grundschulumfrage der Diözesen Bayerns im Fach Katholische Religionslehre, in: Religionspädagogisches Zentrum in Bayerns Grundschule: »Das Interesse am Religionsunterricht ist groß«. Lehrer/innenbefragungen, Entwicklungen und Perspektiven, München 1998, S. 537
Schmidt, Heinz, Leitfaden der Religionspädagogik (Urban-Taschenbücher 443), Stuttgart 1991
Schmidt, Tanja, Die Bibel als Medium religiöser Bildung. Kulturwissenschaftliche und religionspädagogische Perspektiven (Arbeiten zur Religionspädagogik 34), Göttingen 1998
Schneider-Flume, Gunda, Grundkurs Dogmatik. Nachdenken über Gottes Geschichte (UTB 2564), Göttingen 2004
Schnelle, Udo, Theologie des Neuen Testaments (UBT Theologie 2917), Göttingen 2007
Schön, Erich, Kein Ende von Buch und Lesen. Entwicklungstendenzen des Leseverhaltes in Deutschland – Eine Langzeitbetrachtung, in: Böck, Margit (Hrsg.), Lesen im Umbruch – Forschungsperspektiven im Zeitalter von Multimedia. Dokumentation des Symposiums der Stiftung Lesen am 27./28. Juni 1997 in Frankfurt am Main, Baden-Baden 1998, S. 39–71
Schreiber, Johannes, Theologische Erkenntnis und unterrichtlicher Vollzug. Dargestellt am Beispiel des Markusevangeliums, Hamburg 1966
Schreijäck, Thomas (Hrsg.), Christwerden im Kulturwandel. Analysen Themen und Optionen für Religionspädagogik und Praktische Theologie. Ein Handbuch, Freiburg 2001
Schreiter, Ina, Schreibversuche. Kreatives Schreiben bei Lernen des Deutschen als Fremdsprache. Themenvorschläge, Arbeitsempfehlungen und viele authentische Beispiele für phantasievolle Texte, München 2002
Schroer, Henning, Artikel Erzählen, in: TRE 10, S. 227–232
Schroer, Henning, Sündigen wir noch? Der moderne Mensch vor der Schuldfrage, in: ders. (Hrsg.), Sündigen wir noch? Über Schuld, Buße und Vergebung (Herrenalber Texte 65), Karlsruhe 1986, S. 9–22
Schröter, Jens, Sühne, Stellvertretung und Opfer. Zur Verwendung analytischer Kategorien zur Deutung des Todes Jesu, in: Frey/Schröter, Deutungen, S. 51–71
Schulz, Wolfgang, Die lehrtheoretische Didaktik, in: Gudjons, Herbert / Winkel, Rainer / Klafki, Wolfgang, Didaktische Theorien, Hamburg 1997, S. 35–56
Schulze, Gerhard, Die Erlebnisgesellschaft. Kultursoziologie der Gegenwart, Frankfurt a.M. 2000
Schulze, Gerhard, Kulissen des Glücks, Frankfurt 1999
Schulze, Gerhard, Die Sünde. Das schöne Leben und seine Feinde, München 2006
Schweitzer, Friedrich, Elementarisierung nur der Inhalte – oder elementare Formen des Lernens? In: ders. (Hrsg.), Elementarisierung, S. 187–201
Schweitzer, Friedrich (Hrsg.), Elementarisierung im Religionsunterricht. Erfahrungen, Perspektiven, Beispiele, Neukirchen-Vluyn 2003
Schweitzer, Friedrich, Elementarisierung – ein religionsdidaktischer Ansatz: Einführende Darstellung, in: ders., Elementarisierung, S. 9–30

Schweitzer, Friedrich / Nipkow, Karl Ernst / Faust-Siehl, Gabriele / Krupka, Bernd, Religionsunterricht und Entwicklungspsychologie. Elementarisierung in der Praxis (Kaiser-TV 138), Gütersloh ^{2}1997

Schwöbel, Christoph, Pluralismus II, in: TRE 26, S. 731

Seel, Norbert M., Psychologie des Lernens, München/Basel 2003

Segbers, Franz, Biblische Gerechtigkeit und die Debatte um Verteilungsgerechtigkeit und Befähigungsgerechtigkeit, in: GuL 22/2007, Heft 2, S. 156–167

Shell-Deutschland Holding (Hrsg.), Jugend 2006. Eine pragmatische Generation unter Druck, Frankfurt 2006

Shell – Deutsche Shell (Hrsg.), Jugend 2000. 13. Shell Jugendstudie, Opladen 2000

Shell – Deutsche Shell (Hrsg.), Jugend 2002. Zwischen pragmatischem Idealismus und robustem Materialismus, Frankfurt 2006

Siemann, Jutta, Theorie und Praxis Biblischer Didaktik (Bibel – Schule – Leben), Münster 2003

Sparschuh, Ute, »Egotaktiker« – »Neue Spießer« – »Generation Nett«? Kinder und Jugendliche im Licht neuerer Jugendstudien (hrsg. vom Amt für Jugendarbeit der Evangelischen Kirche im Rheinland), Düsseldorf ^{2}2003

Splittgerber, A., Kann ein moderner Mensch an Wunder glauben? Hamburg 1905

Stachel, Günter, Der Bibelunterricht. Grundlagen und Beispiele, Einsiedeln 1967

Stallmann, Martin, Die biblische Geschichte im Unterricht. Katechetische Beiträge, Göttingen 1963

Stanzel, Franz K., Theorie des Erzählens (UTB 904), Göttingen 1991

Steiger, Ivan, Ivan Steiger sieht die Bibel, Stuttgart 1989

Stock, Hans, Evangelientexte in elementarer Auslegung, Göttingen 1981

Stock, Hans, Studien zur Auslegung der synoptischen Evangelien im Unterricht, Gütersloh 1959

Stoellger, Philipp, Deutung der Passion als Passion der Deutung. Zur Dialektik und Rhetorik der Deutungen des Todes Jesu, in: Frey/Schröter, Deutungen, S. 577–607

Stoodt, Dieter, Arbeitsbuch zur Geschichte des evangelischen Religionsunterrichts in Deutschland, Münster 1985

Tamminen, Kalevi, Religiöse Entwicklung in Kindheit und Jugend, Frankfurt 1993

Theis, Joachim, Biblische Texte verstehen lernen. Eine bibeldidaktische Studie mit einer empirischen Untersuchung zum Gleichnis vom barmherzigen Samariter (Praktische Theologie heute, 64), Stuttgart 2005

Theißen, Gerd, Zur Bibel motivieren. Aufgaben, Inhalt und Methoden einer offenen Bibeldidaktik, Gütersloh 2003

Theißen, Gerd, Methodenkonkurrenz und hermeneutischer Konflikt. Pluralismus und Lektüre der Bibel, in: Mehlhausen, J. (Hrsg.), Pluralismus und Identität (Veröffentlichungen der Wissenschaftlichen Gesellschaft für Theologie 8), Gütersloh 1995, S. 127–140

Theißen, Gerd / Merz, Annette, Der historische Jesus. Ein Lehrbuch, Göttingen 1996

Thonak, Sylvia, Religion in der Jugendforschung. Eine kritische Analyse der Shell-Jugendstudien in religionspädagogischer Absicht, Münster 2003

Timm, Hermann, Das ästhetische Jahrzehnt. Zur Postmodernisierung der Religion, Gütersloh 1990

Troue, Frank, Auf der Suche nach »roten Fäden« für meinen Unterricht: KatBl 131/2006, S. 263–266

deVries, Anne, Die Kinderbibel, Neukirchen-Vluyn 2002 (Deutsche Erstausgabe 1954)

Walser, Martin, Erfahrungen und Leseerfahrungen, Frankfurt a.M. ^{4}1977

Wagner, Andreas, Alttestamentlicher Monotheismus und seine Bindung an das Wort, in: Wagner, Andreas / Hörner, Geisthard (Hrsg.), Gott im Wort – Gott im Bild, Neukirchen-Vluyn 2005, S. 1–22

Weber, Otto, Grundlagen der Dogmatik. Band I.II. Neukirchen-Vluyn 1972

Wegenast, Klaus, Bibeldidaktik 1975–1985. Ein Überblick, in: JRP 3, Neukirchen-Vluyn 1987, S. 127–153

Wegenast, Klaus, Der biblische Unterricht zwischen Theologie und Didaktik, Gütersloh ^{2}1966

Wegenast, Klaus, Religionspädagogik und Exegetische Wissenschaft. Zu einem umstrittenen Verhältnis im Haus der Theologie, in: Adam, Bibeldidaktik, S. 24–34

Wegenast, Klaus, Artikel Bibel V. Praktisch-theologisch, in: TRE 6, S. 93–109

Weinrich, Harald, Narrative Theologie? In: Conc 9/1973, S. 329–334

Welsch, Wolfgang, Postmoderne – Pluralität als ethischer und politischer Wert (Walter-Raymond-Stiftung. Kleine Reihe, Heft 45), Köln 1988

Welsch, Wolfgang (Hrsg.), Wege aus der Moderne. Schlüsseltexte der Postmoderne-Diskussion, Weinheim u.a. 1988

Werbick, Jürgen, Trugbilder oder Suchbilder? Ein Versuch über die Schwierigkeit, das biblische Bilderverbot theologisch zu befolgen, in: Die Macht der Bilder (JbTh 13), Neukirchen-Vluyn 1998, S. 3–27

Westermann, Claus, Genesis, Band I (BK), Neukirchen-Vluyn ^{4}1999

Wihstutz, Anne, Arbeit von Kindern. Überforderung oder Chance zur Entwicklung von Kompetenzen? In: Diskurs 2/2002, S. 34–38

Wink, Walter, Bibelauslegung als Interaktion. Über die Grenzen historisch-kritischer Methode (Urban TB 622), Stuttgart/Berlin/Köln/Mainz 1976

Wippermann, Carsten, Religion, Identität und Lebensführung. Typische Konfigurationen in der fortgeschrittenen Moderne, Opladen 1998

Wischmeyer, Oda: Die neutestamentliche Wissenschaft am Anfang des 21. Jahrhunderts. Überlegungen zu ihrem Selbstverständnis, ihren Beziehungsfeldern und ihren Aufgaben

Witte, Markus, Schriften (Ketubim), in: Gertz, Jan Christian (Hrsg.), Grundinformation Altes Testament (UTB 2745), Göttingen 2006, S. 403–508

Wohlrab-Sahr, Monika, Das stabile Drittel jenseits der Religiosität. Religionslosigkeit in Deutschland, in: Bertelsmann-Stiftung (Hrsg.), Religionsmonitor 2008, Gütersloh 2007, S. 95–103

Wolter, Michael, Der Heilstod Jesu als theologisches Argument, in: Frey/Schröter, Deutungen, S. 297–313

Wuckelt, Agnes, »Lot und die Salzstange«. Lebenswelten Jugendlicher und die Bibel, in: Frankemölle, Hubert (Hrsg.), Die Bibel. Das bekannte Buch – das fremde Buch, Paderborn u.a., S. 173–183

Zahrnt, Heinz, Gott kann nicht sterben. Wider die falschen Alternativen in Theologie und Gesellschaft, München 1970

Zeller, Eva, Ein Stein aus Davids Hirtentasche, Freiburg 1992

Ziebertz, Hans-Georg / Kalbheim, Boris / Riegel, Ulrich / Prokopf, Andreas, Religiöse Signaturen heute. Ein religionspädagogischer Beitrag zur empirischen Jugendforschung (RPG 3), Gütersloh/Freiburg 2003

Ziebertz, Hans-Georg, Gibt es einen Tradierungsabbruch? Befunde zur Religiosität der jungen Generation, in: Bertelsmann-Stiftung (Hrsg.), Religionsmonitor 2008, Gütersloh 2007, S. 44–53

Zimmerli, Walther, 1 Mose 1–11. Urgeschichte (ZBK AT 1.1), Zürich ^{5}1991

Zimmermann, Mirjam, Die (Be-) Deutung des Todes Jesu in der Religionspädagogik. Eine Skizze, in: Frey/Schröter, Deutungen, S. 609–647

Zimmermann, Mirjam, Sünde in der Kindertheologie, in: GuL 20/2005, Heft 2, S. 142–152

Zimmermann, Ruben, »Deuten« heißt erzählen und übertragen. Narrativität und Metaphorik als zentrale Sprachformen historischer Sinnbildung zum Tod Jesu, in: Frey/Schröter, Deutungen, S. 315–373

Zinnecker, Jürgen / Behnke, Imbke / Maschke, Sabine / Stecher, Ludwig, null zoff & voll busy. Die erste Jugendgeneration des neuen Jahrhunderts. Ein Selbstbild, Opladen 2003

Zinnecker, Jürgen / Silbereisen, Rainer K. u.a., Kindheit in Deutschland. Aktueller Survey über Kinder und ihre Eltern, Weinheim/München 1996

Zulehner, Paul M., Religion nach Wahl. Grundlegung einer Auswahlchristenpastoral, Wien/Freiburg/Basel 1994

Zulehner, Paul M., Spirituelle Dynamik in säkularen Kulturen? Deutschland – Österreich – Schweiz, in: Bertelsmann-Stiftung (Hrsg.), Religionsmonitor 2008, Gütersloh 2007, S. 143–156

Bild- und Quellennachweis

S. 11	© Ivan Steiger aus: Ivan Steiger sieht die Bibel, Stuttgart 1989
S. 16	© Ivan Steiger aus: Ivan Steiger sieht die Bibel, Stuttgart 1989
S. 41	© Bauer Media KG aus http://www.bauermedia.de/uploads/media/jugend6.pdf
S. 93	© SPIEGEL-Verlag Rudolf Augstein GmbH & Co. KG
S. 94	© Ivan Steiger aus: Ivan Steiger sieht die Bibel, Stuttgart 1989
S. 95	aus: Quino, Na und? Mafalda Band 4, Ludwigshafen 1997, S. 11
S. 122	(o.) Gammstrahlungen © picture-alliance / dpa; (u.l.) "Hier schafft Gott Himmel und Erde«, franz. Buchmalerei aus dem 13. Jahrhundert; (u.r.) © Sieger Köder, Schöpfung
S. 134	(o.) Leonardo da Vinci, Der vitruvianische Mensch, 1492 aus: wikimedia commons, http://commons.wikimedia.org; (u.) Lukas Cranach d. Ä., Der Jungbrunnen, 1546 aus: wikimedia commons, http://commons.wikimedia.org
S. 144	aus: Ruch, Floyd L. / Zimbardo Philip G., Lehrbuch der Psychologie, Berlin/Heidelberg/New York 1974
S. 171	(u.) Perlen des Glaubens © Amt für Öffentlichkeitsdienst der Nordelbischen Ev.-Luth. Kirche, Hamburg, www.perlen-des-glaubens.de
S. 179	aus: e.o. plauen „Vater und Sohn« in Gesamtausgabe Erich Ohser © Südverlag GmbH, Konstanz, 2000
S. 182	Jean Bosc, Abendgebet aus: Horst Klaus Berg, Karikaturen für das 4.–7. Schuljahr, Stuttgart/München 1981, © Ch. Charillon, Paris
S. 189	Pieter Brueghel d. Ä., Schlaraffenland, 1567 aus: wikimedia commons, http://commons.wikimedia.org
S. 191	Lied: Weißt du, wo der Himmel ist?; Musik: Ludger Edelkötter / Text: Wilhelm Willms, © KiMu Kinder Musik Verlag GmbH, 50259 Pulheim
S. 192	(o.) Alexander Kosolapov, This is my body © VG Bild-Kunst, Bonn 2009; (u.) Alexander Kosolapov, This is my blood © VG Bild-Kunst, Bonn 2009
S. 200	Gesicht Christi – Gesichter der Menschen © Bethlehem Mission Immensee
S. 201	Albrecht Dürer, Paumgartner-Altar, um 1503, Mitteltafel: Geburt Christi aus: wikimedia commons, http://commons.wikimedia.org
S. 214	Lied: Manchmal feiern wir, Text: Alois Albrecht, Musik: Peter Janssens aus: Ihr seid meine Lieder, 1974, alle Rechte im Peter Janssens Musik Verlag, Telgte-Westfalen
S. 220	(l.) © SPIEGEL-Verlag Rudolf Augstein GmbH & Co. KG; (m./r.) © Gruner + Jahr »Picture Press« Bild- und Textagentur GmbH
S. 221	Arnulf Rainer, Christusübermalung, © Arnulf Rainer
S. 228	© Ivan Steiger aus: Ivan Steiger sieht die Bibel, Stuttgart 1989
S. 237	(o.) aus: www.glauben-und-kaufen.de; (u.) © Horst Schröder / PIXELIO'
S. 238	Der breite und der schmale Weg, Original 1866, aktuelle Fassung von Charlotte Reihlen / Paul Beckmann aus: wikimedia commons, http://commons.wikimedia.org
S. 241	aus: www.glauben-und-kaufen.de